安化年鉴

2021

安化县人民政府　主办
安化县史志编纂室　编

方志出版社
Publishing House of Local Records

图书在版编目（CIP）数据

安化年鉴．2021 / 安化县史志编纂室编．-- 北京：方志出版社，2021.12
ISBN 978-7-5144-5079-8

Ⅰ．①安… Ⅱ．①安… Ⅲ．①安化县—2021—年鉴
Ⅳ．①Z526.44

中国版本图书馆CIP数据核字（2021）第275597号

安化年鉴（2021）

编　　者：安化县史志编纂室
责任编辑：罗　滔

出 版 者：方志出版社
　　地址　北京市朝阳区潘家园东里9号（国家方志馆4层）
　　邮编　100021
　　网址　http://www.zgfzcb.cn
发　　行：方志出版社图书营销中心
　　电话（010）67110500
经　　销：各地新华书店
印　　刷：湖南省越来越好印务有限公司

开　　本：889×1194　1/16
印　　张：14
字　　数：432千字
版　　次：2021年12月第1版　2021年12月第1次印刷
印　　数：001~800册

ISBN 978-7-5144-5079-8　定价：218.00元

《安化年鉴》编纂委员会

《安化年鉴》编辑部

编 辑 说 明

一、《安化年鉴》是系统记述安化县自然、政治、经济、文化、社会等方面情况的年度资料性文献，2016 年创刊，每年出版一卷，本卷为第 6 卷。2016 年编辑的书名为《安化年鉴（2015）》，自 2017 年起，年鉴书名以编辑年命名。

二、《安化年鉴（2021）》（以下简称本年鉴）卷以马克思列宁主义、毛泽东思想、邓小平理论、“三个代表”重要思想、科学发展观、习近平新时代中国特色社会主义思想为指导，坚持辩证唯物主义和历史唯物主义的立场、观点和方法，全面系统记载安化县国民经济和社会发展的基本情况与重大事件。

三、本年鉴记述起迄时间为 2020 年 1 月 1 日至 12 月 31 日。所载稿件，均由各单位撰稿人撰写提供，并经供稿单位领导审定。个别综合性资料由年鉴编辑部撰写。年鉴中涉及全县的法定数据均由统计部门提供或审定。由于统计口径的不同，某些具体单位的部分数据与统计数据不尽一致。

四、本年鉴采取类目、分目、条目的编辑体例，以字体、字号等版式设计区别不同层次。

五、本年鉴从 2020 年安化县经济社会发展和改革开放的实际出发，实事求是地进行编辑，注重反映地方特色和年度特点，突出经济社会发展和改革开放的新情况。2020 年卷中的“扶贫开发”类目改为分目，收录于“安化县人民政府”类目中；新增“人物”类目。其他类目根据实际情况，有部分修改。全书共 26 个类目，依次是：特载、大事记、安化概览、中共安化县委员会、安化县人民代表大会、安化县人民政府、政协安化县委员会、纪委监委·巡察、人民团体、法治、军事、经济管理监督、农业·林业·水利·气象、工业·商贸、交通·邮政·通信、金融、城乡建设与管理、资源·环境、教育·科技、茶旅·文化·体育、卫生·健康、社会民生、区域开发、乡镇、人物、附录。

六、本年鉴配备双重检索系统：书前刊有详细目录，书后配有主题索引，方便读者查阅。

七、本年鉴所刊照片，除署名的外，都由相关单位提供，仅用于本年鉴作为公益宣传使用。

安化县行政区划图

审图号：湘S[2021]第146号

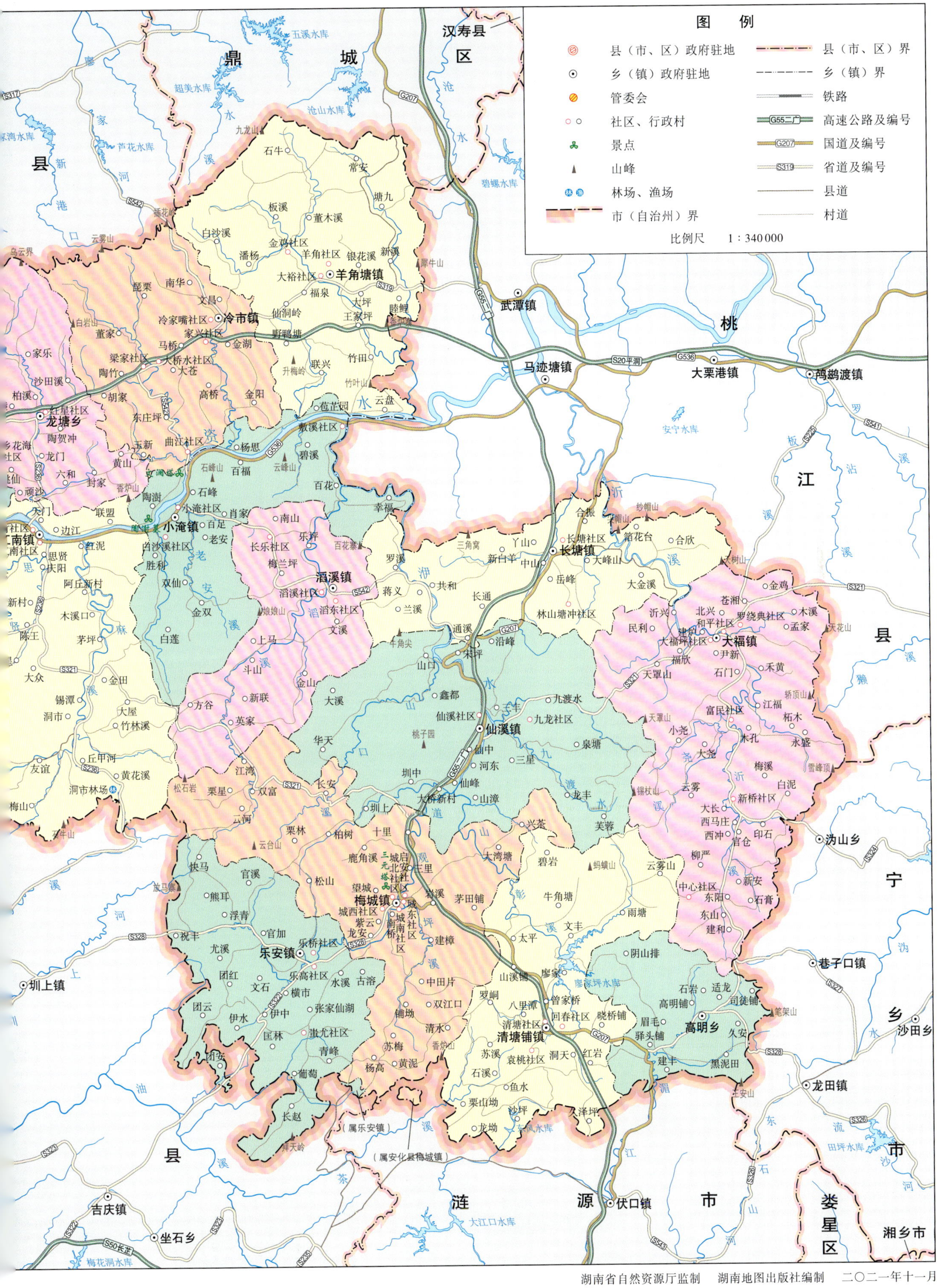

湖南省自然资源厅监制 湖南地图出版社编制 二〇二一年十一月

数字安化（2020）

综　合

地区生产总值	240.1231 亿元
第一产业	51.1789 亿元
第二产业	79.589 亿元
第三产业	109.3552 亿元
社会消费品零售总额	85.62 亿元

农业经济

农林牧渔业总产值	94.02 亿元
粮食播种面积	66.97 万亩
粮食总产量	23.96 万吨
生猪	72.04 万头
牛	3.48 万头
羊	37.94 万只
出笼家禽	444.1 万羽
水产品总产量	1.29 万吨
安化黑茶估值	639.9 亿元

精准扶贫

全县贫困村出列数	130 个
全县脱贫人口	14.86 万
驻村帮扶工作队	407 支
帮扶工作队员	981 人
结对帮扶责任人	10334 名

工业和建筑业

新增规模工业企业	36 家
园区技工贸总收入	78.67 亿元
全县资质以上建筑业总产值	21.09 亿元
房屋建筑施工面积	184.8 万平方米

固定资产投资和城镇化水平

固定资产投资	145.8 亿元
投资 500 万元以上项目	242 个
旧城改造项目	13 个
创建省级卫生乡镇	3 个
创建省级文明单位	6 个

交　通

完成交通基础设施建设投资	31 亿元
完成以奖代补及产业路	70.3 千米
安防工程	500 千米

水　利

全年共建设各类水利工程	132 处
投入水利建设资金	3.17 亿元
新增农村水电装机容量	0.51 万千瓦

电　网

全年完成投资	4.25 亿元
售电量	116650 万千瓦时

邮电通信

信息网络基础设施投资	1.35 亿元
新建 4G 基站	198 个，累计 2492 个
新建 5G 基站	81 个，累计 85 个
新增光网端口	6.38 万个，累计 41.17 万个
年末宽带互联网用户数	17.6 万户
年末固定电话用户	2.58 万户
移动电话用户	74.9 万户
手机互联网用户	59.6 万户

招商引资

新签约项目	39 个
新开工项目	28 个
新投产项目	17 个
引进境内省外资金	68.34 亿元
外贸出口	13942.4 万美元
加工贸易	413 万美元
对外劳务收入	1989.81 万美元

旅游业

接待各类游客	600 万人次
旅游收入	58 亿元

财　政

财政总收入	15.37 亿元
地方财政收入	8.85 亿元
财政总支出	67.71 亿元

金融保险

金融机构各项存款余额	367.08 亿元
各项贷款余额	193.34 亿元
保险企业个数	57 家
保费收入	83452 万元

科　技

专利申请	270 件
新认定高新技术企业	9 家
高新技术产品产值	87.4 亿元

教　育

教育机构	232 所
年末在校学生	132438 人
高考一、二本录取率	53.71%

文化体育

举（承）办群众文艺活动	158 场次
送戏下乡	138 场
农村电影放映	5220 场次
广场电影放映	300 场次
农村广播通村率	100%
国家、省常规比赛获金牌	2 枚
银牌	6 枚
铜牌	4 枚

卫生、体育、环境保护

执业（助理）医师人数	2330 人
医疗机构床位数	5913 张
空气质量优良天数	363 天
4 个地表水水质省控监测断面的全年水质达标率	100%
削减 COD	288.7 吨

生活水平

全县居民人均可支配收入	14066 元
城镇居民人均可支配收入	21115 元
农村居民人均可支配收入	10880 元
居民人均消费支出	12667.5 元

社会保障

全年新增城镇就业	5096 人
农村劳动力转移就业	3604 人
新增创业主体	4072 户
五险参保总人次	261.31 万人
基本养老保险参保	77.05 万人

——摘自《安化县 2020 年国民经济和社会发展统计公报》

安化名片（2020）

历史人文

总督故里

字圣之乡

梅山风韵

安化黑茶

茶马古道

国家级

茶业百强县

中国多花黄精之乡

全国绿色防控示范县

国家知识产权示范县

信访工作“三无”县

中国最美宜居旅游小城

“十三五”美丽搬迁安置区

“十三五”茶产业发展十强县

省　级

双拥模范县

全省平安建设先进县

全省社会治理创新试点县

全省优化营商环境推荐典型

全省乡镇财政管理工作先进县

湖南省青少年体育竞赛优秀赛区

全省农村人居环境整治工作先进县

全省纪检监察信息工作先进单位

湖南省文明城市

全省畜牧水产工作先进县

全省信访工作“三无”县

全省工业数据云建设先进县

全省“六大强农”成效明显县

首批“一县一特”农产品优秀品牌

湖南省抗击新冠肺炎疫情先进集体

安全生产和消防工作优秀县

疫情防控成效明显

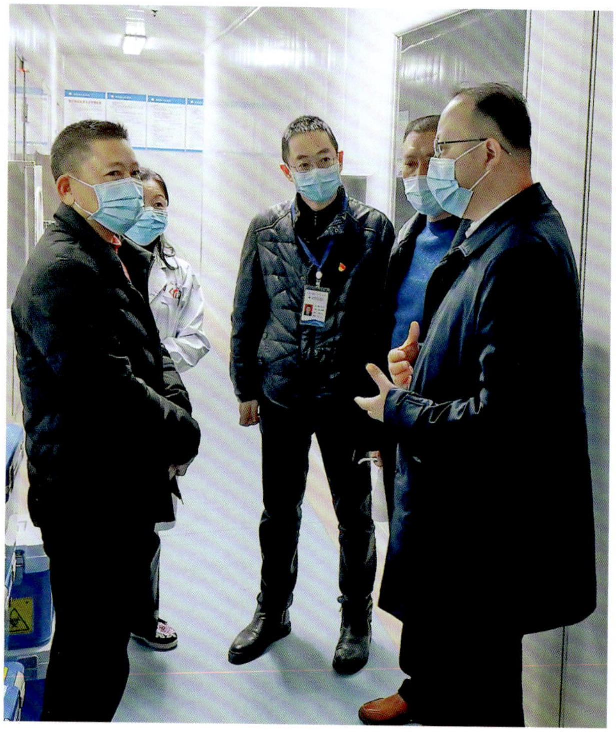

12 月 17 日，县委书记刘勇会（右一）到县人民医院指导疫情防控 （县委办提供）

马路镇中心卫生院的医生对返乡人员进行身体检查 （邓遥行 摄）

2 月 4 日下午，县人民医院举行赴益阳市第四人民医院驰援抗击新型冠状病毒肺炎医疗队出征仪式

（县人民医院办公室提供）

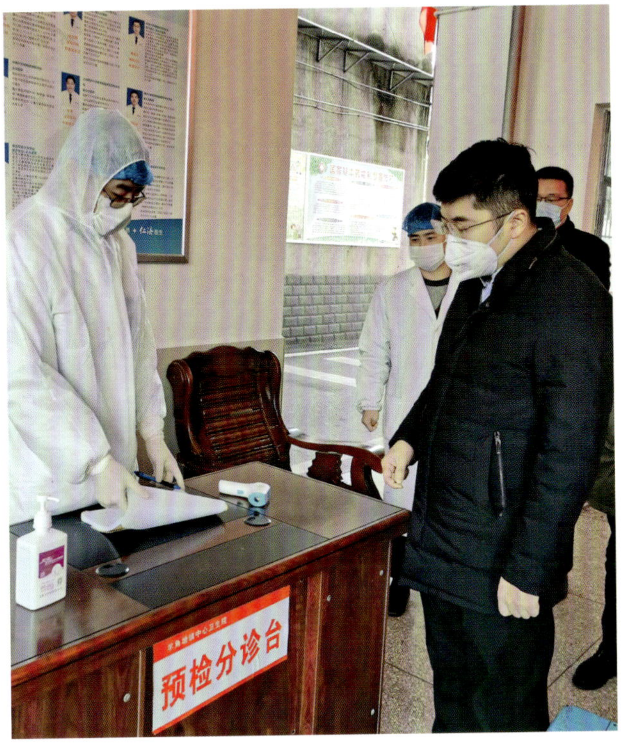

1月28日，县委副书记、县长肖义（右一）检查医院的防疫工作　（县政府办提供）

茶乡花海景区的热成像测温监测系统
（县融媒体中心提供）

滔溪镇安排专车点对点护送外出务工人员返岗　（封志芳　摄）

茶旅文康融合发展提速——龙头引领势头强劲

4月1日，县人大常委会主任李太源（左一）调研茶旅产业发展　（县人大办提供）

全县第一家5G智慧茶园VR直播间落户云上茶业
（张赛华　摄）

中茶湖南安化第一茶厂新貌　（县融媒体中心提供）

茶旅文康融合发展提速——茶旅互兴态势初成

国内外游客在安化梅山文化园参观购物 （吴　循　摄）

4月29日，湖南省春季乡村文化旅游节开幕式暨文旅产业促消费助脱贫行动启动仪式在茶乡花海景区举行

（戴爱玲　摄）

茶旅文康融合发展提速——文化内涵不断丰富

梅山文化产业“七个一”工程之梅山十八碗
（县委宣传部提供）

湖南省工艺美术大师、湖南省梅山剪纸项目传承人向亮晶剪纸作品《采茶姑娘》
（县融媒体中心提供）

舞蹈《情韵梅山》 （汪永飞 摄）

茶旅文康融合发展提速——大健康产业实质突破

10 月 24 日上午，2020 湖南安化黑茶首届汽车摩托车越野争霸赛现场　（县融媒体中心提供）

11 月 28 日上午，2020“薪火传承 · 中国健康跑”安化黑茶杯 · 安化站在安化县梅山汽车运动主题公园开跑　（杨艺红　摄）

《站在草原望北京》获第三届农商银行杯广场舞电视大赛一等奖　（县广场舞协会提供）

茶旅文康融合发展提速——创新驱动不断提升

“网红茶县长”副县长陈灿平在直播互动

（吉莲娜　摄）

中茶·安化黑茶瓷茶融合项目启动

（中茶安化第一茶厂提供）

安化黑茶抖音电商直播基地落户黄沙坪原裕通永茶行，共设立直播间 100 余个，图为直播现场

（胡丽丽　摄）

决战脱贫攻坚

古楼乡和谐村地质灾害易地搬迁安置点　（陆家贤　摄）

渠江镇夫溪学校的孩子们穿上由“安化麦田”捐助的校服露出幸福的笑容　（王海华　摄）

2020年，全县完成交通建设投资31亿元。其中，完成以奖代补及产业路70.3千米，安防工程500千米，危桥改造9座。图为新修的农村公路

（李日辉　摄）

狠抓污染防治

12 月 18 日，县人民检察院、县人民法院、县农业农村局组织人员在柘溪金家湾码头开展以“公益诉讼增殖放流，守护资江生态环境”为主题的刑事附带民事公益诉讼案件增殖放流活动，现场向资江水域投放成鱼 3 万余尾　（县法院办公室提供）

清塘铺镇洞天河污水处理 1# 系统试运行　（清塘铺镇政府办公室提供）

中医药健康产业不断壮大

9 月 26 日，中国医药物资协会授予安化县“中国多花黄精之乡”称号　（周珺杰　摄）

林下套种的安化多花黄精基地　（周珺杰　摄）

9 月 26 日，第六届“湘九味”中药材论坛暨“安化黄精”品牌发布会召开　（周珺杰　摄）

工业发展有效推进

白沙溪智能化茶砖压制生产线 （黄 明 摄）

益阳海创水泥窑综合利用固废项目 （谭 军 摄）

芙蓉山风力发电项目二期机组安装 （谭 军 摄）

农业产业逐步兴旺

9 月 24 日，县政协主席王益文（右一）到羊角塘镇调研油茶产业 （县政协办公室提供）

奎溪镇奎溪村利用无人机开展阻控剂喷施作业 （刘和飞 摄）

9 月 21 日，益阳市第三届“中国农民丰收节”在乐安镇举行 （张珊珊 摄）

城乡面貌显著改变

7月1日，位于东坪镇柏杨路、梅山路十字路口的人行天桥竣工投入使用 （邓兰琳 摄）

1月18日，S238东渠公路把关坳隧道贯通 （县委宣传部提供）

官新高速桥梁架设 （陆家贤 摄）

9月10日，新建成的安化国家基本气象站正式启用　（易　慧　摄）

茶乡花海景区耸立的5G基站　（县融媒体中心提供）

马安高速鸟瞰　（县委宣传部提供）

社会大局持续稳定

安化县第二高级中学陈鑫老师在"中国好教育"全国冠军总决赛中荣获一等奖
（县教育局提供）

5月15日上午，益阳市山丘区超标准洪水防御暨水库抢险演练在东坪镇黄沙坪举行　（县融媒体提供）

奎溪镇雾寒村93岁退休教师唐上君（左一）为学生义务补课22载，获评"感动湖南十佳人物"　（县委宣传部提供）

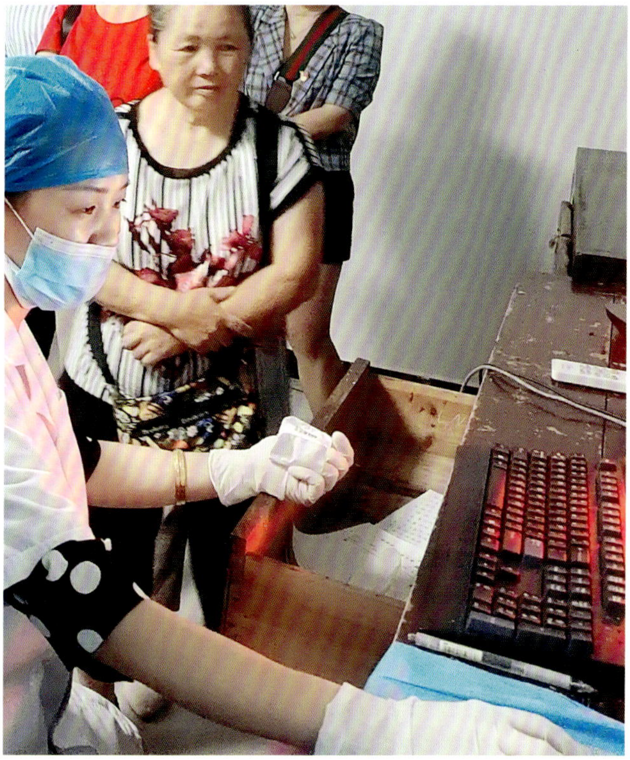

2020 年，全县共完成 20400 人的“两癌”免费检查任务　（阳　鑫　摄）

5 月，由县残联、县卫健局牵头，组织县人民医院、县精神病防治院组成 3 个评残专家组，对全县 25 个乡镇（区）开展上门评残工作　（刘智纯　摄）

安化县人民医院成功创建三级综合医院　（县人民医院办公室提供）

社会大局持续稳定

5 月 12 日，安化县科学技术馆在安化黑茶国家现代农业产业园成果展示馆开馆 （县委宣传部提供）

安化县公安局交通警察大队在全县范围内开展为期 35 天的摩托车交通违法夏秋专项整治工作

（刘 瑾 摄）

8 月 10 日，8 名群众向破获“7 · 18”专案的民警赠送锦旗 （刘 瑾 摄）

目　录

特　载

大事记

安化概览

中共安化县委员会

政协安化县委员会

纪委监委·巡察

人民团体

法　治

军　事

经济管理监督

农业·林业·水利·气象

工业·商贸

交通·邮政·通信

金　融

城乡建设与管理

资源·环境

教育·科技

茶旅·文化·体育

卫生·健康

社会民生

区域开发

乡镇

人　物

附　录

索　引

特　载

应对变局 胸怀大局 开拓新局
奋力开启全面建设现代化新安化新征程
——县委十二届十一次全会暨县委经济工作会议工作报告

刘勇会

（2020 年 12 月 27 日）

各位委员，同志们：

现在，我受县委常委会委托，向全会报告 2020 年工作，并对 2021 年工作作出部署。

一、回顾 2020 年，我们应对变局，聚焦聚力，用心用情，全年工作圆满收官

2020 年是极不平凡、极不容易的一年。这一年，是决胜全面小康、决战脱贫攻坚的收官之年。面对突如其来的疫情灾情影响和艰巨繁重的改革发展稳定任务，县委常委会在以习近平同志为核心的党中央坚强领导下，按照中央、省委和市委部署，全面贯彻党的十九大和十九届二中、三中、四中、五中全会精神，牢牢把握稳中求进工作总基调，坚持生态优先、绿色发展的战略不动摇，坚持茶旅文康融合发展的路径不改变，坚持项目为王、产业为要的工作重点不偏移，坚持比学赶超、创先争优的氛围不淡化，团结带领全县各级党组织和广大干部群众坚定信心、保持定力，既做好决战决胜三大攻坚战的“必答题”，又做好防疫情防灾情防经济下滑的“加试题”，扎实做好“六稳”工作，全面落实“六保”任务，驰而不息推进全面从严治党，确保了经济社会发展止跌回升、向上向好，社会大局和谐稳定。2020 年，全县完成地区生产总值 241.8 亿元（预计数，下同），增长 4.1%。完成固定资产投资 111.42 亿元，增长 8.9%。完成地方一般公共预算收入 8.84 亿元，增长 4%。完成规模工业增加值 41.6 亿元，增长 4.5%。完成社会消费品零售总额 89.8 亿元，增长 2%。农村居民人均可支配收入达 10771 元，增长 9%；城镇居民人均可支配收入达 21595 元，增长 8%。全面小康整体实现程度达 98%，提升 0.5 个百分点。一年来，主要抓了以下工作：

（一）当好主心骨，在学思践悟中推动党的理论武装强基固本

县委常委会认为，习近平新时代中国特色社会主义思想是办好安化事情的行动指南和根本遵循，必须做到学思用贯通、知信行统一。县委常委会坚持读原著学原文悟原理，召开常委会会议 37 次，先后传达学习习近平总书记关于疫情防控、安全生产、禁捕退捕等重要讲话和指示批示精神。坚持理论学习中心组“每月一学，上下同题”，分专题开展集中学习 11 次。深入组织“大学习拥抱新时代”读书学习活动，征订发行《习近平谈治国理政》第三卷2.4万册，“学习强国”推广使用稳步提升，党员覆盖率全市第一。习近平总书记考察湖南工作后，先后召开常委会（扩大）会议、全县领导干部大会，专题传达学习习近平总书记在湖南考察调研时的重要指示批示精神和省委、市委有关会议精神，努力做到真知真悟、真学真信、真懂真用。党的十九届五中全会，中央、省委、市委经济工作会议召开后，迅速对标对表，组织专题传达学习、专门研究部署、专项任务分解，不断把学习宣传贯彻工作引向深入。

（二）抢抓新机遇，在贯彻新发展理念中推进高质量发展行稳致远

县委常委会认为，面对突如其来的疫情冲击，必须全面贯彻落实新发展理念，做到疫情损失发展补，前段损失后段补，产业损失项目补。

抓项目兴产业，打牢稳的基础。坚持“项目为王、产业为要”，开展重点项目百日攻坚行动，推行“周协调、周调度、周督办”，建立“三单一表”清单交办制度，组织9次重点项目集中开工和现场观摩活动。全县实施重点项目81个，完成投资96亿元。县直接调度的30个市重点项目超额完成投资任务。国家现代农业产业园展示馆顺利开馆，元畅·恒太城商业中心正式开业，华益槟榔竣工投产，芙蓉山风力发电、海螺固废处理、龙晟牧业、江南标厂等项目年内可建成运营，东梅公路、南桥大道通车在即，东渠公路、官新高速、抽水蓄能、通用机场等一大批重大项目全速推进和准备。不断加大招商引资力度，新签约项目36个，引进“三类500强”项目2个。持续推进茶旅文康深度融合，预计实现茶叶加工量8.5万吨，综合产值230亿元，税收1.5亿元。制定安化黑茶高质量发展三年行动计划，出台支持春茶生产“六条措施”，刘仲华院士工作站落户安化。安化获评中国“十三五”茶产业发展十强县，连续十二年入选中国茶业百强县前十强。助推安化茶与醴陵瓷的强强合作，两地企业合作金额超过3亿元。精心组织湖南（春季）乡村文化旅游节，加快复苏旅游产业，年接待游客600万人次，实现旅游综合收入58亿元。大力发展中医药健康产业，新增中药材种植面积10.3万亩，总面积达27.8万亩，综合产值26.4亿元，“安化黄精”获2块国字号招牌，安化荣获“中国多花黄精之乡”称号，“安化厚朴”成功注册国家地理标志证明商标。文体形势喜人，高质量举办“全国广播超级碗”“全省汽车摩托车争霸赛”“全省农业特色小镇现场会”“薪火相传·2020中国健康跑”和第六届“湘九味”中药材论坛暨“安化黄精”品牌发布会，茶乡花海梅山赛车运动主题公园成为我省唯一被认可的全国汽车自驾运动营地，安化的美誉度不断提升。

抓创新促开放，凝聚进的力量。开放型经济稳步提升，完成外贸进出口1.35亿美元、加工贸易66万美元、对外劳务合作营业额1702.81万美元，安化黑茶税则号（HS编码）正式获批，被评为市发展开放型经济工作先进县。强化知识产权创造保护运用，全县高新技术企业总数达21家，专利申请累计完成4395件，知识产权质押融资达4900万元，国家知识产权强县工程示范县完成复核。县科技专家服务团连续两年获得“湖南省优秀科技专家服务团”荣誉。通信建设取得新突破，建设开通5G基站53个、4G基站110个和4个5G机房，投运充电桩56个，在全市率先研究5G在“智慧园区”应用。鼓励企业抱团出海，成功举办“首届安化黑茶网上开园节”“安化黑茶遇上火宫殿”“感恩中远海运”“茅台对话安化黑茶”等特色活动，积极参加北京展览馆“两展一节”“2020湖南（国际）文化旅游产业博览会”和第十二届湖南茶业博览会、广州茶业博览会等系列展销活动，扩大安化影响力。

抓改革促发展，激发强的动能。稳步推进农村承包地“三权分置”改革和集体林权制度改革，加快农村土地承包经营权信息应用平台“互联互通”建设。纵深推进“放管服”改革，编制116项乡镇权力清单和责任清单，梳理乡镇公共服务事项清单69项，下放乡镇经济社会管理权限事项50项。强势推进“三集中三到位”，一枚印章管理审批经验在全市推介。有序推进“一件事一次办”，全年办理55.8万件，“帮代办”工作案例获湖南省“一件事一次办”专题栏

目宣传推介。基层公共服务（一门式）全覆盖工作成效明显，得到省委办公厅联合调研组的充分肯定。创新推进乡镇政务服务大厅“七统一模式”，运行效能不断提升。

（三）打出组合拳，在精准施策中不断巩固提升脱贫攻坚成果

县委常委会认为，打好打赢脱贫攻坚战必须一战到底，不获全胜绝不收兵。坚决落实“一摘四不摘”要求，对标决战决胜十一条,实行“3456”工作法，以问题清零、资金清账、环境清爽、成效清底“四清”行动为抓手，加强脱贫攻坚和乡村振兴的有效衔接，全县无一人因疫因灾返贫致贫。顺利通过国家脱贫普查大考和省现场考核，全县14.86万贫困人口全部实现稳定脱贫，“一超过、两不愁、三保障”达标率100%，贫困发生率、漏评率、错退率均为零。全力做好贫困劳动力稳岗就业举措，贫困劳动力就业率高出省定目标，居全市第一。开展消费扶贫稳增收行动，全年共完成扶贫产品销售额4.2亿元，惠及贫困人口6.95万人，全国首家“扶贫832”网络销售平台产地仓落户安化。切实抓好产业扶贫，全县13.2万贫困群众通过发展生产实现较高质量脱贫，占脱贫总人数的89%。超额完成扶贫小额信贷2.4亿元，任务完成率居全省第一。“六个全覆盖”目标任务全面完成，“危房不住人、人不住危房”得以全面落实，20042人易地搬迁任务全面完成。

（四）践行长远计，在坚持生态优先中大力改善生态环境质量

县委常委会认为，绿水青山是安化最大的优势、最亮的特色、最好的资源，要久久为功，促进人与自然和谐共生。辖区“水十条”考核断面、省控考核断面水质和县级城市集中式饮用水水源水质达标率100%，空气优良率99.7%以上。资江四个重金属监测断面持续达标，涉镉等重金属污染源排查整治工作按期完成，实现全县乡镇污水处理设施全覆盖。圆满完成新一轮污染防治“夏季攻势”，交办问题82件全部办结。稳步推进“厕所革命”，农村人居环境进一步改善。深入开展受污染耕地安全利用，高标准完成3400亩集中推进区建设，获第二次全国污染源普查工作表现突出集体奖。积极抓好禁捕退捕工作，退捕协议签订、回收拆解渔船完成率、退捕渔民参保率均为100%。

（五）把牢定盘星，在守住底线思维中切实维护社会和谐稳定

县委常委会认为，安全稳定宁可百日紧、不可一日松，切实扛起工作责任，维护社会大局和谐稳定。

常态长效，疫情防控有韧劲。构建县乡村三级联动机制，全县13例确诊病例全部痊愈出院，妥善处置平口疫情，实现省委“三确保”目标。坚持“外防输入，内防反弹”双向发力，强化“五个排查”、前移“三个关口”，对入境和中高风险地区来安人员做到闭环管控到位。始终把保市场主体放在首位，制定“九条措施”，累计减税降费7768万元。安排返岗专车，发放稳岗专项资金362万元，2月初全县239家规模以上企业复工率、到岗率达100%。持续稳步推进疫情防控常态化，加强冷链食品监管，健全公共卫生服务体系，不断提升疫情监测预警和应急响应能力，疫情防控成果不断巩固。

打防控管，综治维稳有干劲。十大行业领域专项整治和“六清”行动成效显著，现阶段已实现线索清仓、逃犯清零、伞网清除、案件清结、行业清源。“11·24”黄良案被省公安厅评为全省公安机关扫黑除恶专项斗争精品案例。共依法打击处理涉黑组织2个、恶势力犯罪集团2个、涉恶团伙9个，共破获各类涉黑涉恶案件160起，刑事拘留犯罪嫌疑人107人。着力推动禁毒人民战争和新时代县域警务工作，深入开展信访积案化解攻坚年活动，推动化解两年以上各类信访积案68件，全县信访存量持续下降，信访秩序不断好转。综治维稳工作又创佳绩，再次被评为省综治工作先进县，被授予省平安县。

居安思危，风险化解有实劲。坚持底线思维，持续实施“六个一批”措施有效缓释债务风险，化解缓释债务27.7亿元，超额完成全年目标任务。牢固树立过“紧日子”思想，年初预算编制内一般性支出压减20%、三公经费下降29.2%，确保财政运行安全、政府债务风险可控。全面压实安全生产责任，率先

在全市启动安全生产专项整治三年行动，非煤矿山、交通运输、建设施工等12个重点行业领域整治行动迅速，成功申报“全国综合减灾示范县”，连续五年没有发生较大以上生产安全事故，被评为全省安全生产先进县。打好防汛抗灾主动战，实现了“未垮一库一坝，未伤亡一人”的目标。

（六）画好同心圆，在树牢民生为本的思想中保障好民生民利

县委常委会认为，要用心用情用力做好民生保障工作。民生支出占一般公共预算支出的86.17%。稳岗拓岗双向发力，促进县内就业达16.3万人，县外劳务人员累计28.8万人。教育发展更加公平均衡优质，大班额化解完成省市任务，县职业中专实现整体搬迁，新增普通高中1所、完成新改扩建幼儿园8所，增加普通高中学位1000个、幼儿公办学位1200个。全县公办园占比和在园幼儿人数占比均居全省前列，安化在全省基础教育大会上作典型发言。县域公共卫生服务水平全面提升，县人民医院成功创建三级综合医院，城乡居民医保参保率达98.1%。推进城镇老旧小区“四新四化”改造模式，累计投入1.6亿元，实施项目13个，改造房屋53栋。重点民生兜紧兜牢，累计发放兜底和低保补助资金2.04亿元，实现应兜尽兜、应保尽保。开展上门评残、集中评残、送医评残等工作，实现评残办证全覆盖。全面推进被征地农民养老保险工作，10233名被征地农民纳入保障范围。

（七）坚守主阵地，在举旗定向中加强改进宣传思想文化工作

县委常委会认为，宣传思想文化工作必须担负起举旗帜、聚民心、育新人、兴文化、展形象的使命任务。严格落实意识形态工作责任制，牢牢掌握意识形态工作主动权，不断提高管网控网、网媒监管、预警处置能力。开展网络安全专项检查、微信公众号备案督查“清朗行动”。策划“抗疫一线”、讲好安化脱贫故事等主题报道，掀起全民直播带货、直播短视频宣传热潮，安化元素成为知名自媒体平台热议关键词，在市级以上主流媒体上稿2700余件。融媒体建设顺利通过省级验收，成立新时代文明实践中心，镇（乡）村两级新时代文明实践站所建设实现全覆盖。持续深入开展创文巩卫、移风易俗、文明劝导、志愿服务、典型教育和人居环境整治等活动，喜获国家卫生县城荣誉称号。深入推进梅山文化产业“七个一”工程，大力开展“欢乐潇湘·神韵安化”月月乐、“三下乡”“书香安化”等活动，打造“红色安化”陈列馆，文化惠民不断深入。

（八）坚持一盘棋，在安定团结中推进社会主义民主法治建设

县委常委会认为，社会主义民主法治要切实保障人民当家做主的基本权益，不断巩固安定团结的政治局面。县委全力支持和完善人民代表大会制度，支持和保证县人大及其常委会依法履职。县人大常委会审议通过《预算审查监督办法》等监督办法，持续开展“司法公正安化行”等活动，不断强化监督刚性，围绕中心工作组织开展专题调研和专题视察，进一步增强了依法监督的实效性。县委认真听取县政协向县委提出的工作意见建议。县政协深入开展“双助双行动”，有效组织经促会工作，助力疫情防控、脱贫攻坚，充分发挥政治协商、民主监督、建言献策作用，围绕重点项目建设开展协商调研视察，为县委决策提供了有力参考。认真履行党管武装职责，获得“全省双拥模范县”殊荣。深入推进统一战线工作，充分发挥统战优势，加强党外队伍建设，成立新的社会阶层联合会，依法加强宗教活动场所管理。全面推进依法治县，扎实开展平安安化建设，成功申报全省社会治理创新试点县，“法治安化”迈上新台阶。

（九）耕好责任田，在全面从严治党中涵养风清气正政治生态

县委常委会认为，要始终把“严”的主基调贯彻到管党治党全过程，努力构建风清气正的政治生态。

担当政治建设首要之责。县委常委会议先后6次专题研究全面从严治党工作，坚持严字当头，一抓到底，进一步压实全县各级党组织全面从严治党责任，将全面从严治党纳入全县绩效评估体系。充分发挥巡察利剑作用，全县巡察覆盖率达92.5%。其中，对35个党

组织开展常规巡察，16个单位开展行政执法情况专项巡察，6个单位开展巡察“回头看”。加强巡视巡察整改监督，省、市、县巡视巡察反馈问题整改率分别达95%、100%、93.6%。

夯实组织建设发展之基。抓实党建实效化，以党建引领项目建设、脱贫攻坚、环境整治等各项工作。优化四级治理体系，“党建引领·三员两长网格化管理”整治人居环境、“五老”工作室参与基层治理等经验成为全市典型。全面启动村（社区）“两委”换届选举工作,推动“两委”干部交叉任职，古楼乡试点工作得到市委肯定。着力推进基层党组织建设，33个软弱涣散基层党组织完成整顿转化任务。加强城市党建工作，成立小区党支部49个、社区网格党组织82个，非公企业党组织109个，社会组织党组织39个。

激活队伍建设动力之源。坚持“好干部”标准，共提拔重用“五个一线”优秀干部166名。持续开展担当作为好团队和担当作为好干部评选表彰活动，评选表彰担当作为好干部19名、好团队10个，激发干部干事创业内生动力。坚持严管和厚爱结合、激励和约束并重，大力推进干部能上能下，调整6名不胜任现职干部，对10名表现一般的干部进行了提醒谈话。加强干部教育培训，分类分层推进，开设培训班49期，精准培训5225人。持续开展“5133”人才引进工程，制定支持企业人才队伍建设二十条措施，共引进各类人才907名。

恪守廉政建设立身之本。持之以恒正风肃纪，一体推进“不敢腐、不能腐、不想腐”，深入贯彻落实中央八项规定精神，坚决落实省委省政府“约法三章”，制定整治形式主义官僚主义10条措施，切实减轻基层负担。强化监督执纪，着力整治群众身边腐败和作风问题，扎实开展“吃空饷”、禁赌禁毒、禁酒驾等专项整治，锲而不舍纠治“四风”，惩治腐败“零容忍”，查处作风问题239起。强化从严惩治，用好监督执纪“四种形态”，全县立案286件，涉及科级干部25人，开除党籍16人，移送司法机关4人，其中，严肃查处了林柑蕾、龚昱波等一批大案要案。强化以案示警，坚持以身边案教育身边人，党风政风持续向好。

（十）描绘大蓝图，在开篇布局中科学谋划好“十四五”规划

县委常委会决定县委十二届十一次全会暨县委经济工作会议审议通过《关于制定安化县国民经济和社会发展第十四个五年规划和二〇三五年远景目标的建议》。今年年初，将起草工作纳入了县委常委会年度工作计划，由县委主要负责同志牵头成立起草小组。起草小组认真学习习近平总书记关于做好“十四五”规划编制工作的重要指示和各级座谈会会议精神，把加强顶层设计和坚持问计于民统一起来，多种形式开展调研走访，广泛征求各方意见和建议。县里主要负责同志带队赴京到省加强对接，赴上海、广州、深圳等多地考察学习。先后组织召开社会各界人士座谈会、基层代表座谈会、工作推进会，坚持集思广益、开门问策。党的十九届五中全会和省委十一届十二次全会、市委六届十次全会召开后，县委常委会迅速对标对表，进一步修改完善《建议》。初稿成型后，通过反复征求意见，专题讨论审议，充分修改完善，形成提交本次会议审议的文本。

一年来，县委常委会坚持打铁还需自身硬，全力加强自身建设，始终做到“五个坚定不移”：一是坚定不移对标看齐，深学笃用习近平新时代中国特色社会主义思想。二是坚定不移发挥县委总揽全局、协调各方的领导核心作用。三是坚定不移以推动高质量发展为主题，着力形成干事创业的良好氛围。四是坚定不移严肃党内政治生活，认真贯彻民主集中制，落实“三重一大”集体决策等制度。五是坚定不移以民生为本和践行群众工作法，全力破解堵点、热点和难点问题。这些工作成效的取得，是以习近平同志为核心的党中央坚强领导的结果，是省委、市委加强领导、关心支持的结果，是全县各级党组织、广大党员干部真抓实干、奋勇拼搏的结果。在此，我代表县委常委会，向大家表示衷心的感谢！

在总结工作的同时，县委常委会认真分析了面临的挑战和差距，主要是：部分经济指标增长乏力，财政收支压力较大，重点项目建设质效有待提高，发展不充分、不平衡的问题仍然突出；乡镇机构改革体制机制还需进一步理顺，深化改革工作还有一些难关亟需攻克；少数干部作风不实，抓落实的能力和服务意识有待提高，等等。对这些问题和不足，县委常委会将高度重视，采取有效措施加以解决。请同志们对县委常委会的工作多提意见和建议，我们将认真听取、积极改进。

二、展望2021年，我们要胸怀大局，坚定信心，真抓实干，全力以赴奋勇争先

征程万里、重任千钧。2021年，是全面开启现代化建设新征程的第一年，是“十四五”开局之年，更是中国共产党建党100周年，做好明年工作意义重大。我们要扛起非常之责、下足非常之功、展现非常之为，推动安化高质量发展再上新台阶。

（一）因势而谋把大势明方向，确保定标引航

安化正处于机遇与挑战并存的重要战略窗口期。我们必须进一步开阔视野，把握大势，谋定后动。要胸怀全国看安化。世界正处于百年未有之大变局，今年我国成为全球唯一实现正增长的主要经济体，经济恢复态势正在不断巩固拓展。中央经济工作会议为2021年经济工作把脉问诊，并明确了八项重点任务，必将为我们带来诸多机遇政策利好。要放眼省市看安化。习近平总书记亲临湖南考察并提出了“三高四新”要求，为湖南加快发展注入了强劲动力。省委、市委经济工作会议相继召开，明确了发展的主攻方向，为我们推进发展指明了实践路径。要立足安化看安化。近些年来，安化通过一届接着一届干，“十三五”圆满收官，经济社会发展取得长足进步，为推动高质量发展打下了坚实基础。我们要立足巩固脱贫攻坚成果、推进乡村振兴的新阶段；立足全面建成小康社会，开启全面建设社会主义现代化篇章的新阶段；立足主导产业转型升级、生态文明持续进步，进入高质量发展的新阶段；立足发展基础进一步夯实，但发展不充分不平衡的问题交织的新阶段，做到在发展战略上布好局，在发展关键处落好子。

（二）知势而为明思路定目标，确保一以贯之

2021年工作总体要求是：坚持以习近平新时代中国特色社会主义思想为指导，全面贯彻党的十九大和十九届二中、三中、四中、五中全会和中央、省委、市委经济工作会议精神，坚持稳中求进工作总基调，立足新发展阶段，贯彻新发展理念，构建新发展格局，以推动高质量发展为主题，以深化供给侧结构性改革为主线，以改革创新为根本动力，以满足人民日益增长的美好生活需要为根本目的，大力实施“三高四新”战略，坚持创新引领开放崛起，坚持扩大内需战略基点，坚持系统观念和底线思维，更好统筹发展与安全，坚持精准施策，巩固拓展疫情防控和经济社会发展成果，扎实做好“六稳”工作、全面落实“六保”任务，确保“十四五”开好局，以优异成绩庆祝建党100周年。

县委考虑，2021年经济社会发展的主要预期目标是：地区生产总值增长8.5%以上，地方一般公共预算收入增长7%以上，固定资产投资增长10%以上，规模工业增加值增长8%以上，社会消费品零售总额增长10%以上，城镇农村居民人均可支配收入分别增长8%、9%以上，经济社会发展保持稳中有进、进中向好的良好态势。把明年经济增长预期定为8.5%以上，主要考虑：一是与我县决战决胜脱贫攻坚、全面建成小康社会所培育的新动能，形成稳中有进的发展态势相适应。二是与实现我县“十四五”规划及二〇三五年远景目标要求相衔接。三是与我县经济发展的实际相符合。四是与提升竞争力，后发赶超的现实需要相匹配。上述考虑有利于稳信心、稳预期，引导全县上下把精力集中到适应新发展阶段、贯彻新发展理念、构建新发展格局、推动高质量发展上来，努力办好安化自己的事情。

（三）乘势而进抓统筹强举措，确保见实见效

书写好“十四五”开篇之作，关键要盯着目标苦干、盯着问题肯干、盯着发展实干，凝心聚力，积极进取，推进各项工作干在实处、走在前列。重点抓好“七项”任务：

一是坚持生态优先，在绿色发展上厚植新优势

安化县生态品质优良，生态文化底蕴深厚，生态产业发展来势向好，我们要准确把握好绿水青山和金山银山的辩证关系。树立绿色发展目标。始

终把生态文明建设摆在发展全局的突出位置，自觉践行“两山”理论，坚守国家重点生态功能区的基本定位，全力守护好一片蓝天、一江碧水、一方净土，确保2021年成功创建省级生态文明示范县，力争2023年成功创建国家级，以示范创建让安化的山更青、水更绿、气更新。强化绿色发展势头。继续打好污染防治攻坚战，切实解决好中央、省、市关注和群众关心的环境污染问题。加强日常监管督办和违法查处力度，常态化抓好禁捕退捕、秸秆禁烧和河长制工作，迎接好第二轮中央环保督察，巩固成果，防止问题反弹。推行林长制，开展国土绿化行动，提升生态系统碳汇能力。借助生态优势，科学利用资源，培育生态经济，大力支持清塘矿涌水整治等项目和工艺形成产业，推进产业生态化、生态产业化。激发绿色发展活力。加快产业转型、结构调整和动能转换，做优做强主导绿色特色产业，大力发展新材料、新能源、循环经济等绿色产业，做大油茶、笋竹、小水果、中药材和林下经济等特色农业，加快推进芙蓉山风电和抽水蓄能等绿色能源项目，发展壮大成大生物、博瑞中药等生物医药产业，让绿水青山真正变为金山银山。

二是积极推进茶旅文康融合发展，打造产业集群

全面实施茶旅文康一体化发展战略，在顶层设计、制度安排、要素保障、组织推动等方面形成体系，成为常态。机制要融合。围绕茶旅文康高质量发展这一主题，观大势、谋全局、抓大事，尽快出台《支持茶旅文康融合发展的意见》，建立常态化调度机制和部门联席会议制度。坚持规划引领，目标导向，分类施策，清单推进，力争通过5—10年实现千亿产值目标。平台要融合。全方位打造24小时健康茶生活，培育民宿经济。开展一批特色节会，通过办好第五届湖南安化黑茶文化节等活动发展节会经济，通过举办自行车、摩托车、汽车等赛事发展赛事经济，持续扩大节会的品牌影响力和凝聚力。建好一批平台，“天下黑茶”演艺中心顺利开演、梅山文化红色主题馆按时开馆，开辟好毛泽东青年时期社会调查红色旅游线路，加强对外推介。利用一批科技载体，全力建好安化刘仲华院士工作站，强化创新平台建设，加大科研投入，结合办好安化黑茶学校完善产学研体系。产业要融合。坚持茶为基础、旅为媒介、文为内涵、康为延伸的融合发展思路，不断延长产业链，做活上下游，提升附加值，增强竞争力。通过做优做强茶产业，构建精品旅游线路，挖掘传统特色文化，发展大健康产业，主动融入长株潭和大湘西，打造长沙安化旅游圈，确保产业融合、强强联合、抱团组合。要充分发挥黑茶特色小镇、中医药健康产业平台、茶乡花海等项目的集聚效应，进而推动产业融合、产城融合。

三是坚持农业农村优先发展，全力推进乡村振兴

乡村振兴是新时代做好“三农”工作的总抓手，是当前和今后一段时间的重要实践课题。巩固脱贫攻坚成果助推乡村振兴。在拓展成果中保持定力，在总结经验中挖掘潜力，全力讲好安化脱贫故事。要按照“四个不摘”要求，进一步健全防止致贫返贫帮扶机制，持之以恒做好产业增收、稳岗就业、消费扶贫、资产管理和易地扶贫搬迁后续帮扶等工作，确保收入的稳定性、“三保障”的连续性、发展的可持续性。要实现脱贫攻坚同乡村振兴的有效衔接，自觉追求同频共振最佳效应。推进农业产业现代化助推乡村振兴。落实“六大强农行动”升级版，抢抓益阳是全省现代农业改革示范区的政策利好，把自己摆进去，持续做响“一县一特、一乡一业、一村一品”优质农产品牌，提升农业科技能力应用水平，推进农业智慧化、标准化、绿色化生产。加强种质资源保护利用和种子库建设，推进柑橘良繁场、科技示范场、云台山大叶种的提质升级和种植推广。积极培育新型农业主体，引导产业联盟，扩大品牌影响，通过做强优势主导产业、优化利益联结机制、提高产业竞争能力，推动安化黄精、红皮花生、库区小水果等优质农产品走出去，以产业振兴带动乡村全面振兴，打造全国绿色农产品供应大县。守住土地公有制性质不改变、耕地红线不突破、农民利益不受损三条红线，严肃查处乱占耕地建房，杜绝耕地非粮化、非农化。继续做好高标准农田建设、土地污染防治等工作，扩大粮食种植面积，稳定粮食产量，确保粮食

安全。突出以城带乡助推乡村振兴。强化以工补农、以城带乡，推动形成工农互促、城乡互补、协调发展、共同繁荣的新型工农城乡关系，引导城镇的资本、人才、技术等生产要素流入乡村，实现生产要素在城乡之间双向自由流动。优化国土空间规划，实现多规合一。坚持以人为本，强化规划引领，做优县城，提升承载能力和功能配套。坚持“绿色、品质、活力”理念，推进县城东北部和玉溪片区开发。强化政策和要素保障，支持梅城、平口等乡镇扩容提质。通过提升“一主两副”的辐射带动效应，激活各类资源和要素聚集。完善现代物流体系建设，争取打造京东物流安化产业园。注重区域协调发展助推乡村振兴。坚持区域之间差异互补发展，按照合理定位、科学布局、协调推进，逐步解决发展不平衡的问题。要高度重视库区发展，健全库管委工作机制，有效整合政策资金，全力破解要素制约，改善基础设施建设，全速推进东渠公路、官新高速、柘溪大桥建设，不断巩固移民村水、电、路等基础配套。立足库区得天独厚的自然资源优势，打造农产品公共品牌，做强库区特色产业，加快库区大旅游开发利用，发展库区经济。

四是强化项目为王意识，掀起项目建设新高潮

坚持把项目建设作为县域经济高质量发展的第一动力，营造“以产业比实力、以项目论英雄”的浓厚氛围。突出园区经济的主战场。筑巢引凤和引凤筑巢相结合，提升园区集聚效应，做到产业向园区集中，资源向园区聚集，做大做强园区经济。全方位支持和服务园区建设，支持园区提质扩容，清理盘活僵尸企业，加快推进鹊坪片区工业地产项目，确保江南标厂明年投入使用。加强园区要素整合和水、电、气、路基础配套，确保人流、物流、资金流灵活有效。加快形成定位清晰、优势突出、集群集聚、创新驱动的园区产业体系，实现以产促城、以城兴产、产城融合。要大力发展循环经济、绿色矿山资源、新型建材全产业链等项目，做强以高明工业园为代表的新材料产业，支持金鑫、鑫达达产、泰森、博兴、力天、金雕等企业提质扩容。唱响项目建设的主旋律。坚持“项目为王”，抓好要素保障，做好项目的储备、谋划、包装，全力以赴为项目的开工、建设、达产保驾护航。做实工作前期，加速推进抽水蓄能等项目；加速推进通用机场建设，布局航空产业园，争取机场建成试飞。加快项目进度，确保华益槟榔二期、华莱温泉酒店、云天阁、茶工坊、双创中心、龙晟牧业等项目建成运营。其他在建项目要全速推进，确保在2021年见形象、见效果。打好基础设施的主动仗。全力争取一批重要基础设施、民生和环保项目进入国省专项规划笼子，加快推进交通、水利、能源、新型基建等基础设施建设。构建“对外大畅通、对内大循环”的交通网络，进一步加大协调对接力度，积极争取安溆高速尽早开工建设，争取仙沩公路纳入省“十四五”干线公路建设规划并启动建设，争取将长吉高速、益吉秀高铁和安张衡铁路安化段等项目纳入国家“十四五”规划，并尽快启动前期工作。抓好公路日常养护,创建“四好农村路”示范县。要完善城乡供水、防洪等设施，实施生活垃圾分类、黑臭水体整治、污水处理厂提标改造等生态环境建设。加速推进城镇天然气管网建设，基本实现县城天然气全覆盖。

五是创新引领开放崛起，加快培育新动能

创新是高质量发展的第一动力。大力实施创新引领开放崛起战略，全面培塑竞争和发展新优势。要持续释放放管服改革红利。深化供给侧结构性改革，注重需求侧改革，打通堵点，补齐短板，形成需求牵引供给，供给创造需求。提升放管服改革实效，围绕“一件事一次办”，推进政务服务“一网通办”，让“数据多跑路”“群众少跑腿”,“放”出更高便利度，“管”出更高公平度，“服”出更高满意度，让广大群众和各类市场主体共享改革红利。要持续优化营商环境，加大招商引资优惠政策力度，突出精准招商、专业招商、产业链招商，迎老乡回故乡建家乡，提高签约率、落地率、入园率。要持续激发市场主体活力，大力弘扬企业家精神，落实减税降费等惠企纾困政策，落实领导干部联系企业制度，促进实体经济发展。要持续推进产业链现代化。突出“产业为要”，提升产业基础

能力、产业链现代化水平和自主创新能力。结合我县特色产业，推动大数据、云计算、物联网、人工智能、5G和区块链等新兴技术和新型基础设施的快速布局及融合应用。加快培育一批“专精特新”中小企业，围绕建链、补链、延链、强链，通过激活上下游、带动产业链、稳定供应链，提升产业链的韧性和稳定性，形成产业链现代化发展的核心带动力量。大力实施“全网计划”，继续推进安化黑茶工业物联网建设，打造好安化黑茶离岸孵化中心和安化黑茶抖音电商基地，创新运营新模式，鼓励线上品牌企业抱团出海。要持续扩大对外开放。紧扣“质量、效率、动力”三大变革，强化企业自主创新，突出引智引才引技，引导企业成为技术创新、研发投入、科研组织和成果转化的主体。坚持扩大内需这个战略基点，加大政策协同力度，进一步挖掘内需潜力，充分发挥消费的基础性作用，加快实施消费升级行动计划。着力融入国内国际双循环格局，把人力资源优势、市场优势、产业优势等整合起来，深度融入“一带一路”、长江经济带、粤港澳大湾区等国家重大战略，主动对接湖南自贸区、湘南湘西承接产业转移示范区等重要平台。紧跟益阳市东接东融步伐，将我县打造成长沙市及长株潭城市群优质农产品重要供应区、文旅康养休闲综合服务区。

六是坚持共建共享，着力提升人民生活品质

人民对美好生活的向往就是我们的奋斗目标，我们要着力补齐短板、提高品质、促进均衡。全力推进就业创业。坚持就业优先战略，全面落实稳岗补贴、社保降费、技能提升补贴等援企稳岗政策，积极开展“送岗位、送培训、送服务、送政策”活动，加快推进城镇新增就业工作，继续落实启动每月18号定期招聘活动，突出抓好就业困难人员、高校毕业生、退役军人、贫困劳动力等群体就业，狠抓创业培训和就业技能培训，发挥创业担保贷款促进就业创业倍增效应，营造良好的创业氛围。全力抓好社会事业。着力改善办学条件，加快推进教育“5+9”、紫薇中学等在建项目，确保梅城镇芙蓉学校等4所学校投入使用。探索建立湖南农大——安化黑茶学校专业型人才联合培养体系，有计划地支持安化黑茶学校将茶艺与茶营销、电子商务等专业上升至大专层次学历教育。促进教育优质均衡发展，规范办学行为，加强民办学校管理。城镇新建小区配套幼儿园率实现100%，高中阶段大班额全面消除。深化医药卫生体制改革，完善药品供应保障体系，建立健全现代化医院管理制度，巩固县级公立医院综合改革示范县成果。加强乡村医生队伍建设，推进基本公共卫生服务均等化。加快推进县公共卫生医疗救治中心、县中医医院医疗康复养老项目和县第三人民医院、县妇幼保健院整体搬迁项目。全力保障重点民生事业财政支出，用心用力做好普惠性、基础性、兜底性民生建设，发挥好社会政策托底保障作用，城乡居民养老、医疗保险实现应保尽保，保障标准逐年提高。纵深推进殡葬领域改革，加快县城殡仪馆、梅城殡仪馆建设进度。全力办好民生实事。尽力而为、量力而行，每年集中财力办一批民生实事。要加强城市综合管理，实施城市更新行动，加快城镇老旧小区改造。坚持“房住不炒”的定位，多策并举促进房地产市场平稳健康发展，健全住房租赁监管制度体系，规范发展长租房市场，保证居民住房需求。

七是树牢底线思维，坚决守住安全发展底线

没有安全稳定，一切都无从谈起。必须下好先手棋，打好主动仗，有效防范化解各类领域风险，统筹发展与安全。防范政府债务和金融领域风险。完善政府债务风险常态化监控机制，坚决控增量、化存量，加快平台公司市场化转型。深入推进金融产品和服务方式创新，加强支付体系建设，创建“省级金融安全区”。防范疫情防控和公共卫生事件的风险。拓展公共卫生服务能力，做好重大疾病防控和传染病等工作，加强常态化疫情防控体制机制建设，注重联防联控、群防群控。防范安全生产的风险。严格落实安全生产责任制，健全应急管理体系，强化应急救援能力，努力实现“三个坚决、两个确保”目标。防范自然灾害风险。完善机制体系建设，做好防汛抗灾工作，增强抵御各类自然灾害风险隐患能力，提升防灾救灾减灾综合治理水平，按时完成自然灾害风险普查任务，全面推进国家综合减灾示范县创建工作。防范社会稳定风险。打好扫黑除恶的收官战和禁毒人民战争，加大对各类重点人员及群体的管控力度，争创“信访三无县”，巩固省平安县成果，切实维护社会稳定。防范网络舆情管控不力带来的风险。坚持管网、用网、控网，实时巡查采集研判网络舆情，制定应急预案，做到早发现、早报告、早处置，切实加强网络和信息安全管理，构建和谐网络环境。

三、加强党的建设，我们要开拓新局，对标对表，有为有位，全面贯彻从严从实

面对新形势新任务，必须保持战略定力，开辟新时代全面从严治党新局面。

（一）拧紧思想政治“总开关”。坚持把政治建设摆在首位，不断强化信念信仰和理论武装。要坚定理想信念。把学习贯彻党的十九届五中全会精神和习近平总书记考察湖南重要指示批示精神作为当前和今后一个时期的首要政治任务。强化理论武装，传承红色基因，不断增强“四个意识”，坚定“四个自信”，做到“两个维护”。要抓好意识形态。严格落实意识形态工作责任制，以建党100周年为主题，开展系列宣传庆祝活动。全力推进省级文明城市常态创建和新时代文明实践中心建设，精心实施梅山文化产业“七个一”工程，推动文化与旅游、产品、城乡建设等深度融合。要加强党性修养。建好用好红色教育基地，扎实开展政治忠诚教育。全面落实干部教育培训规划，扎实抓好《习近平谈治国理政》第三卷的学习讨论，推动党性教育往深里走、往心里走、往实里走。

（二）校准基层党建“风向标”。坚持抓基层打基础，以增强组织力为重点，始终保持党的生机与活力。发挥引领效应。深入贯彻落实新时代党的组织路线，引导全体党员自觉讲党性、重品行、做表率。深化村企联合党组织创建，加快推进产业基地和扶贫工厂“两新”组织建设，把基层党组织建成推动乡村全面振兴的核心力量。发挥堡垒效应。健全“抓乡促村”责任制，全面落实加强基层建设“1+5”文件。统筹推进各领域基层党建“两个覆盖”，推进党支部“五化”建设提质工程，强力整顿软弱涣散党组织，力争全县党支部“五化”建设达标100%。抓实抓细村级换届选举，确保换出新班子、新气象、新作为。抓好党员教育培训，推动基层公共服务（一门式）全覆盖、见实效。发挥考核效应。深化领导班子和领导干部政治建设考察，坚持重实干、重实绩、重担当，进一步完善“考人”“考事”办法，细化实化“5133”人才工程政策链，坚持表彰一批担当作为好干部、好团队，加大成果运用力度，真正让有为者有位、优秀者优先、吃苦者吃香。

（三）筑牢廉政建设“防火墙”。要像爱护眼睛一样爱护风清气正的政治生态，做到敬畏人民、敬畏法纪、敬畏组织、敬畏权力。突出执纪范围全覆盖。坚持挺纪在前，抓早抓小，推动监督执纪“四种形态”逐步成为全面从严治党常态，把制度建设贯穿党的建设全过程，用好“廉政风险防控图”。紧盯“六大纪律”，在执纪上不作选择、不搞变通。突出问责方式多样化。坚持严肃问责、精准问责、慎重问责，建立党风政风监督与信访办理、案件查处的互联互通机制，落实案件分级通报曝光制度。综合运用批评教育、诫勉谈话、纪律处分等方式开展问责，确保督在关键、查在要害、考在实处。突出执纪态度零容忍。持续整治群众身边腐败问题，全力保障乡村振兴和“十四五”开好局。一体推进“三不”体系建设，进一步巩固和发展反腐败斗争压倒性胜利，持续形成反腐败强大震慑。严格落实中央八项规定精神，严肃党内政治生活，坚决破除形式主义官僚主义，持续涵养风清气正的政治生态。

（四）强化狠抓落实“好氛围”。不抓落实，再好的蓝图都是镜中月、水中花。以新发展理念引领落实。坚持以新发展理念为引领，将新发展理念与工作实践紧密结合。要做到崇尚创新、注重协调、倡导绿色、厚植开放、推进共享，切实找准新发展理念转为实践的切入点、结合点和着力点，用新发展理念武装头脑、指导实践、推动工作。以系统观念来谋划落实。要坚持系统观念，强化前瞻性思考、全局性谋划、整体性推进，加强对各自领域工作研判，确保底数清、情况明、措施硬。要全力补短板、拉长板、创样板，把已有的成绩总结好、巩固好，把既定的战略接续好、实施好，把即将开展的工作部署好、统筹好，把县委的精神传达好、贯彻好。以凝心聚力来推动落实。坚持干事业一条心，抓工作一个调，谋发展一盘棋的好机制，形成齐抓共管的好局面，形成大谋全局、大抓落实、大干当前的好氛围，以功成不必在我、功成不必说我、功成必须有我的胸怀、境界和担当，带领全县人民干在一起、干在一线、干在一流。以比学赶超来促进落实。要多提建设性建议、不空发议论，做到起而行之；要多鼓干劲、不喝倒彩，做到求真务实；要多设路标、不设路障，做到创先争优。要真抓实干，迎难而上，把握好重要时间节点和关键环节，对本次会议确定的各项工作实行挂图作战、倒排时限，实现目标逐个分解、任务逐件落实，实现各项工作创先争优、争先进位的目标。

同志们，扬帆起航在今日，奋力拼搏正当时。让我们更加紧密地团结在以习近平同志为核心的党中央周围，在省委、市委的坚强领导下，团结带领全县人民奋战“十四五”，赢得好成绩，奋力开启全面建设现代化新安化的新征程，向中国共产党建党100周年献礼！

政府工作报告

——2020 年 12 月 29 日在安化县第十七届人民代表大会第六次会议上

安化县人民政府县长　肖　义

各位代表：

现在，我代表县人民政府，向大会报告政府工作，请予审议，并请各位政协委员和其他列席同志提出意见。

2020 年工作回顾

2020 年是极不平凡、极其不易的一年。面对艰巨复杂的改革发展稳定任务，特别是新冠肺炎疫情的严重冲击，县人民政府坚持以习近平新时代中国特色社会主义思想为指导，特别是认真贯彻习近平总书记考察湖南重要讲话精神，在上级党委、政府和县委的坚强领导下，在县人大及其常委会和县政协的监督支持下，坚持推进高质量发展，继续紧紧围绕三大攻坚战和项目建设，大力实施“四轮驱动”战略，加快建设“四个安化”，较好地完成了县十七届人大五次会议确定的目标任务，呈现出“经济社会向上向好，社会大局和谐稳定”的良好态势，为“十四五”顺利起航巩固了基础。全县完成地区生产总值 241.8 亿元（预计数，下同），增长 4.1%。完成地方一般公共预算收入 8.84 亿元，增长 4%。完成规模工业增加值 41.6 亿元，增长 4.5%。完成社会消费品零售总额 89.8 亿元，增长 2%。农村居民人均可支配收入达 10771 元，增长 9%；城镇居民人均可支配收入达 21595 元，增长 8%。全面小康整体实现程度达 98%，提升 0.5 个百分点。

一年来，我们坚持人民至上、生命至上，面对突如其来的新冠肺炎疫情，迅速构建防疫体系、迅速推进联防联控、群防群治，成功打赢平口疫情保卫战，疫情防控有力有效。全力铺开县中医医院、县第三人民医院、妇幼保健院和公共卫生医疗救治中心等项目，着力构建起强大的公共卫生体系，提高应对突发公共卫生事件能力。

一年来，我们聚焦脱贫攻坚，脱贫攻坚战取得决定性进展，剩余 2142 户 5687 名贫困人口全部脱贫，全县 14.86 万贫困人口全部实现脱贫。统筹抗疫抗灾，无一人因疫因灾致贫返贫，成功迎接国家脱贫攻坚普查和省脱贫攻坚实地考核，所有贫困户“一超过、两不愁、三保障”合格率为 100%，政策落实 100%，贫困群众生活质量明显改善占比 99.98%，高分答好了“必答题”和“加试题”。

一年来，我们坚持茶旅文康融合发展，加速打造 24 小时健康茶生活。安化黑茶获得海关总署进出口商品编码，拿到走向世界的通行证。茶乡花海生态园建成开园，安化国家现代农业产业园展示馆建成开馆，湖南省（春季）乡村文化旅游节成功举办；省级农业特色小镇安化黑茶特色小镇加速建设，滨江温泉中心即将投入运行，“天下黑茶”演艺中心加快建设，全国首个茶类抖音直播基地落地安化，全省农业特色小镇建设推进会在我县圆满召开。

一年来，我们坚持“项目为王”，先后 9 次开展重点项目集中开工和现场观摩活动，81 个重点项目全面启动，完成投资 96 亿元。官新高速建设加速推进，东梅公路、南桥大道通车在即。马安高速（二期）12 公里路面工程开工建设。县城紫薇中学建设顺利，将于明年秋季开学。元畅 · 恒太城商业中心正式开业，经开区华益食品项目建成投产。

一年来，我们坚持“绿水青山就是金山银山”，全面推进蓝天碧水净土保卫战，资江流域4个考核断面和涉锑企业水质监测全面达标；14个污水处理厂建成运行；廖家坪水库饮用水水源地环境整治成效受到生态环境部肯定，全县生态环境质量得到持续改善。

一、疫情防控成效明显

疫情发生之初，见事早，行动快，迅速组建疫情防控指挥部，集中办公，统一指挥，坚持“内防扩散、外防输入”原则，开展“五个排查”、前移“三个关口”，对“四类对象”实行“五个固定”，落实来安返安人员最严管理措施，做到“机场门（高铁门）—车门—隔离门”无缝对接。平口疫情发生后，第一时间紧急响应，第一时间精准会商，第一时间组建前线指挥机构。及时排查出全部6例确诊病例和9例无症状感染者，19天实现解除疫区封锁，30天实现确诊病例和无症状感染者全部治愈、留观人员全部清零。平口保卫战有力有效，为全县疫情防控赢得了主动。13例确诊患者痊愈出院，实现“三个确保”目标。县人民医院抗疫一线护理团队获授全省疫情防控护理工作先进集体。进入常态化防控阶段后，做到机构不撤、队伍不散、力量不减，坚持一手抓疫情防控，一手抓复工复产，在确保疫情不蔓延、不反弹的情况下统筹抓好疫情防控与经济社会发展，同疫情防控相适应的经济社会运行秩序逐步建立。

二、三大攻坚战纵深推进

（一）决胜脱贫攻坚。始终把脱贫攻坚作为最大的政治任务和第一民生工程，创新“3456”工作体系，实施“决战决胜十一条”，确保“四不摘”落到实处。攻坚更加强劲。统筹整合涉农资金7.2亿元用于脱贫攻坚。对1038户特殊贫困对象进行二次帮扶，为1275户边缘易返贫户新安排帮扶责任人，对全县27个乡镇（区、场）、90个行政村（社区）、12个易地扶贫搬迁安置点、八项重点工作进行“重点督战帮扶”。保障更加有力度。始终坚守“3+1”保障底线不动摇，做到义务教育“零辍学”、资助“零遗漏”；贫困人口参保、家庭医生签约、“一站式”结算、农村人口饮水安全达标率均实现100%；完成困难群众危房改造1034户，易地扶贫搬迁集中安置点配套建设全面完善，茶乡花海集中安置点获评“十三五”国家美丽搬迁安置区。就业路子更广。新增扶贫车间20家，“致富农场”20家，帮助659名贫困户实现“家门口”就业；开发公益性岗位3859个，就近安置贫困劳动力2255人；1265名贫困户通过专场招聘会与企业达成意向性协议。全县贫困劳动力就业5.61万人，就业率居全市第一。产业帮扶更有保障。重点产业扶贫项目增加至284个，覆盖贫困人口13.2万人。成功争取首批国家级以工代赈巩固脱贫攻坚成果衔接乡村振兴战略试点项目。投放扶贫小额信贷2.4亿元，全省排名第一。“扶贫832”网络销售平台首家产地仓落户安化，715个消费扶贫产品完成销售额4.2亿元，链接贫困人口6.95万人。

（二）狠抓污染防治。坚持一张清单管总，统筹推进中央、省环保督察问题整改、“夏季攻势”和“洞庭清波”专项行动。水质明显改善。辖区“水十条”考核断面、省控考核断面水质和县级城市集中式饮用水水源水质达标率100%。扎实推进禁捕退捕，退捕渔民协议签订、证照收回、退捕渔民参保率达100%。空气持续向好。抓好秸秆焚烧治理、城市扬尘管控等工作，空气优良率达99.7%。土壤治理有效。完成全县砂石土矿专项规划，砂石土矿核减至26个。实施历史遗留矿山生态修复治理项目22个，杨林石煤矿等6家石煤矿山问题整改销号。深入开展受污染耕地安全利用，高标准完成3400亩集中推进区建设。

（三）防范化解重大风险。牢固树立过“紧日子”思想，一般性支出压减20%，三公经费下降29.2%，守住了“三保”安全底线。化解缓释债务27.71亿元。积极推进梅山城投集团市场化转型。及时处置各类金融风险，累计偿还扶贫小额信贷5.4亿元，逾期率及不良率均控制在1%以下。各项存款余额371.64亿元，比年初增加14.92亿元，同比多增11.21亿元。各项贷款余额192.04亿元，比年初新增32.58亿元，同比多增18.16亿元。存款余额与贷款余额在益阳市4个县市区排名第一。

三、产业发展质效提升

（一）茶旅文康融合发展提速。凝神聚力、久久为功，立足县情禀赋，以茶产业为引领支撑、文旅健康等生态产业齐头并进的发展态势初步形成，茶旅文康融合发展成为当下全县共识。龙头引领势头强劲。茶产业高质量发展步伐加快。出台黑茶产业高质量发展行动方案、茶叶生产提质增效实施意见，发布安化黑茶贮存、黑茶茶艺及云台大叶种茶苗繁育技术规程等3个湖南地方标准，黑茶产业质量标准体系日趋成熟。全年实现茶叶加工量8.5万吨，综合产值230亿元，税收1.5亿元，连续12年跻身中国茶业百强县前十强。安化黑茶获评“标杆品牌”、估值高达639.9亿元，成为湖南唯一进入“中欧100+100”地理标志产品互认互保名单的地标产品。“安化红茶”“安化松针”顺利通过国家农产品地理标志登记。中茶安化第一茶厂、八角茶业等企业新厂房和自动化生产线建成投入使用，新建9家清洁化、机械化、自动化毛茶加工厂。建玲实业清洁化生产中心提质改造、黄棣震黑茶精深加工、云天阁年产5000吨黑茶项目全面加快建设。茶旅互兴态势初成。成功举办湖南（春季）乡村文化旅游节，拉开全省旅游经济回暖序幕。茶乡花海生态文化体验园开园营业，云台山风景区创4A稳步推进，梅山文化生态园游客接待量稳步增长，百花寨黑茶仓储中心、叶子湾生态旅游基地完成主体工程，茶旅文观光体验茶工坊启动建设。全年共接待各类游客600万人次，实现旅游收入58亿元。文化内涵不断丰富。安化黑茶文化系统被认定为中国重要农业文化遗产，益阳首获此殊荣。成功举办茶旅诗歌节、“文化和自然遗产日”活动，万里茶道申报世界文化遗产取得阶段性成果。扎实推进梅山文化产业“七个一”工程，县城首家梅王宴形象店和5家梅王宴特许经营店正式投入运营。“天下黑茶”演艺中心即将开演，“梅山书院”对外开放，梅山剪纸入选国家级非物质文化遗产代表性名录。“梅山文脉”“梅山剪纸”“张五郎塑像”“傩戏面具手机壳”等文创产品走俏市场。烤腊肉、千两茶制作、芙蓉山大戏等“非遗元素”为茶旅文康融合发展添彩助力，带动村民就业增收。大健康产业实质突破。湖南安化黑茶首届汽车摩托车越野争霸赛获得广泛关注，梅山赛车运动主题公园成为全省首家“汽车自驾运动营地”。中国健康跑安化黑茶杯安化站成功举办，全省各地上千位选手齐聚安化。安化广场舞电视大赛吸引3000多名群众积极参赛。省级农业特色小镇安化黑茶特色小镇加速建设，滨江温泉中心即将投入运行，24小时健康茶生活品牌效益凸显。多产融合亮点频出。策划推出“潇湘五彩·瓷茶风云”瓷茶产业融合发展、茅台对话安化黑茶等活动，15家陶瓷企业和11家黑茶企业达成签署合作协议，签约金额达10亿元。实施线下“六进”工程，与探厨、毛家饭店等餐饮大咖合作推广餐饮茶合作店1000余家；在长沙高铁站、五一广场商圈等地投放易泡智慧茶饮机1000余台。组织茶企抱团参加湖南茶业博览会、北京“两展一节”等重大节会，斩获各类奖项28个。创新驱动不断提升。刘仲华院士唯一的院士工作站落户安化，并被认定为湖南省院士专家工作站。完成“一馆两中心”和“六大平台”建设，安化黑茶工业互联网平台上线运行。中茶低氟黑茶产品研发项目建成投产，并纳入全市10个重大产品创新项目实施计划。实施线上“全网计划”，黄沙坪裕通永茶行抖音电商直播基地设立直播间100余个，招商茶叶类商家200余个，50余位主播带动直播销售1.8亿元。成功举办首届安化黑茶网上开园节，茶企茶商搭建“云”卖场，带动销售额9739万元。

（二）农业产业逐步兴旺。实现农林牧渔总产值84.06亿元，同比增长3.5%。坚决扛稳粮食安全责任。出台九条措施保障粮食生产，完成粮食种植面积68.51万亩，粮食产量达25万吨，其中早稻生产面积6.7万亩，超额完成市定任务目标。生猪稳产保供成效突出。新增规模养猪场69个，其中年出栏1万头以上17个，年出栏量达87.8万头。龙塘龙晟牧业智能化楼宇式生猪养殖工厂完成主体工程建设。特色产业稳步发展。按照“一片一特”发展特色农业产业。乐安片区“安化小籽花生”基地面积达3万亩，年产量达125万公斤，产值近亿元；羊角塘片区新植油茶林5000亩，金叶油业二期启动建设；继续开展库区小水果品改，小水果种植面积达5万亩，库区柑橘获得丰收，成功举办第四届柑橘文化节。出台支持笋竹产业发展的奖补政策。新型农业经营主体不断壮大。出台支持新型农业经营主体发展区域现代农业产业联合体试点的政策文件，农业专业合作社达1527家，成功申报省级旗舰社1家、百强联合社1家、现代农机社2家、示范社3家，碧源果业成为全省首批全国“最美绿色食品企业”。稳妥推进农业农村改革。完成19.6万农户确权登记颁证，确权面积64万亩。基本完成农村房地一体确权登记颁证。

（三）工业发展有效推进。新增规模工业企业27家，总数达158家，实现总产值155亿元，同比增长3%。新能源产业持续发力。华晟生物年发电量达1亿千瓦时。芙蓉山风电二期完成13台机组并网发电；继续推进总投资135亿元的芙蓉山抽水蓄能项目前期工作，装机容量由120万千瓦调整至240万千瓦。新材料产业加速成型。金雕新材新厂区完成设备安装调试；鑫达钨钼完成厂房建设并试投产。完成海螺固废处理项目主体工程建设并试生产。金源新材获市重大科技创新优秀项目。电子信息产业持续推进。启动湘磁电子新厂房建设，微网新能源6条生产线试生产。园区承载能力持续加强。完成高明污水处理厂生活污水一体化设施和园区“三水分离”管网建设；完成江南工业园（一期）80亩土地“三通一平”和“135升级版”标厂主体建设；启动鹊坪片区和龙塘片工业区开发。

（四）中医药健康产业不断壮大。年产中药材8.5万吨，产值26.4亿元，同比增长18.6%。基地建设不断加速。新建黄精种苗繁育基地1个、“安五味”示范基地14个，省级示范家庭农场7家，阿丘中药材、菲菲葛业被认定为国家示范社。公共品牌不断提升。成功举办第六届“湘儿味”中药材论坛暨“安化黄精”品牌发布会，“黄精宴”深受好评。“安化厚朴”“安化黄精”成功注册国家地理标志证明商标，“安化黄精”通过国家农产品地理标志登记；安化县荣获“中国多花黄精之乡”称号。产业项目不断加快。新建初制加工厂5个，扩建8个，提质改造生产线15条；湖南上药初制加工厂正式投产。

四、城乡面貌显著改变

（一）城镇品质不断升级。城市空间不断拓展。县城南区林家冲紫薇谷文旅综合体片区开发项目加速推进，辰溪西路拉通并完成绿化亮化工程，“紫薇谷里新安化”即将呈现；完成县城东北部片区规划并启动土地征收，启动玉溪片区综合开发前期工作。完成房地产开发投资18.1亿元，销售面积近40万平方米。旧城改造效果明显。完成棚改项目5个，实施旧改项目13个，3000余户居民居住条件得到有效改善。完成柏杨路人行天桥建设，柳溪东路立体停车场项目主体完工。配套功能逐步完善。气化安化建设加快，完成LNG气化站和南区管网建设，启动小淹等乡镇燃气配套设施建设。全面完成国家基本气象站搬迁和县城垃圾填埋场扩容工程。

（二）基础设施不断完善。交通路网加速构建。完成交通建设投资31亿元。通用机场项目完成选址空域审核。官新高速完成征地拆迁，完成对溪社区安置点建设，全线加快建设。东梅公路、南桥大道实现全线贯通，力争春节前实现全线通车。东渠公路路基、隧道、桥涵等工程加速推进。G354烟溪城改线启动征地拆迁。完成柘溪大桥下部结构建设。仙沩公路纳入“十四五”规划并全面启动前期工作。完成以奖代补及产业路70.3公里，安防工程500公里，危桥改造9座。供水工程不断完善。扎实推进城乡供水一体化项目，启动钟鼓山水厂和清塘铺镇自来水厂建设，大湖坪水库完成工程量70%，马路镇自来水厂完成供水管网及泵房建设。新型基础设施有序推进。“三型两网”电力工程加速实施，完成电力投资3.5亿元，安化西220KV输变电工程开工建设，柘溪水力发电厂等近区居民生活用电同网同价工作有序推进。新基建抢先布局，开通5G基站53个，建设充电桩56个。

（三）乡村面貌显著改善。村庄规划不断完善。编制村庄规划17个，冷市镇大苍村村庄规划纳入省级试点。人居环境持续改善。完善长效保洁机制，推进“厕所革命”，完成改厕5250间，创建人居环境整治合格村433个、示范村30个，荣获全省“农村人居环境整治先进县市区”称号。文明乡风逐步成型。稳步推进村级综合文化服务中心全覆盖，打造示范点10个；完成数字电视“户户通”2181户；开展“最美农户”评选，村规民约实现全覆盖。云台山村获评“全国文明村镇”。推进殡葬改革，有序推动殡仪馆建设。

五、发展活力不断释放

（一）坚持“项目为王”。强化项目调度。全年召开重点项目领导小组会议11次调度重点项目，项目建设全面加快。完成固定资产投资145.8亿元，增长11.2%。省重点项目完成投资46亿元，为年度计划的178.3%，排名全市第一。市重点项目完成投资69亿元，为年度任务的141.4%，排名全市第二。强化要素保障。统筹安排经费1778万元保障项目前期工作开展，引导金融机构向重点项目建设放贷50余亿元，报批建设用地2000亩，完成土地增减挂钩2092.63亩，开发耕地1090亩。继续实施“5133”人才引进工程，引进机关事业单位各类人才907人。强化服务保障。推行重点项目专班制度，全过程跟踪服务；积极探索重点项目政府代办服务工作机制，组建5个“一对一”专业服务团队，变企业“跑腿”为政府“跑腿”。

（二）大力优化营商环境。“放管服”改革纵深推进。全面完成县乡机构改革相关配套工作，推进权限事项下沉，编制乡镇权力清单和责任清单116项，梳理乡镇公共服务事项清单69项，下放乡镇经济社会管理权限事项50项。着力推进“三集中三到位”。市民之家政务服务大厅建成并即将投入使用。探索乡镇政务服务大厅“七统一”，村级直接办理事项达90项，实现村部直接办证近万张，运行模式经验获《人民日报》报道。有序推进工程建设项目审批制度改革。保留行政审批或技术审查事项47项，强制性评估和市政公用服务事项12项，受理办理审批事项1000余件次，发放施工许可证51本，项目施工许可证审批平均用时缩短至3.5个工作日。抓好惠企政策落实。减免税费7669万元，建立银企对接机制，累计为56家企业贴息514万元。

（三）鼓励科技创新。新申报高新技术企业9家，高新技术产值达100亿元，同比增长32.1%。金源新材料获新能源汽车废旧动力蓄电池综合利用规范企业“白名单”资质。荣获“国家知识产权示范县”荣誉称号。科技专家服务团连续两年获评“湖南省优秀科技专家服务团”。

（四）招商引资质效提升。新签约项目36个，金额135.97亿元。引进境内省外资金62.41亿元，引进市域外资金形成固定资产投资53.3亿元。其中总投资19.6亿元的华益食品项目实现5个月内从签约到产品上市。外经外贸态势向好，进出口额达1.35亿美元。

六、社会大局持续稳定

（一）教育事业不断夯实。始终坚持把教育优先发展战略落实在行动上。全面化解大班额，完成紫薇中学、梅城镇芙蓉学校主体工程，完成滔溪镇中学、长塘镇克明学校等8所学校建设，启动古楼乡完小等4所学校建设。消除义务教育阶段大班额154个，普通高中大班额38个。学前教育大力发展，公办园占比达80.5%。大力发展职业教育，黑茶学校新校区全面招生。强化教师队伍建设，补充教师604人，培养定向师范生290名。93岁老教师唐上君荣获“感动湖南十佳人物”。高考录取率和学考一次性合格率居全市第一。深入推进“护苗”行动，成功创建平安校园16所。安化在全省基础教育大会上作典型发言。

（二）卫生事业加快发展。医药卫生体制改革加快。推进医联体、医共体建设，优化双向转诊工作制度及转诊流程，县域就诊率达到90%以上。县人民医院成功创建三级综合医院。基础设施建设加快推进。安排专项债券8360万元，支持公共卫生医疗救治中心、县中医医院、县第三人民医院、县妇幼保健院等项目建设。仙溪镇、古楼乡和烟溪镇等卫生院年内投入使用。公共卫生服务不断提升。实现两癌检查、产前筛查、乡镇卫生院2名全科医生全覆盖；疫苗接种率达95%以上。获评“湖南省无偿献血工作先进县”。

（三）社会保障切实加强。深入推进“送万岗进乡村”活动，新增农村劳动力转移就业3604人，新增城镇就业5090人；组织职业技能培训11507人；核发创业担保贷款5320万元。开展上门评残、集中评残、送医评残工作，实现评残办证全覆盖。全面推进被征地失地农民养老保险，10233名被征地失地农民纳入保险范畴。刘玉兵等3人获“湖南省劳动模范”称号，县总工会获评全省先进县级工会。有序推进第七次全国人口普查，选聘普查指导员502名、普查员1744名，全面完成入户普查登记和比对复查。扎实推进退役军人服务保障体系建设，荣获“湖南省第十届双拥模范县”称号。

（四）社会大局和谐稳定。扫黑除恶深入推进。扎实开展十大行业领域专项整治和“六清”行动，铲除涉黑组织2个，恶势力犯罪集团2个，涉恶团伙9个，刑事拘留犯罪嫌疑人107人。平安建设成绩斐然。依托“智慧安化”现有平台和设施设备，加快推进“雪亮工程”“平安乡村”建设，着力构建全域覆盖、全网共享、全时可用、全程可控的视频监控联网应用体系。全县新建公共安全视频监控1734路，社会面视频监控12156路，实现社会治安防控“全覆盖、无死角”。“三所合一”项目加速推进，戒毒所、看守所、拘留所完成主体工程。获评全省平安建设（综治工作）年度考核评估先进县。信访工作有序推进。积极创建省级信访“三无县”，推动化解两年以上各类信访积案68件。连续三年被评为全市信访工作先进单位。安全生产总体平稳。全面推进安全生产专项整治三年行动，深化隐患排查整治，强化食品药品安全监管，连续5年未发生较大及以上生产安全和食品药品安全事故，获评全省安全生产和消防工作优秀单位。开展交通领域顽瘴痼疾和涉铁安全隐患整治，查处各类交通违法行为2.6万起，道路交通事故总数下降1.3%、死亡人数下降42.3%。健全减灾和应急救援体系，地质灾害连续三年实现“零伤亡”目标。创文巩卫深入推进。创建省级卫生乡镇3个、省级文明单位6个，高分通过省级文明县城现场考核。

七、实干氛围日渐浓厚

深化“不忘初心、牢记使命”主题教育成果，推动政府系统作风形象、服务效能、工作成效持续提升。依法行政深入推进。坚持依法科学民主决策，自觉接受县人大及其常委会法律监督、工作监督以及县政协民主监督，定期向县人大报告工作，向县政协通报情况，主动向县人大常委会提请审议政府投资计划和重大项目情况，执行县人大及其常委会的决议决定，办理人大代表建议106件、政协委员提案71件。公开机制形成长效。把公开作为最好的监督，对重点工作推进落实情况、群众关心关注的热点难点等主动通报、主动曝光，接受各方监督。作风建设持续加强。全面推进省委巡视、市委产业项目建设专项巡察反馈问题整改。持之以恒纠“四风”。加强政府系统党风廉政建设，强化审计监督，规范权力运用。其他事业协调发展，兵役征集、国防教育和人民防空工作不断加强，统战、外事侨务、史志档案、机关事务、老干、团委、妇联、科协、总工会、工商联、计生协、公积金、烟草等工作均取得新成绩。

各位代表，一年来的发展，倾注了全县上下不懈的努力，凝聚了全县人民共同的智慧。在此，我代表县人民政府，向全县人民，向人大代表、政协委员、各界人士，向离退休老同志，向县人民武装部和驻安武警官兵、公安干警，向心系家乡的安化人，向在我县发展的投资者、建设者，向所有关心支持安化发展的朋友，致以衷心的感谢和崇高的敬意。在总结成绩的同时，我们也要清醒地看到，全县发展还面临诸多问题短板和风险挑战，主要有以下几个方面：一是发展的基础还比较薄弱。茶产业在质量安全存在风险挑战，市场营销的规模和力度亟待提升，其他农业产业的组织化、规模化、现代化程度还很低；园区承载能力不足，工业发展不快；县城规模相对较小，县域经济的龙头作用发挥有限；物流体系较为落后，流通成本相对较高；二是财政收支平衡压力大。还属于典型的“吃饭财政”，明年中央抗疫特别国债、特殊转移支付等阶段性政策措施退坡后，收支矛盾将会更加突出；三是民生保障水平仍然不高。农民人均可支配收入低于全省平均水平，国有企业困难职工等城镇困难群众群体数量较多，生活水平低，民生改善与人民群众的期盼尚有不小差距；四是治理能力和水平有待提升。与适应新时代、贯彻新理念、构建新格局要求相比，我们在思维意识、专业素养、使命担当方面还有较大差距。对上述问题，我们一定以更坚定的决心、更扎实的举措、更努力的工作，认真加以解决。

2021年工作安排

2021年是全面开启现代化建设新征程的第一年，是“十四五”开局之年，也是中国共产党建党一百周年，做好明年的政府工作，意义十分重大。我们要充分认识到，我们面临诸多的风险挑战，但也面临前所未有的机遇，需要用全面辩证长远的眼光认识危和机，坚定信心，保持定力，在危机中育新机，于变局中开新局。

2021年政府工作总体要求是：以习近平新时代中国特色社会主义思想为指导，全面贯彻党的十九大和十九届二中、三中、四中、五中全会精神，坚决贯彻习近平总书记关于湖南工作系列重要讲话系列指示精神和中央、省委、市委、县委经济工作会议精神，坚持稳中求进工作总基调，立足新发展阶段，贯彻新发展理念，构建新发展格局，以推动高质量发展为主题，以深入供给侧结构性改革为主线，以改革创新为根本动力，以满足人民日益增长的美好生活需要为根本目的，大力实施“三高四新”战略，坚持“四轮驱动”，坚持生态优先、绿色发展的战略不动摇，坚持茶旅文康融合发展的路径不改变，坚持项目为王、产业为要的工作重点不偏移，坚持比学赶超、创先争优的氛围不淡化，扎实做好“六稳”工作、全面落实“六保”任务，更好统筹发展和安全，巩固拓展疫情防控和经济社会发展成果，推动经济平稳健康运行、社会和谐稳定，确保“十四五”开好局，以优异成绩庆祝建党100周年。2021年经济社会发展的主要预期目标是：地区生产总值增长8.5%以上，地方一般公共预算收入增长7%以上，固定资产投资增长10%以上，规模工业增加值增长8%以上，社会消费品零售总额增长10%以上，城乡居民人均可支配收入增长分别增长8%、9%以上。围绕实现上述目标，必须重点做好以下六个方面的工作：

一、突出茶旅文康，着力构建现代产业体系

（一）坚持茶旅文康产业融合发展不动摇。保持定力，接续奋斗。加快出台支持茶旅文康融合发展的意见，全力提速茶旅文康融合发展，力争用5到10年时间成功打造千亿产业集群，打造安化24小时健康茶生活。以举办第五届安化黑茶文化节为总抓手，全面加强黑茶特色小镇和国家现代农业产业园建设，加快补短板、锻长板。继续强化茶产业龙头作用。按围绕产业基础高级化、产业链现代化，大力推进基地培管、毛茶加工、精制加工、仓储物流、营销、检测研发服务等产业链各环节的专业化、科技化和社会化。继续稳步推进茶园基地建设，新增有机茶园1万亩，休闲观光茶园2万亩；科学规划布局毛茶加工厂，加大力度推进毛茶加工的机械化、自动化和清洁化，鼓励毛茶加工厂为区域内茶园基地提供社会化、专业化加工服务；积极支持黄棣震黑茶、云天阁、创新茶旅文工坊、松针产业园等项目建设，进一步提高精制加工水平，鼓励探索推进现代化智能化代工厂建设；支持建玲仓储中心、谦益吉电商溯源保真标准仓建设；依托刘仲华院士工作站，整合检测、科研力量，研发生产黑茶饮料、速溶茶、保健茶、茶食品、茶多酚、茶饲料等深加工产品。加大降氟技术的研发和推广，牢牢守住安全底线。继续丰富和完善安化黑茶标准体系；继续加大公共品牌建设力度，将“安化黑茶”商标扩类注册至5类以上，继续组织茶企抱团参展北京、广东、杭州、长沙以及西北地区茶事茶文化活动。在安化黑茶公共品牌引领下，继续支持龙头企业品牌建设，重点支持龙头企业以安化黑茶标准店和企业品牌形象店建设为主线，全面布局线下营销网点，推进安化黑茶“六进”工程体验式消费。实施“全网计划”，支持企业加大线上营销力度，建立线上公共品牌与企业品牌旗舰店的线上店铺矩阵；鼓励创新创业，继续加强安化黑茶长沙孵化中心等平台建设，鼓励企业和优秀人才团队入驻安化黑茶长沙孵化中心。大力支持抖音直播基地建设；支持发展跨境电商，鼓励黑茶走出国门。提升产业数字化水平，注重黑茶产业链各环节数据特别是市场数据的抓取和分析，建设好安化黑茶大数据中心，积极推进工业互联网、产业互联网的建设，用数据融合贯通产业各环节；推动产业跨界融合，大力推进瓷茶融合、茶药融合、茶酒融合。积极推进茶旅融合。支持云台山、茶乡花海、百花寨、梅山文化园等茶旅主题景区建设。确保茶乡花海天河漂流、悬崖宾馆、茶园民宿等项目建成投入运行，滔溪百花寨千两茶展示馆、黄永玉艺术高地等项目建成运行。持续推进黑茶特色小镇建设，推进黑茶大市场（二期）、滨江文化客厅建设，确保华莱国际大酒店正式营业、天下黑茶演艺中心正式开演，万隆温泉园完成主体工程建设并启动装饰装修工程；完成大酉溪旅游码头建设。继续推进民宿经济试点村建设，支持莲台山半山隐宿开展二期工程建设，全力打造成为湘中民宿建设样板示范区。建设一批茶旅研学基地。大力开展“长沙人游益阳活动”，大力推介安化精品旅游线路和产品。着力强化文化支撑。尽快建成梅山文化红色主题馆，开辟毛泽东青年时期社会调查红色旅游线路。全力确保“天下黑茶”实景剧6月份上演。继续实施梅山文化“七个一”工程，积极推进梅王宴的品牌打造和产业化。确保省级梅山文化生态保护区申报成功。继续推进“万里茶道”申遗，支持书籍、戏曲、影视等形式的茶文化作品创

作，开发特色中小学课程，推进安化黑茶茶艺和茶文化进校园。着力强化康体元素。大力推介安化冰碛岩温泉，运营好御水天赐温泉中心，确保华莱五星级温泉酒店黑茶文化节前完成装修并正式运行；依托茶乡花海赛车营地，建设茶乡花海体育运动公园；以"体育＋旅游"做响"羽毛球世界冠军的摇篮"品牌。开发雪峰湖环湖马拉松、自行车等精品赛事。

（二）助推工业产业逆势回暖。深耕传统矿产业。支持湖南黄金集团尽快完成渣滓溪矿业与龙洞采矿场、同心锑矿资源整合，进一步扩大产能，力争在"十四五"期间打造锑产量上万吨的全球锑产品第一公司；支持湘安钨矿转型升级，探索废渣废矿综合利用技术；加快海螺固废处理工程建设，确保飞灰水洗项目建成投产。提升新材料产业。大力支持金源新材上市，确保鑫达达产、博兴完成扩建，助推力天、金鑫、金雕成长为园区骨干企业。做大新能源产业。全力支持配合完成芙蓉山抽水蓄能电站项目前期工作，做好征地拆迁与移民安置工作，确保项目年内开工建设。确保芙蓉山风电二期25台机组全部并网发电，支持华晟生物启动二期项目建设。

（三）迅速壮大中医药产业。力争实现中药材产量9.4万吨，实现产值29亿元，同比增长10%以上。加强基地建设。新建种苗基地1个、种植示范基地10个，新增中药材种植面积8万亩。重点支持黄精种植示范基地建设。加强品牌建设。制定黄精、厚朴质量标准标识和中药材质量追溯体系；出台"安化黄精""安化厚朴"国家地理标志使用管理办法，加大"黄精宴"宣传推广力度；争取举办第四届"湖南黄精"高峰论坛。加强项目建设。支持成大生物在安化发展壮大；支持博瑞中药健康园项目建成投产；加快中医药健康产业园"三通一平"和配套设施建设，重点推进中医药健康产业基础平台PPP项目；充分挖掘和发挥湖南上药聚散优势，提升县域中药材在全国市场占比及影响力；力争湖南中医药大学药学院野生中药材教学基地落户安化。

（四）着力提升园区承载能力。一盘棋支持园区。制定支持园区发展联席会议制度，及时研究解决园区发展的痛点、难点问题。盘活注入资产，支持经开投做大做强。支持有序清理僵尸企业。支持建立飞地经济园区，凡乡镇新招商工业项目原则一律入驻园区。属地乡镇对照成立支持园区发展工作专班，全力支持园区建设、项目落地和服务项目审批。筑巢引凤发展园区。积极谋划高明工业园集中供热、供水、供电项目，完善园区配套；完成黑茶产业园江南标厂二期50亩土地"三通一平"和标厂建设；完成鹊坪片区160亩土地"三通一平"，启动工业地产和标厂建设；完成龙塘发展区50亩土地"三通一平"；启动中医药健康产业园污水处理厂项目建设，积极创造条件启动槎溪大桥建设；聚焦茶酉片区提质增效，启动标厂和双创中心建设。年内新建标厂10万平方米。

二、推进乡村振兴，巩固拓展脱贫成果

（一）切实抓好有效衔接，巩固拓展脱贫成果。保持政策持续稳定。在脱贫攻坚收官后的过渡期内，按照"四不摘"要求，把握政策导向和政策标准，完善住房、教育、医疗等政策，确保主要政策不出现"急刹车"，确保收入的稳定性、"三保障"的连续性、发展的可持续性，防止政策变化带来的返贫风险。完善动态监测帮扶机制。加强对农村低收入人口的分类帮扶，健全防止返贫监测和帮扶机制。实事求是的确定边缘户和脱贫监测户，根据致贫返贫的原因提前开展针对性帮扶，适度扩大最低生活保障和临时救助的覆盖范围，全面落实特困人员救助供养政策。做好同乡村振兴有效衔接。加速推进产业扶贫项目与村集体经济、乡村产业发展和群众增收相融合，做好易地扶贫搬迁集中安置点产业配套，结合扶贫车间建设加速建立现代农业产业联合体，支持发展"一村一品"，抓好消费扶贫；大力推进人居环境整治，抓好农村生活污水治理，持续推进"厕所革命"。以县城周边"一线一圈一湖"为核心打造美丽乡村示范片，并逐步辐射至全县。建设50个左右人居环境示范村，试点建设美丽乡村5个；充分激发群众追求幸福生活的美好愿望，完善村级组织"四位一体"治理机制，进一步制定和完善"村规民约"，持续推进乡风文明建设；全方位开展农村技能培训，开发多种公益岗位，支持群众就业创业，不断提高收入水平。

（二）大力发展特色农业产业，增添发展优势。优化农业生产结构和区域布局，持续提高农业效益和竞争力，确保实现农林牧渔总产值87亿元。

全力落实国家粮食安全战略。切实保护耕地和永久基本农田，坚决遏制耕地非农化、非粮化，确保粮食生产总面积和产量稳定。继续推进高标准农田建设。强化粮食安全质量监管，建立各环节全闭环、无缝隙监管体系。着力打造养殖全产业链。着力恢复生猪产能，确保龙晟牧业智能化楼宇式生猪养殖工厂投产达产，争取正邦集团、现代农业集团生猪产业全产业链项目开展实质性建设，支持广西扬翔生猪基地建设。加快推进熟食土猪、藏香猪、安化土鸡等特色产业发展，支持梅山一品企业等打造高端肉类品牌。积极推广流水养鱼新技术，推动全县水产养殖转型升级。大力发展生态农业。抢抓粤港澳大湾区“菜篮子”工程的政策机遇，大力支持以绿色无公害蔬菜、水果为代表的特色生态农业发展，继续支持安化小籽花生、库区小水果等产业升级，打造全国绿色农产品大县。完成水井巷厂房主体工程，完成宁波辣得叫湘菜食材生产加工项目厂房和蔬菜原料基地建设，支持食掌柜尽快落地。大力发展林业经济。继续支持柏溪竹业、山山食品等优势企业发展壮大，培育竹制品、竹笋食品品牌，打造龙塘竹林产业园和集装箱竹底板制造基地。加速推进油茶产业示范区建设，确保金叶油业二期投产达产。培育壮大新型农业经营主体。建立新型农业经营主体、职业农民、创业致富带头人动态人才库，开展“订单式”农业培训，培育一批具有乡村情怀和工匠精神的新型职业农民队伍、视野宽广的高素质农业企业家队伍。鼓励集体经济组织依托新型农业经营主体发展集体经济，培育新的新型农业经营主体20家。着力推进农业机械化。推进农机“331”机制建设，大力扶持农机社会化服务组织，打造茶园生产机械化示范基地7个，开展中药材、蔬菜和竹产业机械化试点，力争农业生产综合机械化率达66.2%。

（三）深入推进农业农村改革，增强发展动能。稳慎推进农村宅基地制度改革，完成农村宅基地使用权确权登记颁证。深入推进农村集体产权制度改革，按期完成农村集体资产清产核资。加快实现农村土地承包经营权信息应用平台“互联互通”。序时推进龙塘乡撤乡设镇、东坪镇行政区划调整，依法依规完成村委和居委换届。推动供销合作社综合改革，推进“一站式”村级综合服务平台建设，继续支持村民服务中心债务化解。

三、坚持项目为王，不断增强发展动能

（一）坚持项目为王。抓项目规划。编制好“十四五”规划并做好国土空间规划的衔接工作；千方百计争取交通、水利、能源、新基建等项目列入省级以上专项规划。抓项目开工。加强项目前期工作，开展重点项目帮代办服务，及时进行项目前期制约性因素排查，深入了解掣肘项目开工的关键症结，努力破解难题，继续多批次开展重点项目集中开工活动和观摩活动，督促签约项目尽早开工，营造“以产业比实力，以项目论英雄”的氛围。抓项目进度。在保证工程质量、施工安全和合理工期前提下，加快在建项目进度，争取超额完成年度投资目标；深入项目一线协调解决具体困难和问题，防止出现“半拉子”工程。抓项目保障。继续推进“三地清零”行动，稳步实施城乡建设增减挂钩项目，报批新增建设用地1500亩以上。继续实施重点项目前期经费保障制度。

（二）着力招商引资。主动兑现招商引资政策，对所有已履约的招商引资项目，对照招商引资政策和协议来一次全面梳理，及时主动兑现落实好优惠政策；强化主动招商，根据发展需要，进一步完善招商引资正面清单，紧盯目标对象，上门招商、主动邀请招商；着力招大引强，瞄准“三类500强”、大型跨国公司、央企、行业龙头和产业领军企业，精准靶向引资引智引技；聚焦乡友招商，充分发挥好各地商会、经促会的平台作用，加强乡友的联系，引老乡回故乡建家乡。力争招商引资工作取得新成效、大突破。

（三）推动外经外贸增长。充分利用各类展会平台和出口优惠政策，打造外贸出口新的增长点，完成破零、倍增企业6家以上，力争外贸进出口总额突破15080万美元、对外劳务营业额收入2306万美元，实现外商直接投资零突破。

四、统筹城乡建设，优化发展空间

（一）支持库区发展。破除发展壁垒。尽快完成自然保护地优化调整，结合县国土空间规划和库区村庄规划的编制，编制雪峰湖休闲运动康养胜地

规划，实现多规合一，引领库区发展。激发发展活力。通过整合政府资源，盘活部门存量资产，大力招商引资引智，引入战略投资者和人才团队参与库区建设。强化发展统筹。充分发挥县库区管理委员会的作用，强化库区发展的统一谋划和调度。保障发展资金。从涉农整合资金、上级专项资金等渠道整合设立库区发展专项，支持库区产业发展及配套产业道路、码头等基础设施建设。突出发展重点。全力提速环库公路建设进程，确保南线年内全部贯通，北线路基工程建设全面完成，具备条件路段全面完成硬化；新建旅游码头5处以上；加快库区电网提质改造，积极建设5G通信设施；确保祥龙山庄时光驿站、桃花岛景区投入运营。推动发展多元。集中打造雪峰湖优质农副产品品牌。支持小水果产业品改提质和茶叶产业的转型升级，因地制宜发展中药材产业，依托柑橘良繁场发展柑橘育苗产业，依托林科所、柘溪林场发展林下经济。支持发展泉水养殖。继续建设白水村、唐溪村等民宿经济试点村。

（二）提升城镇品质。高质量推进以人为核心的新型城镇化，让安化"中国最美小城"称号更加名副其实。抓城市扩容。全力支持推进紫薇谷文旅综合体建设，全面完成山体公园及教育、运动设施的配套建设，完成滨江客厅建设，加快滨江新城建设，启动县城东北部片区、县城西部片区及玉溪片区开发建设。抓城市提质。推进城镇棚户区、老旧小区改造，年内完成老旧小区改造17个，实施棚改项目4个，打造黄龙巷示范小区，建设好黄沙坪老街。修建立体停车场3个。建成县城管道燃气工程，启动乡镇管道燃气建设。抓城乡统筹。按照"一主两副"的定位，加大梅城、平口城镇建设的支持力度。支持有条件的乡镇开展特色小城镇建设，成为乡村振兴的重要载体。

（三）完善交通路网。力争完成交通建设投资26亿元，继续加快构建"对外大畅通、对内大循环"的交通格局。推进通用机场建设。力争年初启动建设，年底实现试飞目标，打造"一核多点"通用航空产业体系。拓展铁路路网。力争益吉秀高铁安化段列入"十四五"铁路规划和国家《中长期铁路网规划》。完善高速路网。加速官新高速建设，全面推进路基与桥隧工程；支持推进安溆高速前期工作；力争长吉高速宁乡到安化段纳入湖南省高速公路网中长期规划。加快干线公路建设。加快推进东渠公路隧道、桥梁等重要节点工程，路基完成85%以上；龙江公路完成江南大桥建设，力争全线通车；完成G354烟溪城改线涉铁工程；确保柘溪大桥主桥合龙、S20平洞高速至黄沙坪连接线开工。完成仙沩公路、西木公路项目前期。完善农村公路路网。着力创建"四好"农村公路，完成安防工程500公里，危桥21座，产业路、资源路、旅游路150公里以上。

（四）改善基础设施。大力推进电网建设。全面推进"三型两网"电力建设，重点抓好安化西220KV、廖家坪35KV输变电工程等项目建设。着力完善水利设施。着力推进城乡供水一体化，完成钟鼓山水厂主厂区建设；完成大湖坪水库及马路、清塘铺、长塘、县城南区等水厂提质改造主体工程；完成梅城二水厂、仙丰水库项目前期。确保资水防洪工程、善溪河流域重要河段综合整治全面完工。加快启动廖家坪灌区建设和廖家坪水库处险能力加固工程。快速布局新基建。加快4G补盲，加强5G建设，拓展5G应用，完成黑茶制造业集群与工业互联网项目，致力打造国家级黑茶产业集群。重点支持充电桩建设。努力引进京东物流等现代物流企业，继续实施好电子商务进农村示范项目，不断完善现代流通体系。

五、着力改革创新，持续释放发展活力

（一）以"放管服"改革为抓手，优化政务服务。深入推进"一件事一次办"改革。持续抓好第一批第二批204项"一件事一次办"改革事项落地，实现全流程、全周期一次办好。建立健全制度规范，推进政务服务事项标准化，推进线上线下同质办。深入推进落实"三集中三到位"改革。在"就近办、一次办、网上办"上下功夫，加强政务服务大厅管理，实现"应进必进"和"只进一张门"。深入推进工程建设项目审批制度改革。全面对标长沙等地的先进经验，继续清理合并工程建设项目审批事项，压缩审批时限，加快实现并联审批、多规合一、多测合一和联合竣工验收，建立中介超市，全面实行产业项目"拿地即开工""开工即开建"，探索开展"交房即交钥匙"，切实解决"痛点""难点""堵点"问题。继续巩固政府系统机构改革成果。出台综合行政执法相关办法，完善县级"局队合一"、乡镇"一

支队伍管执法”体制机制。深化应急管理机制体制改革，适时推进公安系统机构改革。

（二）以优化营商环境为抓手，服务企业发展。抓好政策惠企。推动减税降费政策落实落地落细，确保实体经济特别是中小微企业享受到政策“红利”，助力市场主体纾困发展；用好用活《关于支持工业实体经济发展的政策措施（试行）》等政策，帮助县域企业重振发展信心。抓好服务助企。积极组建安化县中小企业公共服务实体平台，整合法律服务平台、信息共享平台、融资服务平台等资源，为中小企业提供“一站式”服务，提高企业服务效能。抓好环境活企。完善“互联网＋政务服务”平台，让数据多跑路、企业少跑路，老百姓办事更方便，投资者更安心。积极促进银企对接，充分发挥金融机构和担保公司的支撑作用，解决企业融资难融资贵的瓶颈问题。

（三）以科技创新为动力，加速转型升级。大力实施创新驱动发展战略，围绕产业链部署创新链，围绕创新链布局产业链。主动拥抱新科技。推动大数据、云计算、5G、人工智能、区块链和物联网等新科技和新型基础设施的快速布局及其在产业领域的融合应用，特别是安化黑茶领域的垂直应用，努力将安化黑茶产业打造成为全国农业领域新科技应用的典范。发挥创新平台作用。建设好刘仲华院士工作站，实施关键核心技术攻关，发挥产业创新引擎作用，深化校企合作、院企合作。支持众创安化发展，量身打造具有安化特色的创客中心。支持企业科技创新。鼓励企业技术改造和转型升级，提升产品竞争力。实施科技型中小企业倍增计划，推动有技术有潜力的小微企业走“专精特新”道路。

六、改善人民生活品质，维护社会和谐稳定

（一）推进生态文明。始终坚守国家重点生态功能区定位，以创建省级生态文明示范县为抓手，落实河长制，推行林长制，持续推进上级交办环保问题整改提高，持续推进污染防治“夏季攻势”，打好蓝天碧水净土保卫战，满足人民群众对干净的水、清新的空气、安全的食品、优美的环境的要求。打好蓝天保卫战。加强工业企业废气排放、秸秆露天焚烧、餐饮行业油污及建筑扬尘污染等领域监管，持续改善空气质量，确保全年空气优良天数保持在300天以上。打好碧水保卫战。持续开展饮用水水源地保护，强化县级饮用水水源地规范化建设。继续推进锹溪河、洞天河、梅峒河水环境治理，力争建设成为矿涌水治理的样板工程，支持清塘铺镇引进落地矿涌水治理技术产业化项目，全面巩固和推动廖家坪水库环境综合治理。推进资江流域锑超标治理长效长治；开展农村生活污水和黑臭水体整治，加强乡镇污水管网建设，确保乡镇污水处理厂正常运转。抓好禁捕退捕，建立“联防联控、群防群管”的工作机制，加快智慧渔政建设，确保“四清四无”常态化。打好净土保卫战。开展土壤污染源头治理，全面加强涉镉等重金属企业执法监管，持续开展危险废物大调查大排查，有效控制污染面蔓延。

（二）繁荣社会事业。办好人民满意教育。全面推进“五育并举”，将思政工作融入人才培养各环节，推动习近平新时代中国特色社会主义思想进教材、进课堂、进头脑。促进教育优质均衡发展，确保公办幼儿园占比持续稳定，全面消除高中阶段大班额，支持黑茶学校结合办学优势打造特色专业，用好德促贷款建成体育馆、茶文化中心。开展教师公开考选与定向师范生培养，确保教师增长不低于3%。着力改善办学条件，确保安化一中科教楼春季开学投入使用，古楼乡完小、仙溪镇完小、紫薇中学、梅城镇芙蓉学校秋季投入使用；全面启动大福镇完小、平口中学新建项目。全力实施校园食品安全、“护苗”行动和校车安全专项整治行动。增强人民健康福祉。深化医药卫生体制改革，完善药品供应保障体系；推进分级诊疗制度建设，完善县乡医疗联合体和中医联盟建设。拓展公共卫生服务能力，做好重大疾病防控，确保疫苗接种率达95%以上；做实出生缺陷防控，完成“两癌”普查、产筛和无偿献血任务。加强基础设施建设，完成县第三人民医院、县中医医院、县妇幼保健院和马路镇中心卫生院等相关项目主体工程，加快县公共卫生医疗救治中心建设。落实就业优先政策。加大财政就业专项资金保障，多渠道开发就业岗位，重点服务和支持禁捕退捕、禁食退养相关群众、高校毕业生等重点群体就业。落实定期招聘活动，新增城镇就业5000人，农村劳动力转移就业3500人。继

续发挥创业担保贷款促进就业创业倍增效应。健全多层次社会保障体系。积极推进社保扩面，落实被征地农民社会保障。完善社会救助体系，加强城乡低保动态管理，试点推进城乡居民临时医疗救助体系建设。加强城乡养老服务设施建设，完善农村困境儿童关爱保护体系，加大孤儿保障救助，完善残疾人两项补贴制度。深化殡葬改革，加快县城殡仪馆整体搬迁和梅城殡仪馆建设。推动住房公积金归集扩面，实现归集金额5.8亿元以上。继续搞好公租房、长租房建设，规范保障性住房的分配及运营管理，规范发展长租房市场。推进“两站一中心”退役军人服务保障体系建设,持续开展“双带双促”活动，巩固双拥创建成果。

（三）维护安全稳定。统筹安全和发展两件大事，有效防范风险，维护社会和谐稳定。持续抓好疫情防控。慎终如始，毫不放松抓好疫情常态化防控工作，做到“外防输入、内防反弹”。继续加强核酸检测能力建设，加强重点人群的检测力度和疫苗接种，加大应急物资储备，全面提升疫情监测预警和应急响应能力。防范政府债务和金融风险。完善政府债务风险常态化监控机制，继续支持梅山城投集团转型发展，坚决守住隐性债务不新增，债务偿还“不暴雷”，债务率不超限额，“三保”资金不断链，重大风险事件不发生的底线。积极稳妥化解涉众型经济犯罪，创建省级金融安全区。抓实安全生产。严格落实安全生产责任制，继续开展安全生产专项整治三年行动，努力实现“三个坚决，两个确保”的目标。确保扫黑除恶常态长效。按照“建起来、建完善”的要求，常态化开展扫黑除恶斗争，不断巩固和深化专项斗争成果。打赢禁毒人民战争。进一步强化禁毒宣传和缉毒执法，整治外流贩毒，推动禁毒形势不断好转；加强信访维稳,持续推广“枫桥经验”，继续抓好矛盾纠纷排查化解，确保“三无”乡镇和“无信访问题”村（社区）覆盖率达95%以上，继续争创省信访“三无县”，巩固省平安县成果。提高防灾减灾能力。完成自然灾害风险普查任务，抓好地质灾害综合防治。加强救援队伍力量和基础应急能力建设，加强消防队伍和城乡公共消防基础设施建设，创建全国综合减灾示范县。

各位代表，站在新起点，迈向新征程，实现新跨越，必须不断加强政府自身建设，努力打造人民满意的服务型政府。加强政治建设。坚持以党的政治建设为统领，坚定不移落实新时代党的建设总要求，自觉在思想上政治上行动上同以习近平同志为核心的党中央保持高度一致，增强“四个意识”，坚定“四个自信”，坚决做到“两个维护”。特别是要把全面深入学习贯彻习近平总书记考察湖南重要讲话精神作为当前和今后一段时期的首要政治任务，与学习贯彻习近平新时代中国特色社会主义思想结合起来，与学习贯彻党的十九届五中全会精神结合起来，在立足新发展阶段、贯彻新发展理念、构建新发展格局中体现安化作为，展示安化形象，奋力谱写新时代坚持和发展中国特色社会主义的安化新篇章。加强法治建设。切实把习近平法治思想贯彻落实到依法治县全过程，坚持在法治的轨道上推进治理体系和治理能力现代化。健全行政权力运行制约和监督体系，自觉接受人大及其常委会的法律监督和工作监督、人民政协的民主监督。继续规范和改善政府行政行为，重点推动行政执法、重大行政决策、规范性文件和行政合同全面合法合理，公正公平，推进行政决策科学化、民主化、法治化。创建县级及以上法治机关、法治乡镇各3个，以点带面推动全县法治政府创建。以行政执法专项巡察和行政复议为突破，着力加强行政执法监督。坚持有错必纠、违法必究，让行政权力始终在法治轨道和阳光下运行。加强作风建设。习近平总书记提出干部要提高七种能力，建设高效政府，关键是抓落实能力,县政府及各部门要聚焦抓落实,“关键少数”要带头抓落实。坚持问政于民、问需于民、问计于民，加强和改进调查研究工作，坚决反对形式主义、官僚主义。加强廉政建设。认真落实党风廉政建设“两个责任”和中央“八项规定”精神，营造良好政治生态，以政治生态提升推动发展环境不断改善。

各位代表，发展的蓝图已经描绘，美好的前景催人奋进。我们满怀信心踏上了新的征程。让我们更加紧密地团结在以习近平同志为核心的党中央周围，在县委的坚强领导下，万众一心，开拓前进，为加快实现“四个安化”而奋斗，以优异的成绩向建党一百周年献礼！

（供稿：县政府办）

大事记

1月

10日，安化首届“黑茶小镇杯”乒乓球赛开幕式在县羽毛球体育馆举行。

14日，“黑茶大业·健康中国——安化黑茶产业高质量发展”主题报告会在县大剧院一号厅举行，县委书记刘勇会代表县委、县政府向中国工程院院士刘仲华颁发聘书，聘请他担任安化黑茶首席科学家。

19日，农业农村部公布第五批27个中国重要农业文化遗产名单，安化黑茶文化系统榜上有名。

22日，安化县召开新型冠状病毒感染的肺炎疫情防控工作会议。

2月

19日，省委常委、省委统战部部长黄兰香在县政府常务会议室主持召开省委第四指导组赴安指导疫情防控工作座谈会。

26日，在湖南省委农村工作会议上，安化县荣获“2019年度农村人居环境整治先进县”称号。

3月

14日，安化县获得来自中华少年儿童慈善救助基金会、健康中国研究中心捐赠的一台价值17万元的核酸检测仪及试剂盒1600个。

30日，湖南省龙晟牧业有限公司与广西扬翔股份有限公司在安化华天假日酒店举行“湖南扬翔龙晟农牧有限公司万头生产母猪现代化种猪场建设项目”合作签约仪式。

4月

3日，安化县召开脱贫质量“回头看”排查整改工作培训会。

4日10时，安化县配合全国性哀悼活动拉响县城防空警报，对在抗击新冠肺炎疫情斗争中牺牲烈士和逝世同胞表达深切哀悼。

14—15日，省政协副主席戴道晋一行到安化县进行调研。

18日，“安化红茶”通过农产品地理标志登记省级审定。

24日，位于江南镇阿丘新村的安化黄精科普园正式开园。湖南省中药材产业技术体系种子种苗繁殖岗位专家、湖南农业大学生物科学技术学院副院长杨华受邀参加。

27日，安化县被评为“2018—2019年度湖南省科技特派员工作先进单位”，副县长、安化县科技专家服务团团长谢疆荣获“2018—2019年度湖南省优秀科技特派员”称号。

28日，“锦绣潇湘·遇见安化”2020年湖南春季乡村文化旅游节开幕式暨文旅产业促消费助脱贫行动启动仪式，在安化县茶乡花海生态体验园举行。

29 日，湘台文旅发展论坛在安化县召开。

5 月

8 日，“五一”期间，安化县旅游业逐渐回暖，据统计，全县各开放的景区景点共接待游客 10 万余人次。

11 日，益阳市自然保护地整合优化座谈会在安化县召开。

12 日，安化县召开推进基层公共服务（一门式）全覆盖工作会议。

同日，安化县开展全县重点项目集中开工活动。

15 日，2020 年益阳市山丘区超标准洪水防御暨水库防汛抢险演练活动在黄沙坪举行。

19 日，益阳市禁毒协会工作经验交流会议在安化县召开。

6 月

16 日，全县共计有 100 余家单位部门、企事业单位共同开展“安全生产宣传咨询日”活动。

17—18 日，2020 年“益阳农产品质量安全行”活动在安化县召开现场会。

18 日，中共十九届中央委员、十三届全国政协副主席刘奇葆，湖南省政协主席李微微一行到安化县考察白沙溪茶厂、茶乡花海生态体验园。

28 日，“安化黄精”国家地理标志证明商标由国家知识产权局正式核准注册。

7 月

19 日，安化县防指会商决定，分别从 7 月 19 日 8 时、9 时 30 分起对奎溪镇、马路镇、南金乡、古楼乡、东坪镇、柘溪镇、烟溪镇、田庄乡、县城南区、龙塘乡、冷市镇、羊角塘镇等启动防汛Ⅲ级应急响应。

20 日（欧盟理事会当地时间），“安化黑茶”等 28 个茶叶地理标志保护产品入选首批中欧地理标志。

23 日，省委常委、省军分区政委冯毅到安化县调研。

8 月

19 日，安化县召开创建省级文明县城职能工作推进会。会议依据 2020 年版《湖南省文明县城细则》，就创建工作任务内容进行重新分解调整。

21—27 日，“安化黑茶杯”湖南省未来之志青少年羽毛球锦标赛在县羽毛球运动学校举行，全省共有 18 支队伍 500 多名运动员参赛。

25 日，益阳市防指决定，从 12 时起，将安化县防汛应急响应等级调整为Ⅲ级。

26—27 日，国家低空经济融合创新研究中心等专家到安化县开展低空产业发展调研。专家组一行先后实地调研考察安化大百龙通用机场选址等前期工作进展情况、湖南茶旅通航云台山机场建设及运营情况。

29 日，由中华全国供销合作总社杭州茶叶研究院与安化县茶旅产业发展领导小组共同举办的机制茯茶国家实物标准样品研制会在白沙溪茶厂股份有限公司召开。会后，研制专家组成员正式对来自湖南、陕西、浙江三地采集的黑毛茶原料样及成品样展开专业评审。此项目总体周期为期 3 年，正式验收将在 2022 年完成。

9 月

4 日，省医疗保障局领导到安化县调研医疗保障工作开展情况。

同日，2020 年“金秋助学”授助仪式在县总工会四楼会议室举行，96 名困难职工的子女获得资助。自 2006 年开展以来，县总工会累计筹集资金 170 多万元，资助 557 名困难职工家庭子女。

10 日，“万里茶道”八省“申遗”工作推进会在安化县召开。2019 年“万里茶道”正式入选中国非物质文化遗产名录，准备与俄罗斯和蒙古联合申报世界非物质文化遗产。安化是“万里茶道”（湖南段）“申遗”牵头单位，湖南段入选文物点共 8 处，其中安化占 6 处。

16 日，中央电视台《走村直播看脱贫》栏目组到安化县，对田庄乡文溪社区易地扶贫搬迁点脱贫成效进行采访报道。

22 日，县重点招商引资项目——创新茶旅文观光体验式工坊项目在黑茶产业园奠基。

同日，“安化红茶”通过国家农产品地理标志评审。

26日，在第六届“湘九味”中药材论坛暨“安化黄精”品牌发布会中，安化签约11个黄精产业项目，签约金额12.1亿元。

28日，省政协主席李微微到安化县，以省人大代表的身份，参加她所在的安化代表小组活动，围绕“巩固脱贫成果、推动乡村振兴”进行专题调研。

30日，在马路镇云台山举行安化县国家烈士纪念日公祭仪式。

同日，安化县开展应对新冠肺炎疫情应急演练观摩会，全县各相关单位及各乡镇主要负责人参加观摩学习。演练采取现场录播方式进行，全面展示发现新冠肺炎疫情，并科学规范、有力有序应对的过程。

10月

7日，“安化厚朴”国家地理标志证明商标由国家知识产权局正式核准注册。

10—11日，县委书记刘勇会等组织县农业农村局、县公安局、县森林公安局、县市场监督管理局、县水利局、县交通局等单位执法人员，兵分两路，在资江流域安化段库区上下游开展禁捕退捕工作综合执法雷霆行动。

15日，安化县召开2020年国家扶贫日表彰大会。会议组织参观脱贫攻坚成就展，表彰381名来自脱贫攻坚不同战线的优秀代表。

20日，安化县召开支持茶乡花海生态体验园建设暨国家级以工代赈巩固脱贫攻坚成果衔接乡村振兴战略试点座谈会。

24日，安化黑茶产销对接会（华北地区）在北京展览馆和平厅举行。来自东北、华北各省市区40余家茶叶经销商参会。

同日上午，2020湖南安化黑茶首届汽车摩托车越野争霸赛发车仪式在万隆广场举行。

27日，湖南省政协副主席戴道晋一行到安化县调研“全国政协书院读书活动线下交流暨助力乡村振兴”开展情况。

28日，全省农业特色小镇建设推进会在安化县举行。会上，全省首批10个农业特色小镇中的安化县黑茶小镇、华容县芥菜小镇、湘潭县湘莲小镇、汝城县辣椒小镇、常宁市油茶小镇进行汇报发言。湖南省副省长隋忠诚出席会议。

11月

1日，在第二十二届中国中部（湖南）农业博览会“一县一特”品牌座谈会上，安化黑茶荣获全省首批“一县一特”农产品优秀品牌。

3日，2019年度“感动中国之感动湖南”人物评选颁奖典礼在长沙举行。来自奎溪镇雾寒村的93岁退休教师唐上君获颁2019年度“感动湖南十佳人物”。

9日，安化县举行“119”消防宣传月活动启动仪式暨乡镇专职消防队车辆发放仪式。

13日，2020年“茶香安化领新风、你我都是文明人”志愿行动启动仪式暨新时代文明实践志愿服务分队授旗仪式在陶澍广场举行。

18日，中国茶业流通协会正式发布2020中国茶叶行业调查最终结果。安化县荣获“‘十三五’茶业发展十强县”称号，位列2020年度中国茶业百强县第三，这是安化县连续十二年入选中国茶业百强县前十强。

25日，湖南省第十届双拥模范城（县）命名暨双拥模范单位和个人表彰大会在长沙召开，安化县被省委、省政府、省军区授予湖南省第十届“双拥模范县”称号。

26日，2020年湖南省劳动模范和先进工作者表彰大会在长沙举行，安化县云台山八角茶业有限公司总经理邓超芝、安化诚丰生态庄园负责人蒋建兵、湖南安化渣滓溪矿业有限公司采掘区采矿班班长刘玉兵荣获“湖南省劳动模范”荣誉称号。

12月

1日，益阳市“决战决胜脱贫攻坚”主题系列新闻发布会安化专场举行。县发改局、教育局、卫健局、农业农村局等单位负责人分别介绍各自分管的脱贫攻坚工作实施情况，并回答媒体和公众关注的问题。

2 日，安化县新的社会阶层人士联合会（新阶联）成立大会暨第一届第一次会员大会召开。新的社会阶层人士主要包括私营企业和外资企业的管理人员和技术人员、社会组织从业人员、自由职业人员、新媒体从业人员等，具有年轻、学历高、创新能力强、思维活跃、个性鲜明、善用网络等特点。

4 日，全县国有资产清产核资工作启动。

8 日，“安化松针”绿茶在北京通过国家农产品地理标志登记专家评审，继安化小籽花生、安化黄精、安化红茶之后，成为安化县第四个国家农产品地理标志产品。

11 日，安化县在华天假日酒店湖南厅举行招商引资项目集中签约仪式。现场签约 5 个项目，分别是正邦集团安化县生态养猪全产业链项目、扬翔青云生猪生态养殖全产业链项目、扬翔龙晟生猪生态养殖全产业链项目、谦益吉安化黑茶数字化供应链项目、龙塘乡茶乡花海特色小镇扶贫车间项目。总投资 78.3 亿元。

23 日，中共湖南省委办公厅、湖南省人民政府办公厅通报 2020 年度安全生产和消防工作考核结果，安化县被评为全省安全生产先进单位。

（资料来源：安化县人民政府网）

安化概览

建置区划

【地理位置】 安化县位于湘中偏北、雪峰山脉北段、资水中游，地理坐标为北纬 27° 58′ 54″ — 28° 38′ 37″、东经 110° 43′ 07″ — 110° 58′ 51″。东接桃江、宁乡，西靠叙浦、沅陵，南临涟源、新化，北毗桃源、鼎城。东西长 123.76 公里，南北宽 73.46 公里，总面积 4950.25 平方公里，占全省总面积的 2.3%，县域面积位列全省第三。境内山地占 82%，丘陵占 11%，岗地占 2.5%，平谷地占 2.8%，水域占 1.7%。地势从西向东倾斜，西部九龙池，海拔 1622 米，东部善溪口，海拔 57 米，相对高差 1565 米。境内高山峻岭，峰峦叠嶂，海拔 1000 米以上的山峰 63 座。资水横贯县境中部，域内 5 公里以上的干流 170 条。

【历史沿革】 安化历史悠久，据考古发现，距今 1.5 万年前，就有先民在此繁衍生息。安化地域古称“梅山”，土著民族多为瑶族，汉属益阳县地。宋神宗熙宁五年（1072）朝廷遣章惇开梅山置县，敕名安化（取归安德化之义），隶潭州长沙郡。全县分为四乡、五都，县治初设伊溪东启安坪（今梅城镇东华启安坪），建炎四年（1130），毁于战火，迁伊溪西，即今梅城镇。1949 年 6 月 28 日，中共安化县工委率人民武装进入县城，宣布安化解放。8 月，湖南成立益阳专区，安化属益阳专区。1951 年 8 月，安化划出部分区、乡归新建的蓝田县（今涟源市），并因县域变动等原因，将县治迁至东坪。1952 年 12 月，撤销益阳专区，安化改隶常德专区。1962 年底，重建益阳专区（1968 年改称地区，1994 年改称市），安化复隶益阳专区（地区、市）。迄今隶属不变。

【行政区划】 2006 年 2 月调整部分乡镇行政区划后，安化县共辖清塘铺镇、梅城镇、乐安镇、仙溪镇、长塘镇、大福镇、羊角塘镇、冷市镇、滔溪镇、小淹镇、江南镇、东坪镇、柘溪镇、马路镇、奎溪镇、烟溪镇、渠江镇、平口镇、高明乡、龙塘乡、田庄乡、古楼乡、南金乡 18 个镇 5 个乡。2004 年 4 月，设立县城南区管理委员会，将东坪镇大城村、舒家村、铁炉村、林家村、莲台村、柳潭村 6 个村和县茶叶实验场划归该区管理。2013 年 6 月，设立安化经济开发区管理委员会。2015 年 1 月 29 日，将田庄乡的金竹村、茶家村、鹊坪村划归该区管理。

（撰稿：县地方志办）

人口与民族

【人口】 2020 年末，全县公安户籍人口数 100.2976

万人，常住人口 78.1 万人。全年共出生 8230 人，死亡 5938 人，出生人口性别比 107.41 ∶ 100。人口出生率为 7.8‰，死亡率为 5.6‰，人口自然增长率 2.2‰。全县共出生二孩 4265 人。政策内出生 7576 人，符合政策生育率 92.05%。

（撰稿：县统计局）

【民族】 2020 年，安化县共有 49 个民族，以汉族为主。少数民族有土家族、苗族、蒙古族等，大都为散居。

（撰稿：县民族宗教事务局）

气 候

【概况】 2020 年安化县气候年景总体正常，暴雨洪涝及强对流天气等为主要成灾气象灾害，农作物气候年景条件整体为正常年。年平均气温偏高，年降水总量略偏少，但时空分布不均，年日照时数偏少。5 月和 6 月局地强降水较明显；3 月和 4 月雷雨大风等强对流天气多发；全年雾和霾日数较上年略有增加。无霜期 304 天。

【气温】 全年年平均气温 16.9℃，较历年平均气温 16.4℃偏高 0.5℃。最冷月（1 月）平均气温 5.4℃；最热月（8 月）平均气温 28.5℃。年极端最高气温 38.5℃，出现在 8 月 4 日；年极端最低气温 -3.2℃，出现在 12 月 31 日。

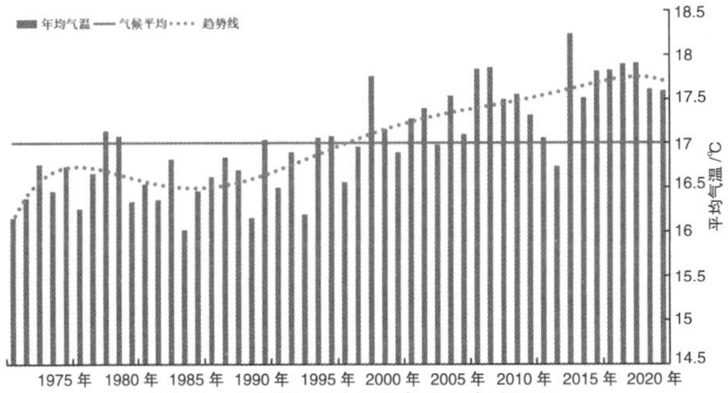

图 1　安化县年均气温变化图

【降水】 年总降水量 1563.1mm，较历年平均 1713.9mm 少 150.8mm，偏少 8.8%，较上年 1807.8mm 少 244.7mm，偏少 13.5%。雨季 4—9 月，总降水量 908.3mm，较历年同期 1160.9mm 少 252.6mm。从月降水总量来看，主要集中在 5—10 月，7 月降水量最多，其次为 6 月，6—7 月总降水量占全年降水量的 24.2%。

全年 ≥ 0.1mm 的降水日数 187 天，≥ 50mm 的暴雨日数 2 天，未出现大暴雨。日最大降水量为 87.7mm，出现在 7 月 19 日。汛期内，4—9 月降水总量与历年同期相比偏少 21.8%，降水量 908.3mm。其中 5—7 月主汛期降水总量 564.9mm，比历年同期偏少 20.1%。

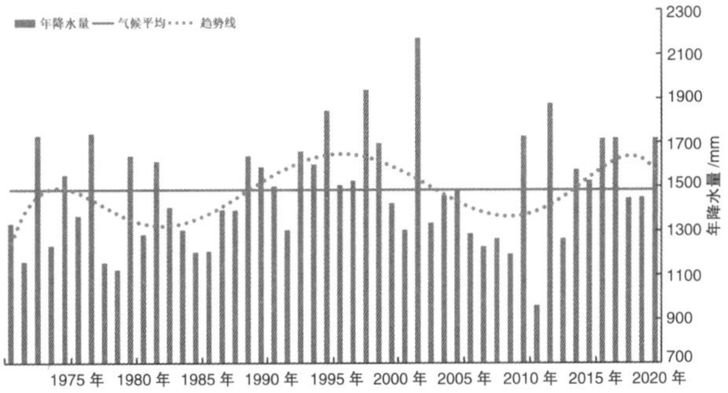

图 2　安化县年均降水量变化图（单位：mm）

【日照】 年总日照时数 1264.6 小时，比历年 1322.0 小时少 57.4 小时，较 2019 年 1194.9 小时多 69.7 小时。

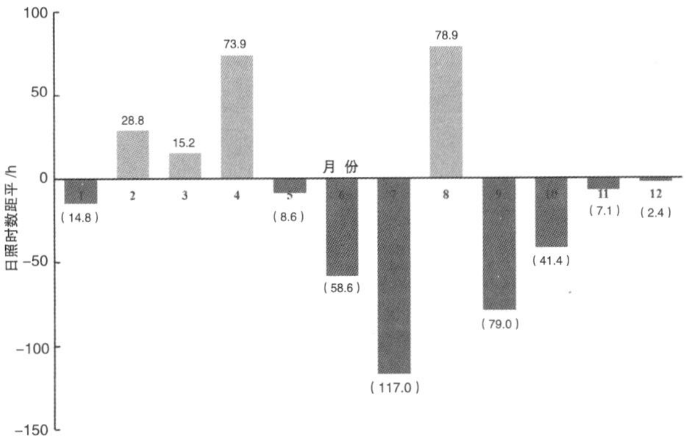

图 3　2020 年安化县各月平均日照时数距平图

【冬季气候异常温暖】 2019—2020 年冬季全县平均气温 6.9℃，高于历史平均气温 0.9℃，达到暖冬标准。从历史排位看，居第3高位。

2月全县平均气温9.4℃，较历史平均偏高2.9℃，2月中旬开始全县回暖趋势日益显著。

冬季全雨日较多，全县平均雨日数40天，较历年平均偏多3.7天，全县平均降水量113.9mm，较历年平均多35.6%。尽管全县冬季平均气温偏高，日照时数偏多，光热相对充足，雨日雨量偏多，但对油菜的生长未造成明显影响。

【1月罕见暴雨】 1月全县降水异常偏多，月内主要降水过程出现在22—24日，过程中出现暴雨天气，降水量累计为124.6mm，与历史同期相比，排第一高位。

【年末干冷特征明显】 12月冷空气活动频繁，干冷特征明显：全县平均降水量45.2mm，较历年平均偏少10%；平均气温5.9℃，较历年平均偏低1℃。

14日全县出现低温雨雪冰冻天气，积雪深度1厘米。过程中48小时内全县最大降幅为6.3℃，达到较强冷空气标准。29—31日全县达到强冷空气标准。

【对策与建议】

1. 春播育秧期与汛期降水均偏少，需做好前期水库蓄水并适时开展人工增雨作业，防范可能出现的干旱。

2. 春播育秧期有阶段性低温阴雨时段，需防范春季低温冷害以及强对流天气对农业生产的不利影响。

（撰稿：县气象局）

国民经济和社会发展状况

【概况】 初步核算，全年实现地区生产总值240.12亿元，比上年增长3.5%。其中，第一产业增加值51.18亿元，增长4.6%；第二产业增加值79.59亿元，增长4.3%；第三产业增加值109.35亿元，增长2.4%。三次产业比为21.3∶33.2∶45.5，一产业比重上升2.1个百分点，二产业比重上升0.1个百分点，三产业比重下降2.2个百分点。一、二、三产业对经济增长的贡献率依次为23%、46.1%、30.8%，分别拉动GDP增长0.8、1.6、1.1个百分点。

表1　2020年安化县生产总值统计表

单位：万元

指　标	数　量	比上年（±%）
地区生产总值	2401231	3.5
第一产业	511789	4.6
第二产业	795890	4.3
工业	657486	3.6
建筑业	138404	8.6
第三产业	1093552	2.4
交通运输、仓储和邮政业	59275	3.2
批发和零售业	194486	1.6
住宿和餐饮业	34956	-8.9
金融业	111455	5.4
房地产业	200977	4.4
其他服务业	460205	2.1

【市场物价】 商品零售价格总指数101.5%，邮递服务价格指数92.6%，交通费价格指数100.2%，服务项目价格指数99.1%，工业生产者出厂价格指数99.0%，在外餐饮食品价格指数104.3%，旅馆住宿价格指数96.1%，通信服务价格指数100.7%。

【农业经济】 全年完成农林牧渔业总产值94.02亿元，比上年增长4.7%。完成粮食播种面积66.97万亩，粮食总产量23.96万吨。全年共出栏生猪72.04万头，同比增长19.9%；牛3.48万头，同比增长7.7%；羊37.94万只，同比增长0.4%。出笼家禽444.1万羽，同比增长6.2%；水产品总产量1.29万吨，同比下降19.5%。生猪稳产保供成效突出。新增规模养猪场69个，其中年出栏1万头以上17个。按照“一片一特”发展特色农业产业，乐安片区“安化小籽花生”基地面积达3万亩，年产量达125万公斤，产值近亿元；羊角塘片区新植油茶林5000亩，金叶油业二期启动建设。继续开展库区小水果品改，小水果种植面积达5万亩。实现茶叶产量7.76万吨，综合产值230亿元，税收1.5亿元，连续12年跻身中国茶业百强县前十强。安化黑茶获评“标杆品牌”，估值高达639.9亿元，成为湖南唯一进入“中欧100+100”地理标志产品互认互保名单的地标产品。“安化红茶”“安化松针”通过国家农产品地理标志登记。

表2　2020年安化县主要农产品产量统计表

指　标	单　位	数　量	比上年（±%）
粮食	万吨	23.96	2.7
其中：稻谷	万吨	18.38	1.5
玉米	万吨	4.08	11.3
油料	万吨	4.22	2.3
茶叶	万吨	7.76	6.4
水果	万吨	5.15	6.6
蔬菜	万吨	53.87	2.1
水产品产量	万吨	1.29	–19.5
肉类总产量	万吨	6.69	14.4
出栏生猪	万头	72.04	19.9
出栏牛	万头	3.48	7.7
出栏羊	万只	37.94	0.4
出笼家禽	万羽	444.1	6.2

【精准扶贫】 14.86万贫困人口全部实现稳定脱贫，“一超过、两不愁、三保障”达标率100%，130个贫困村全部出列。统筹整合涉农资金7.2亿元用于脱贫攻坚。对1038户特殊贫困对象进行二次帮扶，为1275户边缘易返贫户新安排帮扶责任人。义务教育实现“零辍学”、资助“零遗漏”。贫困人口参保、家庭医生签约、“一站式”结算、农村人口饮水安全达标率均实现100%；完成困难群众危房改造1034户，易地扶贫搬迁集中安置点配套建设全面完善，茶乡花海集中安置点获评“十三五”国家美丽搬迁安置区。新增扶贫车间20家、“致富农场”20家，帮助659名贫困户实现“家门口”就业；开发公益性岗位3859个，就近安置贫困劳动力2255人；1265名贫困户通过专场招聘会与企业达成意向性协议。

【工业】 全年新增规模工业企业36家，总数达到164家，规模工业总产值和规模工业增加值比上年分别增长4.7%、3.7%。中茶安化第一茶厂、八角茶业等企业新厂房和自动化生产线建成投入使用，新建9家清洁化、机械化、自动化毛茶加工厂。建玲实业清洁化生产中心提质改造、黄棣震黑茶精深加工、云天阁年产5000吨黑茶项目全面加快建设。华晟生物年发电量达1亿千瓦时，芙蓉山风电二期完成13台机组并网发电。金雕新材新厂区完成设备安装调试；鑫达钨钼完成厂房建设并试投产。海螺固废处理项目主体工程建设完成并试生产。金源新材获市重大科技创新优秀项目。启动湘磁电子新厂房建设，微网新能源6条生产线试生产。

表3　2020年安化县规模工业分行业产值统计表

单位：万元

行业名称	数　量	比上年（±%）
总计	1557687	4.7
其中：有色金属矿采选业	45396	–2.8
非金属矿采选业	22227	178
农副食品加工业	101239	8.3
食品制造业	37498	–10.2
酒、饮料和精制茶制造业	745538	7.1
废弃资源综合利用业	97369	–31.5
木材加工和木、竹、藤、棕、草制品业	11087	76.5
电力、热力生产和供应业	117851	10.5
文教、工美、体育和娱乐用品制造业	5271	7.6
化学原料和化学制品制造业	53059	176
医药制造业	41467	19.1
非金属矿物制品业	135102	0.1
黑色金属冶炼和压延加工业	82114	–18.9
有色金属冶炼和压延加工业	62469	19.5

【园区建设】园区全年实现技工贸总收入78.67亿元；全年新进13家规模以上工业企业；完成工业固定资产投资10.04亿元；实现高新技术增加值13.3亿元，完成税收2.16亿元。完成高明污水处理厂生活污水一体化设施和园区“三水分离”管网建设；完成江南工业园（一期）80亩土地“三通一平”和标厂主体建设；启动鹊坪片区和龙塘片工业区开发。

【建筑业】全县资质以上建筑业完成总产值21.09亿元，比上年增长14.1%。其中建筑工程产值18.08亿元，增长11.39%。房屋建筑施工面积184.8万平方米，其中，本年新开工面积85.1万平方米。从业人数6029人，全员劳动生产率35万元/人。建筑业增加值13.8亿元，增长8.6%。

【固定资产投资】全年投资500万元以上项目共有242个，其中投资5000万元以上的项目114个，亿元以上项目80个。全县固定资产投资比上年增长9.2%，其中工业技术改造投资下降16.1%，房地产开发投资增长10.7%。81个县级重点项目完成投资101.5亿元。华益槟榔、中茶改扩建、龙晟牧业智能化楼宇式生猪养殖工厂等24个项目建成或投产，通用机场、抽水蓄能等项目取得重大进展。

【新型城镇化】县城南区林家冲紫薇谷文旅综合体片区开发项目加速推进，辰溪西路拉通并完成绿化亮化工程。完成县城东北部片区规划并启动土地征收，启动玉溪片区综合开发前期工作。实施旧城改造项目13个，3000余户居民居住条件得到改善。完成柏杨路人行天桥建设，柳溪东路立体停车场项目主体完工。完成LNG气化站和南区管网建设，启动小淹等乡镇燃气配套设施建设。完成国家基本气象站搬迁和县城垃圾填埋场扩容工程。创建省级卫生乡镇3个、省级文明单位6个，高分通过省级文明县城现场考核。

【交通、水利、电力、邮电】全年完成交通基础设施建设投资31亿元。官新高速完成征地拆迁，完成对溪社区安置点建设，全线加快建设。东梅公路、南桥大道实现全线贯通。东渠公路路基、隧道、桥涵等工程加速推进。G354烟溪城改线启动征地拆迁。完成柘溪大桥下部结构建设。仙沩公路纳入“十四五”规划并启动前期工作。完成以奖代补及产业路70.3公里，安防工程500公里，危桥改造9座。

全年共建设各类水利工程132处；移动土石方212.97万立方米，完成劳动工日37.8万个；新增蓄水能力0.15万方，新增、恢复灌溉面积0.03万亩，改善灌溉面积0.35万亩，共投入水利建设资金3.17亿元。完成饮水安全工程65处，6000人饮水安全建设任务；完成7处河道综合治理项目任务。

新增农村水电装机容量0.51万千瓦；电网建设全年完成投资4.25亿元，其中主网0.65亿元、农配网3.6亿元。全年完成售电量116650万千瓦时，收入65801.47万元。

电信行业全年实现营业收入4.9亿元。全年完成信息网络基础设施投资1.35亿元，新建4G基站198个，4G基站累计2492个，新建5G基站81个，5G基站累计85个。新增光网端口6.38万个，光网端口数量达到41.17万个，全县85.3%行政村光网、4G网络实现双全覆盖。年末宽带互联网用户数17.6万户，年末固定电话用户2.58万户，移动电话用户74.9万户，手机互联网用户59.6万户。

【招商引资、国内贸易、旅游】全县累计新签约项目39个，新开工项目28个，新投产项目17个。引进境内省外资金68.34亿元。完成外贸出口13942.4万美元，加工贸易413万美元，对外劳务收入1989.81万美元，连续五年获“全市发展开放型经济优秀单位”荣誉称号。

全年实现社会消费品零售总额85.62亿元，比上年下降2.7%。分地域看，城镇实现零售总额70.03亿元，下降2.8%，乡村实现零售额15.59亿元，下降2.2%。全县限额以上法人单位实现零售额7.87亿元，占全县社会消费品零售总额的9.2%。

全年共接待各类游客600万人次，实现旅游收入58亿元。举办湖南春季乡村文化旅游节。茶乡花海生态文化体验园开园营业，云台山风景区创AAAA级旅游景区稳步推进，梅山文化园游客接待量稳步增长，百花寨黑茶仓储中心、叶子湾生态旅游基地完成主体工程，茶旅文观光体验茶工坊启动建设。县城首家梅王宴形象店和5家梅王宴特许经营店投入运营。"梅山书院"对外开放，梅山剪纸入选国家级非物质文化遗产代表性名录。

【财政、金融】 全县实现财政总收入15.37亿元，比上年下降4.9%。实现地方财政收入8.85亿元，增长4.2%。分税种看，增值税6.37亿元，个人所得税0.92亿元，企业所得税2.4亿元，其他税收收入3.13亿元。全县财政总支出67.71亿元，比上年增长5.2%。

年末全县金融机构各项存款余额367.08亿元，同比增长2.9%；各项贷款余额193.34亿元，同比增长21.2%。全县保险企业个数达到57家，其中寿险33家、财险24家。全年实现保费收入83452万元，比上年增长5.1%；其中财产保险收入31365万元,增长8.8%；人寿保险收入52087万元，增长4.1%。

【科技、教育、文化】 全县共完成专利申请270件，其中发明专利申请95件。申请各类科技项目10多项，其中获企业研发奖补资金35.2万元。新认定高新技术企业9家，重新认定2家，全县高新技术企业达29家，高新技术和高新产品企业总数达87家。全年实现高新技术产品产值87.4亿元，比上年增长5.1%。高新技术产业增加值24.05亿元，占GDP的比重为10.0%。形成以黑茶深加工、新材料、新能源为主的高新技术产业。科技专家服务团组织7家企业参加益阳市创新创业大赛，其中4家企业入围省赛。在省级创新创业中，微网能源以第一名的成绩入围国赛，"小黑神"获得省赛优胜奖。微网能源获国赛优秀奖，这是安化首次在国赛中获奖。

全县共有教育机构232所，其中：职高1所、普通高中7所、初中41所、小学76所（小学教学点122个）、特殊学校1所、幼儿园106所。年末在校学生132438人，其中：职业高中5583人、普通高中11017人、初中29588人、小学62780人、特殊学校257人、幼儿园23213人。新增县级文明校园27所；创建禁毒示范学校15所，其中国家级1所、省级1所。全县一、二本上线率49.3%、录取率53.71%，上线率、录取率均居全市第一。完成紫薇中学、梅城镇芙蓉学校主体工程，完成滔溪镇中学、长塘镇克明学校等8所学校建设，启动古楼乡完小等4所学校建设。

全年先后举（承）办各种形式的群众文艺活动158场次，完成送戏下乡138场，"欢乐潇湘·神韵安化"系列群众文艺活动已连续举办8年。完成农村电影放映场次5220场，广场电影放映300场次。安化黑茶文化系统被认定为中国重要农业文化遗产。举办茶旅诗歌节、"文化和自然遗产日"活动，万里茶道申报世界文化遗产取得阶段性成果。农村广播通村率达100%，有线电视通村率达100%。

【卫生、体育、环境保护】 持续推进深化医药卫生体制改革，药占比下降到28%。推进分级诊疗工作，优化双向转诊工作制度及转诊流程，全县医疗机构累计向上级医院转送病人2517人次，向下转诊病人1421人次，县域就诊率达到90%以上。全面启动现代医院管理制度的建设，落实院长负责制；按照临床路径和单病种费用管理方案要求，全面启动临床路径管理和单病种收付费管理。年末全县共有执业（助理）医师人数2208人，医疗机构床位数5772张。

湖南安化黑茶首届汽车摩托车越野争霸赛获得广泛关注，梅山赛车运动主题公园成为全省首家"汽车自驾运动营地"。举办中国健康跑安化黑茶杯安化站，全省各地上千名选手齐聚安化。安化广场舞电视大赛吸引3000多名群众参赛。县体育馆全年免费对外开放320天，接待11万人次。承办全省青少年羽毛球锦标赛。参加国家、省常规比赛获金牌2枚、银牌6枚、铜牌4枚，进入省队3人、省体校4人。

全县环境质量总体保持优良水平。空气质量优良天数达363天，优良率为99.2%；4个地表水水质省控监测断面的全年水质达标率达100%；全年共计削减COD288.7吨、氨氮85吨、二氧化硫31.7吨、氮氧化物150.9吨。通过国家重点生态功能区县域生态环境质量考核，评价为"基本稳定"。

【人民生活】 抽样调查显示，全县居民人均可支配收入14066元，比上年增长8.1%；其中，城镇居民人均可支配收入21115元，增长5.6%；农村居民人均可支配收入10880元，增长10.1%。全县居民人均消费支出12667.5元，增长6.2%；其中居民文教娱乐服务支出1908.5元，占家庭消费支出的15.1%。

【社会保障和安全生产】 全年新增城镇就业5096人，农村劳动力转移就业3604人，新增创业主体4072户，创业带动就业4418人。全县五险参保总人次达到261.31万人；其中基本养老保险参保77.05万人，医疗保险、生育保险、工伤、失业保险参保人数分别为88.68万人、86.78万人、4.51万人、4.29万人，医疗保险、生育保险参保率均达到98%。安排专项债券8360万元，支持公共卫生医疗救治中心、县中医医院、县第三人民医院、县妇幼保健院等项目建设。仙溪镇、古楼乡和烟溪镇等卫生院年内投入使用。

全县共发生各类生产经营性安全生产事故10起，死亡11人，连续5年未发生较大及以上生产安全事故。亿元GDP生产经营性伤亡事故数0.042次，亿元GDP生产经营性伤亡事故死亡人数0.046人。全年共办理安全生产行政执法案件217起，经济处罚84.5万元。

（撰稿：县统计局）

精神文明建设

【文明引领】 推进“两中心一平台”建设：县级新时代文明实践中心和“学习强国”线下平台建设建成并运行；完成县新时代文明实践中心、23个乡（镇）新时代文明实践所、443个村（社区）新时代文明实践站建设，三级新时代文明实践体系基本形成，全县文明活动实现有组织、有机构、有制度、有阵地。县农商银行、马路镇云台山村创成全国文明单位、文明村。唐上君、陈灿平、肖飞的事迹感动湖南。贯彻落实《新时代爱国主义教育实施纲要》，组织开展第三批安化县爱国主义教育基地申报命名工作，红色安化陈列馆正式开馆。

【文艺宣教】 举行“月月乐”活动14场，第三届广场舞大赛吸引120余支队伍、4000余人登上舞台，获得百万人次直播点击关注。举办“万里茶道”（湖南段）中国茶旅诗歌节，安化梅山剪纸入选国家级“非遗”名录，结合梅山文化创作推出茶歌、茶舞、茶戏。加大精品创作扶持力度，组织第二届“安化文学艺术奖”评选，开展4次文艺工作者走基层活动，举办主题诗歌、摄影等系列创作比赛，创作作品200余件，14件文艺作品获得益阳市“三周”文艺奖，居各区县之首。

【志愿服务活动】 全年累计开展活动131场次，1万余人参加。2月，联合县义工联开展为一线医护人员、病患送“爱心汤”，为值勤人员和过路行人免费提供新冠病毒预防中药汤剂等暖心志愿行动，组织志愿者开展疫情防控宣传劝导志愿活动，号召群众参与防控，自觉遵守各项防控规定，对违反防控的人和事进行劝导。4月，为2020年湖南省春季乡村文化旅游节，选优招募300余名志愿者，分为综合协调、对接联络、志愿解说、疫情防控、后勤服务等5个小组，有序参与到节会各项工作中。多次组织开展“净滩·保护母亲河”“禁捕退捕”“扶老爱幼”等志愿服务活动。

（撰稿：县委宣传部）

中共安化县委员会

综 述

【概况】2020年是极不平凡、极不容易的一年。这一年，是决胜全面小康、决战脱贫攻坚的收官之年。面对突如其来的疫情影响和艰巨繁重的改革发展稳定任务，县委在以习近平同志为核心的党中央坚强领导下，按照中央、省委和市委部署，全面贯彻党的十九大和十九届二中、三中、四中、五中全会精神，牢牢把握稳中求进工作总基调，坚持生态优先、绿色发展的战略不动摇，坚持茶旅文康融合发展的路径不改变，坚持项目为王、产业为要的工作重点不偏移，坚持比学赶超、创先争优的氛围不淡化，团结带领全县各级党组织和广大干部群众坚定信心、保持定力，既做好决战决胜三大攻坚战的"必答题"，又做好防疫情防灾情防经济下滑的"加试题"，扎实做好"六稳"工作，全面落实"六保"任务，驰而不息推进全面从严治党，确保了经济社会发展止跌回升、向上向好，社会大局和谐稳定。2020年，全县完成地区生产总值240.12亿元（预计数，下同），同比增长4.6%。完成固定资产投资145.8亿元，增长11.2%。完成地方一般公共预算收入8.85亿元，同比增长4%。完成规模工业增加值41.6亿元，同比增长4.5%。完成社会消费品零售总额89.8亿元，同比增长2%。农村居民人均可支配收入达10880元，同比增长10.1%；城镇居民人均可支配收入达21115元，同比增长5.6%。全面小康整体实现程度达98%，提升0.5个百分点。

【党的理论建设】县委常委会坚持读原著学原文悟原理，召开常委会会议37次，先后传达学习习近平总书记关于疫情防控、安全生产、禁捕退捕等重要讲话和指示批示精神。坚持理论学习中心组"每月一学，上下同题"，分专题开展集中学习11次。深入组织"大学习拥抱新时代"读书学习活动，征订发行《习近平谈治国理政》第三卷2.4万册，"学习强国"推广使用稳步提升，党员覆盖率全市第一。习近平总书记考察湖南工作后，先后召开常委会（扩大）会议、全县领导干部大会，专题传达学习习近平总书记在湖南考察调研时的重要指示批示精神和省委、市委有关会议精神，努力做到真知真悟、真学真信、真懂真用。党的十九届五中全会，中央、省委、市委经济工作会议召开后，迅速对标对表，组织专题传达学习、专门研究部署、专项任务分解，不断把学习宣传贯彻工作引向深入。

【推进产业发展】抓项目兴产业，打牢稳的基础。坚持"项目为王、产业为要"，开展重点项目百日攻坚行动，推行"周协调、周调度、周督办"，建立"三单一表"清单交办制度，组织9次重点项目集中开工和现场观摩活动。全县实施重点项目81

个，完成投资96亿元。县直接调度的30个市重点项目超额完成投资任务。国家现代农业产业园展示馆顺利开馆，元畅·恒太城商业中心正式开业，华益槟榔竣工投产，芙蓉山风力发电、海螺固废处理、龙晟牧业、江南标厂等项目年内可建成运营，东梅公路、南桥大道通车在即，东渠公路、官新高速、抽水蓄能、通用机场等一大批重大项目全速推进和准备。不断加大招商引资力度，新签约项目36个，引进“三类500强”项目2个。持续推进茶旅文康深度融合，预计实现茶叶加工量8.5万吨，综合产值230亿元，税收1.5亿元。制定安化黑茶高质量发展三年行动计划，出台支持春茶生产“六条措施”，刘仲华院士工作站落户安化。安化获评中国“十三五”茶产业发展十强县，连续十二年入选中国茶业百强县前十强。助推安化茶与醴陵瓷的强强合作，两地企业合作金额超过3亿元。精心组织湖南（春季）乡村文化旅游节，加快复苏旅游产业，年接待游客600万人次，实现旅游综合收入58亿元。大力发展中医药健康产业，新增中药材种植面积10.3万亩，总面积达27.8万亩，综合产值26.4亿元，“安化黄精”获2块国字号招牌，安化荣获“中国多花黄精之乡”称号，“安化厚朴”成功注册国家地理标志证明商标。文体形势喜人，高质量举办“全国广播超级碗”“全省汽车摩托车争霸赛”“全省农业特色小镇现场会”“薪火相传·2020中国健康跑”和第六届“湘九味”中药材论坛暨“安化黄精”品牌发布会，茶乡花海梅山赛车运动主题公园成为湖南省唯一被认可的全国汽车自驾运动营地，安化的美誉度不断提升。

抓创新促开放，凝聚进的力量。开放型经济稳步提升，完成外贸进出口1.35亿美元、加工贸易66万美元、对外劳务合作营业额1702.81万美元，安化黑茶税则号（HS编码）正式获批，被评为市发展开放型经济工作先进县。强化知识产权创造保护运用，全县高新技术企业总数达21家，专利申请累计完成4395件，知识产权质押融资达4900万元，国家知识产权强县工程示范县完成复核。县科技专家服务团连续两年获得“湖南省优秀科技专家服务团”荣誉。通信建设取得新突破，建设开通5G基站53个、4G基站110个和4个5G机房，投运充电桩56个，在全市率先研究5G在“智慧园区”应用。鼓励企业抱团出海，成功举办“首届安化黑茶网上开园节”“安化黑茶遇上火宫殿”“感恩中远海运”“茅台对话安化黑茶”等特色活动，积极参加北京展览馆“两展一节”“2020湖南（国际）文化旅游产业博览会”和第十二届湖南茶业博览会、广州茶业博览会等系列展销活动，扩大安化影响力。

抓改革促发展，激发强的动能。稳步推进农村承包地“三权分置”改革和集体林权制度改革，加快农村土地承包经营权信息应用平台“互联互通”建设。纵深推进“放管服”改革，编制116项乡镇权力清单和责任清单，梳理乡镇公共服务事项清单69项，下放乡镇经济社会管理权限事项50项。有序推进“一件事一次办”，全年办理55.8万件，“帮代办”工作案例获湖南省“一件事一次办”专题栏目宣传推介。基层公共服务（一门式）全覆盖工作成效明显，得到省委办公厅联合调研组的充分肯定。

【脱贫攻坚工作】 坚决落实“一摘四不摘”要求，对标决战决胜十一条，实行“3456”工作法，以问题清零、资金清账、环境清爽、成效清底“四清”行动为抓手，加强脱贫攻坚和乡村振兴的有效衔接，全县无一人因疫因灾返贫致贫。顺利通过国家脱贫普查大考和省现场考核，全县14.86万贫困人口全部实现稳定脱贫，“一超过、两不愁、三保障”达标率100%，贫困发生率、漏评率、错退率均为零。全力做好贫困劳动力稳岗就业举措，贫困劳动力就业率高出省定目标，居全市第一。开展消费扶贫稳增收行动，全年共完成扶贫产品销售额4.2亿元，惠及贫困人口6.95万人，全国首家“扶贫832”网络销售平台产地仓落户安化。切实抓好产业扶贫，全县13.2万名贫困群众通过发展生产实现较高质量脱贫，占脱贫总人数的89%。超额完成扶贫小额信贷2.4亿元，任务完成率居全省第一。“六个全覆盖”目标任务全面完成，“危房不住人、人不住危房”得以全面落实，20042人易地搬迁任务全面完成。

【生态环境建设】 辖区“水十条”考核断面、省控考核断面水质和县级城市集中式饮用水水源水质达标率100%，空气优良率99.7%以上。资江四个重金属监测断面持续达标，涉镉等重金属污染源排查整治工作按期完成，实现全县乡镇污水处理设施全覆盖。圆满完成新一轮污染防治“夏季攻势”，交办问题82件全部办结。稳步推进“厕所革命”，农村人居环境进一步改善。深入开展受污染耕地安全利用，高标准完成3400亩集中推进区建设，获第二次全国污染源普查工作表现突出集体奖。积极抓好禁捕退捕工作，退捕协议签订、回收拆解渔船完成率、退捕渔民参保率均为100%。

【维护社会和谐稳定】 常态长效，疫情防控有韧劲。构建县乡村三级联动机制，全县13例确诊病例全部痊愈出院，妥善处置平口疫情。坚持“外防输入，内防反弹”双向发力，对入境和中高风险地区来安人员做到闭环管控到位。始终把保市场主体放在首位，制定“九条措施”，累计减税降费7768万元。安排返岗专车，发放稳岗专项资金362万元，2月初全县239家规模以上企业复工率、到岗率达100%。持续稳步推进疫情防控常态化，加强冷链食品监管，健全公共卫生服务体系，不断提升疫情监测预警和应急响应能力，疫情防控成果不断巩固。

打防控管，综治维稳有干劲。十大行业领域专项整治和“六清”行动成效显著，现阶段已实现线索清仓、逃犯清零、伞网清除、案件清结、行业清源。依法打击处理涉黑组织2个、恶势力犯罪集团2个、涉恶团伙9个，共破获各类涉黑涉恶案件160起，刑事拘留犯罪嫌疑人107人。着力推动禁毒人民战争和新时代县域警务工作，深入开展信访积案化解攻坚年活动，推动化解两年以上各类信访积案68件，全县信访存量持续下降，信访秩序不断好转。综治维稳工作又创佳绩，再次被评为省综治工作先进县，被授予省平安县。

居安思危，风险化解有实劲。坚持底线思维，持续实施“六个一批”措施有效缓释债务风险，化解缓释债务27.7亿元，超额完成全年目标任务。牢固树立过“紧日子”思想，年初预算编制内一般性支出压减20%、“三公”经费下降29.2%，确保财政运行安全、政府债务风险可控。全面压实安全生产责任，率先在全市启动安全生产专项整治三年行动，非煤矿山、交通运输、建设施工等12个重点行业领域整治行动迅速，成功申报“全国综合减灾示范县”，连续五年没有发生较大以上生产安全事故，被评为全省安全生产先进县。打好防汛抗灾主动战，实现“未垮一库一坝，未伤亡一人”的目标。

【民生保障工作】 民生支出占一般公共预算支出的86.17%。稳岗拓岗双向发力，促进县内就业达16.3万人，县外劳务人员累计28.8万人。教育发展更加公平均衡优质，大班额化解完成省市任务，县职业中专实现整体搬迁，新增普通高中1所、完成新改扩建幼儿园8所，增加普通高中学位1000个、幼儿公办学位1200个。全县公办园占比和在园幼儿人数占比均居全省前列，安化在全省基础教育大会上作典型发言。县域公共卫生服务水平全面提升，县人民医院成功创建三级综合医院，城乡居民医保参保率达98.1%。推进城镇老旧小区“四新四化”改造模式，累计投入1.6亿元，实施项目13个，改造房屋53栋。重点民生兜紧兜牢，累计发放兜底和低保补助资金2.04亿元，实现应兜尽兜、应保尽保。开展上门评残、集中评残、送医评残等工作，实现评残办证全覆盖。全面推进被征地农民养老保险工作，将10233名被征地农民纳入保障范围。

【宣传思想文化工作】 严格落实意识形态工作责任制，牢牢掌握意识形态工作主动权，不断提高管网控网、网媒监管、预警处置能力。开展网络安全专项检查、微信公众号备案督查“清朗行动”。策划“抗疫一线”、讲好安化脱贫故事等主题报道，掀起全民直播带货、直播短视频宣传热潮，安化元素成为知名自媒体平台热议关键词，在市级以上主流媒体上稿2700余件。融媒体建设顺利通过省级验收，成立新时代文明实践中心，镇（乡）村两级新时代文明实践站所建设实现全覆盖。持续深入开展创文巩卫、移风易俗、文明劝导、志愿服务、典型教育和人居环境整治等活动，喜获国家卫生县城荣誉称号。深入推进梅山文化产业“七个一”工程，大力开展“欢乐潇湘·神韵安化”月月乐、“三下乡”“书香安化”等活动，打造“红色安化”陈列馆，文化惠民不断深入。

【社会主义民主法治建设】 县委全力支持和完善人民代表大会制度，支持和保证县人大及其常委会依法履职。县人大常委会审议通过《预算审查监督办法》等监督办法，持续开展“司法公正安化行”等活动，不断强化监督刚性，围绕中心工作组织开展专题调研和专题视察，进一步增强依法监督的实效性。县委认真听取县政协向县委提出的工作意见建议。县政协深入开展“双助双行动”，有效组织经促会工作，助力疫情防控、脱贫攻坚，充分发挥政治协商、民主监督、建言献策作用，围绕重点项目建设开展协商调研视察，为县委决策提供了有力参考。认真履行党管武装职责，获得“全省双拥模范县”殊荣。深入推进统一战线工作，充分发挥统战优势，加强党外队伍建设，成立新的社会阶层联合会，依法加强宗教活动场所管理。全面推进依法治县，扎实开展平安安化建设，成功申报全省社会治理创新试点县，“法治安化”迈上新台阶。

【从严治党】 担当政治建设首要之责。县委常委会议先后6次专题研究全面从严治党工作，坚持严字当头、一抓到底，进一步压实全县各级党组织全面从严治党责任，将全面从严治党纳入全县绩效评估体系。充分发挥巡察利剑作用，全县巡察覆盖率达92.5%。其中，对35个党组织开展常规巡察，16个单位开展行政执法情况专项巡察，6个单位开展巡察“回头看”。加强巡视巡察整改监督，省、市、县巡视巡察反馈问题整改率分别达95%、100%、93.6%。

夯实组织建设发展之基。抓实党建实效化，以党建引领项目建设、脱贫攻坚、环境整治等各项工作。优化四级治理体系，“党建引领·三员两长网格化管理”整治人居环境、“五老”工作室参与基层治理等经验成为全市典型。全面启动村（社区）“两委”换届选举工作，推动“两委”干部交叉任职，古楼乡试点工作得到市委肯定。着力推进基层党组织建设，33个软弱涣散基层党组织完成整顿转化任务。加强城市党建工作，成立小区党支部49个、社区网格党组织82个，非公有制企业党组织109个，社会组织党组织39个。

激活队伍建设动力之源。坚持“好干部”标准，共提拔重用“五个一线”优秀干部166名。持续开展担当作为好团队和担当作为好干部评选表彰活动，评选表彰担当作为好干部19名、好团队10个，激发干部干事创业内生动力。坚持严管和厚爱结合、激励和约束并重，大力推进干部能上能下，调整6名不胜任现职干部，对10名表现一般的干部进行提醒谈话。加强干部教育培训，分类分层推进，开设培训班49期，精准培训5225人。持续开展“5133”人才引进工程，制定支持企业人才队伍建设的二十条措施，共引进各类人才907名。

恪守廉政建设立身之本。持之以恒正风肃纪，一体推进“不敢腐、不能腐、不想腐”，深入贯彻落实中央八项规定精神，坚决落实省委、省政府“约法三章”，制定整治形式主义官僚主义10条措施，切实减轻基层负担。强化监督执纪，着力整治群众身边腐败和作风问题，扎实开展“吃空饷”、禁赌禁毒、禁酒驾等专项整治，锲而不舍纠治“四风”，惩治腐败“零容忍”，查处作风问题239起。强化从严惩治，用好监督执纪“四种形态”，全县立案286件，涉及科级干部25人，开除党籍16人，移送司法机关4人。

【谋划“十四五”规划】 县委常委会决定县委十二届十一次全会暨县委经济工作会议审议通过《关于制定安化县国民经济和社会发展第十四个五年规划和二〇三五年远景目标的建议》。2000年年初，将起草工作纳入县委常委会年度工作计划，由县委主要负责同志牵头成立起草小组。起草小组认真学习习近平总书记关于做好“十四五”规划编制工作的重要指示和各级座谈会会议精神，把加强顶层设计和坚持问计于民统一起来，多种形式开展调研走访，广泛征求各方意见和建议。县里主要负责同志带队赴京到省加强对接，赴上海、广州、深圳等多地考察学习。先后组织召开社会各界人士座谈会、基层代表座谈会、工作推进会，坚持集思广益、开门问策。党的十九届五中全会和省委十一届十二次全会、市委六届十次全会召开后，县委常委会迅速对标对表，进一步修改完善。初稿成型后，通过反复征求意见，专题讨论审议，充分修改完善，形成提交人大会议审议的文本。

（撰稿：县委办）

重要会议

【县委全体会议】8月20日，县委十二届十次全会暨上半年经济形势分析会召开，县委书记刘勇会代表县委常委会作工作报告。会议指出，要提高站位抓落实，始终围绕重大政治任务抓落实；安化县上下要把认识统一到县委、县政府部署要求上来，统一到加快高质量发展这条主线上来，抢抓发展新机遇，同频共振抓落实；要聚焦目标抓落实，对于返贫监测预警机制待完善、项目建设待加强、产业结构待优化等问题；要认真梳理，抓好落实整改，做到“达标指标抓巩固、弱项指标抓补齐、短板指标抓攻坚”；要改进方法抓落实，突出重点，抓住工作的主动权，既要攻坚拔寨，又要统筹兼顾；要强化保障抓落实，县级领导要发挥“头雁作用”，带头抓落实，结合自己分管或联系工作，坚持项目化、任务化、指标化要求，推行“清单制＋责任制”工作法，对县委全会的决策部署，逐一形成攻坚方案，确保可操作、可督查、可考核。

12月27日，安化县委十二届十一次全会暨经济工作会议召开。会议传达学习中央、省委、市委经济工作会议精神，审议通过《中共安化县委关于制定安化县国民经济和社会发展第十四个五年规划和二〇三五年远景目标的建议》。县委书记刘勇会代表县委常委会作2020年工作报告，分析全县当前经济形势，部署2021年经济工作，明确总体要求和目标任务。安化县委副书记、县长肖义向全会作《中共安化县委关于制定安化县国民经济和社会发展第十四个五年规划和二〇三五年远景目标的建议（讨论稿）》的起草说明。

【县委常委会议】1月3日，县委书记刘勇会在县政府常务会议室主持召开县委常委2020年第1次会议，会议专题研究全县重点工作、重点项目、巡视整改、龙江公路建设、安全生产、意识形态及问题楼盘处置工作，审议有关文件。

1月21日，县委书记刘勇会在县政府常务会议室主持召开县委常委2020年第2次会议，传达省纪委省监委有关处分决定，集中学习省市两会和全省安全生产电视电话会议精神，专题研究脱贫攻坚工作。

1月22日，县委书记刘勇会在县政府常务会议室主持召开县委常委2020年第3次会议，专题研究新冠肺炎疫情防控工作，传达学习习近平总书记重要指示和李克强总理重要批示，及省、市相关会议精神，强调值班纪律，制定工作预案。

1月27日，县委书记刘勇会在县政府常务会议室主持召开县委常委2020年第4次（扩大）会议，专题研究新型冠状病毒感染的肺炎疫情防控工作，传达学习习近平总书记重要指示和李克强总理重要批示、中共中央政治局常委会会议和省、市新型冠状病毒感染的肺炎疫情防控工作会议精神，听取县疫情防控防治指挥部关于全县疫情防控防治工作情况汇报，进一步研究部署疫情防控工作。

2月5日，县委书记刘勇会在县政府常务会议室主持召开县委常委2020年第5次会议，传达学习中央、省、市有关会议精神，研究部署新型冠状病毒感染的肺炎疫情防控、企业复产复工工作，审议有关文件。

2月17日，县委书记刘勇会在县政府常务会议室主持召开县委常委2020年第6次（扩大）会议，传达学习中央、省、市有关会议和领导重要讲话、指示批示精神，研究部署新型冠状病毒感染的肺炎疫情防控、复工复产工作。

2月24日，县委书记刘勇会在县政府常务会议室主持召开县委常委2020年第7次会议，传达学习中央、省委有关会议精神，研究重点工作任务、脱贫攻坚、茶旅产业、纪检监察工作，审议有关文件。

3月5日，县委书记刘勇会

在县政府常务会议室主持召开县委常委2020年第8次会议，传达学习习近平总书记重要讲话及中央、省、市有关会议精神，研究部署疫情防控、全县重点工作、重点项目、政法、组织及湖南省春季乡村文化旅游节筹备工作，审议有关文件。

3月23日，县委书记刘勇会在县政府常务会议室主持召开县委常委2020年第9次会议，传达学习习近平总书记的重要文章及中央、省、市有关会议精神，研究脱贫攻坚、农业农村、宣传思想、统战、党办及县委党务工作会议筹备等工作，审议有关文件。

3月31日，县委书记刘勇会在县政府常务会议室主持召开县委常委2020年第10次会议，传达学习中央、省、市有关会议和市委主要领导到安化县调研重要指示精神，研究部署全县重点工作、重点项目、“作风建设大提升、营商环境大优化、产业发展大促进”工作、2019年考核奖励项目、绩效评估、有关干部工作等事宜，审议有关文件。

4月23日，县委书记刘勇会在县政府常务会议室主持召开县委常委2020年第12次会议，传达学习中央政治局有关疫情防控工作会议精神，研究部署全县脱贫攻坚、自然保护地整合优化工作，审议有关文件。

5月7日，县委书记刘勇会在县政府常务会议室主持召开县委常委第13次会议，传达学习中央政治局会议精神，听取和研究重点项目、重点工作及基层党建等事宜，审议有关文件。

5月21日，县委书记刘勇会在县政府常务会议室主持召开县委常委2020年第14次会议，传达学习中央、市委有关会议精神，研究危险化学品安全生产、脱贫攻坚、扫黑除恶、教育等工作，审议有关文件。

6月5日，县委书记刘勇会在县政府常务会议室主持召开县委常委2020年第15次会议，传达学习全国两会精神，研究全县重点工作、重点项目建设、卫生健康、醴陵陶瓷与安化黑茶融合发展、城乡建设用地增减挂钩、建设用地开发等工作，审议有关文件。

6月24日，县委书记刘勇会在县政府常务会议室主持召开县委常委2020年第17次会议，传达学习有关文件精神，研究部署脱贫攻坚、县委巡察、全面小康、绩效评估、审计反馈问题整改、立项争资考核奖励等工作。

7月3日，县委书记刘勇会在县政府常务会议室主持召开县委常委2020年第18次会议，传达学习习近平总书记重要指示精神，研究全县重点工作、重点项目建设、禁捕退捕工作。

7月14日，县委书记刘勇会在县政府常务会议室主持召开县委常委2020年第19次会议，传达学习习近平总书记、省委书记杜家毫重要指示及省委常委会议精神，研究脱贫攻坚、党风廉政建设、村级财务管理专项整治、新时代县域警务、禁毒、意识形态、城乡供水一体化、专项债券资金安排等工作。

7月17日，县委书记刘勇会在县委常委会议室主持召开县委常委2020年第20次会议，专题研究财政相关工作。

8月1日，县委书记刘勇会在县政府常务会议室主持召开县委常委2020年第21次（扩大）会议，传达学习习近平总书记重要讲话和省、市有关会议及省委重要文件精神，研究全县重点工作、重点项目建设、县委全会暨半年经济形势分析会、中药材论坛筹备、涉众型非法经营处置及非法集资陈案化解等工作，审议有关文件。

8月12日，县委书记刘勇会主持召开县委常委2020年第22次会议，专题研究自然保护地整合优化工作。

8月27日，县委书记刘勇会在县政府常务会议室主持召开县委常委2020年第24次会议，传达学习习近平总书记重要指示精神、省纪委重要文件及上级领导有关批示精神，研究脱贫攻坚、污染防治攻坚战、安全生产、基层党建等工作。

9月2日，县委书记刘勇会在县政府常务会议室主持召开县委常委2020年第25次（扩大）会议，传达学习习近平重要讲话、市委有关会议精神，研究全县重点工作、重点项目建设、市域社会治理现代化试点、反恐怖、扫黑除恶专项斗争等工作。

9月22日，县委书记刘勇会在县政府常务会议室主持召开县委常委2020年第26次会议，传达学习习近平总书记在湖南考察时的重要讲话和省委、市委有关会议精神，研究脱贫攻坚、重点项目建设“百日攻坚”行动、政治建警等工作。

10月10日，县委书记刘勇会在县政府常务会议室主持召开县委常委2020年第27次会议，传达学习习近平总书记重要讲话和省委、市委有关会议精神，研究重点项目建设、信访专项工作、县委党校、园区平台建设等工作。

11月2日，县委书记刘勇会在县政府常务会议室主持召开县委常委2020年第29次会议，传达学习习近平总书记重要讲话、省委全会会议精神，研究脱贫攻坚、巡视巡察、县残联改革、未成年人思想道德建设、村（社区）换届、扫黑除恶、纪律审查等工作。

11月5日，县委书记刘勇会在县政府常务会议室主持召开县委常委2020年第30次（扩大）会议，传达学习上级有关会议精神，研究全县重点工作、重点项目建设、社区专职工作者以及县新阶联等工作。

11月23日，县委书记刘勇会在县委常委会议室主持召开县委常委会2020年第32次会议，专题研究全县违法建设清查整治工作。

11月24日，县委书记刘勇会在县政府常务会议室主持召开县委常委会2020年第33次会议，传达学习习近平总书记重要讲话精神，研究脱贫攻坚、全面从严治党、供销联社改革、县文联及扫黑除恶工作，审议有关文件。

12月3日，县委书记刘勇会在县政府常务会议室主持召开县委常委会2020年第34次（扩大）会议，传达学习上级重要会议精神，研究部署全县重点工作、重点项目建设、县人大、政协两会筹备、基层党建、常态化疫情防控、工会换届等工作。

12月14日，县委书记刘勇会在县政府常务会议室主持召开县委常委会2020年第35次会议，传达学习市委全会会议精神，研究村（社区）“两委”换届选举、党员教育培训、2020年预算调整、纪律审查等工作。

12月23日，县委书记刘勇会在县政府常务会议室主持召开县委常委2020年第36次（扩大）会议，传达学习重要会议精神，讨论“两报告一建议”（讨论稿），研究县政协委员补选、纪律审查工作。

12月26日，县委书记刘勇会在县政府常务会议室主持召开县委常委会2020年第37次会议，传达学习上级会议精神，研究脱贫攻坚、财政预算、农村建房管理问题、基层党建等工作。

【其他重要会议】 1月14日，安化黑茶高质量发展主题报告会在安化大剧院1号厅召开，参会人员为：县委、县人大常委会、县政府、县政协领导班子成员及其他在职副处级以上领导干部；县直单位主要负责同志；各乡镇党委书记、分管茶旅工作的副职、辖区内种茶大户代表；老领导代表；县茶旅产业发展领导小组各专业委员会成员；县内茶叶企业负责人，县茶业协会全体会员；20家媒体，30名记者。

1月14日，全县“不忘初心、牢记使命”主题教育总结会议在县公安局4楼会议室召开，参会人员为：县委、县人大常委会、县政府、县政协领导班子成员，县人民法院院长、县人民检察院检察长；市委主题教育第十五指导组全体同志；县直各单位主要负责同志；各乡镇党委书记；县委各指导组正副组长；县委主题教育工作领导小组办公室全体工作人员。

3月27日，县委党务工作会议在安化大剧院1号厅召开，参会人员为：县委常委、县人大常委会主任、县政协主席、县人武部政委；各乡镇党委书记，分管组织、宣传、统战、政法、武装和办公室工作的副职；县直机关各单位（不含垂管单位）主要负责人，分管组织、宣传、统战、政法、武装和办公室工作的副职；各垂管单位主要负责人。

4月20日，全县领导干部大会在县党政机关大院会议中心3楼电视电话会议室召开，参会人员为：县委委员、候补委员；县处级现职领导干部；县纪委副书记，县纪委常委，县监察委员会委员；县委巡察工作领导小组办公室主任，县委巡察组组长；县委各部办委常务副职，县直正科级行政事业单位（不含垂直管理）主要负责同志；县人大、县政协秘书长；乡镇党政正职。

10月15日，全县2020年国家扶贫日表彰大会在安化大剧院1号厅召开，参会人员为：全县在职的县级领导干部（含非领导职务）；县委各部办委常务副职、县直各单位（含垂管单位）主要负责人，县委巡察组组长；各乡镇、县经开区、县城南区、柘溪林场、洞市林场党（工）委书记、扶贫站站长；有100人以上贫困人口的村（社区）党支部书记和驻村帮扶工作队队长；受表彰对象代表。

12月23—24日，安化县工会第十五次代表大会在安化大剧院1号厅召开，参会人员为：安化县工会第十五次代表大会代表；市总工会领导，县委常委，县人大常委会主任，县政协主席，县人大、县政府、县政协分管联系工会工作的领导；历届县总工会主席、党组书记，县总工会退休干部职工，群团组织主要负责人；非代表的乡镇工会联合会主席、专干。

12月27日，县委十二届十一次全会暨经济工作会在安化大剧院1号厅召开，参会人员为：在职县级领导；县委委员、县委候补委员；乡镇党委书记、乡镇长；县“四办”主任（秘书长），县委办、县政府办副主任；县委各部办委常务副职，县直机关各单位党政主要负责人，各垂管单位主要负责人；县纪委委员，县委巡察组组长；部分基层一线优秀党员代表。

（撰稿人：黄竞明）

县委办工作

【参谋辅政工作】 一是高质量推进调查研究。坚持问题导向、效果导向，围绕县委决策需求和难点热点问题，积极深入一线开展调查研究，共编发《决策参考》6期，组织选优活动2次，《加快茶旅文康产业融合发展调研报告》等文稿被市委《工作交流》刊发。二是高标准开展以文辅政。坚持“身在兵位，胸为帅谋”，弘扬“短实新”文风，共拟定工作报告、重要讲话、汇报材料、致辞演讲等文稿265篇，有效保障县委全会、县两会和全省乡村文化旅游节等重大会议（活动）的服务工作。三是高效率做好信息报送。收集县直部门、乡镇上报信息1200余条，向省办、市办上报各类信息615条，其中被省办单条采用10条，被市办单条采用52条。

【督查督办工作】 一是围绕重大决策抓落实。先后围绕疫情防控、复工复产、学生防溺水、地质灾害、禁捕退捕等重点工作开展深入督查，有力推动党中央、省委、市委、县委决策落地落实。印发督查通报87期、督办函98份，通报问题540个，督促问题整改到位。二是围绕中心工作抓落实。制发《安化县2020年重点工作任务分解方案》，实行月督查月通报。对县常委会议定事项，逐项梳理，全程督办，每季度形成督查专报向县委领导报告；组织脱贫质量和污染防治“回头看”督查，有效推动了工作任务完成。三是围绕指示批示抓落实。全年共完成中央省市县主要领导批示50件，先后对省委领导交办的东坪镇伊溪村征拆问题、龙塘乡茶乡花海社区等信访问题进行现场查办、反馈。全年共落实习近平总书记重要指示批示2件次，省委领导批示7件次，市委、县委主要领导批示41件次，上级交办件131件；完成全县重点工作督查11余次，专项督查11次，制发督查通报114期，有力推动全县各项工作落细落实。

【统筹协调工作】 一是综合协调服务到位。认真做好县委全会、县委常委会等会议会务服务，统筹做好县委主要领导周工作预安排、全县每月重点工作预安排等日常服务工作，切实做好中央、省、市领导到安化县视察调研和服务接待，先后接待部级以上领导干部40多批次，其中国家领导人4批次；参与举办湖南省春季乡村文化旅游节等重大活动，获得社会各界好评。二是文件制度落实到位。严格党内规范性文件审核把关和报备，共办理本级文件120批次，传发中央、省市文件214份、电报700份，发文数量同比下降27%，办文质效不断提高。三是机要保密工作规范到位。机要保密工作做到与时俱进，全年投入经费151万元，完成3项重点涉密工程的建设，稳步推进了全省电子政务内网横向网络建设和信创工程建设；日常工作不断制度化、规范化，采取多种方式开展业务培训，全年共计220余人次接受保密知识培训，各单位机要岗位人员业务水平显著提升，实现2020年密码通信工作“无差错、无事故”目标。四是其他工作有序推进。

对台对外工作方面累计争取各项奖补资金近百万元，办理出口退税220万元，建设完成白沙溪对台交流基地；2020年全面小康总体实现程度98%，同比增长0.5个百分点。

【作风建设】 一是坚持党建引领。开展创“红旗岗位、红旗个人”评比活动，细化量化考核指标，将党建工作与业务工作有机结合，充分发挥机关党支部战斗堡垒作用和党员先锋模范作用，连续两年被评为“基层示范党组织”。二是坚持攻坚克难。始终把脱贫攻坚作为最大的政治任务和头号民生工程，年初就把脱贫攻坚列为办公室重点工作，派驻4名贫困村帮扶队员，坚定落实“一月一结对”帮扶走访，全面压紧压实全办脱贫攻坚责任。三是坚持坚守一线。面对突发的新冠肺炎疫情，办公室干部忠于职守、主动协调，认真做好上级决策部署的上传下达、会议筹备和联防联控、信息报送、督办落实等工作，做到了守土有责、守土负责、守土尽责，为县委科学有序做好疫情防控和统筹推进经济社会发展工作，打赢疫情防控人民战争、总体战、阻击战付出了辛勤劳动，展现了办公室的担当。

（撰稿人：黄竞明）

组织工作

【概况】 截至2020年年底，全县共有党组58个，基层党组织1736个，其中党委53个、党总支263个、党支部1420个；党员38929名，其中农村党员23257名，女性党员8113名。“党建引领·三员两长网格化管理”经验在《人民日报》典型推介，“大苍模式”被中组部列为典型案例，龙坳村入选第八批“全国民主法治示范村（社区）”。

【基层党建】 一是巩固战斗堡垒。“1+5”文件落实有力，省委专题督导组撰文表扬。深入推进党支部建设，1420个支部“五化”建设全面达标，打造党建示范点60个，整顿软弱涣散基层党组织33个，统筹2000万元化解100个村级综合服务平台债务。村级组织运转经费（含村干部待遇）预算同比增长11.49%，村（社区）党组织书记待遇提高到2500元/月，较2016年翻倍增长。深入实施“五个一批”工程，县财政每年统筹安排300万元村级集体经济收入发展引导资金。推进小区党建工作，成立小区党支部49个、网格党组织82个，城市治理实现到楼入户，7个小区支部市级示范。全县非公有制企业建立党组织111个，社会组织建立党组织41个，实现党的组织、党的工作全覆盖。机关党建实效化明显提高，把党建与业务工作融合情况按20%分值纳入党建考核。推行机关党员到居住小区报到服务制度，党员住户主动挂牌亮身份，将单位服务直接延伸至居住小区。机关党建实效化工作经验在《湘组研究》推介，县公路养护中心支部获评全国先进基层党组织。“党建引领·三员两长网格化管理”整治人居环境、“五老”工作室参与基层治理等经验成为全市典型。严守标准发展党员481名，延长400余名入党积极分子培养教育考察时间。微视频《93岁老党员的坚守 初心“点亮”童心》在新华网首页焦点位置展示，获全省党员教育电视片观摩活动二等奖。挖掘本地红色教育资源，安化县首个党员干部党性教育基地——红色安化革命陈列馆入选首批市级党员教育示范基地。打造精品党课10堂，省级精品讲师1人，市级精品讲师5人。组织乡镇党务干部、村级党组织书记、村支“两委”成员、致富带头人、党员骨干等参加中央、省、市各级各类党员教育培训班600余人次。通过线上与线下相结合的方式，轮训村“两委”干部、农村党员1.8万余人次。新招“农民大学生”270名。二是完成村（社区）“两委”换届，全面实现“一肩挑”和交叉任职。新一届党组织书记平均年龄从52.9岁下降到48.6岁，近一半拥有大专及以上学历；村干部的平均年龄下降到42.7岁，拥有大专以上学历的人数增加到926人。三是“一门式”服务全覆盖。围绕“便民利民惠民”，畅通服务群众的“最后一公里”。安化县433个村（社区）综合服务平台提质升级，每村选配2名35岁以下、大专以上文化便民服务员。卫生室、商务中心、新时代文明实践站等全面进驻。整治村级挂牌“泛滥”乱象，清理标识标牌9200余块。下放乡镇可办事项68项、村级可办事项62项，2020年累计在村部直接办证1万余张，建立村级商务中心416个，实现邮政包裹、金融服务、电子商务一站融合。“安化模式”在央视等主流媒体推荐。四是疫情防控担当作为。面对突发的新冠疫情，出台《关于在坚决打赢疫情防控阻击战中进一步落实党员干部“亮身份、优服务、树形象”十项措施的通知》等3个文件，迅速动员各级党组织和党员干部担使命、立军令。23个乡镇、433个村(社区)、23个职能部门3531名党员干部正月初一投入紧张战斗；紧急动员全县366支县派驻村帮扶工作队下沉进村，充实基层力量；选派92名干部担任驻企防疫联络员，全力支持复工复产；抽调329名县直干部分赴100个多卡点值班巡查。全县成立71个临时党支部、派出170支党员突击队。疫情防控中党员作用发挥得到省委组织部点赞推送。

【干部管理】 一是提拔重用。2020年调整配备领导干部421名，其中提拔重用的168名干部均是来自扶贫、项目、维稳、党务等“五个一线”的优秀干部。评选出2019年度担当作为好团队10个、担当作为好干部19名，其中6名担当作为好干部得到提拔重用。二是树立导向。坚持大抓基层的用人导向。县委牢固树立重视基层、支持基层、关心基层原则，锻造一支高素质专业化基层干部队伍，提拔重用乡镇优秀干部39名，其中乡镇党政正职13名，选派42名县直优秀干部到基层一线任职；坚持优化结构的用人导向。破除论资排辈观念，打破隐性台阶，对综合素质好、工作实绩突出、一贯表现优秀的年轻干部及时大胆使用，提拔重用年轻干部58名。三是干部监督。共调整不胜任现职领导干部6名，进行谈话提醒10人；开展股级干部管理与干部不履职不担当不作为专项整治行动，汇总问题96条，整改措施93个。四是关心关爱干部。健全容错澄清机制，坚持“三个区分开来”原则，重新启用1名曾受到组织处理被免职的领导干部；落实关心关爱机制。出台《关于进一步关心关爱广大干部的若干措施》的具体实施方案，结合安化干部实际，细化具体措施5类16条，在表彰奖励、保健修养、激励保障等方面下足绣花功夫。四是绩效评估。2020年度全县绩效评估工作被市委、市政府评为“一类等次”单位。出台2020年绩效评估管理办法，对全县120个单位分乡镇、县直、垂管、单独考核单位进行精细分类管理。科学调整评估指标，继续突出三大攻坚战的重要位置，大幅度调整奖分、罚分事项与分值，罚分分值适当提高，按月调度指标完成情况，使各单位进有动力、退有压力。明确各等次绩效评估奖金提高2000元/人，获奖比例由70%提高到75%，通过树立创先争优导向，加大奖励力度，进一步激发全县各单位干事创业热情。按照考事与考人相结合的原则，年终绩效考核与年度考核一支队伍，一体推进。考核结果与干部评先评优、绩效奖励、行政问责紧密挂钩。

【干部教育】 2020年，全面贯彻落实省市《2019—2022年干部教育培训规划》，分类分层组织、精准培训管理。举办科级干部培训班（“担当作为”专题培训班）1期，培训干部54人；举办中青年干部培训班（理想信念宗旨教育专题班）1期，培训干部65人；举办公务员初任培训班、公务员素质提升班、高层次人才能力提升专题培训班、企业经营管理人才专题培训班等专题培训班4期，培训干部296人；会同县直部门举办各类专业化培训班42期，培训干部5225人次。完成调训任务38人。2639名干部学员完成干教网院学习178713个学时，任务完成率100%。

【人才培养】 全面贯彻落实《促进人才向基层一线流动实施方案》精神，继续实施“5133”人才引进工程。2020年共引进机关事业单位各类人才905人（其中双一流大学本科以上学历人才61人），其中公务员考录99人，选调生考录5人，高层次人才引进57人，教师招聘583人，医卫人才招聘134人、综合性人才公开招聘27人。出台《支持企业人才队伍建设的二十条措施》，全力支持企业人才队伍建设。

【公务员管理】 2020年共招录公务员101人，其中：县直机关

（法检除外）招录公务员24人，乡镇机关招录公务员63人，法检招录公务员7人，警校应届生招录公务员7人。2020年办理公务员调动手续114人，其中调往市外23人，调往市内县外27人，乡镇机关进县直机关41人，县直机关之间调动11人，乡镇机关之间调动6人，县直机关进乡镇机关2人,县外调入2人。2020年职级晋升235人，3月，职级晋升73人；5月，职级晋升4人；7月，职级晋升6人；8月，职级晋升60人；10月，职级晋升83人；11月，职级晋升1人；12月，职级晋升8人。

【非公有制经济和社会组织】 一是标杆引领。2020年坚持示范引领，着力打造一批在全市乃至全省叫得响的“标杆引领”“两新”党组织。蓝天幼儿园党支部荣获“湖南省示范社会组织”称号；资声律师事务所党支部被评为湖南省律师行业“先进基层党组织”；众善社会组织荣获“全市先进社会组织”称号并作为益阳唯一一家功能型党组织申报省级“标杆引领”计划；云台山茶旅集团党委党建工作经验在全市“标杆引领”推进会上作典型推介。二是队伍管理。出台《关于进一步加强两新组织党建工作指导员管理的通知》，从工作、生活各个方面保障指导员的权利。举办一期两新指导员专题培训班，建立常态化跟班学习制度，协同团委为7名参加公务员考试同志开展笔试培训班一期，邀请干部科室同事辅导面试课程，2名同志成功通过公考。进一步规范了兼职指导员管理，建立兼职指导员县级备案管理机制，调整4名履职不力兼职指导员。继续实施“双培”工程，培育党员发展对象65名。三是企业服务。组织协调92名副科级党员干部入驻重点企业，指导疫情防控和复工复产工作，帮助企业解决问题和困难455个；会同县人社局、县扶贫办联合举办现场招聘会5场，2000余人与华益食品有限公司、恒太城等企业达成就业意向，帮扶472名未就业贫困户实现就业；出台《关于建立“两新”组织指导帮扶工作机制的通知》，明确13家县直单位联系指导帮扶17个重点“两新”组织，联点共建，收集问题53个，解决实际困难和突出问题41个。

【驻村帮扶】 2020年，全县共增派队员17名、调整队员3名，为剩余未脱贫人口中1038户特殊贫困对象增派第二帮扶责任人518名。组织全县脱贫攻坚挂牌督战村驻村帮扶工作队队长和新调整的工作队员共212人进行业务培训，组织30名县派驻村帮扶工作队员参加中远海运安化县基层干部培训，组织23个乡镇和县经开区、县城南区、洞市林场、柘溪林场的扶贫工作协管领导、扶贫站站长和120支工作队队长分片区召开驻村帮扶工作调度会。组织366支县派驻村帮扶工作队从正月初三开始返岗抗击新冠肺炎疫情，设置疫情防控检测点687个，共摸排涉湖北归来人员4000余人，发放宣传资料15万余份。与县融媒体中心联合开设“扶贫‘疫’线”栏目，对69支驻村帮扶工作队在打赢疫情防控阻击战和脱贫攻坚收官战中的工作亮点与做法进行持续报道。评选优秀工作队76支，评定182名工作队员年度考核为“优秀”等次；表彰“驻村工作队员突出代表”48名、“优秀驻村帮扶工作队员”190名、“结对帮扶突出代表”99名。共召开屋场会2000多场,参加人数5万多人次，帮助贫困户实现微心愿3万多个。全力配合做好了脱贫攻坚普查和省脱贫攻坚实地考核工作。下发督查通报9个，对22名工作队队员、60名结对帮扶责任人进行了通报批评，下发整改提醒函107个。

【老干部和关心下一代工作】 一是老干部工作打造精品。2020年，安化县老干部工作在省老干局长会上作交流发言。县林业局、交通局离退休干部党支部荣获“全省示范离退休干部党支部”称号，“五老”工作室参与基层治理经验成为全市典型，获市示范离退休干部党支部7个，优秀党务工作者5名、最美老干部6名。按照“八有”标准创建“美在金秋”老党员之家32个。对23个乡镇和42个县直单位进行老干部工作调研，现场业务指导，督促各项工作落实到位。开展“一人一策”精准服务，妥善解决机构改革中离退休老干部服务管理问题。二是关工委工作涌现品牌。江英学校留守儿童之家入围全国100所优秀儿童之家；云台山八角茶业有限公司董事长龚意成入选全国1000名带头致富、带领群众共同致富的农村致富青年先进个人；筹措5万元改善新桥村“四老”家长学校办学条件，副校长李石中被评为“全国关心下一代工作先进个人”，全县隔代教育经验在省关工委到益阳调研座谈会上推介。筹措16.4万元聚焦全县脱贫攻坚主战场大福镇帮扶161名困难学生，联合微点公益一对一资助50名贫困中小学生。

【“5133”高层次人才引进】 5月16日至17日，安化县2020年“5133”高层次人才引进面试进行，来自中南大学、湖南大学、南昌大学等省内外多所高校的160名考生前来应考，根据面试成绩现场择优签订意向协议56人。

【“农民大学生培养计划”开班典礼举行】 10月29日，安化县2020年“农民大学生培养计划”开班典礼在县职业中专学校举行，来自全县各乡镇的270名“农民大学生”新学员参加入学仪式。

（撰稿人：罗国跃）

宣传工作

【概况】 2020年，全县宣传思想文化战线围绕中心、服务大局，在大战大考中担当作为，成功举办湖南省春季乡村文化旅游节，拉开全省旅游经济回暖序幕；大力推进精神文明建设，成功创成省级文明县城；高标准推进融媒体中心改革建设，作为典型在全省宣传部部长会议上予以推荐；全力抗击疫情，抗“疫”舆论引导相关做法进入省委宣传部向省委常委以及中宣部的专报材料；繁荣文艺创作，网剧《逃课》被推荐参加全国第四届社会主义核心价值观主题微电影（微视频）征集展播活动；强化阵地管理，县“扫黄打非”工作小组办公室荣获省“扫黄打非”优秀集体、东坪镇获评省级“扫黄打非”标兵；理论武装、精神文明建设、新闻宣传、网信工作等4项工作获得全市先进、列全市第一。

【理论武装】 坚持不懈学习宣传贯彻习近平新时代中国特色社会主义思想和习近平总书记系列重要讲话指示精神及习近平湖南考察讲话精神，集中开展党的十九届五中全会宣讲，组织县委常委理论中心组学习11次。深入开展“大学习拥抱新时代”读书学习活动，全县征订发行《习近平谈治国理政》第三卷2.4万余册。大力推进“学习强国”，人均积分年中跃居全市第二，全县90%的学习组织和单位达到人均积分要求，学习贯彻宣传新思想走深走实。

【意识形态】 认真落实“四个纳入”要求，县委常委会专题研究意识形态工作3次。组织意识形态专题督查1次，对落实意识形态责任制不到位的单位进行约谈，强化工作责任落实。扎实推进问题整改，对市委意识形态专项督查反馈6个问题均已整改到位。

【新闻宣传】 紧扣决战脱贫攻坚、乡村振兴、“茶旅文康”战略等中心重点策划主题宣传，在省级及以上主流媒体上稿（统计内）970余篇，主流媒体上稿量、中央媒体上稿覆盖面、网络媒体点击量均创历史新高，稳居全市第一。战“疫”期间，发动县、乡、村组建1000多支宣传队伍走街串巷，6000余个“村村响”全天候发声，在省级以上主流媒体发布疫情防控稿件320余条。围绕湖南省乡村文化旅游节、“潇湘五彩·瓷茶风云”瓷茶产业融合等近20个节会及重大活动策划宣传活动。湖南省乡村文化旅游节吸引《人民日报》等410多家媒体竞相报道，全网相关信息9000余条，总阅读量超5亿次。“24小时健康茶生活”“茶旅文康融合发展”等成为网络热词，安化影响持续扩大。

【新闻出版】 高标准完成443个村（社区）“扫黄打非”工作站建设，县、乡、村三级联动体系初步建成，东坪镇岩坡新村、梅城镇双富村创成市级示范点，阵地管控更加有力。规范文化市场管理，有序推进出版方面行政审批改革，全年出版物市场安全平稳。积极争取3万余册图书充实各农家书屋，引进投入400多万元，占地面积750平方米的半江书店。

【湖南省春季乡村文化旅游节举行】 4月28日，2020年湖南省春季乡村文化旅游节开幕式暨文旅产业促消费助脱贫行动启动仪式在茶乡花海景区举行。湖南省委常委、宣传部部长张宏森出席并宣布开幕，湖南省文化和旅游厅厅长陈献春、益阳市委书记瞿海分别在开幕式上致辞，益阳市委常委、宣传部部长胡立安主持开幕式。

【第二届“安化文学艺术奖”评奖结果揭晓】 10月16日，第二届“安化文学艺术奖”评选工作经过申报、初审、推荐、专家评审、县评审委综合评审等程序，共评出各文艺门类获奖作品20件。

【全市首个新媒体联盟成立】 11月12日，安化县召开新媒体联盟成立大会，标志着益阳市首个县级新媒体联盟成立。各乡镇、县经开区、县城南区、县直各单位新媒体运营负责同志及全县自媒体代表参加会议。会议宣布包括安化发布、安化党建等在内15家理事会单位名单，宣读新媒体联盟章程草案，解读新媒体运营管理相关工作要求，邀请新媒体运营专家进行授课。

【《圆梦曲》之《逃课》举行首映仪式】 11月13日，为庆祝中国共产党成立100周年精心打造的献礼片——网剧《圆梦曲》之《逃课》首映仪式在安化大剧院举行，全县500名党员干部观看。

【第四届广播超级碗暨全国百家广播媒体安化行】 9月8日至11日，“别开声面 活力云集”——2020年第四届广播超级碗暨全国百家广播媒体安化行活动在安化大剧院举行。活动由中国广播电视社会组织联合会指导，湖南广播电视台主办，安化县人民政府、湖南广播电视台广播传媒中心、湖南省播音主持研究会承办。活动期间，来自全国30个省市的200余家广播媒体人深入交流，展开精彩竞演。

【新时代文明实践志愿服务分队授旗仪式举行】 11月13日上午，安化县“茶香安化领新风·你我都是文明人”志愿活动启动暨新时代文明实践志愿服务分队授旗仪式在县城南区陶澍广场举行。县委书记刘勇会在活动上讲话并宣布活动启动。县长肖义为党员干部志愿服务分队、理论宣讲志愿服务分队、法律援助志愿服务分队、卫生健康志愿服务分队、文化旅游志愿服务分队、送教助学志愿服务分队、科技科普志愿服务分队、扶贫帮困志愿服务分队、环境保护志愿服务分队、拥军优属志愿服务分队、社会义工志愿服务分队等县新时代文明实践志愿服务11支分队授旗。来自机关单位和县城的2000余名志愿者参加此次活动。

（撰稿：陶正飞）

统战工作

【政治引领】 加强工作领导，牵头召开三次县级层面的会议，专题研究统战工作。深化理论学习，将《中国共产党统一战线工作条例（试行）》《宗教事务条例》等纳入党委（党组）中心组学习内容、党校主题班学习内容和宣传工作要点。2020年，统战部主要领导相继为青干班、科干班学员、民营企业家代表、宗教管理人员讲授统战理论，开设课堂6期。强化舆论引导，加强县级公众号“同心安化”的管理，开设党外人士专栏5期，推介新的社会阶层、党外知识分子、民营企业家代表先进事迹。

【同心抗疫】 2020年，新冠疫情防控期间，深入开展“同心抗疫·同舟共济”行动，两次发出倡议书，号召安化统一战线主动担当，微信公众号《同心安化》每日一更新，树立良好的舆论氛围；做好宗教领域疫情防控，严格落实宗教活动场所“两个暂停”（暂停对外开放、暂停举行宗教活动）要求，对全县登记的宗教场所全覆盖开展督查，根据省市民宗部门文件精神向各乡镇、各宗教团体下发通知要求做好登记场所从严有序开放的工作。据不完全统计，全县统一战线累计捐款418万元，捐赠口罩14.15万个。

【民族宗教】 为22名少数民族考生办理了中高考加分证明。指导湖南省白沙溪茶厂股份有限公司成功创建省级“民族团结进步示范单位”。通过举行学习班、会议、谈心谈话或结合主题党日活动开展宗教政策宣传。6

月12日，在柘溪镇举办库区乡镇干部民族宗教政策学习班；11月23日、27日，分别为同心美丽乡村云台山村的党员、组长、群众代表及云台山茶旅集团的党员职工80多人开展宗教政策培训；12月17—18日，分三个片区组织召开宗教工作专题会议，学习了《湖南省宗教事务条例》等政策；12月31日，以“一对一”的形式组织县内四大宗教团体负责人进行谈心谈话，提升他们的政治素养和思想认识。出台宗教团体目标管理考核、“和谐寺观教堂创建活动”评比等办法，严格按照相关制度对宗教场所建设、宗教活动、教职人员备案等宗教事务进行审批，持续推进宗教信息化平台建设，全年协助66个宗教活动场所办理对公账户。

【党外人士】 2020年，推荐3名党外干部步入领导岗位；推荐7名正科级以上党外干部参加市委统战部举办的党外干部履职提升培训班；推荐1名党外代表人士参加市党外人士宣讲活动，并被授予奖励；制定《安化县知联会2020年工作计划》，开展党外代表人士暑期谈心谈话活动，召开县知联会第二次理事会议；组织党外知识分子开展茶旅文康调研活动，集中学习习近平总书记在党外人士座谈会上的讲话，围绕安化经济社会发展建言15条；组织党外知识分子开展《习近平谈治国理政》学习活动，收集理论调研文章4篇；配合市知联会开展农村一、二、三产业融合发展调研，协助民进中央科技医卫委员会到安化县开展医疗帮扶；12月成立安化县新的社会阶层联合会，选举产生第一届领导班子。

【优化营商环境】 推进“万企大走访”活动，开展优化营商环境大讨论，收集民营企业诉求70余条，制定《安化县“亲”“清”新型政商关系行为规范》，列出正负清单。组织民营企业家开展“不忘初心、牢记使命”主题教育活动，通过座谈会、专题讨论、十八洞村实践调研等方式，组织召开传达学习会议6次，参训企业家300余人次。组织开展“法律服务进万家”活动，为企业成功调处纠纷、争议、案件40余起，挽回经济损失80多万元。

【统战工作会议】 4月9日，县委统一战线工作领导小组2020年第一次会议召开。县委书记、县委统一战线工作领导小组组长刘勇会主持会议并讲话，县委统一战线领导小组成员单位主要负责人参加会议。会议组织学习习近平总书记关于加强和改进统一战线工作的重要思想，通报2019年全县统战工作情况，部署安排2020年全县统战工作。会议提出，认真贯彻落实中央统战工作会议、全国、全省统战部部长会议、全市统战工作会议精神，自觉履行“七项职责”，认真落实“四个纳入”，切实加强党对统战工作的领导。并继续统筹实施“‘一家一’助学就业·同心温暖工程”“迎老乡、回故乡、建家乡”等统战品牌项目，整合社会资源，助力全县脱贫攻坚和乡村振兴战略的实施。全面规范宗教事务管理，巩固深化宗教领域突出问题整治成果，凝聚侨心侨力画好同心圆。

10月22—23日，2020年益阳市统一战线重点工作暨同心美丽乡村创建工作推进会在安化召开。市委统战部部务会成员及相关科室负责人，各区县（市）委统战部、大通湖区委宣传统战部、高新区组织工作局负责人，各民主党派市委专职副主委，市工商联、市侨联负责人参加会议，并围绕同心美丽乡村创建及后段工作安排作交流发言。

【开展助力脱贫攻坚安化行活动】 6月24日，省委统战部机关干部、省新阶联成员到江南镇茅坪村开展“活力新阶层·湖湘新力量”助力脱贫攻坚安化行活动。省新阶联向茅坪村捐赠现金131.1万元（含部分物资），向木溪口村、阿丘新村各捐款10万元。该笔捐赠资金将用于村级道路、供水等基础设施建设。

【民进中央开展医疗帮扶活动】 9月25日，民进中央科技医卫委员会领导带领医疗专家10余人到安化县开展医疗帮扶活动。专家一行先来到马路镇，为贫困户送医送药到家，然后到县人民医院开展义诊活动并进行业务交流。

【县新阶联成立】 12月2日，安化县召开新的社会阶层人士联合会（新阶联）成立大会暨第一届第一次会员大会。会议审议通过了相关章程、管理制度和管理办法，并选举产生第一届理事会、监事会。

"新的社会阶层人士"主要包括四大群体：私营企业和外资企业的管理人员和技术人员（指受聘于私企和外企，掌握企业核心技术和经营管理的专门知识者）、社会组织从业人员（包括律师、会计师、评估师、税务师、专利代理人等提供知识性产品服务的社会专业人士，以及社会团体、基金会、民办非企业单位从业者）、自由职业人员（指不供职于任何经济组织、事业单位或政府部门，在国家法律、法规、政策允许的范围内，凭借自己的知识、技能与专长，为社会提供某种服务并获取报酬者）、新媒体从业人员（指以新媒体为平台或对象，从事或代表特定机构从事投融资、技术研发、内容生产发布以及经营管理活动者）。

（撰稿：黄振华）

机构编制

【机构改革】 会同相关部门开展深化机构改革督查评估，根据新的"三定"规定，对全县62家涉改单位机构设置、领导职数配备、机构挂牌以及内设机构设置等方面落实情况逐项进行评估，现场下发整改通知单48个，提出整改意见建议140余条。完成森林公安机关管理体制调整，根据省市要求，起草印发《关于安化县森林公安机关管理体制调整及相关机构编制事项的通知》，县森林公安局划归县公安局直接领导管理，县林业局不再领导管理。调整县交通局、县农业农村局、县自然资源局、县城管局、县住建局等单位职责和机构编制事宜，进一步明晰县直职能部门和乡镇综合行政执法权限，构建边界清晰、分工合理、权责一致、运行高效、依法保障的管理体制。

【管好用活机构编制资源】 以"控"为前提，严把用编进人关口。严格落实中央、省、市相关要求，持续抓好控编减编工作，从严从紧控制机构编制资源，确保财政供养人员只减不增。坚持用编前置审批，根据"总量控制、突出重点、有序使用、岗位空缺、人岗相适"的原则，由各用人单位根据工作需要，申报全年编制使用计划，县委编委会审定并行文下达2020年编制使用计划，做到"超编单位只出不进、满编单位先出后进、空编单位按需进人"，管好控编减编关口。2020年全县直行政事业单位选调编制使用计划147名，其中直接选调91名、公开选调55名、外县调入1名。事业单位面向社会公开招聘使用编制计划873名，其中，教育系统600名，卫健系统170名；高学历、高层次人才引进60名，其他县直事业单位公开招聘43名，退役军人安置编制44名。坚持以"改"为重点，盘活机构编制存量。完成县网络中心和县城投公司改革。撤销县网络中心和县城投公司，收回核定事业编制，通过采取转制聘用或者编内安置双向选择，妥善安置编内人员。截至2020年12月，全县在省市备案的四家经营类事业单已全部完成相关改革任务。进一步优化事业单位布局结构，把全县各事业单位两年以上未使用的"僵尸"编制、预留编制集中收集到编制周转池，实行统一管理和调配。将有限的编制资源向义务教育、公共文化、医疗卫生、民生保障、基层一线服务等事业单位倾斜，实现编制资源效能的最大化。三是坚持以"调"为手段，优化编制资源配置。印发《安化县事业单位编制周转池管理暂行办法》，实施"五二工程"紧缺人才编制使用计划，自2021年起五年内在全县事业单位周转2000名编制，主要用于每年引进县委人才领导小组确定的急需紧缺高学历、高技能人才，乡镇事业单位急需紧缺专业技术人才，乡镇卫生院急需紧缺医务专业技术人员和县内偏远中小学校年轻教师。通过让编制资源"活起来""动起来"，把有限的机构编制资源用在"刀刃上"，提高编制使用效益，更好地服务经济社会发展。

【推动机构编制法定化】 认真贯彻落实《中国共产党机构编制工作条例》精神，树牢"编制即法制"观念，严格执行机构编制法律法规和党内法规。坚决维护"三定"规定和机构编制管理规定的权威性和严肃性。加大机构编制工作监督检查。督促县教育局贯彻落实中央《关于进一步挖掘创新加强中小学教职工管理的指导意见的通知》精神，出台具体整改措施调整民办学校占用中小学教职工编制，确保民办学校不占用和核定事业编制，在编老师不长期到民办学校任教。配合县纪委监委做好"吃空饷"集中整治工作，专项整治财政供养人员"占编制、不上班、吃空饷"等问题，严格借调（抽调）、请假人员审批备案手续。配合县委组织部做好全县股级干部摸底审查，联合印发《关于规范股级干部管理意见》，督促各单位严格按照"三定"规定配备股级干部。加强实名制管理，发挥好机构编制在工资核定与统发、年度绩效考核、公车补贴等经费核拨中的审核把关作用，切实杜绝在编不在岗、调离后不核销编制、虚报人员编制等方式"吃空饷"现象。四是及时准确做好事业单位登记管理。全年新注册设立事业单位34家，注销登记124家，变更90家，2019年度事业单位法人年度报告共完成281家，全部在县机构编制网上公示，公示率100%。五是建立与纪检监察、组织、巡察、人社、财政、审计等部门相互协调配合的控编约束机制，将执行机构编制纪律情况纳入巡察内容，纳入领导干部经济责任审计，形成齐抓共管的控编减编新格局。

（撰稿人：王琴敏）

党校教育

【干部培训】 全年共举办各类培训班16期，培训、轮训学员1718人。主要班次有：全县中青年干部培训班、全县科级干部培训班暨担当作为专题班、全县入党积极分子培训班、全县高层次人才能力提升班、全县党员发展对象培训班、全县便民服务员培训班、全县新任公务员培训班等。在教学中始终坚持"党校姓党"，把学员党性修养和思想淬炼放在突出位置，把习近平新时代中国特色社会主义思想、党史、干部担当作为、"茶旅文康"战略、安化红色文化资源、脱贫攻坚与乡村振兴专题教学等课程作为教学重点，《推进茶旅文康融合发展 打造安化发展新引擎》《茶学教育》等课程成为全县干部培训的精品课。学校形成了由校内专职教师、外聘专家学者、各级领导干部三支队伍组成的师资队伍。专家学者授课数量位居全省基层党校前列，县级领导先后走进县委党校课堂授课。

【理论宣讲】 由教师组成理论宣讲队深入县直部门、乡镇、农村、学校、企业开展宣讲40余场，受众达4100人次。教师刘习聪受邀为南宁师范大学开展题为《加强党建引领 促进农村教师队伍建设》的专题授课，成为益阳市首位到高校开展专题授课的基层党校教师。

【调研科研】 学校组成两个调研组，就安化红色文化资源、安化农村人居环境建设进行专题调研。教师刘习聪在《光明日报》刊发题为《督导落实，教师待遇有保障》的调研文章，介绍安化作为贫困地区保障教师待遇的经验和做法。

【阵地建设】 推进学校整体搬迁工作，县委确立"与县人武部一体化建设，县梅山城投承建"的建设方案。推进"智慧校园"建设，实现校园网络全覆盖、教学仪器智能化、教学手段现代化。

（撰稿人：向昱蓁　刘习聪）

机关事务服务

【事业单位公车改革】 全县事业单位公车改革共有涉改单位293个、涉改人员12701人、涉改车辆175台，其中一般公务用车23台、业务用车71台、特种专业技术用车81台。改革后保留车辆总数125台，其中业务用车44台、特种专业技术用车76台。共计裁减车辆50台，裁减率为28.5%。至9月20日，50台裁减车辆完成统一上缴和集中停放。

【办公用房调整】 租赁县农商银行9000平方米的附属楼，2020年附属楼完成装修，协调县林业局、县商务局、县住房保障服务中心、雪峰湖地质公园4家单位整体搬入，腾退县林业局大院、县商务局大院、县住房保障服务中心大院，纳入县城棚改大方案。完成原畜牧服务中心大院拆迁。

【会务服务】 对党政机关大院公共区域和各会议室进行消毒，严格体温检测，提前做好视频会议设备维护和系统设备共享，确保60余场疫情防控视频调度会议顺利召开。同时，严格落实疫情防控措施，协调疾控中心专业人员为全年召开的417场重大会议提供有序、安全的会务保障。

【公务接待】 完成全省春季乡村文化旅游节、全国汽车争霸赛、“湘九味”论坛、脱贫攻坚迎国检等重大活动接待及刘奇葆到安化县调研等接待活动。在公务接待中，集中推介安化“梅王宴”、安化“黄精宴”、安化黑茶深加工产品。先后接待部级以上领导干部20多批次，其中国家领导人2批次，完成重要接待130多批次。

【公共机构节能】 5月，县人民政府将机关节能减排工作的职能委托机关事务服务中心管理，成立安化县公共机构节能工作领导小组和办公室，机关节能减排工作纳入全县绩效考核。12家党政机关成功创建节约型机关。

【公共服务】 对党政机关大院变电房进行线路改造，新增大院应急电源等供电配套设施；完善大院美化、绿化、亮化工程，完成花木修剪、造型36次；协助通信部门完成大院5G基站建设；完成党政机关大院1号楼屋顶隔热、漏水改造；完成交流楼水、电、通信线路改造及日常维护。

（撰稿人：张贵冠）

党史工作

【红色安化陈列馆开馆】 充分挖掘毛泽东两次到安化县、农民运动、红军长征在安化、迎解支前等革命历史资源，打造以红色安化为主题的党史陈列馆，分为“红色火种”“星火燎原”“抗日烽火”“安化解放”四个部分。该馆也是安化县爱国主义教育基地、党员干部党性教育基地及国防教育基地、益阳市党员干部党性教育基地。自6月19日开馆以来，接待省、市、县各级领导和全县机关各单位、非公有制企业党支部、学生、群众等社会各界人士170余批次5000余人。

【安化县中共党史联络组成立】 近年来，为充分发挥全县退休老同志亲史、知史优势，先后组织5位老同志撰写回忆录，形成《芳留梓里耀千秋》《梅城人民公社回忆录》《杨林人民公社回忆录》等重要党史专题30多个。6月正式成立安化县中共党史联络组，共有成员7人。

【市委执政实录组稿工作完成】 按照益阳市委的征编要求，落实专人与县“四大家”办公室、电视台等新闻媒体密切配合，县直相关单位和各乡镇积极组稿，顺利完成安化部分组稿任务。

【开展史实史料专题征集】 县委办下发《关于进一步开展“红军长征在安化”暨“安化党史”史实史料专题征集的通知》，向全县征集“红军长征在安化”和“安化党史”史实史料。完成研究成果《红军长征在安化》，并已报省委党史研究院审核。

（撰稿人：李梦洁）

档案工作

【档案法治建设】 6月9日，在全县范围内开展“档案见证小康路，聚焦扶贫决胜期”主题宣传活动，制作小康建设、产业扶贫、环境保护、易地搬迁等方面取得的成就宣传展板20块，摆放在流动人口集中场所进行宣传。

【档案信息化】 积极开展档案数字化工作，将利用率高的馆藏民生档案实行数字化加工，共录入目录1224条，扫描缩微档案3万余页。全年共免费接待档案查阅服务853人次，提供档案3565卷次，其中主要集中查阅招工安置、山林田地房产、知青居民下放等民生档案和经济建设、编史修志、宣传教育等档案。

【档案资源开发】 完成《第十一兵工厂迁驻安化烟溪档案汇编（第二册）》和《抗日战争时期安化县知识青年志愿从军档案汇编（第二册）》国家编研任务。配合县确权办全程指导县土地确权登记颁证档案业务指导，接收了部分农村土地承包经营权确权登记颁证档案。

（撰稿人：李梦洁）

安化县人民代表大会

综　述

【概况】 安化县人大常委会全年召开常委会会议7次、主任会议13次，组织开展重大调研、视察活动8次，听取和审议“一府一委两院”专项工作报告25个，作出重大事项决议、决定7件，发出常委会审议意见和主任会议纪要21次，依法进行人事任免64人次。

【把握工作政治方向】 坚持重要会议、重大活动、重点工作事前请示和事后报告制度，先后就2019年工作情况、2020年工作要点、党组政治建设、脱贫攻坚、代表补选、考察学习等重大事项向县委请示报告。坚持对标对表县委重大决策推进人大工作，组织开展茶旅文康融合发展、边销茶产销情况、殡葬改革基层设施建设、梅城镇发展等方面的专题调研，专题视察城乡供水一体化推进实施、义务教育阶段化解大班额、查违控违拆违等一批群众关注的热点、难点问题，并以审议与决策、呈阅件、视察建议等形式，呈送县四大家领导批阅。

【依法行使法定职权】 围绕全县大局关注发展大事。7月至8月，常委会派出6个调研组，由主任会议成员带队，深入全县各乡镇和部分县直部门等近60个单位开展调研，听取和审议上半年国民经济和社会发展计划及财政预算执行情况的报告，提出坚定不移保目标实现、保平稳发展、保发展质量三项审议意见。常委会组织开展全县税务工作视察，督促县人民政府依法依规组织收入，千方百计实现应收尽收，全力以赴完成县十七届人大五次会议决定的预算任务。

关注财政收支平稳运转。常委会听取和审议县人民政府关于2019年财政决算情况、县财政预算执行和其他财政收支的审计工作报告，会议作出批准决算的决定，并责成4个县直单位将审计整改报告提交常委会会议审议表决。审议批准2020年县财政预算调整方案。提前介入预算编制工作，听取2021年度财政预算编制情况的汇报，听取梅山城投公司债务情况及转体后运行情况的汇报，指导建立“风险可控、现金流充沛、有一定盈利能力”的有效持久偿债机制。

常委会结合听取和审议关于2019年度环境状况和2020年环境目标保护计划安排情况的报告，分别就乡镇生活污水处理PPP项目建设和运营、南区水源水质保护、畜禽污染防治等问题开展专题询问，县人民政府分管副县长以及市生态环境局安化分局等6个县直单位主要负责人到会接受询问。听取和审议县人民政府关于基层医疗卫生服务能力建设情况的报告，督促进一步完善投入保障、医疗服务、应急防控工作机制，加快推进医疗卫生体制改革。听取和审议县人民政府关于全县医保基金征缴使用与医院承受能力的报告，监督提升普惠率和使用效率。针对梅城镇城镇功能与群众现实需求不匹配问题，常委会组建专项调研组进行深入调查，并以呈阅件形式向县四大家领导提交《梅城镇发展亟待支持》的专项报告。针对学校规划建设滞后导致大班额现象依然存在问题，继2019年开展专题询问之后，常委会再次就义务教育阶段化解大班额工作开展专题视察。针对城区公交和城乡客运运行不畅的问题，常委会开展专题调研，督促实现多条城乡公交及时开通。同时，主任会议还先后听取南区安置房办证、公共租赁房管理和运行、少数民族权益保障、农产品品牌建设等专项工作汇报。

持续开展“司法公正安化行”“环保世纪行”“三湘农民健康行”“农产品质量安全行”“民族团结进步行”等活动，备案审查规范性文件16个。认真履行人事任免权，对县委提名的“一府一委两院”拟任国家机关工作人员，严把法律素养、履职能力审查关，认真进行任前资格审查、法律测试、供职报告、票决任命、宪法宣誓及任后履职监督等法定程序。

【提升自身建设水平】 持续动员各级人大代表开展助力脱贫攻坚“六个一”活动，省、市、县人大代表小组围绕推进扶贫产业、扶贫项目开展视察调研。县十七届人大五次会议期间，150多名人大代表就交通建设、生态环保、教育医疗等民生问题向大会提交建议106件。全面推行“主任会议成员现场督办、委室对口督办、承办单位负责人牵头领办、常委会会议测评”督办方式，建议办结率和代表满意度逐步提升。各乡镇人大主席团主动争取党委研究解决依法履职中的重大问题，按照县委人事安排意图补选国家工作人员，采取调研视察、评议测评、执法检查等方式加大政府工作监督力度，并就本区域社会发展重大问题作出决议、决定。推进“三联”工作，扎实开展“三学三当”活动，加大乡镇人大主席团绩效考核力度。充分发挥主任会议职能作用，常态化开展“回头看”。探索实行主任会议集中联审制度，承办委室在规定时限内督促有关单位向常委会提交审议意见或视察建议落实情况书面报告，并向主任会议专题报告。

【推动县乡人大同频发展】 按照地方组织法“主任会议负责处理常务委员会的重要日常工作”的职能定位，探索“单月”主任会议实行“现场视察+集中听取”相结合的方式，力求议题精炼、课题专一；“双月”主任会议将拟提请常委会会议审议的调研报告和审查意见作为必听议题，并适时审定相关议题调研或其他方案，督办重大决议决定、重要审议意见或视察建议落实情况，全面提升主任会议议事效能。认真贯彻执行《湖南省乡镇人民代表大会工作条例》，全面规范乡镇人大及其主席团召开法定会议和举行法定活动的议事重点和议决程序。创新代表信息化管理方式，充分利用“互联网+”等信息手段，加强代表联系群众、了解民意、解决民诉等工作。组织各级人大代表开展“三学三当”“县人大代表接待选民日”“为民服务日”“人大代表助力乡村振兴”等主题活动。

职能工作

【服务大局】 主任会议成员按照县委分工，分别联系4个乡镇的疫情防控、脱贫攻坚、信访维稳、防汛救灾等工作，牵头或协助负责风力发电、抽水蓄能、茶产业、茶瓷融合、县城棚改、龙江公路、县城城区及资江干流防汛等重点产业、重点项目、重点工作的总体协调，县人大机关切实履行联村包户抓脱贫攻坚和防疫复产工作责任，卓有成效地完成了县委交办的各项中心工作任务。

【人事任免】 持党管干部原则与人大依法任免干部有机统一，依法进行人事任免64人次，依法补选市六届人大代表2名、县十七届人大代表13名。

【国有资产监督】 首次开展国有资产管理专项监督，审议县人民政府关于国有资产管理情况综合报告，听取和审议2019年行政事业单位国有资产管理情况专项报告，督促县人民政府进一步落实主体责任、推进国企改革、盘活存量资产、实现保值增值。

【规划实施监督】 听取和审议全县国民经济和社会发展“十三五”规划执行情况和“十四五”规划编制情况的报告，严格“十四五”规划编制审查，通过财经委全程参与调度、主任会议成员深入乡镇指导、常委会会议专题审议等工作措施，确保规划更加符合发展实际、顺应人民期盼。同时，还就自然保护地优化整合、县城东北部新城开发、安化黑茶特色小镇项目建设相关方案向县人民政府提出建议意见，助力打造茶旅文康产业融合发展新格局。

【民生实事监督】 采取年中审议、年终审查的方式，对政府工作报告落实情况进行动态监督，主任会议听取县人民政府关于《政府工作报告》中重点民生及项目建设推进情况的汇报。扎实推进民生实事项目代表票决制工作，先行在小淹镇、平口镇开展试点，票决民生实事项目7个、投入财政资金1836万元。

【完善监督制度】 审议通过《质询和特定问题调查办法》，有效形成调研视察或执法检查、听取和审议专项工作报告、评议与测评、提出审议意见及作出决议决定、严格跟踪督办等一整套相互衔接的链条和规范完备的体系；审议通过《预算审查监督办法》，有效补齐预算编制、预算调整和决算审查、监督预算执行等环节存在的制度短板；审议通过《任免和监督国家机关工作人员办法》，有效实现依法行使人事任免权与监督权相统一。

【履职评议】 首次开展法官、检察官履职评议，采取案件质量评查和履职情况调查、常委会会议民主测评和公开点评等形式，对3名员额法官、2名员额检察官开展综合评议，着力推进司法队伍正规化、专业化、职业化建设。

【代表履职活动】 全县1900多名国、省、市、县、乡五级人大代表深入村组、社区、医院、值守点直接参与疫情防控工作，为全面打赢疫情防控人民战争总体战阻击战贡献人大智慧和力量。持续动员各级人大代表开展助力脱贫攻坚“六个一”活动，省、市、县人大代表小组围绕推进扶贫产业、扶贫项目开展视察调研，150多名人大代表就交通建设、生态环保、教育医疗等民生问题向大会提交建议106件。

【乡镇人大建设】 按照县委人事安排补选国家工作人员，采取调研视察、评议测评、执法检查等方式加大政府工作监督力度，并就本区域社会发展重大问题作出决议、决定。认真贯彻执行《湖南省乡镇人民代表大会工作条例》，严格落实每年举行两次代表大会、每季召开一次主席团会议的法定动作，扎实开展“三学三当”活动。

重要会议

【代表大会】 2020年12月28日至2021年1月1日，安化县第十七届人民代表大会第六次会议在东坪镇召开。会议听取和审查县人民政府工作报告、县人大常委会工作报告、县人民法院工作报告、县人民检察院工作报告；听取县人大各专门委员会工作报告；听取和审查关于安化县国民经济和社会发展第十四个五年规划和二〇三五年远景目标纲要（草案）编制情况的报告，批准安化县国民经济和社会发展第十四个五年规划和二〇三五年远景目标纲要；审查安化县2020年度国民经济和社会发展计划执行情况及2021年度国民经济和社会发展计划（草案）的报告，批准安化县2021年度国民经济和社会发展计划；审查安化县2020年度财政预算执行情况和2021年度财政预算（草案）报告，批准安化县2021年度县级预算；通过有关决议、决定。

【常委会会议、主任会议】 全年召开常委会会议7次、主任会议13次，组织开展重大调研、视察活动8次，听取和审议“一府一委两院”专项工作报告25个，作出重大事项决议、决定7件，发出常委会审议意见和主任会议纪要21次。

（撰稿人：夏霄波）

安化县人民政府

综　述

【概况】 2020年，县人民政府大力实施“四轮驱动”战略，加快建设“四个安化”，有效应对新冠肺炎疫情冲击，全县经济社会发展稳中向好，稳中提质。全年实现地区生产总值240.12亿元，同比增长3.5%。完成地方一般公共预算收入8.85亿元，同比增长4.2%；规模工业增加值增长3.7%；完成社会消费品零售总额85.62亿元，同比下降30.12%。城乡居民人均可支配收入分别为21115元、10880元，同比增长5.6%、10.1%。

【疫情防控】 面对突如其来的新冠肺炎疫情，县人民政府迅速组建疫情防控指挥部，集中办公，统一指挥，坚持“内防扩散、外防输入”原则，开展“五个排查”、前移“三个关口”，对“四类对象”实行“五个固定”，落实来安返安人员最严管理措施。面对平口突发疫情，第一时间紧急响应，组建前线指挥机构。及时排查出全部6例确诊病例和9例无症状感染者，19天实现解除疫区封锁，30天实现确诊病例和无症状感染者全部治愈、留观人员全部清零。进入常态化防控阶段后，做到机构不撤、队伍不散、力量不减，坚持一手抓疫情防控、一手抓复工复产，在确保疫情不蔓延、不反弹的情况下统筹抓好疫情防控与经济社会发展。

【三大攻坚战】 重大风险防范化解有效。化解缓释政府性债务27.71亿元。积极推进梅山城投集团市场化转型。及时处置各类金融风险，累计偿还扶贫小额信贷5.4亿元，逾期率及不良率均控制在1%以下。全面决胜脱贫攻坚。始终把脱贫攻坚作为最大的政治任务和第一民生工程，创新“3456”工作体系,实施“决战决胜十一条”，确保“四不摘”落到实处。攻坚更加强劲。统筹整合涉农资金7.2亿元用于脱贫攻坚。对1038户特殊贫困对象进行二次帮扶，为1275户边缘易返贫户新安排帮扶责任人，对全县27个乡镇（区、场）、90个行政村（社区）、12个易地扶贫搬迁安置点、八项重点工作进行“重点督战帮扶”。保障更加有力度。始终坚守“3+1”保障底线不动摇，做到义务教育“零辍学”、资助“零遗漏”；贫困人口参保、家庭医生签约、“一站式”结算、农村人口饮水安全达标率均实现100%；完成困难群众危房改造1034户，易地扶贫搬迁集中安置点配套建设全面完善，茶乡花海集中安置点获评“十三五”国家美丽搬迁安置区。就业路子更广。新增扶贫车间20家,“致富农场”20家，帮助659名贫困户实现“家门口”就业；开发公益性岗位3859个，就近安置贫困劳动力2255人；1265名贫困户通过专场招聘会与企业达成意向性协议。全县贫困劳动力就业5.61万人，就业率居全市第一。产业帮扶更有保障。重点产业扶贫项目增加至284个，覆盖贫困人口13.2万人。成功争取首批国家级以工代赈巩固脱贫攻坚成果衔接乡村振兴战略试点项目。投放扶贫小额信贷2.4亿元，全省排名第一。“扶贫832”网络销售平台首家产地仓落户安化，715个消费扶贫产品完成销售额4.2亿元，链接贫困人口6.95万人。污染防治成效明显。坚持一张清单管总，统筹推进中央、省环保督察问题整改、“夏季攻势”和“洞庭清波”专项行动。水质明显改善，空气持续向好，土壤治理有效。资江流域4个考核断面和涉锑企业水质监测全面达标；14个污水处理厂建成运行；廖家坪水库饮用水水源地环境整治成效受到生态环境部肯定，全县生态环境质量得到持续改善。

【特色产业】 茶旅文康融合发展提速。以国家黑茶产业园和安化黑茶特色小镇建设为抓手，以制定本地茶叶制作标准和创建农产品地理标志为突破，着眼多产业融合，加快推进茶旅文康一体化发展。茶企生产制造水平大幅提高，产品质量全面提升，产业链条持续延伸，公共服务能力持续增强。全年实现茶叶加工量8.5万吨，综合产值230亿元，税收1.5亿元，连续12年跻身中国茶业百强县前十强。旅游项目建设加快推进，景区景点建设稳步推进，文化内涵进一步提升。全年共接待各类游客600万人次，实现旅游收入58亿元。农业产业逐步兴旺。坚决扛稳粮食安全责任，大力发展特色农林经济，助推新型农业经营主体不断壮大，全年实现农林牧渔总产值84.06亿元，同比增长3.5%。工业发展有效推进。新能源产业持续发力，新材料产业加速成型，电子信息产业有效推进，园区承载能力不断加强。县新增规模工业企业27家，总数达158家，实现总产值155亿元，同比增长3%。四是中医药健康产业不断壮大。基地建设不断加速，公共品牌不断提升，产业项目推进不断加快。年产中药材8.5万吨，产值26.4亿元，同比增长18.6%。

【乡村振兴】 乡村面貌显著改善。村庄规划不断完善。编制村庄规划17个，冷市镇大苍村村庄规划被纳入省级试点。人居环境持续改善。完善长效保洁机制，推进“厕所革命”，完成改厕5250间，创建人居环境整治合格村433个、示范村30个，荣获全省“农村人居环境整治先进县市区”称号。文明乡风逐步成型。稳步推进村级综合文化服务中心全覆盖，打造示范点10个；完成数字电视“户户通”2181户；开展“最美农户”评选，村规民约实现全覆盖。云台山村获评“全国文明村镇”。农业产业质效齐升。进一步优化农业生产结构和区域布局，持续提高农业效益和竞争力，全年实现农林牧渔总产值87亿元。打造养殖全产业链。着力恢复生猪产能，加快推进熟食土猪、藏香猪、安化土鸡等特色产业发展；积极推广流水养鱼新技术，推动全县水产养殖转型升级。大力发展生态农业。抢抓粤港澳大湾区“菜篮子”工程的政策机遇，继续支持安化小籽花生、库区小水果等产业升级，打造全国绿色农产品大县。大力发展林业经济。培育竹制品、竹笋食品品牌，打造龙塘竹林产业园和集装箱竹底板制造基地；加速推进油茶产业示范区建设。培育壮大新型农业经营主体。鼓励集体经济组织依托新型农业经营主体发展集体经济，培育新的新型农业经营主体20家。着力推进农业机械化。打造茶园生产机械化示范基地7个，开展中药材、蔬菜和竹产业机械化试点，农业生产综合机械化率达60%以上。交通路网加速构建。完成交通建设投资31亿元。官新高速加速推进，东梅公路、南桥大道实现全线贯通，年底实现全线通车，农村公路建设持续推进。四是城镇品质不断升级。城市空间不断拓展，旧城改造效果明显，城镇配套进一步加强。

【民生保障】 教育事业不断夯实。完成紫薇中学、梅城镇芙蓉学校主体工程，完成滔溪镇中学、长塘镇克明学校等8所学校建设，启动古楼乡完小等4所学校建设。消除义务教育阶段大班额154个，普通高中大班额38个。学前教育大力发展，公办幼儿园占比达80.5%。大力发展职业教育，黑茶学校新校区全面招生。强化教师队伍建设，补充教师604人，培养定向师范生290名。卫生事业加快发展。医药卫生体制改革加快。推进医联体、医共体建设，优化双向转诊工作制度及转诊流程，县域就诊率达到90%以上。县人民医院成功创建三级综合医院。安化县荣获“湖南省无偿献血工作先进县”。社会保障切实加强。深入推进“送万岗进乡村”活动，新增农村劳动力转移就业3604人，新增城镇就业5090人；组织职业技能培训11507人；核发创业担保贷款5320万元。开展上门评残、集中评残、送医评残工作，实现评残办证全覆盖。全面推进被征地失地农民养老保险，10233名被征地失地农民被纳入保险范畴。扎实推进退役军人服务保障体系建设，安化县荣获“湖南省第十届双拥模范县”称号。

【社会治理】 2020年，安化全县社会大局和谐稳定。扎实开展十大行业领域专项整治和“六清”行动，铲除涉黑组织2个、恶势力犯罪集团2个、涉恶团伙9个，刑事拘留犯罪嫌疑人107人。依托“智慧安化”现有平台和设施设备，加快推进“雪亮工程”“平安乡村”建设，实现社会治安防控“全覆盖、无死角”。“三所合一”项目加速推进，戒毒所、看守所、拘留所完成主体工程。安化县被评为全省平安建设（综治工作）年度考核评估先进县。积极创建省级信访“三无县”，推动化解两年以上各类信访积案68件。连续三年被评为全市信访工作先进单位。全面推进安全生产专项整治三年行动，深化隐患排查整治，强化食品药品安全监管，连续5年未发生较大及以上生产安全和食品药品安全事故，获评全省安全生产和消防工作优秀单位。开展交通领域顽瘴痼疾和涉铁安全隐患整治，查处各类交通违法行为2.6万起，道路交通事故总数下降1.3%、死亡人数下降42.3%。健全减灾和应急救援体系，地质灾害连续三年实现“零伤亡”目标。创建省级卫生乡镇3个、省级文明单位6个。

【重要会议】 1月3日，县人民政府2020年第1次常务会议召开，学习习近平总书记在中央政治局第十九次集体学习上的重要讲话精神。主要议题：讨论应急管理工作、交通问题顽瘴痼疾集中整治工作、笋竹产业发展工作，审议《安化县重点建设项目前期工作经费管理办法》，审议《安化县统筹整合使用财政涉农资金管理办法》，关于见义勇为表彰奖励工作，审议《2019年安化黑茶“六进”工程餐饮茶和智能型泡饮机的推广奖补方案》，关于官新高速建设农民工工资保证金交存工作、关于人事工作。

1月20日，县人民政府2020年第2次常务会议召开，学习习近平总书记关于厉行勤俭节约、反对铺张浪费的重要批示精神以及国务院办公厅《关于勤俭办事厉行节约坚决防止年底突击花钱的通知》。主要议题：审议《安化黑茶特色小镇项目建设补充协议书》，关于全省首批十大农业特色小镇扶持资金拨付工作、关于县林业局等单位办公场地调整工作，讨论审议《县政府部门权责清单和乡镇赋权清单》，关于落水洞煤矿遗留问题处置工作，讨论审议《2020年政府工作任务分解方案》，关于安化县“十四五”规划编制工作。

2月7日，县人民政府2020年第3次常务会议召开，学习习近平总书记关于新型冠状病毒感染的肺炎疫情防控工作的重要讲话精神。主要议题：关于新型冠状病毒感染的肺炎疫情防控防治工作、关于复工复产工作。

3月4日，县人民政府2020年第4次常务会议召开，学习习近平总书记在北京考察新冠肺炎防控科研攻关工作时的重要讲话。主要议题：关于信访工作、关于应急管理工作、关于环保工作、关于市监工作、关于2019年奖励项目，审议2020年度林业有害生物防治工作方案，审议《安化县2020年农村危房改造实施方案》。

3月18日，县人民政府2020年第5次常务会议召开，学习习近平总书记在决战决胜脱贫攻坚座谈会上的重要讲话精神。主要议题：关于脱贫攻坚工作，审议《安化县2020年统筹整合使用财政涉农资金计划》，审议《安化县中心城区居民住宅项目配建教育设施资金缴纳与管理实施细则》，审议《县城南区安置房不动产权登记实施方案》，审议投资建设东坪大桥暨开发桥南建设用地合同书补充协议（八），关于县城东北部城镇综合开发工作、关于农村宅基地和集体建设用地房地一体确权登记颁证工作、关于农业农村工作。

4月9日，县人民政府2020年第6次常务会议召开，学习习近平总书记在3月18日、4月8日中共中央政治局常委会会议上的重要讲话精神及3月27日召开的中共中央政治局会议精神。主要议题：关于公共卫生服务体系建设工作、关于城乡建设用地增减挂钩和社会投资开发工作、关于第七次全国人口普查工作，审议《安化县2019年度立项争资工作奖励》，关于交通项目建设工作、关于柘溪水力发电厂近区用电秩序整治工作。

4月22日，县人民政府2020年第7次常务会议召开，学习4月15日中央政治局常委会会议及4月17日中共中央政治局会议精神。主要议题：关于乡镇污水处理及配套设施项目（二期）相关工作、关于全县自然保护地优化工作、关于烈士纪念设施建设和修缮工作，审议《规范土地市场推进建设用地开发意见》，审议《安化县普通建筑材料用砂石土矿专项整治行动方案（2019—2021年）》，审议《安化县新兴产业发展专项资金管理办法》，审议《关于支持工业经济发展的政策措施（试行）》，关于安化县文物保护工作、关于高明循环经济工业园企业扶持工作，审议《安化经济开发建设投资有限公司发展实施方案》。

4月30日，县人民政府2020年第8次常务会议召开，学习4月27日中央全面深化改革委员会第十三次会议精神及习近平总书记在4月29日中共中央政治局常务委员会会议上的重要讲话精神。主要议题：关于全县禁毒工作、关于“一村一辅”警相关工作、关于脱贫攻坚工作、关于供销合作社综合改革工作、关于城乡供水一体化项目建设工作。

5月20日，县人民政府2020年第9次常务会议召开，学习5月6日、5月14日中共中央政治局常委会会议及5月15日中共中央政治局会议精神。关于扫黑除恶专项斗争工作、关于易地扶贫搬迁工作、关于财政税收工作、关于受污染耕地安全利用工作，审议《关于实施促进充分就业发展战略的若干意见》。

6月15日，县人民政府2020年第10次常务会议召开，学习习近平总书记在两会期间、中共中央政治局第二十次集体学习及专家学者座谈会上的重要讲话精神，学习省政府省军区《关于激励大学生参军入伍若干措施》文件精神。主要议题：审议《官新高速安化段征地拆迁包干协议》，关于防范和化解政府性债务风险工作、关于三型两网建设工作，审议《湖南省安化县人民政府与农业农村部南京农业机械化研究所共建“茶园生产机械化科技工作站”合作协议书》，审议《安化县普通建筑材料用砂石土矿专项规划（2019—2025年）》《重点项目（公路）建设砂石原料解决方案》，关于人事工作。

7月2日，县人民政府2020年第11次常务会议召开，学习习近平总书记关于防汛救灾、禁毒工作重要指示精神，6月29日中共中央政治局会议精神，以及习近平总书记在中央政治局第二十一次集体学习时的重要讲话精神。主要议题：关于脱贫攻坚普查工作、关于危房改造工作，审议《安化县贯彻落实中央生态环境保护督察“回头看”及洞庭湖生态环境保护专项督察反馈意见整改方案》，关于稳金融工作、关于支持金源新材料股份有限公司上市工作、关于第六届“湘九味”中药材高峰论坛暨“安化黄精”品牌发布会筹备工作、关于事业单位公务用车制度改革工作及关于江南镇、小淹镇镇区供水管网改造工作，审议《安化县2020年省重点产业扶贫项目实施方案》，关于应急管理相关工作、关于易地扶贫搬迁拆旧复垦工作、关于融媒体中心建设工作、关于市监工作、关于县梅山城投公司债券发行及土地综合整治项目融资工作，审议《马安高速公路终点K67+280临时连接线落地连接G536合作共建协议书》。

7月16日，县人民政府2020年第12次常务会议召开，学习习近平总书记关于进一步做好防汛救灾工作和禁捕退捕工作重要指示批示精神。主要议题：审议《2020年安化县茶旅文康产业发展专项资金计划（草案）》，关于财政工作、关于资江流域禁捕退捕工作，审议《安化黑茶特色小镇项目建设合作协议（修订版）》，关于粮食安全工作。

8月25日，县人民政府2020年第13次常务会议召开，学习习近平总书记在企业家座谈会上的重要讲话精神、关于制止餐饮浪费行为重要指示精神、在扎实推进长三角一体化发展座谈会上的重要讲话精神、在经济社会领域专家座谈会上的重要讲话精神、7月30日召开的中共中央政治局会议精神及学习省市领导关于防溺水工作重要批示精神。主要议题：关于稳投资工作、关于资江流域黑臭水体整治工程相关工作、关于危房改造工作、关于安全生产相关工作、关于人事工作，审议《安化县2020年统筹整合使用财政涉农资金管理办法》。

9月10日，县人民政府2020年第14次常务会议召开，学习8月31日召开的中共中央政治局会议精神，习近平总书记在中央全面深化改革委员会第十五次会议、在纪念中国人民抗日战争暨世界反法西斯战争胜利75周年座谈会、在全国抗击新冠肺炎疫情表彰大会、在中央财经委员会第八次会议上的重要讲话精神，习近平总书记关于农村乱占耕地建房问题的重要批示，以及7月3日全国农村乱占耕地建房问题整治工作电视电话会议精神。主要议题：关于生态环境保护工作、关于2020年度全县真抓实干督查激励措施，审议《安化县2020年重点项目建设考核办法》，关于稳外贸、稳外资、促消费相关工作及关于征地拆迁、查违控违拆违工作，及审议《2020年度城乡建设用地增减挂钩和社会投资开发工作考核办法》，审议《安化县2020年易地扶贫搬迁工作考核办法》，审议《安化县2020年防汛抗旱目标管理考核办法》，审议《安化县河长制工作考核办法》，关于“十三五”期间重点水利项目建设工作，审议《益阳市西部片区生活垃圾焚烧发电项目特许经营协议》，关于人事工作。

9月22日，县人民政府2020年第15次常务会议召开，学习习近平总书记在湖南考察时的重要讲话精神。主要议题：关于禁捕退捕工作、关于农村厕所改造工作、关于光伏扶贫项目、关于消防工作、关于财政工作。

10月16日，县人民政府2020年第16次常务会议召开，学习习近平总书记在科学家座谈会上、在基层代表座谈会上、在教育文化卫生体育领域专家代表座谈会上、在中央党校（国家行政学院）中青年干部培训班开班式上、在中共中央政治局第二十三次集体学习时的重要讲话精神。主要议题：关于做好新时代民营经济统战、供销合作社工作重要指示精神，以及9月28日召开的中共中央政治局会议精神。审议《安化县应对秋冬季新冠肺炎疫情应急预案》，关于稳就业及就业扶贫工作、关于水韵山城问题楼盘处置工作、关于自然资源专项工作、关于梅城氮肥厂历史遗留问题处置工作、关于畜牧水产工作、关于人事工作。

11月10日，县人民政府2020年第17次常务会议召开，学习习近平总书记关于脱贫攻坚工作重要指示精神、在中央全面深化改革委员会第十六次会议上的重要讲话精神以及10月22日召开的中共中央政治局常委会会议精神。主要议题：关于常态化疫情防控工作，审议《安化县2020年全国电子商务进农村综合示范项目质量提升实施方案》，审议《安化县第五代移动通信产业发展三年行动计划（2020—2022年）》，关于工程建设项目审批制度改革工作、关于梅城镇违建问题处置工作、关于农村房屋安全隐患排查整治工作，审议《安化县融媒体中心所属广播电视网络中心改革方案》，关于乡镇机关事业单位工作人员工资收入提高和义务教育教师工资待遇保障工作。

11月29日，县人民政府2020年第18次常务会议召开，学习习近平总书记在全面推动长江经济带发展座谈会、在中央全面依法治国工作会议上的重要讲话精神及新时代推进农村土地制度改革、做好农村承包地管理工作，做好关心下一代工作的重要指示精神。主要议题：关于疫情防控工作、关于农村乱占耕地建房问题摸排工作，审议《2020年预算调整方案（草案）》，审议《2020年灾害恢复重建财力补助资金安排方案》，关于国有经营性资源资产归集工作、关于人事工作。

12月2日，县人民政府2020年第19次常务会议召开，学习习近平总书记在全国劳动模范和先进工作者表彰大会上、在中央政治局第二十五次集体学习时的重要讲话精神及11月30日召开的中共中央政治局会议精神。主要议题：关于安全生产和应急管理工作、关于县城南区安置房确权颁证工作、关于紫薇谷项目建设工作、关于“十四五”规划编制工作、关于县人民医院三级医院创建工作。

12月15日，县人民政府2020年第20次常务会议召开，学习习近平总书记在中共中央政治局第26次集体学习时的重要讲话精神及12月3日、11日召开的中共中央政治局常务委员会会议精神。主要议题：关于禁毒工作、关于“洞庭清波”专项行动、关于扫黑除恶专项斗争工作、关于全县部分行政区划调整工作，审议《2020年重点项目第一批前期工作经费计划安排方案》，关于县直属机关汽车维修服务中心相关历史遗留问题处置工作，讨论审议《安化县羽毛球运动员参加国际国内和常规比赛获奖奖励办法》，关于梅城镇芙蓉学校项目建设工作、关于城区垃圾场实行市场化运营管理工作、关于防范和化解政府债务风险工作，审议《2021年全县财政预算（草案）》，关于财政借款工作、关于见义勇为表彰奖励工作、关于人事工作。

（撰稿人：廖　杰）

县政府办工作

【调查研究】深化专题调研，就全县农村人居环境整治工作、高明循环经济工业园区发展、国家现代农业产业园创建、长塘党建引领产业发展等课题开展深入调查研究，编发《安化经济》4期。深化信息服务，全年编发《安化信息》260期，其中2020年在国办、省办、市办上稿95篇，政务信息工作位列全市第一。紧扣实际情况，紧贴领导思路，高质量完成各类文稿工作，共编审起草领导讲话稿、各类综合材料500余篇，在省政府内刊、市政府内刊、《益阳日报》等刊物发表领导署名文章和典型材料20余篇。《安化县武陵山片区国家生态文明先行示范县试点情况及对策》在《2020年湖南两型社会与生态文明建设报告蓝皮书》中发表。

【综合协调】及时协调县直部门和乡镇的工作，牵头抓好税控联管、全县禁毒、市委产业项目专项巡察整改工作和经济责任、自然资源审计问题整改工作，协调推进县域重点项目建设、县内大型活动筹办、工程建设项目审批制度改革，制定出台方案，加强协调调度，确保取得实效。

【办文办会】进一步厘清组室职能划分，健全完善公文流转、会议服务、内部管理等机关制度，实现办文办会办事全流程管理，服务质效明显提升，全年共承办请示、报告110余件，接收办理各类公文3700余件，协办全县人大政协两会、全县经济工作会议各1次，承办县人民政府全体（扩大）会议1次、常务会议20次、县长办公会议46次，政务服务效率和质量得到大幅提升。“文山会海”整治成果进一步巩固，县人民政府及办公室全年制发各类文件634件，同比减少8.5%；以县人民政府名义召开的会议同比继续减少。

【县长热线】加强日常值班值守，严格实行24小时值班制度。完成县长热线系统升级改造，县长热线办共接听群众来电7000余个，受理热线工单5516件，其中县本级1999件、市长热线派单3517件，接待信访群众300件次（当场化解180件次、交办120件次）。全面开启“接诉即办”新模式，凡是群众投诉的民生问题能立即解决的，第一时间转派至相关责任单位，在24小时内予以解决，确保群众诉求立交立办，件件有落实、事事有回音。接收各类值班信息100余条，向市政府总值班室报送安化值班信息74期。

【政务督查】以《政府工作报告》目标责任分解、县人民政府常务会议和县长办公会议、县政府主要领导批示、指标为重点，以开展专项督查为抓手，切实提高政务督查工作的成效。建立重点工作“清单＋台账＋考核”制度体系，制订年度督查计划，有效推动工作落实。全年共组织、参与各类督查100余次，印发《政务督查》通（专）报8期，下发“一单四制”交办单2份。围绕省政府真抓实干激励措施积极开展协调调度、督查督办，推进全县重点工作取得实效，在省政府真抓实干激励措施大督查中安化县四项工作获得表扬激励：一是实施“六大强农”行动工作受到表扬，在2021年全省现代农业特色产业园省级示范园申报创建中新增1个申报指标，并且在相关专项资金中给予100万元奖励。二是闲置土地处置率高，土地节约集约利用、国土空间总体规划编制和农村宅基地和集体建设用地房地一体确权登记等工作受到表扬，获得新增建设用地计划指标300亩奖励。三是创建全省信访“三无”县工作受到表扬，获得100万元奖励。四是立足“一县一特”战略打造黑茶特色小镇典型经验做法受到通报表扬，并在全省重点推广。

（撰稿人：廖　杰）

扶贫开发

【概况】 2020年，为全面完成脱贫攻坚任务，安化县坚持以脱贫攻坚统揽全县经济社会发展大局，深入实施“决战决胜十一条”,统筹整合财政涉农资金7.29亿元，选派驻村帮扶工作队407支，帮扶工作队员981人，结对帮扶责任人10334名，做到政策扶持不减、工作力度不减、资金投入不减、帮扶力量不减。全县14.86万贫困人口全部实现稳定脱贫（其中2020年脱贫2142户5687人），130个贫困村全部达标出列，农村居民人均可支配收入由2016年的7476元增长至10880元,年均增长10%以上，增幅高于全省平均水平，建档立卡贫困家庭人均纯收入达到1.13万元。

【“3+1”保障】 义务教育方面，巩固控辍保学成效，全县2.6万名建档立卡学生无一人因贫辍学，做到义务教育“零辍学”，资助“零遗漏”。住房保障方面，易地扶贫搬迁入住率、基础设施与公共服务覆盖率、后续帮扶措施覆盖率、旧房拆除率、旧宅基地复垦复绿率等“五率”均达到100%，龙塘乡茶乡花海集中安置点荣获“‘十三五’国家美丽搬迁安置区”。完成困难群众危房改造603户，其中4类重点对象405户，边缘户198户，发放危房改造补助资金1275.5万元，“危房不住人、人不住危房”得以全面落实。医疗健康方面，贫困人口参保、家庭医生签约、县域住院“一站式”结算服务均达100%。2020年，县域内住院实际报销比例稳定在86.62%。农村人口饮水安全达标率100%，农村自来水普及率80.08%。

【产业就业】 2020年，安化县新增重点产业扶贫项目18个，新增覆盖贫困户14570人，全县重点产业扶贫项目达到284个，覆盖13.2万名贫困群众，占贫困总人口的89%，通过产业扶贫项目带动，有力地加快全县整体脱贫步伐。2020年实现贫困劳动力就业5.42万人，同比增长3.55%；省外务工1.94万人，同比增长5.22%；开发公益性岗位3859个，就近安置贫困劳动力2255人，同比增长12.75%。2020年对165户“禁食退养、禁捕退捕”的贫困群众及时给予政策补偿，落实小产业覆盖、再就业扶持等转产转业帮扶。2020年新增扶贫小额信贷2.3亿元，完成率210.97%，全省排名第一，有效帮助解决贫困群众产业发展资金难题，确保对有贷款意愿且有劳动能力的贫困户和易返贫边缘户应贷尽贷。2020年完成扶贫产品销售额4.2亿元，链接贫困人口6.95万人，715个产品进入国家、省扶贫产品目录，建成省、市、县消费扶贫生活馆4个，消费扶贫产品销售专区3个，全国贫困地区农副产品“扶贫832”网络销售平台首家产地仓落户安化。

【重点督战帮扶】 2020年对全县27个乡镇（区、场）、90个行政村（社区）、12个易地扶贫搬迁安置点、八项重点工作进行了“重点督战帮扶”，安排518名科级以上领导干部对1038户2020年脱贫的特殊贫困对象进行二次帮扶，为1275户边缘易返贫户新安排帮扶责任人725名，切实为贫困群众解决实际困难和根本性问题。对因疫因病因灾因重大意外事故等导致基本生活困难的对象，造成大额刚性支出的农户，及时采取了临时救助、兜底保障等措施，确保基本生活有保障，各类困难对象均实现应保尽保、应兜尽兜。2020年组织专业力量以乡、村为单位开展集中评残、上门评残办证暖心行动，对符合评残标准的实行100%办证，贫困残疾人实现应评尽评、应办尽办。

【问题整改】 2020年，安化县多次开展脱贫质量“回头看”，以问题清零、资金清账、环境清爽、成效清底的“四清”行动为抓手，对14.9万户贫困户、3.8万名四类对象的七大类指标体系全面过筛子，做到了对象排查全、指标排查全。对各类问题拉条挂账，一条条核、一件件查、一项项改，按照“交办、会商、销号、报告”四步流程，实现脱贫质量“回头看”排查的7233个问题和中央、省、市脱贫攻坚反馈的152个问题全部动态整改清零。

【脱贫攻坚普查】 7月19日至8月20日，安化县接受国家脱贫攻坚普查、督查，顺利通过国家脱贫攻坚普查大考。脱贫攻坚普查期间，安化县严格遵守“四个严禁”要求，没有出现一起弄虚作假事件、没有出现一起人为干扰普查事件、没有一人擅离职守、没有发生一起安全事故，广大干部群众尽职尽责，积极配合普查组工作人员入户走访、调查、登记，切实做到普查指标不漏一村、一户、一人、一项。全县416个行政村39885户149236人脱贫攻坚普查现场登记全面完成，所有贫困户“一超过、两不愁、三保障”合格率为100%，政策落实100%，贫困群众生活质量明显改善占比99.98%，充分体现安化脱贫质量。省脱贫攻坚普查办对安化县脱贫攻坚普查抽检情况给予充分肯定。

【“58同镇安化县信息扶贫服务中心”成立】 4月16日上午，“58同镇安化县信息扶贫服务中心”在中国黑茶博物馆广聚电商创客中心正式建成并挂牌，这标志着58同镇全国首个对口帮扶地区信息扶贫服务中心的成立。中心由3名常驻工作人员和19名兼职人员负责，为当地居民提供就业创业方面的信息咨询、培训辅导。

2018年，58同城与安化县政府签订脱贫攻坚战略协议，为当地量身打造三年行动计划，启动信息扶贫工作。截至2019年底，58同镇信息扶贫站点已遍布安化县18个镇、5个乡，实现信息扶贫站点全覆盖。

【安化黑茶走进中远海运巡回品鉴活动】 9月16—18日，为感恩中远海运集团对安化的无私帮扶，安化县委书记刘勇会率领政府机关、有关部门负责人和17家品牌茶企厂家，走进中远海运集团开展为期3天的“感恩中远海运”安化黑茶巡回品鉴活动。中远海运集团自2010年开始对口帮扶安化县，在实施贫困村对口扶贫、茶产业帮扶、基础设施帮扶、农村剩余劳动力转移培训、贫困学生帮扶、教育设施及养老服务设施建设等多个扶贫项目中结出了硕果、结下了情谊。10年累计投入帮扶资金7465万元，引入帮扶资金230万元，消费扶贫230万余元，共帮扶全县23个乡镇135个行政村450个村民小组，受益农户3500户次，受益人口30万人次。

【2020年扶贫日表彰活动】 10月15日，在第7个国家扶贫日到来之际，县委、县人民政府召开全县2020年国家扶贫日表彰大会暨脱贫攻坚三季度工作讲评会议。此次活动共表彰48名“驻村帮扶队员突出代表”、99名“结对帮扶干部突出代表”、47名“村支‘两委’成员突出代表”、49名“行业扶贫干部突出代表”、10名“社会爱心人士突出代表”、30名“互助脱贫突出代表”、48名“致富带头人突出代表”和50名“自主脱贫模范”。

【脱贫攻坚省级2020年度考核】 11月18日至23日，安化县接受全省脱贫攻坚实地考核，省考核组对5个乡镇的3个贫困村和2个非贫困村进行实地考核，入户抽查样本户150户，未发现错退、漏评、返贫现象。

（撰稿人：邓浩波）

行政审批服务

【概况】 2020年，全县各进驻窗口单位审批服务事项共受理128339件，办结126708件，其中：承诺件112280件、即办件14299件，累计缴费12108条，收费9.13亿元。

【政务服务】 市民之家政务服务大厅初步建成。市民之家政务服务大厅总面积14000平方米，总投资2800万余元，项目于6月11日正式开工，12月底装修各项工作都已基本完工。审批服务“体验办”持续开展。由各单位主要领导、分管领导定期到政务大厅窗口进行办事体验，及时发现和解决群众办事过程中堵点、痛点、难点问题。全年共开展体验活动318

人次，发现问题136个，已解决或整改落实问题115个。工程建设项目审批制度改革有序推进。对涉及工程建设项目的审批进行清理合并。推行“一窗受理、集中服务”，设立安化县工程建设项目审批主题窗口。推动建立工程建设项目审批信用评价体系，组织到长沙县考察学习先进经验，已启动安化县工程建设项目审批事项协同办理平台建设工作。乡镇政务服务大厅运行管理有效规范。针对乡镇政务服务大厅存在的管理不规范、服务效能不高等问题，探索出“统一指导机构、统一窗口设置、统一事项进驻”等乡镇政务服务大厅“七统一模式”，乡镇政务大厅管理不断规范，运行效能不断提升。安化的这一做法被省优办《典型引路》第26期刊发，并作为优化营商环境的经验做法在全省推介。基层公共服务（一门式）全覆盖工作成效明显。基层公共服务（一门式）全覆盖工作是全年政务服务工作的重中之重。县行政审批服务局作为该项工作的牵头部门之一，探索出“信息畅通全覆盖、事项下沉全方位、运行模式全统一”等基层公共服务（一门式）全覆盖“七全”工作法，梳理形成经验材料向上报送，先后被《益阳党建》《益阳日报》《湖南日报》《人民日报》（海外版）宣传报道。

【政务公开】 指导各乡镇和县直有关单位编制、发布政府信息公开工作年度报告，并及时编制发布县本级政府信息公开工作年度报告。进一步扩大基层政务公开标准化规范化试点的成果，完成扶贫、救灾和涉农补贴三个领域政务公开事项标准目录梳理，并指导其他负责23个领域基层政务公开事项梳理，并在县政府门户网站上公布县和乡镇的26个领域政务公开事项标准目录。按月对重点行业、网站重点栏目、重点领域的信息公开进行检查，对政府网站进行季度抽查，并将各单位工作情况予以通报。

【放管服改革】 “放管服”改革纵深推进。推进权限事项下沉，根据法律法规和乡镇的职责，编制127项乡镇权力清单和责任清单，梳理乡镇公共服务事项清单69项，下放乡镇经济社会管理权限事项50项。先后梳理出能在村级办理的事项两批次共62项。全面梳理中介服务清单，做好“中介超市”网上平台搭建的前期工作。行政审批“三集中三到位”改革强力推进。在《安化县推进行政审批“三集中三到位”改革的实施方案》的基础上，又出台《关于进一步深化审批服务“三集中三到位”改革工作的通知》。主动与专项巡察组进行对接，将“三集中三到位”纳入全县行政执法情况专项巡察内容，召开全县行政审批“三集中三到位”改革工作推进会和调度会，全力推进“三集中三到位”改革落到实处，确保在新政务服务大厅投入使用时实现“应进必进”的目标。同时，强势推进乡镇“三集中三到位”，并印发《安化县审批服务专用章使用管理规定（试行）》，一枚印章管理审批作为工作亮点由市行政审批局在全市推行。“六稳”“六保”政策落实有力。战“疫”期间发挥“互联网+政务服务”平台和“一件事一次办”优势，统筹做好疫情防控和复工复产相关工作。梳理完成“一件事一次办”204项套餐及配套服务指南，梳理“一件事一次办”套餐跨域通办（村级帮代办）事项目录清单52项，制定成二维码服务指南方便群众查询。对国家和省里出台的复工复产政策全面梳理，从企业视角升级，梳理改造符合政策兑现“一件事”24件“事”。据统计，办理“一件事一次办”32.17万件，“帮代办”工作案例获湖南省“一件事一次办”专题栏目宣传推介，“邮政双向速递送证上门”工作获益阳市放管服改革工作宣传推介。

【智慧城市】 智慧城市和大数据中心建设统筹推进。完成县辖域内97个部门单位、23个乡镇、433个村电子政务外网覆盖和应用，并在每个村（社区）统一安装了路由器进行统一管理。电子政务外网远程审批办公VPN系统完成部署。顺利完成安化“雪亮工程”三期项目验收，完成现代农业产业园的相关平台以及农产品溯源平台建设，并投入使用。积极打造数据交换共享平台，继续加强现有和新增视频监控数据推送，依托市一体化平台加快梳理、汇聚、转化各级各部门存量增量电子证照数据。加大政府门户网微信公众号信息发布力度，全年发布173期600条。稳步维护“互联网+”系统平台，督促各执法部门落实“互联网+监管”注册和执法数据录入工作，系统注册做到执法人员全覆盖，执法数据零遗漏，人员注册和数据录入创新高。

【“一门式”服务全覆盖】 6月9日，江南镇黄石村村民黄某领到第一张在村上直接办结的老年人优待证，标志着安化县基层公共服务（一门式）全覆盖进入落地阶段，初步实现“小事不出村、大事不出镇”。为贯彻落实省市基层公共服务（一门式）全覆盖工作要求，县行政审批服务局为全县433个村（社区）购置配备了路由器，全县政务外网实现全覆盖全联通，共梳理下放到村（社区）可接件事项146项，其中村（社区）办结的73项，能在村（社区）直接领取证照的事项4项，分别是老年人优待证、流动人口婚育证明、计划生育登记服务证、公共场所卫生许可证。

（撰稿人：刘庆良）

应急管理

【概况】 2020年，全县共发生一般生产安全事故14起，死亡15人，连续五年未发生较大以上生产安全事故。森林防灭火工作实现无重大火灾、无人员伤亡、无房屋烧毁的“三无”目标，自然灾害防控实现人员零死亡。非生产经营性安全事故持续下降，安化县被评为全省安全生产先进单位。

【应急管理】 应急管理体制基本理顺。按照“统一领导、分类管理、分级负责、条块结合、属地管理”的原则，成立安化县突发事件应急管理委员会，快速、及时、高效地应对和处置突发事件、安全事故，规范信息报送工作，完善应急管理体制。推动修订和整合全县突发事件总体应急预案和40个专项应急预案，应急预案体系逐步完善。应急能力建设全面提速。按照市局打造的沧水铺镇模式“863”标准全速推进乡镇应急能力建设，即落实“8个1”工作举措（印发1个文件、列出1个清单、召开1个会议、组织1次培训、编制1个预案、开展1次演练、购买1批物资、组建1支队伍），达到“6有”标准（有班子、有机制、有队伍、有预案、有物资、有培训演练），最终实现“3个统一”（统一指挥、统一值守、统一救援）。2020年完成9个乡镇应急能力建设。全县共组建39支应急救援队伍，包括县消防救援大队、水利应急抢险队、地质灾害应急抢险队、交通运输应急抢险队、森林火灾扑救队、城乡建设应急抢险救援队、矿山和危险化学品应急救援队、应急医疗救援队、电力应急抢险队和应急通信保障队10支县级应急救援队伍，平口、烟溪、奎溪、冷市、小淹、田庄、大福、长塘、仙溪、渠江、马路、南金、古楼、柘溪、东坪、经开区、羊角塘、龙塘、乐安、梅城、清塘铺、高明、江南、滔溪共24个乡镇（区）综合应急救援队，益阳市安化矿山救护队、安化县雄安工程机械应急救援队、安化县蓝天救援队、湖南茶旅通用航空应急救援队、安化县志愿者应急救援服务队共5支社会救援队伍。在处置疫情防控、森林防火、防汛抗旱等突发事件中，发挥了较大作用。

【安全生产】 始终坚持“不统筹、无应急”的导向，积极发挥参谋、协调的牵头抓总作用，进一步优化明晰县安全生产委员会、县森林防灭火指挥部、县减灾委员会等议事机构的功能架构，理顺、明确组成单位的职责清单。牵头做好省、市安全生产巡查考核、暗访整改等工作，组织各类安全生产综合治理和专项整治，提升重点行业（领域）本质安全水平。严格执行“党政同责、一岗双责、齐抓共管、失职追责”的安全生产责任制，举办各类应急管理与安全生产培训班，聘请专家检查矿山、危化等重点领域安全隐患，督查落实党政领导责任、部门监管责任和企业主体责任，做到尽职担当。在奖励引导上，县委、县政府出台绩效奖励办法，每年安排近100万元奖金用于奖励安全生产先进单位和先进个人；2020—2022年，每年安排80万元专项资金，对完成安全生产标准化创建企业给予奖励；对通过省市应急能力建设验收合格的乡镇，将给予不低于10万元奖励。在隐患治理上，累计投入1000万元整改柘溪客运码头趸船安全隐患、安化黑茶博物馆消防问题隐患、六步溪自然保护区电力线路重大火灾安全隐患；投资4300万元新建县城萸江市场，改造县城湘资市场，对新改扩建设市场每个给予10万—20万元奖励；交通部门共投入7163万元，建成500公里公路生命防护工程；在创新投入上，全力支持综合减灾示范创建和风险普查试点县工作，解决400万元示范创建经费，安排100万元风险普查前期启动工作经费；投资800万元建成梅城消防二站，投入180万元采购消防车和其他消防器材，支持乡镇应急能力建设。全县安全生产专项整治三年行动推进有力，整治一大批安全隐患顽疾，省市予以高度评价。交通问题顽瘴痼疾专项整治成效明显，交通事故伤亡人数同比下降48%；马路市场专项整治完成了“四类危险路段”等118处马路市场整治任务，12家新建改扩建市场全部完成。

【森林防灭火】 针对防火重点时段，县森林防灭火指挥部提前召开专题会议，及时部署森林防灭火工作。利用多种形式大力宣传森林防火的重大意义，印制《安化县人民政府禁火令》1200分，发放森林防火宣传单2.4余万份；县防火办利用短信平台、分类建立手机用户数据库、高火险天气群发森林防火警示短信，累计发送1.5万余条，宣传森林火灾防范和扑救知识，不断增强广大群众森林防火意识。5月，全县第一期基干民兵暨乡镇专职消防员集中培训班开班，为期12天，25个乡镇（管委）各派出5名骨干人员共129名参训。在重要节假日、高火险天气县、乡镇（国有场所）、村三级30支森林火灾扑火半专业队1000余人，随时处于临战状态，最大限度保护全县人民生命财产和森林资源安全。

【灾后重建】 2020年，全县共遭受13轮自然灾害的侵袭，直接经济损失达4.4亿元，其中需灾后重建农房63户，维修加固农房446户。全局扎实开展灾后重建工作，灾后重建农房100%在阴历年前搬迁入住，冬春救灾资金阴历年前打卡发放到户，全年所有救灾资金按时拨付到位。

【综合减灾示范创建】 成立由县委书记任政委，县长任组长的高规格县创建领导小组，多次召开县委常委会和县政府常务会议，专题研究全国综合减灾示范县创建工作。出台《安化县综合减灾示范社区创建工作奖补办法》，明确县创建帮扶单位对所帮扶的社区（村）给予不低于2万元的帮扶力度。全面推进22个国家和省级示范社区（村）创建工作，2020年成功创建4个国家级示范社区和3个省级示范社区，县应急避难场所建设达到52处，3个县级应急物资储备库正在建设过程之中。扎实开展“5·12”“6·16”“10·13”等系列防灾减灾宣传活动，组织全县第一期基干民兵暨乡镇专职消防员集中培训班、应急管理与安全生产培训班等大规模培训活动，积极开展益阳市超标准洪水防御暨山洪地质灾害和水库抢险、危险化学品、森林防灭火等应急演练活动，不断推广全民防灾减灾知识和避灾自救互救技能。

【自然灾害综合风险普查】 2020年，全县按照“先试先行、应普尽普、分步推进、突出特色”的原则，迅速统筹推进自然灾害综合风险普查试点工作，全面完成清查上报工作，教育、民政、公安等应急块口20个部门的数据调查录入工作基本完成，水利、自然资源、林业等六大行业部门工作进入实质调查阶段。县长肖义在湖南省第一次全国自然灾害综合风险普查电视电话会议上作典型发言，受到上级的高度肯定。8月3日，《国务院第一次全国自然灾害综合风险普查领导小组办公室关于进一步做好普查地方试点工作的通知》（国灾险普办发〔2020〕4号），安化县成功入选全国自然灾害综合风险普查试点单位，成为全国86个试点市县之一，全省3家试点县之一。

【创建工作引领安化特色】 2020年新创4个国家级示范社区和3个省级示范社区。烟溪镇、羊角塘镇、高明乡被评为市级安全生产优秀乡镇，长塘镇、龙塘乡成功创建市级安全生产示范乡镇，小淹镇创成省级示范乡镇。推进规模以上工贸企业安全生产标准化创建工作三年行动，14家企业顺利达标，对三级、二级、一级达标企业分别奖励2万元、3万元、5万元。

（撰稿人：孙益君）

重点项目

【概况】 2020年，全县谋划实施重点项目81个，完成投资101.5亿元。其中，省重点项目黑茶特色小镇完成投资29.1亿元，为年度计划任务的291%，在省政府2020年重点工作综合大督查中被列为真抓实干典型经验进行推介。市重点项目32个，完成投资69亿元，为年度计划投资37.9亿元的160.69%，安化县连续2年被益阳市人民政府授予全市重点项目建设工作优秀单位。芙蓉山风电、茶乡花海生态体验园、海螺固废等25个重点项目竣工或投产运营。龙晟牧业、海螺固废、华益槟榔、元畅·恒太城商业中心、鑫达钨钼系列产品生产、茶乡花海汽车营地一期等项目实现当年开工，当年投产和运营；紫薇中学、梅城镇芙蓉学校、建玲提质改造、冯李公路（南桥大道）等项目实现当年开工，当年完成主体工程。

【主要工作】 做实重点项目领导小组办公室，进一步规范项目协调机构设置，以及人、财、物、事等方面工作的开展，开设专户专账，统一管理和设立重点项目协调机构的财务。建立由县委书记任政委、县长任组长的重点建设项目领导小组抓总，项目指挥协调机构具体负责的工作机制。县委常委会议每月初听取一次重点项目情况汇报，重点项目领导小组每周召开一次调度会议，及时、精准在全县最高决策层解决项目推进过程中的重大和具体问题。全年组织召开领导小组会议11次，研究45个项目具体事宜。加大调度力度，实行周协商、周调度、周督办工作制，拉紧项目推进弦，通过周通报、问题交办方式，传导工作压力，解决项目难点问题23件。推行“三单一表”工作清单管理，制作问题清单、任务清单、工作清单和事件表向相关单位交办、督办88项目，销号53项，解决泰森一期招商政策兑现、冯李公路国有土地征拆、妇保院选址变更土地款返还等一批突出问题。坚持挂图作战，每周更新项目推进情况和排名，营造比学赶超的项目建设氛围。同时，组织开展重点项目“百日攻坚”行动，重点协调推进4大项94项工作，确保全年项目建设任务高质高效完成。建立帮代办机制，出台《安化县重点项目政府代办服务实施办法（试行）》，开展帮代办服务，主动为25家社会投资业主开启“全天候保姆式”服务。深入服务，建立制约性因素排查机制，加快项目前期工作，力促28个重点项目如期开工，投资114亿元的安化抽水蓄能电站项目，协调15天完成17项省级制约性因素排查，30天完成实物量指标120万千瓦征地范围预调查工作，为项目扩容至240万千瓦打下坚实基础。

【重点建设项目集中开工活动】 5月12日，安化黑茶国家现代农业产业园展示馆开馆暨安化县重点建设项目集中开工仪式举行。江南工业园标准化厂房建设、建玲茶业改扩建、240省道龙塘至江南段建设等9个重点项目集中开工，涉及工业、基础设施、民生保障等多个领域，总投资达30亿元。2020年，共组织开展9次市、县重点项目集中开工观摩活动。

【安化抽水蓄能电站项目推进】 4月17日，水电水利规划设计总院72名领导及专家对安化县抽水蓄能电站项目进行可研阶段三大专题报告审查现场查勘。4月18—20日，安化抽水蓄能电站可行性研究阶段——枢纽布置格局专题报告、正常蓄水位选择和施工图布置规划专题报告审查会议在长沙召开，安化县抽水蓄能电站装机120万千瓦三大专题报告通过审查。5月25日，湖南库区移民事务中心在长沙举行项目审查会议，《湖南安化抽水蓄能电站建设征地实物指标调查细则》通过会议审查。8月6日，国家电网公司水新部领导率国网水新部前期处及国网新源公司、国网华中分部、国网湖南水电公司、国网经研院、湖南经研院、中南院等39名领导及专家，到仙溪镇开展抽水蓄能电站项目装机120万千瓦扩容至240万千瓦现场查勘。8月27日，国家电网公司召开专家会议，确定项目装机扩容至240万千瓦。

【机构设置】 2019年3月29日，安化县重点项目建设服务中心挂牌；2020年8月23日，更名为安化县重点建设项目事务中心，为县人民政府直属公益一类正科级事业单位。负责履行全县重点项目建设的协调、服务等公益性、服务性、事务性职责，参与重点项目计划、政策的制定。核定编制30名，2020年在职在编29人。

（撰稿人：陈立志）

投资开发

【融资引资】 2020年，安化县梅山城投集团有限公司贯彻“项目为王、产业为要”发展理念，以重大产业、重大项目、重大开发为中心，聚焦民生重点项目建设、地产开发、特许经营、产业发展投资等业务板块，完成融资17亿元,完成提款12亿元，储备融资项目14亿元。

【项目建设】 江南工业园项目投资7000万元，征地180亩，完成厂房主体混凝土浇筑、办公楼地下室及一层主体施工、装饰装修工程。梅山赛车运动主题公园项目已完成宾馆楼装修、表演赛道、汽车赛道、摩托车赛道、卡丁车赛道，举办首届湖南安化黑茶汽车摩托车越野争霸赛、2020年越野e族湖南大队年会、益阳分队年会暨汽车场地越野公开赛、2020“薪火传承·中国健康跑”等赛事活动。安化县天然气项目完成投资2525万元，完成了LNG气化站工程主体结构工程验收,居民安装10012户，覆盖华莱城、华莱国际等23个商住小区。保障安居办棚改资金13.62亿元，完成征拆房屋面积1.7万平方米，竹林片区、毛家巷片区、检察院片区、技校片区、原畜牧局家属区等棚改区域基本实现清零扫尾，启动开发建设。安化国家基本气象站搬迁项目完成所有建设内容并移交县气象局投入使用。安化碧桂园房产项目完成样板房建设并启动预售工作；梅山御龙湾房产开发项目实现开盘预售；吉祥佳苑团购房项目竣工交付。柳溪东路立体停车场完成基础及钢结构框架建设。平口污水处理厂投入运行，配套管网基本完成。柏杨路十字路口人行天桥投入使用。唐溪时光驿站改建工程完成1—5栋主体建设。茶乡花海东门口及周边高标准农田改造项目完工。县林业局、县商务局、县住房保障服务中心、雪峰湖国家地质公园管理处等4家单位办公用房的装修工程全面完成并移交各使用单位。

【经营投资】 2020年，完成固定资产投资11亿元，实现各类经营收入3.16亿元；实现土地出让收入2.92亿元；完成土地报批201.57亩；驾考驾培实现经营收入1044万元；完成存量资产租赁、户外广告等收入1328万元；完成库区大水体养殖考察等前期工作；为中小企业担保融资金额1.91亿元。

【江南工业园标准化厂房建设项目开工】 2月9日，江南工业园标准化厂房建设项目在江南镇工业园区正式开工建设。项目用地面积87亩，其中一期规划面积38亩，总投资8000万元。

【唐溪时光驿站项目开工】 3月19日，环雪峰湖自行车绿道·唐溪时光驿站项目开工建设。项目位于风景秀丽的柘溪库区对口溪半岛，总投资约1000万元，占地约65亩，建筑面积约3000平方米，是推进全县茶旅一体、树民宿标杆的示范性旅游项目。

【安化县首座人行天桥启用】 7月1日，东坪镇柏杨路、梅山路交叉路口人行天桥开放通行。项目于3月12日开工，总投资约400万元，连接东南西北四个路口，总桥长约155米，桥面宽3米，4个上下疏散楼梯，梯段宽1.8米，内设自行车坡道和安全防护等设施。

【安化县首个智能立体停车库开工建设】 7月3日，东坪镇柳溪东路立体停车场建设项目正式开工建设。项目位于东坪镇柳溪路和解放路商圈中心地段原红旗剧院，总用地面积1243.89平方米，总建筑面积3634.87平方米。拟新建1栋6层平面移动式智能立体停车库，建成车位129个。

（撰稿人：陈珺雅）

移民开发

【概况】 柘溪电站、东坪电站、株溪口电站、清塘铺镇廖家坪水库、东坪镇红岩水库五座水库共核定农村移民后期扶持人口81792人，2020年清退死亡和自然变化人口520人，农村移民后期扶持人口核减至74220人，涉及26个乡（镇、区、场）245个行政村。非农移民21524人、小水库移民近2万人，各类水库移民及连带人群人口总数达30万人。

【移民项目】 2020年，共发放农村移民直补资金4321.68万元，规划项目资金6491万元，实施移民项目737个。其中投入资金2079万元，用于改善人居环境、增加移民收入、完善基础设施，开展11个重点移民村“整村推进”项目，实施项目284个；投入资金260万元，开展6期实用技术培训班和职业技能培训，共培训移民1417人次；实施库区水果提质增效“三年行动”，投入700万元，完成桃花岛果旅一体化建设，宝塔山、建新园艺场等沿库规模果园的改造；落实并实施490名移民“避险解困”项目，完成对库区10个乡镇（场）161户503人的复核与验收，共付款564.22万元。完成省移民综合管理系统上的对象申报。

【库区资源管理】 安化县柘溪库区管理委员会制定垃圾打捞社会一体化实施方案，确定安化县跃城环卫有限责任公司为主体实施单位，于2020年5月起实行柘溪库区大水体保洁社会化一体化管理，开展库区水面垃圾打捞工作，提升库区水质。至2020年，柘溪库区新建特色小水果基地500多亩，培管小水果基地1000亩，完善桃花岛、宝塔山和建新小水果基地配套设施建设，修建基地机耕道5.6公里，安装轨道运输机15处3000米。落实库区小水果基地病虫害统防统治，安装952盏太阳能杀虫灯，发放优质柑橘苗木8万多株。南线环库公路路基基本拉通，红石桥已完工，两座铁索桥完成规划设计。北线环库公路马路镇和烟溪镇区域完成长18公里、宽7米的路基建设。柘溪林场、渠江镇完成线路勘察测绘。旅游码头完成规划选址。桃花岛休闲度假区完成旅游景区规划设计，五彩迷宫、文化长廊等9个项目均完工，接待中心和观景平台进行基础建设。唐溪时光驿站（祥龙山庄驿站）主体完工，进行装饰装修、无边泳池装模。

（撰稿人：刘思怡）

信　访

【概况】 2020年，促请召开6次县委常委会会议专题研究信访工作。全年共召开信访工作例会6次，研究化解疑难信访24件。

【领导接访】 县、乡两级同步落实工作日领导坐班接访和月下访制度。全年共接待群众到县上访1516批次3417人次，县级领导坐班接访498批697人，相比2019年均有所下降。受理办理涉疫来电79个，受理网上信访997件次。

（撰稿人：夏延庆）

住房公积金管理

【概况】 2020年，益阳市住房公积金管理中心安化管理部归集资金54370万元，实缴人数33543人。新增缴存职工3352人，发放贷款752笔16338万元。

【进驻行政审批局服务大厅】 市公积金中心安化管理部公积金窗口于1月进驻县行政审批服务局政务服务大厅。缴存职工可在公积金窗口咨询政策，查询信息，办理缴存、提取、贷款等常规业务。

【优化营商环境】 多次走访企业、楼盘和银行等机构，对住房公积金缴存、提取、贷款、微信公众号绑定等政策进行宣传。告知因受疫情影响而生产经营困难的企业可在6月30日前申请办理阶段性降低缴存比例或者缓缴手续。规范单位网厅业务线上办理，各缴存单位专管员可自行登录网站办理单位汇缴与补缴、职工账号封存与启封、缴存人单位调整等多项业务。

【维护公积金属地管理原则】湖南安化湘安钨业有限责任公司位处柘溪镇，公司员工多为安化籍，但住房公积金缴存地却在怀化，给职工办理业务带来诸多不便。依据属地管理原则，安化管理部上门开展宣传，该公司同意将安化籍职工公积金转移到安化管理部缴存。12月14日，该公司除部分职工在原缴存地有贷款或账户冻结外，其余44名职工公积金账户均转移至安化缴存，转移和缴纳公积金合计342万元。

【督促中联环境建制缴存】2020年7月，安化管理部针对安化县中联环境产业有限公司部分职工投诉该公司未为其缴存住房公积金的情况，上门开展政策宣传。该公司负责人积极向上级反映情况，于12月24日开户建制120人。

（撰稿人：张　茜）

地方志工作

【年鉴编纂工作】2020卷于3月份正式启动。在市地方志编纂室的指导下，先后召开党组会议、编辑部会议，专题研究部署该项工作，认真研究中指组相关条例规定和文件精神，吸取其他县市区优秀年鉴的长处和亮点，反思自己年鉴的不足。4月初，举办全县年鉴组稿编纂培训班，对全县所有乡镇、县直单位参会人员做了业务培训。收到稿件后，编辑人员认真校对资料，从各方面组织图片。12月，《安化年鉴（2020）》由中国商务出版社出版。全书字数543千字，彩页24面，实现年底之前高质量完成“一年一鉴，公开出版”的目标。

【志书编纂工作】4月，县史志编纂室召开全县乡镇志部门志编修培训会议，特聘请省方志专家授课。根据全县编修的情况，重新调整时间节点，要求12月31日前完成初稿，交县地方志办公室审核。至年底，25部乡镇志、37部部门志编修工作均取得实质性进展，《梅城镇志》和《安化县扶贫志》列入全市重点志书。

（撰稿人：李梦洁）

政协安化县委员会

综　述

【助力夺取疫情防控、经济发展的“双胜利”】 县政协按照县委统一部署，广泛动员全县各级政协组织和全体政协委员参与防治防控、复工复产。联系乡镇的主席会议成员第一时间深入乡镇，进驻一线，靠前指挥；政协机关干部和政协委员组成疫情防控先锋队，连续奋战在村、社区、企业等抗“疫”一线；全县政协系统和各经促分会发挥资源优势，紧急筹措价值500多万元的口罩、防护服、额温枪等物质，驰援防控一线。平口疫情发生后，县政协坚决执行县委指令，第一时间组织工作力量深入战“疫”最前线，持续坚守30多天。与此同时，县政协围绕县委县政府的部署，积极开展调研，主动服务发展，主席会议成员带队深入企业走访，查实况、听实情、想实招、办实事，让企业“动起来”、经济“活起来”，60余家委员企业全部恢复生产。

【开展决战脱贫攻坚、决胜全面小康的“双行动”】 一年来，县政协先后组织委员对808户结对贫困户进行“三个一”扶贫行动大回访，资助贫困家庭学生240多名，帮助解决就业210多人。组织全县政协委员、政协机关干部与省、市政协委员三级联动，组成107个帮扶小组，坚持物质与精神双扶、行动与真心双入，把帮扶工作做实做好。安化的“双助双行动”得到了上级政协的充分肯定。

【落实助推发展、为民履职的“双要求”】 一年来，县政协把推进“三大攻坚战”、高质量发展作为服务大局的主攻方向，围绕党政中心工作及民生热点问题持续调研、接力建言，聚焦全县重大决策落实、重点项目建设、重要产业推进，协商议政、集中攻坚，服务改革发展，解决民生问题。全年组织协商活动7场，开展课题调研6次，进行专题视察8次，办理提案76件，县政协委员参与专题调研430人次、协商建言96人次、专项视察142人次，形成履职成果21件。

【推进活动向基层、平台向群众的“双延伸”】 走访群众940余人次，召开座谈会130余场次，邀请12名企业家代表、村(社区)负责人参加常委会议政治协商和专题协商。组织委员参加“政协云”委员值班活动，交流互动1260人次。积极搭建“请你来协商”工作平台，依托乡镇、界别、企业建立7个政协委员工作室，引导委员广泛参与基层治理，49名委员参与值班，接待群众120人次，反映意见建议37条。沈建军委员工作室得到省政协充分肯定，东坪镇政协委员工作室获评湖南省示范性政协委员工作室。

职能工作

【政治协商】 聚焦县委、县政府中心工作，围绕年度财政预算方案、“十四五”规划编制、园区发展平台、社区治理能力建设、基层公共卫生应急服务能力建设等重点课题开展协商调研，协商成果以《协商专报》形式报送县委、县政府，得到主要领导的积极回应，相关履职成果进入党政决策程序。在“完善园区产业发展平台，引领县域经济高质量发展”专题议政性常委会上，县主要领导与政协委员、企业家代表深入互动、坦诚交流，分类施策破解融资难题、宽严相济用好土地资源等建议已经逐步转化为实际工作效果。积极建言“十四五”规划编制，围绕中心主题、重要原则、目标定位、重要工作提出政协方案。着眼疫情防控常态化，把加强社区治理能力建设纳入重要议题。围绕全县城镇化建设和县城发展战略规划持续实施，对县城东北部城镇综合开发目标定位、要素统筹等积极建言献策。

【民主监督】 围绕官新高速建设、东渠公路建设开展专题视察，会商突出难题，寻求解题办法，推动库区交通瓶颈破解。组织开展社会托育机构运营管理、残疾人就业视察调研，从政策落实、机构规范、残疾人及幼儿合法权益保障等方面提出建议。组织委员对全县森林公安工作、河长制工作落实情况建言献策，全力助推生态文明“两山”理论在安化深度实践。深入开展企业家委员走访活动，针对企业疫情防控、复工复产及营商环境方面的突出问题广泛听取意见，报送情况反馈、意见建议42条。坚持突出重点，推动提案监督提质增效，把《高考改革形势下要尽早谋划配套措施》《县城南区用水安全保障刻不容缓》等提案作为重中之重开展联合督办，政协常委会专题听取办理情况汇报，持续跟进问效，确保办理质量有效提升。

【参政议政】 高度重视委员大会发言。九届四次会议期间，13名委员围绕全县经济发展、文化建设、生态文明等方面直言进谏，有关部门认真落实，委员的真知灼见转化为推动发展的具体举措。紧贴民情精心发声。不断加强反映社情民意工作，在政协云“微建议”、市以上政协专刊上反映社情民意信息168条，编发专报9期，《疫情防控期间基层电信诈骗频发亟待重视》《当前农村个人违规违法建房亟待规范》分别在全国政协和省政协社情民意内刊发表。紧抓亮点精准发力。有效完善“微建议”工作，促进“微建议”与“县长信箱”有效融合，县长热线办转交、督办委员“微建议”74件。

【提案办理】 县政协九届四次会议以来，政协委员共提交提案96件，经审查立案76件，立案率79.2%。这些提案交由县委、县政府相关部门办理，已全部办复完毕。从采纳落实情况看，所提问题已经解决或正在解决的52件，占68.4%；已列入规划计划的20件，占26.3%；目前条件不具备难以解决的4件，占5.3%。从收集的反馈意见来看，政协委员满意和基本满意率达100%。继续实施重点提案领督办制度及提案承办单位办理情况通报制度，坚持党政领导领办、县政协主席会议成员督办政协重点提案。《高考改革形势下要尽早谋划配套措施》《县城南区用水安全保障刻不容缓》《加强基层医疗防治工作体系建设迫在眉睫》3件重点提案得到办理。通过综合考评，10件优秀提案得到表彰。

【服务大局】 县政协坚决落实“项目为王”理念，全力投身“三大攻坚战”，为县域高质量发展倾情倾力。县政协领导班子成员切实落实联点责任，定期深入乡镇和项目一线调研情况，调度进展，协调化解突出问题，服务中心工作取得了新成效。官新高速全速推进，控制性工程全部开工建设，集中安置有序推进，年度目标任务全面完成；金叶油业二期建设基本完成，油茶产业示范区建设实现阶段目标；玉溪片区开发项目加速推进；茶乡花海成为安化旅游重要目的地；禁毒协会工作形式多样、有声有色；县城东北部开发实现良好开局。认真落实挂牌督战和“第二帮扶责任人”工作责任，帮扶16户重点困难群众，解决实际问题30余个，落实帮扶资金150万余元。上级政协高度重视安化脱贫攻坚和乡村振兴工作。6月，全国政协副主席刘奇葆率全国政协文化文史和学习委员会调研组，围绕“发挥文化建设在实施乡村振兴战略中的作用”专题赴安化调研；4月和10月，湖南省政协党组副书记、副主席戴道晋先后两次到安化县开展“落实社会保障兜底扶贫政策，建立解决农村相对贫困的长效机制”课题调研，开展政协委员“三个一”扶贫行动大回访活动，“助力乡村振兴”调研和“送文化教育医疗下乡”活动；7月，湖南省政协副主席、省工商联主席张健率领省政协委员和机关干部到安化县开展“助力巩固脱贫攻坚成果万户帮扶行动”，为推动安化脱贫攻坚和乡村振兴有效衔接给予有力指导。机关委室牢记职责使命，依托各自优势，深入践行“一线”工作法，主动投身项目建设、产业发展实践，主动担当扫黑除恶、全面禁毒责任，主动回应群众呼声、委员建议，成为经济发展的有力推动者、社会事业的有心参与者。

【经促联谊】 充分发挥经促会、工商联的独特优势，不断加强对外交流合作，持续开展“迎老乡、回故乡、建家乡”活动，在招商引资、扶贫帮困、慈善助学、人才引进等方面取得新成效。各经促分会回乡举办慈善活动21次，为家乡捐赠款物300万余元。深入开展“户帮户、亲帮亲、互助脱贫奔小康”活动，组织异地商会、爱心企业家进乡镇、入农户，开展爱心捐赠、公益服务和就业帮扶，募集助学金166万元，资助困难学生1300人，解决劳动力就业3600人。拍摄制作《中国梦·安化情》系列电视专题片，深层次宣传推介安化创业精英。有序加强对外互动交流，组织委员外出调研学习，接待外地政协到安化县考察交流27批次。

【文史宣传】 切实发挥政协“地方通”的优势，坚持以文化人、以史资政，整理出版《安化记忆》《安化诗钞》等文史研究成果。持续推进宣传阵地建设，政协云运用逐步得到广大委员的关注和认可，在线学习交流、议政监督、反映民意成为常态；政协官网和《品读安化》质量提升，政协宣传的理论高度、思想深度和群众热度不断增强。全年在“政协云”、安化政协网发布工作信息368条，编发《品读安化》内刊4期，在市以上媒体发表理论研讨、专题文章和新闻稿件78篇，深化协商民主、深度参政议政、助力疫情防控等17篇通讯报道在《人民政协报》《湘声报》发表，充分展示安化政协的履职成果和广大委员的时代风采。

重要会议

【全体会议】 12月28日至31日，政协安化县第九届委员会第五次全体会议在安化大剧院召开。会议审议通过县政协第九届委员会常务委员会工作报告、关于提案工作情况的报告、关于提案办理情况的报告；听取和讨论中共安化县委书记刘勇会的讲话；列席县人大十七届六次会议；审议通过政协安化县第九届委员会第五次会议有关决议。

【常委会议】 3月13日，召开县政协九届十九次常委（扩大）会议。集中学习关于新冠肺炎疫情防控和稳定经济社会运行的相关会议精神，决战决胜脱贫攻坚座谈会精神。通报安化县政协常委2019年履职考核情况；通过《县政协常委会2020年工作要点（草案）》《安化县政协系统2020年绩效考核方案（草案）》《政协安化县常务委员履职考核办法（修订）》《安化县政协系统宣传奖励方案（修订）》。

6月16日，召开政协安化县九届二十次常委(扩大)会议。传达学习全国两会精神；听取县经开区关于园区建设和营商环境优化情况、县政协经科和外事委关于“完善园区产业发展平台推动县域经济高质量发展”协商课题调研情况的汇报；就2020年“双助双行动”进行再动员、再部署。

9月25日，召开县政协九届二十一次常委（扩大）会议。会议传达学习习近平总书记湖南考察重要指示精神，听取县人民政府半年经济社会运行情况、县“十四五”规划编制情况汇报，听取县教育局、水利局、交通运输局提案办理工作情况的汇报，并就提案办理工作进行协商发言。

12月24日，安化县政协召开九届二十二次常委（扩大）会议。乡镇政协联工委、县直委员组负责人进行年度述职，政协常委会组成成员对部门单位工作、政协委党活动组及职系委室工作进行测评。通过有关人事任免决定；通过《第九届县政协委员调整方案（草案）》；审议通过县政协九届五次会议相关内容；审议通过2020年度优秀政协委员名单和优秀提案编目；审议县政协常委会工作报告和提案工作报告。会议决定，政协安化县第九届委员会第五次会议于2020年12月27日至31日在县城东坪镇举行。

12月31日，召开县政协九届第二十三次常委（扩大）会议。听取各组学习县委书记讲话、审议县政协常委会工作报告和提案工作报告情况汇报；听取各组协商讨论“一府两院”报告、县“十四五”规划和2035年远景目标纲要编制情况报告、提案办理情况报告和计划、财政报告情况汇报。

【主席会议】 1月19日，召开县政协党组（扩大）会议暨九届二十五次主席会议。会议研究主席会议成员分工、机关工作分工和年前慰问活动等事项，各专委会、经促办汇报2020年工作设想。

3月2日，召开县政协党组（扩大）会议暨九届二十六次主席会议。会议组织学习中共中央、省、市、县委关于疫情防控、复工复产有关会议精神，县纪委十二届五次全会和县决战决胜脱贫攻坚工作动员会会议精神。会议协商讨论《县政协常委会2020年工作要点（草案）》《县政协2020年党建工作要点（草案）》《县政协2020年度协商与监督工作计划（草案）》《安化县政协系统2020年度绩效考核方案（草案）》《政协安化县委员会常务委员履职考核办法（修订）》《县政协信息宣传工作方案（修订）》和县政协2020年度重点提案。通过县政协九届十九次常委（扩大）会议议程，通报县政协常委2019年度履职考核情况。

4月24日，召开县政协党组（扩大）会议暨九届二十七次主席会议。会议以“学习课堂”的形式组织学习习近平总书记2019年11月29日在主持中央政治局第十九次集体学习时的讲话等精神。会议研究通过《县政协机关2020年党风廉政建设工作要点》《关于“加强社区治理能力，提高基层智力水平”专题协商调研实施方案》《对重要安化孤本古籍翻印及电子化工作实施方案》。听取驻村工作队工作述职，研究讨论脱贫攻坚、机关管理及工会有关工作。

8月28日，召开县政协党组（扩大）会议暨九届二十八次主席会议。听取三件重点提案的督办情况汇报，就下阶段提案办理工作提出意见建议。研究通过《安化县政协关于加强委员工作室建设的实施方案》《加强我县基层公共卫生应急服务能力建设对口协商方案》。

9月18日，召开县政协党组（扩大）会议暨九届二十九次主席会议。研究县政协九届二十一次常委会会议方案、县政协庆祝中国共产党成立100周年“颂党恩、政协情、安化美”美术书法作品展方案、大会参政议政发言有关工作、“完善园区发展平台推动县域高质量发展”专题协商会议方案，讨论“完善园区发展平台推动县域高质量发展”协商课题中心发言材料。

11月24日，召开县政协党组（扩大）会议暨九届三十次主席会议。会议研究县政协九届五次会议筹备建议方案，常委会工作报告，大会发言材料，委员调整建议方案、委组负责人年度述职与常委会年度考核测评方案、主席会议成员测评委组委室工作。听取安化红色记忆资料整理工作汇报。修订完善机关管理制度。

12月15日，召开县政协党组（扩大）会议暨九届三十一次主席会议。会议通报县委常委会研究确定的县政协九届五次会议有关事宜，研究讨论县政协九届五次会议的相关筹备工作、2020年度政协系统履职考核有关工作、提案工作报告等事项。研究确定2020年度优秀委员推荐、优秀提案编目、政协好新闻、政协好信息和信息宣传工作先进个人名单、县政协九届二十三次常委（扩大）会议时间与议程。

（撰稿人：王　勋　周　阳）

纪委监委·巡察

纪检监察

【政治监督】 紧盯党中央和省委、市委、县委重大决策部署的落实主动靠前监督。下沉一线开展疫情防控督查，督促整改问题840个，处理6人。深入推进“洞庭清波”专项行动及禁捕退捕专项监督，对重点问题挂牌督办，对履职不力、整改不到位的15名责任人严肃问责。开展“六稳”“六保”专项监督检查，督促整改问题33个。坚定不移推进全面从严治党，制定落实主体责任“两个清单”，约谈党组织书记14人。

【作风建设】 全县查处作风问题239起，组织处理302人，立案查处95人，下发通报10期。查处形式主义、官僚主义问题163人。对群众反映强烈的公职人员“吃空饷”、酒驾、赌博等突出问题开展集中治理，责令101名“吃空饷”人员返岗，辞职辞退77人，党纪政务处分3人，组织处理2人，追缴资金2120万余元；查处党员、公职人员酒驾188人，赌博12人。严肃查处损害营商环境问题，党纪政务处分17人，组织处理13人。对16个单位开展行政执法情况专项巡察，整改问题197个，移交线索17条，查处22人。

【反腐工作】 全县共处置问题线索626条，立案310件，留置7人，党纪政务处分305人，涉及科级干部27人，开除党籍23人，移送司法机关8人。突出对重点领域、重要岗位腐败案件的查处，严肃查处县城投公司系列腐败案。查处大众燃气刘某等人涉黑案背后的腐败问题，立案5人，移送司法机关2人。深入开展工程建设项目招投标突出问题专项整治，查处东坪镇城西村土地开发、清塘铺镇中学异地扩建等项目围串标背后的腐败问题，留置2人，通过公安刑拘8人，暂扣涉案资金574.66万元。其中涉及违规插手干预招投标的领导干部1名，代理公司2家，建设公司1家。深入开展人防系统腐败问题专项治理，查处3人，追缴易地建设费226.05万元。

【群众身边腐败问题治理】 开展产业扶贫、生态扶贫等11个专题治理，全县共开展扶贫领域监督检查384次，立案128件，查处205人，追缴清退资金805万元。在全省扶贫领域专项治理考核中，安化县连续3年被评为“一类县”。部署开展村级财务管理专项整治，查处28人，并入账外资金2522万余元；修订完善《安化县村级财务管理办法》，专项整治工作经验在全省推介。各派驻纪检监察组积极开展土地增减挂钩、民政兜底保障、健康扶贫等“一组一专题”专项监督，督促整改问题165个，退还群众资金370万余元。严明村级换届纪律，确保村级换届风清气正。认真贯彻执行《纪检监察机关处理检举控告工作规则》，全县信访举报同比下降

40.9%，越级访同比下降 39.9%，上级下转件实现“三连降”。

【“不忘初心、牢记使命”总结大会召开】 1月15日，安化县纪委监委（县委巡察机构）组织召开“不忘初心、牢记使命”主题教育总结大会。安化县委常委、县纪委书记、县监委主任张靖华主持会议并讲话，县委主题教育第三指导组到会指导。

【县第十二届纪委第五次全体会议召开】 2月27日，中共安化县第十二届纪律检查委员会第五次全体会议在安化大剧院召开。县委副书记、县长肖义主持会议，县纪委书记、县监委主任张靖华作工作报告。会议通过县第十二届纪委第五次全体会议工作报告和全会公报，在闭幕会上对全县纪检监察工作先进个人进行表彰。会前，与会人员集中观看警示教育片《不可触碰的底线2》。

【派出监察办公室、监察工委】 7月14日上午，安化县监察委员会向柘溪镇派出监察办公室举行挂牌仪式，拉开县监察委员会向全县23个乡镇派出监察办公室，向安化经开区、县城南区派出监察工委工作的序幕，打通监察对象监督的“最后一公里”。派出监察办公室（工委）成立后与乡镇、安化经开区、县城南区纪（工）委合署办公，实行“一套班子、两块牌子”，既要严格履行纪律检查职责，又要切实担负起国家监察职能。

（撰稿人：陈胜男）

巡　察

【概况】 2020年，县委巡察组分两轮对县住建局、县科协、县工商联、县库区移民事务中心、县委党校、县委编办、县财政局、县妇联、团县委、县城南区、县人大常委会机关、县政协机关、县委宣传部、县计划生育协会、县茶旅产业发展服务中心、县征地拆迁安置与房屋征收补偿办公室、高明乡、清塘铺镇、滔溪镇、小淹镇、平口镇、南金乡、东坪镇、烟溪镇、梅城镇、乐安镇、大福镇等27个单位党组织开展常规巡察。对县交通运输局、县民政局、县梅山城投公司、县市监局、县农业农村局、县林业局等6个单位开展巡察“回头看”；对县商务局、县科工局、县城管执法局、县交通运输局、县市场监督管理局、县林业局、县发改局、县自然资源局、县行政审批局、县住房和城乡建设局（县人民防空办公室）、县应急管理局、县农业农村局、县水利局、县文旅广体局、县人力资源和社会保障局、县税务局开展行政执法专项巡察；对县委政法委、县法院开展市（县区）交叉巡察。截至年底，县委巡察全覆盖完成92.5%，村级组织覆盖率达到56.35%。通过采取个别谈话、查阅资料、实地调研、召开座谈会等方式，共发现问题932个，书面交办立行立改问题198个，年内移交县纪委问题线索113条，立案10人，给予党纪政务处分8人。

【业务工作】 一是精心谋划部署。根据每轮巡察对象不同，细化监督内容，明确工作要求，提高巡察方案的操作性、针对性和指导性。优化人员配备，授权有纪检、组织工作经验的领导干部担任组长、副组长，加强抽调人员把关。二是加强统筹指导。建立完善县委巡察组与派驻纪检监察组巡前巡中沟通配合机制，加强与组织、宣传、政法、审计以及三大攻坚战牵头部门的协调，要求提供情况、抽调人员、支持培训。巡察期间，巡察工作领导小组、巡察办主要负责人带队深入巡察组调研指导，解决具体问题。三是建立制度机制。将巡察机制体制改革纳入县委全会、纪委全会报告重点内容，全力推进巡察机构规范化、制度化建设，借鉴省委巡视做法、总结归纳工作经验，出台《县委巡察操作手册》和《县委巡察机构内部制度汇编》，对巡察全流程进行规范。四是加大宣传报道力度。常态化开展巡察进驻、反馈宣传，重点加强整改宣传，梳理典型案例，及时推荐在《人民日报》《中国纪检监察报》、省纪委内网、三湘风纪网宣传报道。

（撰稿人：赵韵婵）

人民团体

工　会

【组织体系和新时代职工之家建设】 新建工会82家，发展会员12091名，实现百人以上企业建会动态清零，完成555家工会组织和55760名会员实名制录入工作。小淹镇工会联合会被命名为全省百佳乡镇工会，进一步完善华莱、白沙溪、中茶等企业以及全县机关事业单位职工活动阵地建设，建设职工书屋20多家。湖南省白沙溪茶厂股份有限公司工会、湖南益阳海螺水泥有限责任公司工会被评为2020年益阳市“职工书屋”示范点，湖南安化农商银行职工书屋获评“湖南省最美职工书屋”称号，湖南华莱生物科技有限公司工会委员会获评“全国模范职工之家”。健全工会经费“两统一、四个一”资金管理模式，加强工会经费使用监管，完成36家基层工会经费审计，县总工会工会财务资产管理工作荣获全省先进单位。

【解困帮困与维权帮扶】 完成城镇困难职工解困脱困任务。所有参联单位和结对帮扶责任人坚持季度走访，各政府职能部门从政策、项目、资金等层面全力帮扶。全年发放困难职工救助款237万元，384名建档立卡困难职工全部实现解困脱困，通过国、省评估验收。广泛开展“迎新春送温暖”活动，全体县级领导和“双联”单位参与春节期间特困企业和特困职工的慰问。“夏送清凉”活动覆盖县、乡两级重点建设项目和生产经营单位89个，慰问职工7800余人。县总工会金秋助学资助困难职工子女97名，发放助学款41.2万元。320家单位21248名职工参加住院医疗互助项目，9122名女职工参加特殊疾病保障项目，全年为1090名患病职工补助医疗互助金100.99万元。投身疫情防控和复工复产复市复商。迅速下拨新冠肺炎防控特别慰问专项补助，第一时间启动“湘消费”“湘观影”，向全县职工会员发放300元/人的新冠肺炎疫情防控特别慰问消费券，将全年未发放的节日慰问费以电子消费券的形式提前发放给职工，积极促进实体经济复苏。贯彻落实《湖南省女职工劳动保护特别规定》，继续在全县干职工中开展妇女病查治、光明康复行动。深入开展“尊法守法·携手筑梦”农民工公益法律服务行动，茶乡花海农民工劳动争议纠纷诉讼案被推荐为全省“十大依法维护职工权益典型案例”。深入推进厂务公开民主管理工作，推动工资集体协商提质增效，湖南省白沙溪茶厂股份有限公司被评为全国厂务公开先进单位。

【产业工人队伍建设】 认真组织2020年国家、省两级劳模推荐评选工作，湖南安化渣滓溪矿业有限公司采掘区采矿班长刘玉兵、安化诚丰生态庄园负责人蒋建兵、云台山八角茶业有限公司总经理邓超芝成功推选为“湖南省劳动模范”。连续15年开展工人阶级宣传月活动，联合益阳日报、县广播电视台推出“劳模精神耀三湘”专栏23期，以深入、细腻的采访，用生动、形象的图片，为20多位劳模工匠画像、发声，讲述他们建功立业的感人故事。开展“凝心聚力决胜小康”行动。继续在全县行政企事业单位广泛深入持久开展“当好主人翁·建功新时代·建设新安化”主题劳动和技能竞赛，联合县重点项目建设事务中心举办“项目高质量·勇夺双胜利”重点建设项目劳动竞赛活动，助力全县重点项目建设开工和复工达产，黑茶特色小镇建设项目获评全省优秀重点建设项目，中交（长沙）建设有限公司安化县东梅、牛大、杨山公路工程项目经理部获得“湖南省工人先锋号”称号，中交二航局湖南省官新高速公路第七合同段项目经理部和湖南安化黑茶小镇建设有限公司执行董事、总经理陈威分别获得“项目高质量·勇夺双胜利”湖南省百万职工重点建设项目劳动竞赛先进班组和优秀个人。加大产业工人队伍建设力度。支持安化黑茶学校、技工学校和重点企业大力开展职业技能培训，增强职工就业创业能力。发挥企业主体作用，巩固提升“一户一产业工人”培养工程效果。湖南华莱生物科技有限公司、安化云台山八角茶业有限公司、安化诚丰生态庄园申报成为省、市总工会“一户一产业工人”培养工程优秀项目和示范点。

【宣传活动】 5月，安化县总工会组织对劳动模范、先进工作者、技能人才和工匠进行专题采访，在《益阳日报》、安化电视台推出“劳模精神耀三湘”劳模、先进典型事迹系列报道。文章主要有《蒋建兵：倾情桑梓赋新篇》《夏绪平：库区群众致富的领路人》《谢智兴：倾情倾力在乡镇》《八角茶业：三代茶人的执着追求》《夏求喜：奉献谱就感人的歌》《刘玉兵：劳模精神创造奇迹》《王智敏：非凡都在平凡中》等。

【金秋助学】 9月4日，安化县总工会举行2020年“金秋助学”授助仪式，发放资助资金41.2万元，资助的97名学生，分别来自全县49家特困企业的建档立卡困难职工家庭。助学对象是已建档困难职工家庭中的全日制普通高等学校本科、专科生，在读高中生（含中等职业教育）和接受特殊教育的残疾儿童。资助标准为全日制普通高等学校本科、专科的子女每人5000元，就读高中（含中等职业教育）的学生及接受特殊教育的残疾儿童每人3000元。据统计，“金秋助学”活动自2006年开展以来，安化县总工会累计筹集资金170多万元，资助557名困难职工家庭子女。

（撰稿人：陈君兰）

共青团

【政治理论教育】 组织全县团员青年干部认真学习习近平总书记五四寄语精神、党的十九届五中全会精神。发动县内中小学生学习习近平总书记“六一”寄语精神。把学习使用“青年大学习”作为加强全县青年思想政治引领的重要载体，以各级团组织确保学习发动覆盖面不低于70%为目标，定期调度并通报各级团组织学习情况，不断提高思想宣传的影响力和覆盖面。全年学习人员累计近13万人次。

【基层团组织规范化建设】 持续做好“智慧团建”工作。确保新团员信息及时入系统，不断完善团员、团干、团组织相关信息，全县在“智慧团建”系统中共有下级团组织1497个，团员18299人。持续做好"学社衔接"工作。所有乡镇、园区已建立学社衔接临时团支部，通过线下审核后再在线上对组织关系转接进行审批，同时建立微信群便于掌握团员去向、开展组织生活以及收缴团费等。广泛开展习近平新时代中国特色社会主义思想进支部、进团课、进社团活动。

【团员青年成长平台建设】 召开以“汇聚青春力量，建设‘四个安化’”为主题的青年座谈会，推选来自疫情防控一线、基层一线、企业、党政机关等领域的11名优秀青年代表与县领导进行“面对面”交流，引导优秀青年代表围绕打赢三大战役、推进产业发展、促进乡村振兴等课题积极建言献策。成功承办“新益阳·新青年”益阳青年行文旅融合综合实践活动（安化县站），汇聚来自各兄弟区县的近120名青年深入了解安化产业发展、风土人情、历史文化，获得良好反响。积极组织青年队伍参加多项赛事。10月参加“运动有益·梦想向阳”青年气排球联谊赛，12月参加“会龙山·溪谷杯”益阳市青年辩论赛。

【评优评先活动】 评选出2019年度“安化县五四红旗团委”4个、“安化县五四红旗团支部（总支）”4个、“安化县优秀共青团干部”8人、“安化县优秀共青团员”8人、“安化县抗疫一线优秀青年”5人。成功推荐2019年度“益阳青年五四奖章”2人，“益阳青年五四奖章集体”2个，“益阳市五四红旗团委”4个、“益阳市五四红旗团支部（总支）”6个、“益阳市优秀共青团干部”1人、“益阳市优秀共青团员”10人。成功推荐谢泉、贺伟英、周丽贞分别获得“益阳市优秀志愿者”“益阳市最美防汛救灾志愿者”“益阳市最美疫情防控志愿者”，推荐东坪镇泥埠桥社区、安化县梅城志愿者协会分别荣获“益阳市优秀志愿服务社区”“益阳市优秀志愿服务组织”，推荐安化公益小天使获得“益阳市优秀志愿服务项目”荣誉。成功推介梅城镇完小的向政旭同学获得全国优秀少先队员荣誉称号，萸江学校小荷中队获得全国优秀少先中队荣誉称号。推荐共青团安化县第一中学委员会申报“全国五四红旗团委”；推荐安化黑茶抖音电商直播基地申报2020年度省级示范性“青年之家”；积极参加“争做新时代湖南向上向善好青年”主题活动，推选5名优秀青年分别作为爱岗敬业、崇德守信、创新创业、扶贫助困、勤学上进的典型代表申报“向上向善湖南好青年”。

【青年创业人才服务】 开展湖南青年创业就业基金会推选活动，力推谭记发手工发饼、安化县华蜂农产品专业合作社蜜资园百花蜜作为县域扶贫产品上载中国邮政邮乐网、邮乐小店、中国移动积分商城等大型电商平台湖南返乡创业有志青年产品专区。推选湖南省千秋界茶业有限公司总经理邓鹏飞、安化金厚生物科技有限公司总经理曾晔申报2020年全省创业类“湖湘青年英才”。积极推荐县青年创业者协会会员徐耿，成功取得益阳市第一届“银城青年英才”支持资格。稳步推进“青创10万+”工作，组织来自县域内的45名有志青年开展“直播电商是如何带来新的创业机会”为主题的“青创10万+”集中培训。

【希望工程】 全年累计资助学生579名，资助金额82.3万元。一是开展2020年希望工程“十元捐”活动，共募集捐款37.83万元。市青基会下拨的2019年希望工程“十元捐”返款23万元已于11月拨付完毕，共资助378名贫困学子。二是积极争取团省委、团市委“芙蓉学子”“湘窖助学”“国酒茅台”“建档立卡贫困家庭学生希望工程助学金”等项目助学指标，全年累计资助贫困学生184名，资助总额为32.6万元。三是做好“北大助学”特色品牌助学活动，资助学生17名，资助金额4.7万元。四是积极争取希望小学援建资金，为安化县南金乡海尔希望小学争取建设资助款22万元。

（撰稿人：邓陈倩宇）

妇联

【妇女就业创业】 联合人社局、扶贫办等部门以“促进转移就业、决胜脱贫攻坚”为主题，分别在龙塘乡、梅城镇、烟溪镇举办安化县2020年易地扶贫搬迁贫困劳动力、边缘户专场招聘会，全县各级妇联组织广泛宣传、积极组织，现场接受妇女就业、维权等咨询服务1800多人次，帮助600多名城乡妇女达成就业意向。实施农村妇女素质提升计划。长塘、羊角、冷市、东坪、田庄、江南、小淹、大福、高明等9个乡镇妇联积极承办家政服务员、电子商务师等女农民工技能培训班，培训贫困妇女、失业妇女450人。选派2名女企业家赴衡阳参加全省高素质女农民教育培训。做好妇女创业贷款工作。协调人社、财政、邮政银行等部门，2020年为116名创业妇女发放小额担保贷款1740万元，为妇女创业就业提供资金支持。多途径、多形式宣传“湘女贷”专属融资服务项目，对信用良好且获得市级及以上“三八红旗手”“巾帼建功标兵”“五好家庭”“最美家庭”“最美湘女”“最美创业”等称号的多名女性给予创业贷款支持。

【维护妇女儿童合法权益】开展维权宣传活动常态化。制作并发放《妇女儿童权益维护常用法律知识读本》，常态化开展“三八维权周”“农村法治宣传教育月”等主题法治宣传活动。开展“禁毒宣教进万家”“女童权益保护百场宣讲”“《中华人民共和国民法典》宣讲”等专题法治宣传20多场次，受益妇女儿童1200多人次。妇女儿童维权机制进一步健全。坚持维护妇女儿童权益工作联席会议制度，积极参与涉及家庭暴力、婚姻家庭纠纷和未成年人的案件处理。由县妇联牵头的婚姻其中调解中心，2020年调解纠纷456起，其中调和328对、调离128对，有效化解家庭矛盾纠纷。相关涉妇权益信访案件得到妥善处置。全年妥善化解和处理涉及妇女权益的信访案件45起，有效维护了妇女的合法权益。

【关爱妇女儿童行动】全年共完成20400人的“两癌”免费检查任务，为154名“两癌”贫困妇女争取并发放154万元救助金。积极开展爱心助学活动。争取省妇女儿童发展基金会、太阳慈善助学基金会、长沙钢材商会等社会机构和爱心人士捐资助学，为270多名贫困学生发放助学金53万多元。主动关爱困难妇女儿童。开展春节“巾帼送温暖”活动，慰问特困妇女儿童100余名，发放慰问资金6万元。争取省妇联“心系洪灾、守护三湘”公益项目，为90多名受灾户发放抗洪救灾资金5.7万元。开展“关爱困境母亲项目一起捐”活动，争取母亲邮包440多个，价值13万多元。

县民政局切实发挥关爱未成年人联席会议制度的作用，加大农村留守儿童之家建设，全县村级留守儿童之家建设覆盖率达到100%。全县601名孤儿和事实无人抚养儿童纳入2021年度城乡居民基本医疗保险全额资助，发放“福彩圆梦·孤儿助学工程”助学金27.25万元。签约引进儿童安全“五防”项目落地并开展防意外伤害、防溺水等培训活动。

【深化文明主题活动】开展巾帼建功行动。积极引导和鼓励广大城乡妇女立足本职，岗位建功，褒扬先进，以榜样的力量激励全县广大妇女再创佳绩。全县有23个单位和个人获得市级以上“巾帼文明岗”“三八红旗集体”“三八红旗手”“最美巾帼奋斗集体”“最美巾帼奋斗者”等荣誉称号。开展特色家庭创建活动。广泛动员、组织各级妇联开展“最美家庭”“五好家庭”“平安家庭”“文明家庭”“美丽农户”“好媳妇”等评比表彰活动，充分发挥先进模范示范作用，全县上下崇德向善、勤俭持家、敬贤尊老、风清气正的良好风尚日益浓厚。开展巾帼志愿服务活动。联合县委组织部等部门开展“党建带妇建·扮靓新农村”“杜绝餐饮浪费·倡导勤俭节约”等系列巾帼志愿服务活动，全县各级妇联和万余名巾帼志愿者积极参与，倡导文明新风，改善人居环境，关爱特困群体，在全社会引起强烈反响，活动得到《新湖南》等省级主流媒体的报道。

【第十二届执行委员会会议】11月27日上午，安化县妇女联合会召开第十二届执行委员会第二次全体会议，选举县妇联主席。

12月25日上午，安化县妇联组织召开第十二届执行委员会三次会议，补选县妇联第十二届常委、副主席，选举出席益阳市第六次妇女代表大会代表。

（撰稿人：阳　鑫）

科　协

【概况】2020年，安化县23个乡镇、县城南区，428个村（社区）、14家高新技术企业、71家规模工业企业建立科协组织。谭伟中、胡青获评“益阳市优秀科技工作者”，张岭苓获评“益阳市银城科技人才托举对象”。

【科普活动】2020年5月12日，“安化县科学技术馆”在安化黑茶国家现代农业产业园展示馆挂牌成立。通过安化电视台专题栏目、走访慰问安化籍知名专家等方式，开展“科技为民·奋斗有我”全国科技工作者日专题宣传。召开全民科学素质行动计划纲要实施工作迎检部署会议，全面梳理和总结五年来实施工作完成情况、做法和经验，布置迎检工作。湖南安化芙蓉山茶业基地、湖南华莱生物黑茶产业科普基地、安化爱尔眼科医院、湖南安化阿丘生态黄精科普园获“湖南省科普教育基地（2020—2025年度）”认定。9月18日，安化县2020年“全国科普日”暨创文巩卫科普进社区活动在城南社区启动。宣传、教育、科工、水利、卫健、应急等部门单位结合实际分别开展2020年“全国科普日”主题宣传活动。

【典型选树】 2020年5月，湖南安化芙蓉山茶业有限责任公司总经理谭伟中、安化县人民医院重症医学科主任胡青获评“益阳市优秀科技工作者”，湖南省白沙溪茶厂股份有限公司张岭苓获评“益阳市银城科技人才托举对象”。华莱生物科技有限公司贺军辉团队获“2020年中国创新方法大赛”湖南赛区二等奖。

【青少年科技创新】 2020年5月，安化县选送作品在益阳市第41届青少年科技创新大赛上获一等奖3个、二等奖9个、三等奖20个。安化县第42届青少年科技创新大赛共收到作品304件（幅），其中学生小发明29件、科技创意14件、小论文32篇、信息技术应用7项、科幻绘画205幅、科技实践活动8项、教师作品9件。评出创新作品一等奖75件（幅）、二等奖93件（幅）、三等奖136件（幅）。选送37项参加第42届益阳市青少年科技创新大赛。

（撰稿人：乔　鹤）

侨　联

【阵地建设】 2020年5月县侨联在马路镇云台山云上茶业创建安化县第一个“侨胞之家”。11月26日，中国黑茶博物馆被评为“湖南省华侨文化交流基地”。

【侨胞捐赠抗疫物资】 2020年新冠肺炎疫情发生后，县侨联通过联系美国、阿联酋、南非等国的华人华侨，筹集口罩4.5万个、防护服25件、核酸检测仪1台、抗疫资金4万多元。

【助推侨企复工复产】 县侨联派出专职副主席担任驻企联络员，指导侨企湖南佳镔碧源果业，设立体温检测室、观察室、隔离室，制定企业防控方案，帮助企业协调口罩700个、消毒液20公斤。

【开展“彭年光明行”活动】 县侨联与爱尔眼科合作开展“彭年光明行”白内障免费救助活动，共开展筛查活动167场，筛查人数共计5674人，发现白内障患者1746人，完成白内障手术296例，脱盲率98%，患者满意率99%，群众直接受益金额达120万元。

【活动开展】 5月18—19日，邀请安化籍柬埔寨湖南侨商会执行会长龚江涛一行到安化县考察，其对安化的电商运营提出意见建议。5月24—25日，市侨联、市侨商会到安化县开展工会活动，在思游中学进行捐资助学活动。7月9日，省侨联副主席一行到安化县考察侨企、国际文化交流基地和侨胞之家建设。安化县善联爱心扶助会开展公益性扶贫济困活动，善联爱心扶助会爱心人士已达600多人。南非湖南侨商会会长黄波继续对3名安化籍贫困学生给予每人每学期2500元的资助。

（撰稿人：黄振华）

工商联

【非公有制经济服务】 结合市委统战部“打造最佳营商环境，促进民营经济高质量发展”课题调研的总体要求，3—5月，主要领导带队对10个乡镇43家民营企业、5个商协会进行调研，收集意见建议30余条，形成关于营商环境优化的调研报告供县委、县政府决策参考。6月28—29日，县工商联（总商会）组织部分企业党支部书记、企业家代表赴湘西十八洞开展“守法诚信、坚定信心”为重点的理想信念教育实践活动。与基层商会、湖南资生律师事务所联合开展“法律服务进万家”活动，为会员企业提供法律咨询和免费法律体检，为会员企业成功调处房屋租赁纠纷、劳动争议、货款纠纷、合同欺诈案件等40余起，挽回经济损失80多万元。

【活动开展】 1月，组织深圳安化商会企业家为滔溪社区捐赠公益帮扶资金10万元。5月，组织东莞安化商会为仙溪镇三星村公益建设捐赠5万元。从6月开始，与县文明办、县扶贫局、县妇联联合开展“亲帮亲，户帮户，互助脱贫奔小康”行动，多次组织异地商会、基层商会爱心企业家，到高明、羊角塘、大福、马路等11个乡镇开展爱心捐赠和公益帮扶，捐助金额106万。7月6日，县工商联、县关工委、沂溪商会筹资16.4万元到大福镇开展助学活动，资助169名贫困学生。9月，争取全市工商联助学扶贫资金110万元，解决22个贫困村1200名学生就学问题。9月5日，广东益阳商会到安化县第五中学开展爱心助教活动，为学校捐赠价值11万元的格力空调40台。12月13日，联系湖南馨心公益、深圳鹏巢公益组织对接全县53个中小学生，签订资助协议一直到高中毕业。10月30日，“扶贫832平台”落地安化，在首家产地仓开仓仪式上，长沙安化商会与安化广聚供销电商平台签约购销农产品协议。与县人社局合作，由执委企业安化智海人力资源服务有限公司具体负责每月18日定期召开专场招聘会，共解决剩余劳动力3600多个。

【参与疫情防控】 新冠肺炎疫情发生后，县工商联第一时间向安化广大民营企业、本地商协会、异地安化商会发出共同打赢防疫阻击战倡议，各商会企业家纷纷慷慨解囊捐款捐物，共募集价值300万元的防疫物资和现金118.62万元。

【市工商联“商会进区县”座谈会召开】 7月15日至16日，益阳市工商联“商会进区县”活动座谈会及项目推介会首次在安化召开。广东益阳商会、益阳籍企业家30余人到安化县实地考察并举行交流座谈会，达成多个投资意向。

（撰稿人：邓　瑶）

法　治

综　述

【完善体制机制】 坚持党对法治建设工作的统一领导，成立由县委书记任主任的县委全面依法治县委员会，构建党政第一责任人负总责、分管领导亲自抓、法制机构负责人具体落实的工作机制。县委、县政府主要领导切实履行法治建设第一责任人的主体责任，对全县法治建设中的重大问题与重要措施亲自研究、调度、部署。将《党政主要负责人推进法治建设第一责任职责规定》《法治政府建设与责任落实督查工作规定》《中华人民共和国宪法》《中华人民共和国民法典》等纳入年度中心组学习。县委全面依法治县委员会第二次会议学习习近平总书记关于全面依法治国新理念新思想新战略和中央全面依法治国委员会第三次会议精神，解读《法治政府建设与责任落实督察工作规定》。全年组织开展法治培训88场，参加上级法治培训12次，参训人员2.3万余人次。将法治政府建设纳入党委（组）政府全局工作，把党政主要负责人履行法治建设第一责任人职责情况纳入政绩考核指标体系和年终述职；制发《法治政府建设督查工作方案》，对全县各单位开展法治政府建设督查，对发现的问题要求限时、限量、限质整改到位。

【提高依法行政水平】 加强对规范性文件、合同的合法性、公平性审查，加强规范性文件的监督管理，落实“三统一”、备案审查和申请审查制度，全年审查规范性文件25件、合同62个。全面推进行政审批服务改革，将涉及项目审批的11个事项整合到一个窗口集成受理，落实一件事一次办204项套餐及配套服务指南。全县23个乡镇、433个村（社区）均设置综合跨域通办窗口，通办（村级帮代办）事项目录清单52项。公开政府部门3307项行政权力清单，向乡镇下放县级社会经济管理权限50项，明确村级办理政务服务事项90项。认真落实重大行政决策程序，全年县委常委会专题研究法治建设工作4次，县政府组织调研3次，召开听证会2次，县政府法律顾问团参与重大行政决策3次，发布重大行政决策文件3个，各部门单位聘请的法律顾问参与行政决策150余次。规范行政执法行为，出台《安化县行政执法突出问题专项整治工作方案》，做好行政执法专项巡察“后半篇文章”，重点解决主体责任落实不力等问题。落实省委省政府、省委政法委关于促进民营企业发展的相关文件精神，出台《关于优化营商环境支持民营经济发展的意见》。全面梳理、分类处理涉企证照事项，实现公安、商务、人社等21个部门37项涉企事项登记合一，全县8523户办理“多证合一”营业执照，7858户市场主体完成“先照后证”的设立、变更登记，领取电子营业执照。加强执法督查，县卫健局开展整治“保健”市场乱象百日行动，县农业农村局出台《关于切实加强农业综合执法的工作意见》，成立农产品安全检测中心，县市监局办结投诉14件。

【规范公正文明执法】 出台《安化县乡镇综合行政执法暂行规定》，对全县2125名行政执法人员换发新证，检察机关设置联络室2个。落实行政执法公示、执法全过程记录、重大执法决定法制审核三项制度，县城管局、市监局、农业农村局等执法单位新购执法记录仪100余台，律师参与法制审核案件323件。积极调处行政纠纷，化解行政争议。县政府共受理行政复议案件5起，办结5件，其中驳回申请2件，撤销2件，责令答复1件。县政府作为被申请人的行政复议案件1件，当事人撤回申请1件，县政府参与各类行政诉讼案件22件，结案13件，胜诉12件。公安机关依法打击妨害疫情防控违法犯罪行为，办理涉疫案件3起、行政拘留29人。公共法律服务机构成立全县企业复工复产法律服务团，为复工复产提供法律服务100余次。

（撰稿人：龚 含）

政法委及综治

【社会稳定】 党的十九届五中全会和全国、省市两会特护期间，实现“七个坚决防止”和“四个零”的工作目标。扎实开展益阳西部片区垃圾焚烧发电项目支建维稳工作，获市维稳联席办通报表扬。

【平安建设】 深入开展十二大平安创建活动，全县“平安家庭”创建率达到90%，成功创建国家级和谐校园先进学校2所，省级安全文明校园12所。扎实开展“雪亮工程”“六进六护”专项活动，年内全县完成社会面视频监控摄像头安装和接入市级平台工作，实现乡村公共区域视频监控基本覆盖。在全省公众安全感民意调查中，安化县排名全省第60位、全市第3位，平安建设考评以全市第一的成绩获评全省先进，首次创成全省平安县。

【基层治理】 启动群众自治（监督服务）微信群建设，推进“网格化＋微信群＋热线办＋纪委监督＋综治督导”的便民服务模式，社会风险预警、预测和预防能力水平全面提升。全县划分网格756个，网格建群率达100%，群众入群率达90%以上，实现多网合一、多群合一。广泛吸纳党员、人大代表、政协委员、民间长者、知名人士等社会力量参与基层治理工作，积极培育和引领志愿者组织、群众文化团队成为参与基层治理的重要力量，注册志愿服务组织58个1.2万多人，重点打造“谌小菊工作室”“五老工作室”“禁毒妈妈”志愿者等特色品牌。

【扫黑除恶】 三年来共打掉涉黑组织2个（其中“11·24”黄某案被评为全省十大精品案例），恶势力犯罪集团2个，涉恶团伙9个，刑事拘留犯罪嫌疑人107人，检察机关提起公诉27件85人，法院一审判决21件59人，共查封、冻结、扣押涉黑涉恶资产2650万余元。八类严重暴力案件同比下降27.45%。

【服务大局】 公安机关在规模企业建立警企联防警务室81个，查处破坏经济建设环境的案件60起，切实保障东梅公路、茶乡花海等重点工程项目建设。检察机关加大涉企案件办理力度，共受理破坏经济秩序类案件17件。县法院开辟民营企业诉讼绿色通道，推行法律咨询、导诉、立案等“一站式”服务，共审结涉企民商事案件4214件。司法行政机关开展“法律服务进企业”活动，组织律师上门为51家企业提供法治体检，发现法律风险问题21个，提供法律意见21份。

【县委政法委举行执法监督员聘任仪式】 6月4日，县委政法委举行执法监督员聘任仪式，成立县委政法委执法监督员队伍，为新聘任的9名执法监督员颁发聘书。新成立的执法监督员队伍由人大代表、政协委员、资深律师、政法部门业务骨干等组成。

【学习“大苍经验”现场会召开】 7月13日，安化县社会治理创新工作推进会暨学习“大苍经验”现场会在冷市镇召开。

会前，安化县委政法委组织全县各乡镇的政法委员、综治专干及村支书代表在冷市镇大苍村进行现场参观学习。会议指出，“大苍经验”可以复制，安化县各乡镇要迅速传达贯彻好会议精神，尽快落地落实，打造具有本土特色的基层治理模式，实现创成全省平安县的目标。

（撰稿人：陈代福）

公　安

【概况】2020年，全县共接处警11834起，办理行政案件1632起，行政处罚1479人；办理刑事案件1516起，刑事拘留477人。全年破现行命案1起，破命案积案2起，连续9年实现命案全破。2020年获评“全省十佳公安局”。

【疫情防控】2020年，面对突如其来的新冠肺炎疫情，全县公安民警运用公安大数据精准排查涉疫人员，在医院、高速路口、边界山区等地严防死守。疫情缓解后，广大民警、辅警走村入巷，化解邻里矛盾、纠纷，解决群众困难，扎实做好了防输入、防扩散、防反弹工作，会同卫健、交通、城管等政府部门开展查控勤务工作，对旅馆业、KTV、车站等人员聚集场所以及野生动物市场进行拉网式清查。期间累计投入民辅警（村警）1.7万余人次，出动检查车辆2000余台次，共检查人员4万余人次。清查旅店宾馆、广场、网吧、KTV、酒吧、车站等场所490余家，关停野生动物门店9家。疫情防控期间共办理涉疫治安案件10起，行政处罚28人，其中行政拘留16人；办理刑事案件1起，采取刑事强制措施1人。

【扫黑除恶】安化县公安局按照“攻坚年”深挖根治的阶段性要求，紧盯涉黑涉恶重大案件、黑恶势力经济基础和背后“保护伞”“关系网”，持续掀起强大攻势。“7·18”专案的成功侦破，打掉一个以暴力、威胁等手段，在东坪镇、小淹镇、江南镇等地多次实施违法犯罪活动、控制垄断液化气市场、造成较为恶劣社会影响的犯罪团伙，全县近50万人在使用液化气上受益。

【人口管理】开展第二代身份证补采工作，全年完成指纹补采297472人。全年共核查户籍人口信息100万多条，清理出应销未销人员1.2万余人，16周岁以上未办二代证人员1810人，重复户口400人，注销户口374人。

【长江十年禁渔工作】县公安局坚决贯彻落实打击长江流域非法捕捞专项行动部署，开展“地毯式”走访摸排和精准打击整治。通过线索摸排、流动巡查、蹲点守候等方式，共出动警力300余人次，查破非法捕捞水产品刑事案件7起，收缴电捕鱼器具8个。

【打击多发侵财犯罪】全年共侦破电信网络诈骗27起，刑事拘留犯罪嫌疑人47人，冻结犯罪所得298万余元，止付511万余元。

【完成春季文化旅游节开幕式安保任务】4月28日，2020年湖南省春季乡村文化旅游节开幕式在安化县茶乡花海生态体验园正式开幕。此次开幕式共投入警力600余人，市公安局抽调40余警力驰援安化。

【完成首届汽车摩托车越野争霸赛安保任务】10月24—26日，2020湖南安化黑茶首届汽车摩托车越野争霸赛在安化县梅山赛车运动主题公园举行。县公安局220余名民辅警以高度政治责任感和使命感，严肃警容风纪，认真履职尽责，积极应对各种突发状况，全力维护赛场秩序，圆满完成安保工作任务。

（撰稿人：刘　瑾）

交通管理

【概况】2020年，安化县公安局交通警察大队紧抓道路交通安全“减量控大”主线，通过开展全方位、全链条、多层次的整治行动。全年道路交通事故死亡人数同比下降44.1%，全县未发生一起一次死亡3人的较大道路交通事故。

【疫情防控】依托缉查布控系统，采取线上线下相结合的模式，从指挥调度、路面查缉等各个层面加强新冠肺炎疫情防控。

【"减量控大"】 大队紧抓交通问题顽瘴痼疾集中整治工作主线，按照"全覆盖、高频次、严整治"的原则，紧盯"两客一危一校一面"、工程运输车等重点车辆，全年共查处各类交通违法行为173184起，刑事拘留7人，行政拘留220人。在7—8月摩托车交通违法整治期间，全县道路交通事故死亡人数同比下降68.4%。大队投入100万余元，分别在安化二中校门路段增设减速带8组，在G536线、G207线、S319线等事故多发路段增设不系安全带电警抓拍设备2套、限速电子显示屏8块、警示灯12组、交警模型36个。通过系列有效措施，全县交通事故多发路段隐患得到整改，事故发案数大幅下降。大队自筹资金100万余元，建成了多维度、多层面的立体交通安全宣传教育广场。组织警力先后在平口镇金辉村、渠江镇渠江社区、小淹镇建玲茶厂、渣滓溪矿业等地组织开展"流动车管所"下乡服务活动，共有1000余名群众通过考试取得摩托车驾驶证。通过232个"村村响"喇叭以及53台警车"移动喇叭"，集中对农村地区开展交通安全宣传广播。原创的"一盔一带"主题MV《交警Disco》先后被"学习强国"、中央政法委官网"长安剑"、新华网客户端转载，点击量累计突破100万人次。

【创省级文明县城工作】 大队将东坪城区划分为4个片区，建立"大队领导负总责，一中队负责人包片区，大队机关各股室及一中队全体民、辅警包点段"的网格化工作机制。将摩托车、公交车、出租车、工程运输车等交通违法行为人纳入交通文明劝导队伍，组织开展"义务劝导1小时、微信朋友圈集赞"等活动，通过"宣传＋教育＋处罚"相结合的方式，营造文明交通、安全出行的良好氛围。大队立足东坪城区交通秩序现状，累计投入500万余元，对东坪城区版面老化、字迹不清、图片脱落、损毁变形的交通标牌进行及时修缮，对所有交通标线重新进行施划。完成盛世茶都路口交通信号灯和配套设施建设，增设24套行人过街诱导提示屏和2套交通违法取证设备。

（撰稿人：夏　丽）

林业执法

【森林防火】 2020年，全县共发生火灾6起，其中一般森林火灾2起，较大森林火灾4起；森林过火面积23.56公顷，森林受害面积14.89公顷，林木损失502.44立方米，幼树3100余株。森林火灾发生率和受害率都处于历史较低水平。继续完善全县森林防火网格化管理，全县共建立大网格30个，中网格560个，小网格8500多个。共有560名乡镇干部、1677名村级干部和8500名组级负责人成为森林防火工作责任人，明确重点人群监护人1083名。2020年上半年高火险期，出动宣传车辆30台次，深入29个乡镇（场、所）责任单位进行宣传，平均行程3000余公里，发放森林防火宣传单5000份；利用移动MAS短信平台，在高火险天气群发森林防火警示短信；县电视台制作森林防火公益广告，在黄金时段滚动播放。

【野生动物保护】 从1月22日起到3月中旬，组织全局警力每天对全县主要集贸市场、宾馆酒楼等餐饮场所对其是否经营利用野生动物进行清理检查。近两个月时间内，共出动警力500人次，出动执法车辆200台次，发放保护野生动物宣传资料1000余份；共查获无合法来源证明的野生动物及其制品43件（只）；对10起涉嫌违反野生动物保护法的案件刑事立案调查，拘留7人，取保候审10人，移送起诉6案。

围绕长江流域实施的"十年禁渔"计划，在县政府组织的禁捕退捕"千人行动"中，共计出警600余人次，出动车船300余台次，资江水域巡护37次，民警在重点区域张贴宣传标语1000余份，规范钓鱼平台40余处。收缴涉渔"三无"渔船3艘，收缴各类渔网161个、地笼66个，清理竹排10只。

从6月开始，在全县范围内开展"昆仑2020"专项行动，打击食药环和涉野生动物等民生领域违法犯罪活动，共接收各类线索235条，出动摸排线索人员1136人次、车辆312台次；野生动物活动区域117处，重点市场场所85处，野生动物人工繁育场所38家，检查餐饮场所132家；开展普法教育42次。

（撰稿人：彭先平）

检 察

【概况】 2020年，县人民检察院共受理公安机关提请批准逮捕案件269件361人，批准逮捕203件264人；受理移送审查起诉案件502件702人，依法提起公诉405件593人。

【诉讼监督】 全年监督立案2件，对遗漏的犯罪追诉2条，对遗漏的同案犯追诉2人；对不构成犯罪或证据不足的决定不捕不诉92人，纠正不当羁押3人；对认为确有错误的刑事裁判提出抗诉3件；在对朱某某等4人诈骗案审查起诉中排除非法证据18份；对侦查、审判活动中出现的轻微违法行为发出检察建议18份，纠正违法通知书8份，均已被采纳；办理再犯罪案件2件2人，暂予监外执行提请案件3件，办理重大案件侦查终结前讯问合法性核查18人。

【民事行政检察】 全年共办理民事行政案件38件，其中诉讼结果监督案件18件、审判活动违法监督案件2件、民事执行监督案件6件、支持起诉案件5件、行政非诉执行案件2件、社会综合治理案件5件，发出检察建议10份。办理的尹某申请执行监督案，经过多次沟通协调，双方当事人达成和解协议。谌某某申请执行监督案，经与法院多次沟通，帮助当事人将拖欠11年的执行款执行到位。

【公益诉讼检察】 全年共收到公益诉讼线索69件，立案57件，其中办理刑事附带民事公益诉讼案件39件、行政公益诉讼案件18件，发出诉前检察建议12份。联合县市场监督管理局对油条进行抽检并依法查处“问题油条”生产经营商，该案入选全省优秀案例。

【新冠肺炎疫情防控】 第一时间组织干警深入村、社区、家属楼参加联防联控工作。利用自媒体平台推送《疫情防控：法律红线不能碰》等相关防疫知识。与政法单位联合发布《关于进一步敦促如实申报登记配合新冠肺炎防控的通告》。联合环保、卫健部门在县域范围内开展医疗废水废物专项检查行动，督促县第二人民医院建成医疗废水处理站，促成包括益汉医院、县第三人民医院在内的三家医院实现医疗废水达标排放、医疗废物依法处理。积极稳妥开展野生动物保护领域公益诉讼，立案6件30人，共计要求赔偿国家资源损失32万余元；督促相关职能部门履职，对商铺经营的无合法来源证明的野生动物严格采取填埋处理措施。

【扫黑除恶专项斗争】 严格落实院领导包案制度，受理审查批准逮捕涉黑恶案件5件7人，审查起诉涉黑案件2件2人，提起公诉3件3人。对涉黑恶犯罪案件定期开展“回头看”，深入剖析原因，向有关行业主管部门发出检察建议9份。坚持“打网破伞”，起诉保护伞案件1件1人。注重“打财断血”，监督处置涉黑涉恶资产41.3万元。

【依法办理特大团伙电信诈骗案】 10月23日，由安化县人民检察院提起公诉的邹某某等39人特大团伙电信诈骗案结束长达6天的开庭审理，39名被告人全部出庭受审。该案涉案人员众多、涉及被骗人数多达50余人，遍布全国10多个省市，涉案金额达近千万元，属于特大跨省电信诈骗案。

（撰稿人：蒋玉兰）

法 院

【疫情防控】 加大投入，在原有11个科技法庭的基础上，新增“云上法庭”2个、直播法庭4个。发布《关于疫情防控期间相关诉讼、执行工作的通知》，网上立案262件，网上开庭240件，网上执行129件。联合县检察院、公安局、司法局发布《关于进一步敦促如实申报登记配合新冠肺炎防控的通告》。全年审结涉疫情犯罪案件6件8人，其中，公益诉讼案件4件6人。

【暖企护企】 出台《暖企活动方案》，明确十条措施，突出善意司法。妥善审理劳资纠纷，突出保护劳动者合法权益，兼顾企业生存发展，尽可能通过和解、调解等方式解决纠纷，引导劳资双方共度时艰，全年调撤涉企案件515件；审慎使用司法强制措施，谨慎查封、冻结企业资产，对有希望重生的企业，“放水养鱼”，将强制措施带来的影响降到最低，促进6家企业复工复产。入企上门问诊，加大联系走访力度，强化法律援助服务，帮助企业排忧解难，全年到企业调研走访8次，举办法律讲座4次。

【“三大攻坚战”】 审结涉金融机构案件807件，标的额4.48亿元。执结涉金融案件668件，执行到位5624.6万元。成立资水环境资源法庭，实行三审合一，受理各类环境资源案件39件。继续推行“恢复性司法”，增殖放流3万余尾，生态环境损害赔偿款到位200万余元。支持检察机关依法提起公益诉讼，受理环境公益诉讼案件15件。

【打击刑事犯罪】 全年共受理刑事案件388件，审结359件，判处罪犯530人，五年以上有期徒刑19人。审结涉黑涉恶案件21件59人，认定保护伞1人，判处财产刑153.7万元，发出司法建议9条，移送涉黑涉恶线索5条。

【化解社会矛盾】 紧密联系基层组织，“五老、乡贤”以情辅助调解，审结婚姻家庭等案件933件，调撤499件。持续开展“为农民工讨薪”专项行动，快速审结劳动争议案件119件，为农民工追回欠薪360万余元。人民法庭积极开展“基层化讼止争行动”，为人民群众提供“家门口”的司法服务，审理2337案，调撤1025案。积极推动诉源治理工作，成立7个诉源治理工作站，在诉前化解矛盾，全年受理民商事案件3566件，同比减少3.65%。上门授课解惑，为县公安局、交通局等单位授课600余人次，发出司法建议10条。

【解决执行困难】 突出执行工作强制性，全年收案2047件，结案1947件，结案率95.11%，执行到位金额1.58亿元。查询信息20余万次，冻结、扣划1900万余元，查封房产81套、车辆102台，限制高消费1515人、纳入失信名单171人、拘留40人，判处拒执罪1人，网络司法拍卖93次，成交3709万元。

【保护国有资产】 依法对清塘铺镇小煤矿案件作出判决，驳回原告不当诉求，强制腾空被执行人所占门面。

【推进审判能力现代化】 投入120万元改建升级诉讼服务中心，全年网上立案279件，全域立案70件，跨域立案36件，电子送达784件，为18案当事人缓交诉讼费17.69万元。利用水上法庭、车载法庭审结案件136件。组织人民调解员培训128人次，网上调解1427件，诉前调解案件580件。

投入178万元建设电子档案，把609万份卷宗电子化，公开审判信息4081条，裁判文书上网6097份，庭审直播1686场，发布失信被执行人名单8期，刑事布告4期。

制定并落实《民商案件繁简分流和简案快审速裁实施办法（试行）》等多个文件，分调裁审案件占比68.52%，速裁、快审案件平均审理期限27.83天。试行专业法官会议工作机制，全面落实关联案件及类案强制检索制度。以“审判质量、效率和公信力巩固年”活动为契机，全年抽查各类案件367件，听评庭审21堂次。强化院庭长对“四类案件”的监督管理，全年院长提请审委会纠错案件2件。加强对发改案件的评查，承办人提交书面整改意见43份。加强审判绩效管理，庭审直播率、一审案件改判率、生效案件服判息诉率等12项省高院考核的绩效指标全部取得满分。积极配合人大“两官评议”及政法委案件评查工作。3名员额法官被评为“称职”等次，30件案件被重点评查。投入80万余元，“六专四室”规范化建设落地见效。

【“三远一网”审判方式首次运用】 3月10日，安化县人民法院在第一审判庭首次运用“三远一网”远程庭审系统对某案进行公开审理。“三远一网”指的是远程提审、远程庭审、远程送达和检察工作网。

【资水环境资源法庭成立、开展工作】 4月24日，湖南省安化县人民法院资水环境资源法庭成立，集中管辖益阳、邵阳、娄底三个地区涉资水流域环境资源民事、刑事、行政案件。

12月18日，法庭公开集中审理9起非法捕捞水产品刑事附带民事公益诉讼案，并当庭宣判。责令10名被告人向捕捞水域投放成鱼共计3万余尾，并于判决生效后在市级以上新闻媒体公开赔礼道歉。部分人大代表、政协委员参与旁听。

（撰稿人：伍栖之）

司法行政

【荣誉】 2020年，安化县司法局被司法部评为“全国司法行政系统特赦实施工作中做出突出贡献的单位”，被中华全国人民调解委员协会评为“组织宣传人民调解工作先进集体”，被省司法厅评为“2020年度全省社区矫正和安置帮教工作成效突出单位”。湖南资声律师事务所被司法部评为“全国公共法律服务工作先进集体”。清塘铺镇龙坳村获评“全国民主法治示范村”，安化县大福镇罗绕典社区获评第九批“湖南省民主法治示范村（社区）”。大福司法所所长李汉明被司法部评为“大排查 早调解 护稳定 迎国庆”专项活动表现突出个人，安化县清塘铺法律服务所主任吴吉华被司法部评为“全国法律援助工作先进个人”。

【普法依法治理】 6月，县委法治办对全县各单位呈报审核的2000多名2019年度记功授奖人员的学法用法考试情况逐一进行审核，对没有参加年度学法用法考试的4人提请否决2019年度记功授奖资格。9月，组织全县17440名公职人员在如法网上进行学法用法考试。举办公职人员法治讲座，各机关单位共开展法治讲座50余场。联合各律所律师在全县23所学校前后进行50余场法治进校园活动。组织普法讲师团前后为各单位进行《中华人民共和国民法典》授课50余场，举行大型《中华人民共和国民法典》宣传活动6场次，发放手册1000余册、各项宣传资料5000余册，受益3万余人次。前后共制作疫情防控法治宣传栏70余块、海报660余张、展架30余块，录制疫情防控法律知识音频12期，将疫情防控法律知识问答、典型案例等转发到微信群、QQ群，出动宣传车60余台次。

【公共法律服务】 建立健全县级联合调解中心1个，乡镇联合调解中心23个，村级人民调解委员会433个，配备人民调解员1437人。全县各级调解组织共调处纠纷6976件，调解成功6932件，其中重大疑难复杂案件25件，涉及金额2294.93万元。对全县433个村（社区）村规民约（居民公约）从程序上和实体上进行合法性审查，发现制定主体不合法问题57个，制定程序不合法问题71个，制定内容不合法问题215个，要求整改完善到位。对全县433个村（社区）的461名“法律明白人”开展线上培训，培训率、完成率、考试合格率达100%。2020年安化县法律援助中心共受理案件336件，免费代写法律文书96件，接受咨询1356人次，为115名农民工提供法律服务。安化县公证处顺利完成体制及人员转轨，全年共办理各类公证1091件，其中国内民事经济公证971件、涉外公证93件、涉港澳台公证27件。安化县司法局向10家扶贫企业派驻免费法律顾问，联合律师深入51家企业，举办讲座5次，发放宣讲资料300余份，发现法律风险问题21个，提供法律意见21份。12月8日，县委依法治县办印发《安化县公共法律服务改革实施意见》，12月18日，安化县公共法律服务协会筹备小组第一次会议召开，对安化县公共法律服务协会章程（草案）及相关事宜进行讨论。

【社区矫正】 全县累计接收社区矫正对象403名，累计解除矫正426名。安化县司法局依托全省“智慧矫正”建设，建成智慧矫正中心，率先在全市范围内为全县所有社区矫正对象开通手机App自助学习功能，进行在线教育学习。

【青少年法治宣传教育周开启】 9月27日下午，安化县2020年青少年法治宣传教育周启动仪式在县黑茶学校举行，县司法局、县教育局、县检察院、县公安局交警队、团县委相关领导和400余名师生参加。

【县司法局举办行政综合执法业务培训班】 9月13—15日，安化县司法局在县委党校教学楼一楼举办为期3天的全县行政综合执法业务培训班。全县各行政执法单位分管领导、法制办主任、执法大队大队长、司法所所长共计130余人参加。

【第三轮佳祥助学项目在安化县启动】 10月23日上午，湖南省“为了花朵的微笑”第三轮佳祥助学项目在安化县启动。相关省市领导、部分爱心企业、爱心人士参加。启动式现场，益阳市卢佳祥慈善基金会与湖南省司法厅签署合作协议，捐赠善款52万元。白鹿寺基金会与益阳市司法局签订合作协议，捐赠善款20万元。益阳市12家爱心企业共捐赠善款35.8万元。

2014年4月以来，湖南省综治办、省司法厅、省教育厅等14个部门共同发起“情暖高墙·关爱孩子”联合帮扶活动，对服刑和强制隔离戒毒人员的未成年子女予以帮扶。2017年5月26日，省司法厅与益阳市卢佳祥慈善基金会签署“为了花朵的微笑”佳祥助学项目合作协议，本着自愿、共享、诚信的原则，以精准扶助的方式，资助特困家庭服刑人员子女完成学业，助力扶贫攻坚和平安湖南建设。

（撰稿人：龚 含）

军　事

人民武装

【征兵工作】 利用疫情防控时机，给应征青年下发《给全体安化县籍应征青年的一封信》，采用编发短信、打电话、网络媒体、电子广告屏、村村响广播等手段进行宣传。针对大学毕业生占比大幅提升、辖区内无高等院校等情况，先后采取多种方式宣传《湖南省激励大学生参军入伍若干措施》的优惠政策，做到人人皆知。精准摸排大学毕业生，采取逐村逐户上门登记、思想发动、挂号销账方法，面对面指导报名。建立定期通报、督导机制，每周三、周日晚通报大学毕业生报名情况。

【国防教育】 结合县委党校青干班培训，县武装部领导进行“我国周边安全形势分析”辅导授课。依托县国防教育基地组织民兵、学生队伍参观原广州军区退役武器装备。筹措200万余元在县档案馆建设全县爱国主义教育基地暨国防教育展厅，利用国防教育日、“八一”、国庆、民兵活动日等重大节日，组织人员实地参观见学，并结合安化特有的红色资源，在全县范围内开展国防教育活动。开展“规范一个悬挂标准、举办一个活动仪式、讲好一堂英雄事迹课、召开一次主题班会、开展一次征文演讲”的“军队英模进校园”“五个一”活动，《解放军报》刊文进行报道。

【应急能力】 及时修订完善各类战备方案预案，增添战备器材，落实战备秩序，常态组织战备值班拉动演练。在民兵思想政治教育中突出形势政策和战备教育，搞好政策引导、加强“四反”教育，强化战备观念和打仗意识。持续推进民兵调整改革，镇召开民兵组织整顿现场会，组织各基层武装部专武干部参观硬件、软件建设，规范各项工作流程，部署整组任务。组织专武干部进行民兵组织实力会审，严格把握编兵刚性指标。在云台山成立直升机运输保障排，提升应对突发事件能力，该做法被央视军事频道、湖南电视台已就教育频道等多家媒体报道，产生良好的社会效应。民兵军事训练贴近实战。以森林灭火、山洪地质灾害防治、冲锋舟操作等实用科目为主要内容，先后组织基干民兵开展军事训练。

【双拥工作】 持续推动“安化县让军人成为全社会尊崇的职业活动”落实，从营造国防宣传浓厚氛围、开展军人军属系列慰问、推进国防教育进党校（校园）、推进“双带双促”、给立功人员送喜报、维护军人军属权益等方面开展活动，提高军人待遇。坚持实施常委议军会议、军政联席会议度、重大节日走访慰问和工作考核评比制度常态化。全力做好湖南省第十届“双拥模范县”创建工作，安化县被评为全省双拥模范县。

（撰稿人：梁　鹏）

武装警察

【国防教育】 驻安化武警大队积极开展“军爱民，民拥军，军民鱼水一家亲”活动，与驻地附近小学建立常态化帮助开展国防教育机制，在“八一”建军节、国防教育日到驻地小学开展国防教育课累计20余次。

【应急能力】 驻安武警大队大力开展“实战化练兵备战”活动，常态开展反恐防袭、抗洪抢险、应急救援演练50余次。在元旦、春节等重大节日和重点敏感时节期间，联合公安开展联勤武装巡逻，确保驻地的安全稳定。

（撰稿：驻安武警大队办公室）

人民防空

【项目建设】 完成全年人民防空项目审批和人民防空易地建设费征收。完成机动指挥车4G平台建设，增加更新设备，战备出勤率达100%。结建工程实现“零突破”，天下黑茶温泉中心、梅山·御龙湾、碧桂园·资水湾、唐玺·江山府项目通过审查。

【宣传教育】 累计发放人防宣传册3000余本；组织开展“人防知识进校园”活动，向县城区13所小学校发放知识读本及教材共4000余册。

（撰稿：刘梦晴）

经济管理监督

发展和改革

【概况】 2020年，全县完成固定资产投资143.17亿元，同比增长9.2%；完成立项争资50.41亿元，为市定年度目标任务（41.6亿元）的121 %。产业投资占固定资产投资的比重为58%，完成省定小康指标。其中争取单项资金较大的项目有：保障性住房项目资金4332万元，卫生专项资金5000万元，石漠化综合治理项目资金1500万元，资水治理项目资金3697万元，农村小水电扶贫项目资金1825万元，政法基础设施建设资金1477万元，排水防涝资金1150万元，重点流域水环境综合治理1320万元。

【宏观经济管理】 制定并发布《安化县国民经济和社会发展"十三五"规划执行情况及安化县国民经济和社会发展第十四个五年规划和二〇三五年远景目标规划纲要》。制定《2020年稳投资重大项目推进方案》，重点推进70个重大项目。

【项目管理】 根据全县各部门2020年立项争资专项项目和示范（试点）政策，共整理申报项目78个，可继续争取的政策21个，以及国省立项的重大项目4个。正式注册成立国网新源控股有限公司湖南安化抽水蓄能分公司，确定项目装机容量扩大至2400兆瓦，全面启动项目移民安置前期工作；完成通用机场航行服务研究、选址报告、可研报告、编制进入《中国民航中南地区"十四五"发展规划》。

【优化发展环境】 制发《关于做好营商环境条例实施工作的通知》，走入企业、镇区、行业协会宣传宣讲条例。开展涉企服务"中梗阻"问题、行政执法巡察、工程建设项目招投标突出问题专项整治行动，共摸排出问题线索20条。扎实开展"回头看"，行业脱钩应退尽退，99家行业协会商会已与行政机关全面脱钩。新建监督测评站点25个，测评员25人，健全营商环境监督测评员队伍。

【价格管理】 抓好疫情防控期间保供稳价工作。对粮、油、蔬菜等37个商品进行常规价格监测；明确疫情防控期间哄抬价格违法行为的认定问题，遏制防疫用品和基本生活必需品价格上涨。落实困难群体优惠政策。主动会同财政、民政、人社、退役军人事务局等相关部门，落实价格临时补贴发放工作。做好民生领域定价工作。对新建商品住房销售价格采取备案制度，严格"一房一价"的明码标价；先后完成小淹镇生活垃圾处理费收费标准制定、云台山风景区各景点门票价格、茶乡花海生态体验园景区临时门票价格及平口镇居民燃气工程安装费和天然气销售价格核定工作。

【粮食安全】 建立农户粮情固定调查点，对全县从事粮食收购、加工、销售的经营户以及用粮大户建立统计台账，及时掌握粮食流通情况，确保供需平衡。

【县“十四五”规划编制征求意见座谈会召开】11月17日，县委书记刘勇会主持召开安化县“十四五”规划编制征求社会各界人士意见座谈会。座谈会上，县发改局负责人汇报“十四五”规划编制工作有关情况及阶段性成果。来自教育、医疗、交通、产业发展等领域的15名代表各自提出意见建议。

（撰稿人：谌　韵）

财　政

【财政收支管理】地方一般公共预算收入情况：2020年安化县完成地方一般公共预算收入88495万元，为市定目标的100.17%，同比增加3546万元，增长4.17%，增速全市排名第三位。其中：税收收入完成62934万元，为市定目标的97.35%，同比增加171万元，增长0.27%，占地方一般公共预算收入的比重为71.12%；非税收入25561万元，为市定目标的107.85%，同比增加3375万元，增长15.21%，占地方一般公共预算收入的比重为28.88%。

一般公共预算支出完成情况：2020年安化县一般公共预算支出676936万元，同比增加33761万元，增长5.25%。其中：一般公共服务支出55604万元，增长0.88%；国防支出372万元，下降10.36%；公共安全支出15162万元，下降5.54%；教育支出108768万元，增长5.59%；科学技术支出6140万元，增长32.04%；文化旅游体育与传媒支出16566万元，增长0.09%；社会保障与就业支出105629万元，下降2.22%；卫生健康支出97295万元，增长22.87%；节能环保支出14851万元，下降37.24%；城乡社区支出16028万元，下降7.41%；农林水支出145362万元，增长5.35%；交通运输支出45570万元，增长13.82%；资源勘探信息支出5529万元，增长186.77%；商业服务业支出2605万元，增长120.02%；金融支出166万元，增长201.82%；自然资源海洋气象支出5953万元，增长12.47%；住房保障支出14742万元，下降18.39%；粮油物资储备支出3408万元，增长98.95%；灾害防治及应急管理支出5992万元，增长111.96%；其他支出1110万元，增长95.08%；债务付息支出10084万元，增长5.64%。

【民生保障】教育事业投入：2020年财政部门继续统筹上级和本级专项资金11698万元，确定紫薇中学新建项目，分步实施新建及整体搬迁5所学校和新建9所学校单体教学楼项目，安排一般债券资金5000万元；总投资8.2亿元的县职业中专学校整体搬迁项目顺利完成，安排特别国债5000万元，实现秋季三校合一，全校学生达4600人；加大对学前教育投入，支持10所公办幼儿园的新建、改扩建，增加306个学位，全县公办幼儿入园率达68.93%，完成41所实事园的创建，实施了幼儿园公用经费保障计划，下达生均公用经费共915万元；全力开展教育扶贫攻坚，安排5732万元全面落实农村义务教育营养改善计划、1612万元家庭经济困难寄宿生生活补助、648万元普通高中国家助学金、316万元建档立卡家庭各类免学杂费、114万元普通高中建档立卡家庭经济困难学生免费教科书资金、717万元中职学校国家助学金、1352万元中职学校免学费等，县级兜底学生资助扶贫资金1327.5万元。

社会保障投入：2020年民生保障普遍提标，从2020年1月1日起农村低保保障水平由每年3720元提高到4020元，救助水平由每人每月197元提高到215元，其中兜底低保保障一类对象每人每月335元，城镇低保保障标准从2020年11月起提高到每人每月580元，救助水平提高到每人每月不低于374元，农村特困供养人员供养标准达到全年5226元，城镇特困人员基本生活费从2020年11月起提高到每人每月754元。全年共计发放各类救助资金19081.18万元，其中农村低保资金9521.32万元，城镇低保资金1510.06万元，农村特困供养人员4589.62万元，孤儿救助资金557.73万元，临时救助资金1460万元，残疾人两项补贴资金1578.34万元；基本公共卫生提高到每人每年74元，全年基本公共卫生支出达到6371.4万元；筹集调度资金2760.5万元创造就业岗位扩大再就业，开展再就业技能培训惠及5578人，发放补贴105.84万元，对就业困难人员实现灵活就业给予社保补贴301.57万元，就业扶贫补助1291.5万元,就业创业服务补贴845万元。

棚户区改造投入：2020年财政部门共安排专项资金15429.4万元，其中：棚户区改造专项资金4304万元、专项债券资金1亿元、老旧小区改造资金1125.4万元，改善群众的居住条件，兼顾完善城市功能、改善城市环境。

交通投入：2020年财政部门投入资金51332万元改善全县交通环境，其中：上级专项43588万元，县本级7469万元，道路沿线整治县本级共计投入资金275万元。

【国有资产管理】 2020年，安化县财政局对行政事业性单位国有资产的处置施行更加严格规范的监管，土地、房屋等重点资产一律施行招拍挂程序，严格按照公开、公平、公正的原则，共处置安化县市场服务中心等19项资产，包括房屋、土地、电器、仪器、设备、家具、其他等资产共计4578.9万元。严格控制公务用车编制数和规格，按要求对车辆进行报废和拍卖处置，节省财政开支，共报废11辆，换购15辆，购置23辆（其中绿化喷洒车9辆、县城市管理和综合执法局执勤执法车8辆）。

2020年上半年，安化县财政局对全县行政事业单位经营性资产出租情况进行全面摸底，共确定有经营性资产出租的单位96个（其中县直单位71个），出租的经营性资产类别大致有厂房、房屋、门面、土地、电站、码头等。经统计汇总，县直单位中，厂房出租面积2527.52平方米；房屋出租面积9109.17平方米；门面出租面积15813.78平方米；码头出租面积1100平方米；其他出租面积800平方米。各乡镇人民政府所属经营性资产中，厂房出租面积141049.85平方米；房屋出租面积28527平方米；门面出租面积9886.73平方米；土地出租面积414630平方米；电站出租3个；其他出租面积2600平方米。

【防范化解政府债务风险】 2020年，安化县持续实施“六个一批”措施有效缓释债务风险，防范化解政府债务债务风险，完成年度目标任务的107%。抓好源头控管，严禁违规违法融资行为，加强债务监测平台日常管理，2020年安化县共争取新增债券资金14.51亿元,其中：新增一般债券3.95亿元，新增专项债券资金9.09亿元，新增抗疫特别国债1.47亿元。申报2021年新增专项债券需求项目17个，需求规模15.9亿元，省财政厅审核通过的项目11个，需求规模8.82亿元。完成安化黑茶产业园隐性债务置换，申报甄别认定经营性债务2笔。

【农业保险】 2020年，安化县开展水稻、油菜、玉米、柑橘、生猪价格指数、能繁母猪、育肥猪、公益林、商品林共九个中央财政补贴险种和肉鸡、能繁母牛、精准扶贫中药材、精准扶贫油茶林、茶叶气象共5个省级补贴险种以及县级特色中药材、安化县农业农村局水稻收入保险承保工作。全县承保水稻27.98万亩、油菜24万亩、玉米14.29万亩、柑橘6.95万亩、生猪价格指数3.82万头、能繁母猪3.81万头、育肥猪71.52万头、公益林基地274.47万亩、商品林324.33万亩、茶叶30万亩、肉鸡129.00万羽、能繁母牛1.56万头、精准扶贫中药材7.63万亩、精准扶贫油茶林2.00万亩、茶叶气象2.08万亩、县级特色中药材11.00万亩、水稻收入保险6.71万亩、猪饲料期货保险8.42万头，实现保费收入10902.04万元。

【预算管理】 加强预算统筹，清理盘活存量资金7458万元。在严格落实年初既定的一般性支出压减20%的基础上，进一步加大压减幅度。对52项惠民惠农财政补贴资金“一卡通”管理情况和资金管理使用发放情况开展日常检查，扎实推进落实中央八项规定精神和公共卫生服务补助资金“最后一公里”专项监督工作。一般公共预算到位率提高。2020年经县人大批准的一般公共预算的年初支出预算642812万元，占2020年一般公共支出决算677047万元的94.94%。比上年提高1.62%。坚持预算公开，实行透明预算。2020年，按照“非涉密、全公开”的要求完成预算公开工作。安化县共批复2019年部门单位预算95家，依法公开93家，公开率占应公开部门预算的100%。

【财政监管】 推动部门全面开展绩效自评，财政部门对3.24亿元财政资金开展绩效重点评价，评价结果与预算安排和政策调整相挂钩。根据湖南省财政厅关于开展2020年度“互联网+监督”平台民生资金数据录入工作的通知，会同纪委党风政风监督室对县直有民生资金流转的24个单位进行了专项检查。联合县纪委监委开展扶贫领域腐败和作风问题专项检查，组成4个检查组，从4月10日至6月5日，重点检查各单位2018—2019年扶贫资金使用情况、台账建设情况、“一卡通”补贴资金大户及专项抽查、村级财务管理等内容。成立专项检查组对农业农村局、人社局长江流域禁捕财政补助资金进行了检查。2020年财政部门完成财政投资评审项目99个，评审项目范围涉及市政、环保、水利、教育、卫生、棚户区改造、农田建设、地质灾害治理、公路交通、城建投、政府采购等多个领域的基础设施建设，送审投资额9.95亿元，审定金额8.52亿元，审减各项不合理资金1.58亿元，审减率为15.9%。2020年财政部门继续加大“放管服”力度，规范备案行为，加大监管力度，单位向财政部门申请备案的30万元以上采购项目实施计划193个，预算金额31027万元。严格执行政府采购法，规范采购程序，积极落实政府采购政策，加强采购项目监管，2020年向采购人发出法律风险提示函3份、责令改正10例、行政处罚案4件（其中有2例警告并处罚款）。严格依法处理投诉和举报案件，2020年处理投诉案件6起，处理举报案件2起，受理质疑事项2起。

（撰稿人：谌鹏飞）

税　务

【税收收入】 2020年，安化县税费收入情况如下：（一）税费收入总量。按照全口径，完成税费收入22亿元，同比增长3.46%。其中，完成税收收入13.5亿元，同比下降6.69%；完成非税收入4662万元，同比下降9.87%；完成其他税收920万元，同比增长16.21%；完成社保费8亿元，同比增长27.71%。（二）县政府口径收入。按照县政府口径，完成税费收入13.2亿元，同比下降8.3%。其中税收完成128184万元，同比下降8.15%；“两费一金”完成3764万元，同比下降13.02%。（三）按照地方一般公共预算收入任务目标，全县地方一般公共性预算收入任务完成88495万元，同比增长4.17%。其中地方级税收完成62934万元，同比增长0.27%。

【减税降费】 全年落实新增减免税7680万余元。其中：2020年新出台政策减税3259万元，2019年政策翘尾减税4421万元。四大行业征前减免610户次，减免增值税210.89万元；医疗企业留抵退税652.66万元；25139户（次）小微企业享受增值税起征点优惠减免3076.68万元；个人所得税清缴退税326万元。县内70%（3000多户）小规模纳税人享受月销售额10万元以下免征2500万元，30%（1200多户）享受征收率下调到1%政策优惠1800万元。落实疫情优惠政策，帮助1户复工企业贷款1450万元，为防疫物资企业退税650万元，为3家企业办理缓交税款230万元。

【优化营商环境】 制定《营商环境大优化行动方案》，推出3大项26小项具体措施。把优化税收营商环境作为纪检监督、绩效考核的重要内容。大力推广“非接触式”服务，充分利用网络、视频、电话、邮政快递等渠道开展服务，电子税务局办理率95%以上、网上申报率98.09%。持续开展“便民办税春风行动”，推出4类13项60条便民办税措施，实现13类170项办税事项“最多跑一次”、13类153项业务“全程网上办”。

【税收征管体系】 严格落实市局“加强征管基础、高水平提升税收治理效能”“1号文件”，结合安化实际推行21项具体措施，征管基础不断夯实。落实“信用+风险”和“双随机一公开”监管机制，共接受和推送风险任务3400户次，准期完成率100%。税费种管理稳步加强。出口退税备案平均办理时间缩短1.3天，企业所得税汇算清缴、个人所得税汇算顺利完成；土地增值税清算、城建税与增值税、消费税附征，印花税核定征收，代扣代缴政策全面规范落地；耕地占用税管理不断规范，“财行十税”管理更趋精细化。1—11月共完成地方级税收收入47555万元，同比下降13%，占目标任务的73.56%，落后序时进度18.11个百分点，但相比增值税减幅缩小约5个百分点。

【服务企业复工复产】 新冠肺炎疫情发生以来，安化县税务局聚焦优惠政策落实要给力、“非接触式”办税要添力、数据服务大局要尽力、疫情防控工作要加力的“四力”要求，采取远程服务、网上办公等多种服务举措，充分发挥税收职能作用，细化优化服务举措，认真落实税费优惠政策，积极支持企业复工复产。推动落实担保贷款，为企业复产化解“资金难”。解决企业延期缴纳请求，为企业复产送上“定心丸”。及时调增发票数量，大力推广“非接触”税费办理方式，为企业开通纳税服务绿色通道。

（撰稿人：谢　琼）

审　计

【概况】 2020年，县审计局实施审计项目32个，查出违纪违规资金1704万元，上缴财政47万元，督促将挤占挪用资金归还原渠道2487万元，核减国家建设项目工程造价4661.25万元；提出审计建议43条，被采纳33条；上报审计要情14篇，得到县领导批示5篇。

【财政资金审计】 实施县本级2019年度预算执行审计，开展县人社局、县水利局、县纪委监委等单位2019年度预算执行审计，部门一级预算单位预算执行审计实现全覆盖。审计指出9个方面39个问题，被审计单位归还原渠道资金2487万元，收缴财政322万元，建立和完善制度12项。

【经济责任审计】 完成经济责任审计项目6个，被审计对象10名，其中对田庄乡同步完成党政领导干部自然资源资产任期审计。查出违法违规问题50个，涉及违规问题金额134.05万元，管理不规范金额2678.04万元，提出审计建议10条，移送相关部门单位问题线索2条。

【政府投资项目审计】 实施易地搬迁项目决算审计、清塘铺镇中学整体搬迁项目（一期工程）决算审计、县人民医院肿瘤中心预算执行审计等政府投资审计项目等19个。审核投资35344.39万元，审减4661.25万元，审减率13.19%。发现问题66个，移送处理45个。继续规范政府投资项目“以审代结”问题，不再立项新的结算审计项目。开展安化县资江流域黑臭水体整治工程PPP项目阶段性跟踪审计，为县人民政府继续实施这一项目提供决策依据。

【专项审计和审计调查】 实施新冠肺炎疫情防控资金和捐赠款物、财政培训类专项资金等专项审计，S317县城东出口道路改造项目、拖欠农民工工资等审计调查。其中新冠肺炎疫情防控资金和捐赠款物专项审计与县疫情防控工作同步开展，督促相关单位立即下拨疫情防控资金424.88万元。

【审计整改】 提请县绩效考核领导小组将审计发现问题及整改情况纳入绩效考核指标体系，对整改不到位的单位在绩效考核中实行倒扣分。落实审计整改“三函一调度”制度，向审计发现问题未整改单位发送审计整改“提醒函、督促函、移送函”，开展现场调度。县人大财经委、县政府办联合召开审计整改专题调度会议，强力跟踪督促审计整改事项。提请县人大常委会召开专题会议研究2019年以来审计提出问题整改工作，对各相关单位审计整改工作成绩进行投票表决。

（撰稿人：黄志刚）

统　计

【普查调查】 扎实开展经常性统计调查。圆满完成农业、工业、建筑业、能源、固定资产投资、房地产、商贸、人口就业、科技、文化产业、劳动工资、服务业、畜禽监测等常规统计调查任务。围绕全面小康建设、为民办实事、新型工业化、生态文明建设等深入实施评价监测，为全面反映全县经济社会发展总体情况提供数据支撑。加强组织协调，“四经普”工作圆满完成。全县共清查法人单位7951家，产业活动单位134家，个体工商户（含无证个体户）69332户，为完善基本单位名录库建设提供强有力的数据支撑。全县共完成“一套表”单位242家，非一套表单位7340家（含产业活动单位），抽样个体经营户调查样本3391家单位的数据采集和录入上报工作。扎实开展经常性统计调查，完成各项调查任务。

【统计监督管理】 严格管控数据质量。严格执行《益阳市统计局统计数据质量管理办法》，对统计数据质量进行事前、事中、事后全流程管理和控制，包括调查单位确定、任务部署、数据采集、审核验收、数据汇总、评估使用、质量核查等数据生产的全过程，确保统计数据取之有据，查有凭证。加大统计法治工作力度。认真开展统计法治宣传活动，参与县里组织的法律“大篷车”普法宣传活动，张贴宣传统计法律法规的横幅和标语，开展统计法知识竞赛和统计法业务培训。文明公正开展统计执法检查，完成对20家企事业单位的执法检查。严格按照《益阳市统计局关于开展清退僵尸企业、空壳项目和消除指报代报专项整治行动实施方案》要求进行自查，配合市统计局对全县42个“四上”单位和投资项目进行督促检查，存在问题的单位全部停止上报统计数据。

【监测咨询服务】 牵头做好经济形势预警分析工作，多部门联动，每月月底做好及时全面的动态跟踪、预测、预警服务。做好统计公报、统计年鉴和月度经济动态的编撰工作，通过安化县人民政府门户网站统计信息专栏载体准确对外发布和提供非涉密的统计资料，全年发布月度统计信息25条。全年共编印《安化县情》4期、调研内参《高点》3期，撰写调研分析材料4篇，向县委办、政府办提供经济分析材料10余篇。

【统计协控联管工作】 充分发挥名录库管理维护的龙头作用和部门、县域统计的支撑作用，进一步提升各方协作促统全、保统准的统计工作机制效能。通过统计协控联管工作机制，统计部门与财政、税务、市场监管、编制、民政等部门信息共享进一步深化，与发改、科工、商务、住建、房产、农业、教育、卫健等部门业务联动进一步紧密，统计协控联管相关部门有力地支持配合全县统计工作的有序开展。

（撰稿人：陈立元）

市场监督管理

【概况】 截至2020年底，全县市场主体总量达42784户，其中年内新发展市场主体6431户，同比增长13.34%。开展食品、药品、特种设备、产品质量安全、价格、广告监管等专项行动27次，完成食用农产品及食品抽检1762批次，查处违法案件172起，收缴罚款753万元。“安化黑茶”地理标志保护产品入选首批《中华人民共和国政府与欧洲联盟地理标志保护与合作协定》保护名单，成为湖南唯一一家首批进入“中欧100+100”地理标志产品互认互保名单的地理标志产品。知识产权示范县第二轮复核验收顺利通过，知识产权工作被益阳市市场监督管理局作为真抓实干典型向省局推荐。质量强县工作在省政府召开的全省质量大会上作经验交流。

【疫情防控】 严查市场，排除隐患。出动执法人员9351人次，检查市场主体24805家次，其中超市、商场、餐饮单位17232家次，药品医疗器械质量安全市场主体6572家次，特种设备使用单位、旅游景区、电商平台等其他市场主体1001家次。疫情期间关闭农贸市场活禽交易区和现场斩杀点302个。查处违法野生动物销售行为案件1起，获评市监总局典型案例。印发《致全县集中交易市场（商场）开办者、经营者的公开信》300份，张贴《安化县市场监督管理局关于积极应对疫情、规范使用电梯的倡议书》700份，发放《关于加强复工复产餐饮场所疫情防控工作的警示告诫书》653份。组织开展疫情相关药品、医疗器械、防护用具价格检查2033户次，检查粮油菜肉蛋奶等生活必需品价格1966户次。张贴价格提醒告诫书500

张，告诫和提醒经营者守法经营。受理价格相关投诉举报127起，办结127起，立案查处2起，责令整改问题48条。作为市场供应组牵头单位，召集县农业农村局、商务局、畜牧水产中心、发改局等单位召开调研和统筹协调会3次，局领导实地调研4次，向县新冠肺炎疫情防控防治指挥部发出意见、建议性文件5份。建立全县生活物资储备及可供应急调出情况每日报送机制、县域内各大市场供应主体（超市）信息共享机制，保障各超市生活必需品备货充足，货运渠道畅通。

【禁捕退捕】 规范水产品销售市场，重点打击全县辖区内禁售渔具和野生鱼销售经营行为。拆除关于收购、销售、加工、食用“野生鱼”“河鱼”等相关广告。杜绝野生鱼类进入市场，出动执法人员1518人次，检查农贸市场、超市、餐饮单位、食品生产企业、渔具店等相关门店930家。发放《关于禁止销售食用非法渔获物的提示信》720份，与相关销售及餐饮门店签订承诺书693份，责令整改25家。

【安全监管】 食品药品安全监管。开展专项整治行动11次；完成国家食用农产品抽检254批次，省食品安全抽检217批次，食品原料快速检测600余批次；完成重大活动食品安全保障8次，开展疫苗迎世卫组织复核评估工作，实现食品药品安全“零事故”。特种设备安全监察。与特种设备重点使用单位签订《特种设备使用单位安全主体责任承诺书》，对安化特种设备进行全面检查，发现安全隐患及时提出整改意见。开展安全生产宣传和培训，特种设备安全实现“零事故”，特种设备安全监察工作被省、市局评为先进单位。重点工业产品质量监管。抓住重点品类开展专项治理，开展机动车检测机构检查7次，完成工业产品监督抽查66批次，合格率90.9%。在取暖器、电动自行车、电器3C、摩托车头盔质量专项整治行动中查办案件2起。

【质量强县】 2020年，安化县质量强县工作在省政府召开的全省质量大会上作经验交流。4月23日，湖南省市监局正式下文通过“安化红茶综合标准化示范区”申报工作。安化黑茶茶艺标准、茶苗繁育技术规程、安化黑茶贮存通则等3个地方标准正式通过审核，于5月27日正式实施。举办安化县第三届“质量论坛”，论坛邀请质量管理专家授课，300余家企业代表进行经验交流。

【优化营商环境】 深化商事制度改革，大力推进企业全程电子化登记改革，除农民专业合作社外，企业全程电子化申报率达96.48%，名列全市前茅。放宽市场准入门槛，简化名称登记程序，开通省时又省力的“企业名称自主申报”通道；推广企业注销便利化改革，800多家企业选择通过国家企业信用信息公示系统申请公示，节省公告刊登费用26万元。全面释放市场活力，完成政务服务“一门式”全覆盖，24个乡镇监管所行政许可项目全部进入乡镇政务大厅办理，全面梳理汇总县市监局涉企行政许可及服务事项，制定“一件事一次办”事项目录。实现企业设立登记、公章刻制、申领发票三个环节的办理时间压缩至3个工作日以内，行政许可事项办理时间较法定时限平均减少50%。

【规范市场秩序】 推进公平竞争审查制度落实，组织编写《公平竞争审查法律法规资料汇编》，开展公平竞争审查业务培训。审查县、乡镇人民政府及县直各单位制定的规章、规范性文件和其他政策措施210件。强化价格监管规范明码标价，开展涉企收费专项检查，对某银行涉嫌违规收取银行卡年费进行立案调查；开展转供电环节电价重点检查，约谈17家转供电主体单位。

（撰稿人：王　湘）

农业·林业·水利·气象

农　业

【概况】 2020年，全县粮食种植总面积66.97万亩，早稻面积6.7万亩，粮食总产量23.96万吨。新增高标准农田4.1万亩，完成安全利用区治理面积2.57万亩，严格管控区管控面积9113亩，高标准建设3400亩集中推进区。农药商品折百用量总计138.32吨。推行测土配方施肥技术和有机肥替代化肥技术模式178.06万亩。蔬菜、水果、茶叶、肉食产品合格率100%。农林牧渔生产总值94亿元，同比增长4.7%。

【农业产业发展】 深入实施现代农业“131千亿级产业”工程，“一县一特”产业集群初步形成。一是茶旅产业融合发展。全县茶园面积达36万亩，茶叶加工产量8.5万吨、综合产值230亿元，全年接待游客600万人次，实现旅游综合收入58亿元。二是中药材产业加快发展。着力打造“安五味”中药材产业，全县中药材种植面积达27.8万亩。2020年新增面积10.3万亩，采收8.9万亩，出产中药材8.5万吨，实现中药材综合产值26.4亿元，同比增长18.6%。新培育龙头企业省级1家、市级2家，市级及以上龙头企业总数达46家，成功举办第六届“湘九味”中药材论坛暨“安化黄精”品牌发布会。三是品牌效应持续提升。农产品加工总产值达到202亿元，同比增长6.8%。大力推进质量兴农、品牌强农，“安化黄精”“安化红茶”“安化松针”相继通过国家农产品地理标志登记评审，全县“两品一标”农产品总量达107个。全省农业特色小镇建设推进会在安化县成功召开。

【现代农业改革】 全县土地确权登记颁证面积53.5万亩、确权地块96万余块，完成土地颁证19.6万户。422个村（社区）成立新型农村集体经济组织，农民专业合作社增加到1927家，家庭农场增加到757家。农村土地流转新增面积1.82万亩。500亩以上农业规模经营主体127个。433个村全部完成并村并账工作，并入资金2522.55万元。

（撰稿人：刘和飞　李　尤）

养殖业

【概况】 2020年，全县生猪饲养量126.12万头，存栏54.08万头，出栏72.04万头；牛饲养量10.74万头，存栏7.26万头，出栏3.48万头；羊饲养量63.72万只，存栏25.78万只，出栏37.94万只；家禽饲养量829.19万羽，存笼385.09万羽，出笼444.1万羽。肉类总产量6.79万吨，生产蛋品9000吨。安化县获得2020年湖南省畜牧水产工作先进县称号。

【动物防疫】 疫苗管理规范。严格遵守《安化县动物疫病预防控制工作站疫苗储存、使用制度》《安化县动物疫病预防控制工作站动物疫苗管理制度》，实行专人负责、专人管理，做到流程规范、出入明白。免疫密度达标。全年累计配送猪、牛、羊口蹄疫苗236万毫升，禽流感疫苗261万毫升，小反刍兽疫苗10万头剂，发放规模畜禽场“先打后补”疫苗补助资金17.25万元。全年完成免疫注射猪口蹄疫疫苗95万头次、牛口蹄疫疫苗20万头次、羊口蹄疫疫苗45万头次、禽流感疫苗360万羽次、羊小反刍兽疫疫苗10万头次，强制免疫疫苗接种密度都已达到应免的100%。猪瘟、鸡新城疫、高致病性蓝耳病、狂犬病等常规病种的免疫注射工作防控有效。抗体检测合格。通过市级抗体水平检测，全县猪、牛、羊口蹄疫分别达到87%、72%、71%，禽流感、小反刍兽疫、猪瘟、蓝耳病、新城疫免疫抗获得率分别达89%、95%、96%、82%、92%。疫病监测常态化。配合上级部门完成布鲁氏菌病、口蹄疫、禽流感、小反刍兽疫等疫情监测工作，随机抽取规模养殖场185户，完成样本采集1260份，未发现四种监测疫病可疑疫情。免疫责任书签订到位。全年共签订责任书2560份，其中生猪1780户、牛220户、羊218户、鸡246户，特种养殖32户。免疫档案健全。全年累计发放生产、免疫台账2810本，建有台账的养殖户1760户，规模养殖户建档率100%。

【项目建设】 全县批准新建规模养猪场109户，设计栏舍建设面积49.24平方米，设计年新增出栏生猪42.35万头，仔猪繁育50.55万头。其中新建年出栏1万头以上大型规模养殖场18个。全年签约生猪全产业链项目3个，签约金额77亿元。其中，正邦集团安化县生态养猪全产业链项目总投资27亿元，扬翔青云生猪生态养殖全产业链项目总投资40亿元，扬翔龙晟生猪生态养殖全产业链项目总投资10亿元。

【畜禽粪污资源化利用】 总投资1.3亿元的畜禽粪污资源化利用整县推进项目完成建设，全县规模养殖场粪污处理设施装备配套率达100%，畜禽粪污资源化利用率达91.19%。

【特色养殖】 全县完成精养鱼池升级改造面积3029亩，全年稻田综合种养面积达38600亩。清塘铺沙坪稻花鱼养殖、长塘镇泉水虾养殖形成规模，特色明显。梅山一品熟食土猪、藏香猪、宁乡花猪等特色养殖发展较快，安化县乌云界藏香猪原生态养殖专业合作社存栏藏香猪5000余头，年出栏藏香猪1万头，带动14户贫困户养殖藏香猪母猪1500余头。

【技术推广】 全年培训4期，主讲专业技术培训课52堂，受训学员307人次。建立重点村、重点企业联系机制，科技特派员专家服务团全年走访指导养殖场户800余户。开展马口鱼稻田养殖试验，探索流水养鱼内循环增氧技术，解决稻田养虾死虾等技术难点问题。指导柘溪渔场申报渔业增殖放流资质，成为安化唯一具备该资质企业。2020年，引进推广新技术和新产品5项：立页增氧系统、气浮预处理系统、小分子水无臭养殖技术、楼房养猪技术、接种山羊痘疫苗防治牛结节病技术。

（撰稿人：黄　超）

农机管理

【概况】 2020年，全县农机总动力达85.36万千瓦，农业生产综合机械化率达到64.9%，实现机械耕作面积80.3万亩、机械栽种面积24.5万亩、机收面积61.5万亩。县农机事务中心被省农机事务中心评为“湖南省2020年农机事务工作综合先进单位”。

【农机推广与服务】 2020年扶持推广大型轮式拖拉机37台。高速乘坐式插秧机、大型抛秧机11台，育秧流水线3台，配套精量施肥机3台。扶持推广北斗作业信息采集终端85台。扶持推广植保无人机16台，谷物收割机55台。10吨以上的粮食烘干机16台，粮油烘干一体机3台，5吨的小烘干机2台，油菜专用烘干机1台。油菜免耕直播机24台，扶持推广中耕机128台，锄草机87台，施肥机93台。单轨运输机56条1.6万多米。

【农机购置补贴】全年争取农机购置中央补贴资金1128.66万元，录入机具结算资金1025.52万元,共补贴机具5446台（套），受益农户4524户，是全县自农机购置补贴政策实施17年来农民得实惠最多的一年。

【农机合作社】全年共注册成立各类农机专业合作社20家。重点扶持8家粮油合作社按现代农机专业合作社创建标准予以建设，其中瞿氏农业农机专业合作社、安化湘乾农业农机专业合作社被评为省现代社；2家粮油合作社按示范社标准予以建设，羊角惠丰农机专业合作社被评为省示范社。继续扶持2家茶叶合作社推行机械化作业；扶持马路、仙溪等8个乡镇28个规模茶园生产基地，分别创建机械作业服务队。扶持5家中药材种植合作社实施机械化作业；扶持以安化小籽花生特色产业为主的种养合作社推行全程机械化作业。

【农机科技培训】受县人民政府委托，县农机事务中心与农业农村部南京农业机械化研究所签订为期3年的科研合作协议书，共建工作站，通过机具研发、科技培训、示范推广等方式开展社会服务，加快全县茶叶全程机械化进程。县农机学校汽训共新招生850人，培训合格920人；全年举办1期植保无人机培训班，共培训无人机操作手20人；举办4期农业机械使用与维修培训班，共培训200人；举办1期库区移民茶叶生产加工机械使用与维修技能培训班，共培训120人；全年共培训拖拉机驾驶员、农机操作手74人。

【农机项目】争取中央、省、市各类资金1464.66万元（含中央农机购置补贴1128.66万元），申报以湖南坡茶业有限公司作为主体实施农业优势特色产业（茶叶）机械化示范项目，争取省级项目资金40万元；申报水田深翻耕试点项目，争取省级财政支持200万元；争取农机合作社省奖补资金60万元，市奖补资金6万元；争取农机学校培训工作经费20万元，争取农机推广经费10万元。向县政府争取县级涉农整合资金1100万元，扶持和推进产业机械化，其中，茶叶337万元，粮油611万元，中药材40万元，笋竹68万元，果蔬花生等特色产业机械化44万元。2020年为全县411个行政村各免费配送1台家庭式碾米机。

（撰稿人：龚　云）

林　业

【概况】全县林业用地面积602万亩，林木绿化率为78.5%，森林覆盖率为75.67%。森林蓄积量达2165万立方米，生态公益林面积274.3991万亩，占全县森林面积的45.5%，发放中央和省财政下达公益林补偿补助资金总计4861.07万元，资金发放率100%。全年办理使用林地项目58个、面积达77.8363公顷，植被恢复费1654.7682万元，其中林业辅助设施项目10个、临时使用林地11个、永久使用林地37个（其中生猪养殖20个）。配合县自然资源局做好全县砂石、土矿山的整合规划工作。争取各类涉林项目工程建设资金1.366亿元。全年政务中心林业窗口总计办理审批事项1826份，其中即时核准林木采伐许可证1536份，核发木材运输证87份，植物检疫证书203份。查处林业行政案件74起，结案55起。申请强制执行案件2起，移送公安机关案件3起。从23个乡镇、2个林场符合条件的建档立卡贫困人口中选聘生态护林员667名，签订生态护林员管护协议，全年发放护林管护资金667万元。发放退耕还林项目工程建设新一轮退耕还林的补贴资金220万元和上一轮实施的退耕还林延期补助资金630万余元。

【营造林】全年完成人工造林1.75万亩，封山育林30万亩，退化林修复2.8万亩，森林抚育10万亩；石漠化综合治理工程常规项目林草植被恢复工程投资624万元，完成总规模15450亩。大力推广人工造林“珍贵树种+”新模式，新造林模式在全县67个村发展5000亩。完成湖南杉木、闽楠等7种针阔树种混交造林技术集成示范基地200亩续建工作。全县有国家级森林乡村6个，县级绿色村庄（森林乡村）村数达70%以上。争取古树名木保护经费

100万元，对110棵重要古树名木进行保护。建立江南镇黄花溪村千年梓叶槭、东坪镇仙缸村古树群等2处古树名木主体公园；龙塘乡夏植村、江南镇黄花溪村等7处古树（群）实施远程监控保护。

【山林纠纷】 全年妥善处置山林纠纷38起，接待群众来访270余次。依法批转乡镇处理40余起，配合、协助处理的30余起。

【生态保护工作】 全年开展野生动物救助82起，放生或移送省野生动物救治中心站小天鹅、噪鹃等陆生野生动物500余只。共清理枯死松木、濒死木和衰弱木37644株，防治褐天牛2万亩，马尾松毛虫、松茸毒蛾约18.5万亩，防治黄脊竹蝗1.5万亩，防治率达100%，无公害防治率100%。狠抓疫木管理漏洞，对160家木材经营加工企业、工厂等进行上门宣传，树立严禁松木生产、加工的不锈钢警示牌100余张,并与其签订承诺书。联合多部门，加强检疫执法，主动深入林区工地开展巡视清查，共烧毁疫木27.4立方米，2020年全县主要林业有害生物发生率0.19‰以下。

【自然保护地整合优化】 成立由县长任组长的自然保护地整合优化工作领导小组，聘请国家林业和草原局中南调查规划设计院的专家开展技术服务。依法依规推进工作，按照时间节点完成摸底调查、空缺地分析、整合优化预案、自然保护地整合优化数据库、省级专家评审及根据评审意见修改等工作。整合优化后，全县自然保护地总面积为84080.92公顷，比整合前的自然保护地批复面积增加21055.51公顷。

【野生动物人工繁育主体退出补偿】 截至7月29日，完成全县62家人工繁育主体的退出和处置工作，涉及18个乡镇，发放补偿资金1018.76万元。建立“禁食野生动物养殖户转产（转业）转型‘一户一策’目标责任清单”，建立工作调度和情况制度，进一步明确落实属地和各职能部门责任。截至12月16日，全县62家人工繁育退出主体中有56家完成转产转型。

【场、圃、所工作】 沙湾、紫云两个苗圃完成各类苗木生产120万株，其中绿化苗木70余万株、油茶良种苗木50万株。林科所保育250亩省级马尾松、杜仲种子园，改造珍稀树种园100亩，人工栽培珍贵树7棵。洞市、柘溪两个国有林场完成2357亩国家级战略储备林的全面改造项目。

【森林资源管理年度更新工作完成】 6月5日，安化县森林督查暨森林资源管理“一张图”年度更新工作正式启动，并在东坪镇大湖村举行全面性的外业核查和内业操作的技术培训。此次森林督查暨森林资源管理工作开展外业核查森林督查172个图斑，遥感判读18个图斑；内业建立森林督查数据库建设调查因子共52项，建立“变化图斑核查调查数据库”建设调查因子共40项及相关数据库7个。

（撰稿人：宁　媛）

水　利

【防汛抗旱工作】 立足于防大汛、抢大险、抗多灾，共召开防汛会商会11次、全县视频调度会议3次。启动防汛Ⅲ级应急响应6次、Ⅱ级应急响应1次，调度中型水库提前腾库迎洪12次。下发防汛抗灾文件25份，下发预警短信38351条，启动山洪预警广播999站次，全县范围村村响预警广播7600站次（单次2784个点）。派出联合督导组42组次前往各乡镇加强巡查排查及技术指导，组织参加培训演练人数9000余人次。5月15日，举办益阳市山丘区超标准洪水及水库应急抢险演练，现场参演、观摩、培训人数达2000余人次。

【河长制工作】 各级河长按照“见河长、见行动、见成效”的要求，定期开展常态化巡河。落实“河长办+专职人员+河湖保洁员”一办两员，开展督查暗访，全年共交办问题88起，销号办结85起。开展河长制进党校、进机关、进社区、进校园等工作，对乡镇河长制工作专职人员进行业务培训。全年市级安排河长制重点工作任务共11项，除由住建局实施的污水处理厂建设未全部完成外，其他工作通过各相关单位努力，全部实施完成。持续开展“河畅、水清、岸绿、景美”的示范河湖打造工作，全县23个乡镇各选取了一条3千米长河道进行打造，实现全县“一乡一亮点”工程。全年开展专项执法行动46次，出动执法人员500人次，出动车辆35台次。长期停靠在东坪镇大码头大桥下的“老船长”船舶于4月22日拆解上岸并销号。

【水利工程建设】 全年共争取项目资金1.7亿元，政府专项债券资金5.1亿元，累计完成投资4.5亿元。

（一）大湖坪水库工程，完成大坝清基、征地拆迁、导流洞、连接公路建设等，年底实施大坝主体浇筑，完成总投资1.7亿元。

（二）城乡供水一体化项目。完成江南小淹管网改造、清塘水厂新建工程招标、冷市水厂管网改造、马路水厂管网改造及提水泵房建设、仙丰水库可行性研究批复、钟鼓山水厂招标工作。启动梅城二水厂、县城城区供水系统改造的前期工作。

（三）河道综合治理工程。完成小淹、江南、柘溪广益、渠江等4个项目的前期工作，批复总投资10098万元，争取资金6693万元。完成大洋溪二期、洢水二期（滔溪段）2个项目的前期工作，批复总投资5524.94万元。善溪羊角塘镇河道治理争取资金1300万元，已开工建设。

（四）扶贫电站建设与小水电站清理整改。申报山牛塘、塘湾梯级小水电扶贫项目，争取中央投资1825万元，已开工建设。完成6处农村小水电扶贫项目2020年度收益上缴和发放工作，共收缴年度收益金313.8万元，受益7个乡镇17个贫困村3246户建档立卡贫困户。完成74处小水电站清理整改工作，已组织县级联合验收并上报上级部门复核销号。

（五）农村饮水安全巩固提升工程。全县安排涉农整合资金890万元，建设农村饮水安全巩固提升工程65处。其中，投资480万元解决存在季节性缺水问题的43个村9600人的自来水（其中贫困人口715户2729人）；投资180万元对思游水厂、高明水厂、清塘水厂进行提质改造，受益人口1.8万人；投资230万元解决19个非贫困村4600人的自来水。全县农村饮水安全达标率100%，农村自来水普及率80.08%，农村集中供水率85%，农村供水保证率95%，水质达标率95%以上。大福水厂被评定为2019年度农村饮水安全工程“示范水厂”。

（六）小型病险水库除险加固工程。共投资1258万元对11座小（2）型水库进行除险加固，已基本完成法人验收工作。

【水政宣传执法工作】 3月22日是第二十八届“世界水日”，3月22日至28日是第三十三届“中国水周”。县水利局牵头组织并出动宣传车船50台（艘）次，张贴宣传标语600余幅，并在各单位机关LED电子屏、广告宣传栏内滚屏播放和张贴统一制定的宣传口号，宣传实施河长制有关政策法规。开展资江支流采砂制砂整治工作，县水政执法大队联合各乡镇综合行政执法大队共拆除资江流域砂场30处、山砂制砂场5家、建筑废料制砂场1家、占河违章建筑2处。全年共开展河道巡查80余次，执法监督23次，下达各类执法文书30余份。立案查处7起，结案7起。

（撰稿人：肖可佳）

气　象

【气象服务】 全年共启动应急响应5次。向县委办、政府办、防汛办、农业局等不定期发布农业气象服务6期。向县委办、政府办、防汛办、各乡镇场及农业、林业、交通、电力等部门及单位发布气象专题预报17期。为乡镇提供月、旬预报27期。为政府办、防汛办等有关单位提供中小尺度雨量实况资料气象服务周报47期。与国土局联合发布地质灾害预警26期。发布各类滚动天气预报84期，重大气象信息专报10期，森林火险专题气象服务6期。通过湖南省市县服务一体化平台向县气象决策用户、县关键决策用户、防汛责任单位负责人、行政区划负责人共计19667人发布117条实况预警短信。

【安化国家基本气象站搬迁项目竣工交付】 9月10日，安化国家基本气象站搬迁项目交钥匙及揭牌仪式在县城南区城南村桥岭山举行。项目采用国内外先进的气象探测设备，总规划用地面积13333平方米，总建筑面积2228平方米，总投资2500万余元。

【天气预报】 根据天气预报，7月26日晚至27日，全县将有暴雨，部分乡镇有大暴雨。26日上午，预报中心通过全县防汛工作群、地灾防治群、平安创建群等多个微信群和村村响、电视台等媒介对气象预报及时全覆盖地传送。根据预报，10个重点乡镇紧急转移群众1000多人。

（撰稿人：彭婷婷）

工业·商贸

工业和企业

【概况】2020年，全县167家规模工业企业实现总产值158.4亿，实现规模工业增加值同比增长3.7%；完成工业投资32.7亿元，同比增长15.5%，其中工业技改投资17.4亿元，同比下降16.1%；工业用电量5.36亿千瓦时，同比下降15.73%；工业税收5.03亿元，同比下降20.4%。

【工业项目】2020年，累计为企业争取上级项目41个，获得资金2137.45万元；成大生物成功申报市级企业技术中心；中茶、成大生物成功入选湖南省疫情防控重点保障企业名单；中茶、白沙溪成功申报2020年湖南省小巨人企业；金源新材料承担的“废旧锂电池再造电池材料技术研究及产业化”项目入选2020年度湖南省高新技术产业科技创新引领计划转化及产业化项目；中茶低氟黑茶产品研发项目成功纳入益阳市2020年10个重大产品创新项目实施计划。华益食品槟榔加工项目、芙蓉山风电项目、海创水泥窑综合利用固废项目等建成投产。

【企业服务】建立健全安化县中小微工业企业数据库。完善县级领导联系企业帮扶制度。主动送服务送政策进企业，组织律师服务团队到高明工业园、梅城工业园、经开区免费为企业开展法律“体检”活动，提高企业法律意识。积极兑现惠企政策，累计为规模以上工业企业补贴水电费213.63万元。全年共清理拖欠民营企业欠款23项1308.18万元。

【县属国有企业改革】驻安央企省企退休人员社会化管理圆满完成，退休人员1191人、党员270人全部移交到位。推动2014年5家改制企业资产归集和职工安置问题上县政府党组2020年第7次会议专题研究，就县经开区参与国资公司5家改制企业资产盘活工作达成了共识。推动落水洞煤矿企业职工安置、对原合作方的经济补偿和地方农赔三大历史遗留问题处置工作上县政府2020年第2次常务会议和县政府2020年党组第13次会议研究，就如何解决企业职工安置、地方农赔等历史遗留问题基本达成共识。推动东坪乳酸厂与盛唐黑金兼并合作的有关事项上县政府党组2020年第12次会议专题研究。

（撰稿人：鄢雨梅）

电　力

【概况】国网湖南省电力有限公司安化县供电分公司主要担负着安化县23个乡镇的供电任务，供电区域面积4950平方千米，供电区域人口约108万人。2020年，全县变电站共27座，用电客户数372070户，全年累计完成售电量11.67亿千瓦时，资产总额20.71亿元。

【安全管理】 完成128条线路和3926个台区标准化巡检，推磨轮换配电变压器55台，治理电压异常台区566个，完成85条线路、1935个台区砍青工作，治理安全隐患214处，检查漏保2012台次。圆满完成春节、两会、高考、中考期间重大保电任务，截至12月31日，公司连续安全运行8126天。

【供电服务】 大力推广线上办电，通过多种方式积极开展新政策宣传工作，持续深化“互联网+”办电流程。2020年监测并协同治理各类问题2622个，全面推广“一箱一贴”服务。完成小水电自供区投资3467万元，江南密岩、小淹沙湾自供区全部实现转网。全县配电变压器重过载和农村低电压问题得到有效缓解，户均容量达到2.26千伏安。

【生产运维】 全年完成计划检修236项，计划检修完成率100%。对相关变电站重新修编《现场运行规程》和《典型操作票》《融冰典型操作票》。大力推行10千伏配电线路集中检修、砍青扫障等专项工作，完成49条10千伏配电线路集中检修，治理过载台区68个、低电压台区263个、三相不平衡台区147个，减少了线路跳闸次数。严格落实设备主人制，认真组织开展设备运维，及时消除安全隐患，提升设备健康水平，杜绝“以抢代维”现象。防冻融冰期间，组织各专业人员对所有变电站、线路进行多次巡视，并对覆冰严重线路进行了多次融冰，保证了冰冻期间所有设备正常稳定运行。成立带电作业班，积极开展带电作业，同步推进带电线夹等作业方法，全面实现“能带不停”。全年共计开展不停电作业147次，减少配变停运次数3382台次。

【行业扶贫】 充分发挥电力扶贫优势，完成羊角塘镇塘九村贫困村扫尾改造工程，概算批复资金567.42万元，共计新建改造贫困村10千伏线路6.013公里，新建配变37台/2040千伏安，新建改造低压线路32.299公里。积极支持光伏扶贫项目，按月为20家光伏扶贫客户结算上网电费。依托长沙电力职业技术学院开展供电服务职工定向培养招生工作，2020年定向招生15名。

（撰稿人：王泽宇）

招商引资

【概况】 全年新签约项目39个，完成全年任务30个的130%；新开工项目28个，完成全年任务25个的112%；新投产项目17个，完成全年任务15个的113.3%。完成到位省外境内资金68.34亿元，完成全年任务63亿元的108.48%；引进市域外资金形成固定资产投资66.39亿元，完成全年任务66亿元的100.59%；实际利用外资5031万美元（全口径），完成全年任务4800万美元的104.81%。实现全市发展开放型经济工作先进单位5连冠的目标。招商引资项目实现新签约一批、开工一批，新签约项目履约率达到70%。其中在12月集中签约5个，引资额达78.3亿元，引进了江西正邦集团、广西扬翔股份等500强企业和行业龙头企业。一是积极优化调整完善招商引资优惠政策。3月30日正式修订印发《安化县人民政府关于进一步加强招商引资工作的实施意见》，该意见相比原有政策优惠力度更大、惠及面更广、操作性更强，受到众多招商引资企业的关注和认可。10月份出台《关于支持开放型经济发展的激励措施》，充分调动全县各乡镇和部门单位的招商引资工作积极性。二是不断创新招商引资方式，全面提升招商效率。坚持“走出去，引进来”，开展“平台招商、友情招商和以商招商”，积极推进网上招商。通过以商招商方式，海螺集团新增投资新型建筑材料项目，华莱新增投资建设华益槟榔食品项目，两个项目新增投资规模达39.6亿元。三是聚焦“三类500强”和行业龙头精准招商。针对重点行业、产业实施精准对接，与安徽海螺集团、江西正邦集团、中国建材集团、广东海大集团、京东物流集团等一批“500强”企业、上市公司或行业龙头企业20余家进行招商洽谈，成功引进“三类500强”项目2个（海螺集团新型建材全产业链项目、正邦集团生态养殖全产业链项目），新成立500强企业项目公司1个（芙蓉山抽水蓄能项目），其中在12月集中签约5个，引资额达78.3亿元，江西正邦集团、广西扬翔股份等500强企业和行业龙头企业相继落地。四是主动疏通招商项目落地难的堵点，提高项目履约率。通过全程服务、清理招商引资政策、调度梳理未落户项目、降低物流成本、探索补偿救济机制等一系列优化营商环境举措，切实为企业服务。对2016年以来已签约未履约的招商引资项目进行梳理，精准施策，强化服务，力推项目履约。百花寨茶旅文一体化开发、华益食品、辣得叫湘菜食材生产加工、黄棣震黑茶精深加工、湘磁电子感应元件生产等一大批重点招商引资项目实现履约开工。

【外经外贸】 出台《安化县促进外经外贸发展实施办法》，对有出口实绩的外贸企业予以奖励。年内新增外贸企业18家，实现外贸企业破零11家，完成外贸进出口1.39亿美元、加工贸易403万美元、对外劳务合作营业额1989.81万美元，分别完成目标任务的108.1%、100.7%、100.07%。安化黑茶税则号（HS编码）正式获批。全力协助18家外贸企业完成对外贸易经营者备案、海关备案手续。主动与湖南梅山融资担保有限责任公司对接，为八角茶业争取贷款400万元。为白沙溪茶业、力天高新材料、高马二溪茶业等8家重点外贸企业争取中央工业企业结构调整专项奖补稳就业资金60万元，为佳镔碧源果业争取省商务厅加工贸易支持资金50万元。全县30余家外贸企业参加国内外线上线下展会80余场次，现场销售额1100万余元，签订购销合同30余个，合同金额3500万余元。

（撰稿人：罗　珊）

商务管理

【农村电商】 通过健全农村电商服务、现代物流、人才培育、品牌培育四大体系，创新开展抖音直播基地、黑茶离岸孵化中心建设，抓实基层公共服务（一门式）全覆盖商务中心建设等工作，共计建成村级电商服务站408个、培育电商扶贫网店3500余家、开发培育电商扶贫农特产品183款、培训各类电商人员1.1万人次、带动贫困户创业就业3500余人。全县农产品上行网络零售额从2016年的1.2亿元增长到2020年的3.97亿元，年平均增长率达35%。

【消费扶贫】 抓好“三专一平台”建设，30家企业84类产品进入全国扶贫产品目录，163家企业825个产品进入省扶贫产品目录。“扶贫832”网络销售平台首家产地仓落户安化，11家企业152个产品入驻该平台。建设消费扶贫生活馆6个，销售专区3个，链接贫困人口6.95万人，完成销售额4.1亿元，完成省定目标任务3.9亿元的105%。牵头承办乡村文化旅游节、首届汽车摩托车越野争霸赛等展销活动，销售额超600万元。

【流通业品牌培育】 积极引导企业复工复产，支持流通企业品牌培育，为55家住宿餐饮单位477人进行补贴，总金额为28.94万元。碧丹溪、褒家冲、八角茶业等3家茶叶加工企业获评第五批“湖南老字号”品牌，至此，全县获评“湖南老字号”称号的企业达到7家。积极组织企业参加“第四届中华老字号（山东）博览会暨老字号品牌发展高峰论坛”“潇湘韵·中国风—老字号嘉年华”“中国国际食品餐饮博览会”等活动，为企业提升品牌和拓宽销售渠道。

（撰稿人：罗　珊）

供销合作

【概况】 2020年，全县供销系统完成销售总额19.5亿元，同比增长4.3%；售给农民的农业生产资料2.7亿元，同比增长12.5%；农产品交易市场交易额4.98亿元，同比增长24.8%。领办农民专业合作社2个。

【农村电商消费扶贫】 依托广聚供销电商公司，强化“扶贫832平台”、湖南省消费扶贫公共服务平台、安化县消费扶贫网的运营推广。精准实施消费扶贫，组织扶贫产品申报备案，吸纳149家企业，已通过省、市、县三级审核备案扶贫产品547个，其中通过国务院扶贫办审核备案产品95个链接了贫困人口9.61万人。建成安化县消费扶贫生活馆长沙店、益阳店、城南区店、黄沙坪店与经开区店，实现扶贫产品销售额5000万元。

【为农综合服务平台】 构建惠农服务体系。争取县政府的重视，成立惠农综合服务中心（正股级），已进编2人。把全县23个乡镇惠农服务、电商服务、物流服务统一整合建设，建好401个惠农综合和供销电商服务社，启动农业生产资料配送服务和农产品上行工作。除传统的农资、农产品、日用消费品、再生资源服务外，电子商务、物流和职业培训等方面的服务都逐步启动。县供销运输服务公司开通木子、柘溪等城乡公交线路，票价降低一半以上。根据相关政策，县联社积极向市、省、全国供销总社汇报，申报集冷链、仓储、运输、物流、市场于一体的产业园，项目被列入“十四五”规划。

【“扶贫832平台”产地仓在安化开仓】 10月30日，全国贫困地区农副产品网络销售平台（简称“扶贫832平台”）首家产地仓开仓仪式在东坪镇黄沙坪举行。该产地仓由安化广聚供销电子商务有限公司负责运营，全县入驻企业8家、产品140个，建成省级消费扶贫生活馆1个。

（撰稿人：夏志辉）

石油石化

【概况】 2020年，中国石化销售股份有限公司湖南益阳安化石油分公司共销售轻油42086吨，其中零售量为36572吨，直批为5514吨，IC卡累计充值金额8000万元，月度日均沉淀资金为900万元，非油销售额为2333万元。各项目标任务指标均排名靠前，被评为中国石化湖南优秀县公司。

【网建发展】 安化公司有城西、城南、梅城、江南、小淹、二七、长塘、大福、梅城二站、仙溪、东坪、新城东、驿头等13个加油站。2020年，安化公司与安化梅山城投公司签订战略合作协议，预备成立联营公司，共同经营公司相关业务。

（撰稿人：谢　璐）

烟　草

【概况】 2020年共销售卷烟28288.51大箱，缴纳税金4244.61万元，完成销售额9.6875亿元，同比增长7.34%；实现单箱均价34245元，同比增加1907元，增幅5.97%，共建成零售户诚信互助小组202个，覆盖零售客户3340户，占零售客户总数的100%，城区诚信互助小组46个，覆盖零售客户721户，城区零售客户覆盖率达100%。

【营销工作】 推进“4412”拜访要求，重点抓客户经理市场拜访质量、改善非烟遮挡问题、明码标价、终端建设和维护以及重点工作的开展情况。在4月“芙蓉王”抗疫情、促复产最美终端评选活动中表现突出，在11月举办的利群杯“我与客户共成长”终端陈列比赛中取得优秀成绩。共成立零售户诚信互助小组202个，覆盖零售客户3340户。全年共计完成建设“湘汇636”加盟终端26家、现代终端18家。全年共计开展浙江中烟站柜促销18场、湖南中烟诚信小组品牌培育会11场、“三圈三会”品牌培育会4场。开展浙江中烟品牌宣讲4场、贵州中烟品牌宣讲1场、山东中烟品牌宣讲2场。

【行业监管】 2020年新办理烟草专卖零售许可证217户，全县共有持证零售户3268户。全年共办理涉烟案件234起，其中5万元以上案件19起，查获各类卷719.26万支，其中真烟489.22万支、假烟230.04万支，取消违规户经营资格6户。破获“2020.1.13”刘某忠等人销售伪劣产品案售假案件，案情涉及广东、湖南、福建等十余个省市，涵盖生产、运输、仓储、销售四个环节，涉案金额逾7000万元，查获非法卷烟161万余支、追回赃款300万余元。全年共查获真批卷烟非法流通案件88起、421.724万支，涉案金额175万元。持续加大对真烟外流打击力度，共查获真品卷烟囤积窝点17处。先后与公安、市监、邮政等部门合力开展“猎狐 10 号”、“飓风 2 号”、“闪电 2 号”、“猎鹰 2 号”、“国庆、中秋”两节卷烟市场清理整顿等专项行动，与市管、教育等部门联合进行“3·15”宣传、“6·29”烟草法制宣传活动等工作。依法严管隐性大户，共监管疑似隐性大户 30 户（次），先后对其中的 13 户进行限供停供、行政处罚，取消其中 2 户的经营资格。在平口、羊角塘、梅城等边界乡镇查获烟草专卖品跨区域流通案件数十起，其中案值 5 万元以上的案件 10 起。

（撰稿人：闵　瑶）

交通·邮政·通信

交通运输

【概况】 截至2020年底，全县公路里程达10408公里，包括高速公路121.4公里、国省道743.6公里、农村公路9524.6公里。省际班线12条，市县际班线26条，县内班线204条，客运班车486台，行政村通班车率100%。城市公交车345台，公交线路20条。巡游出租车170台，网约车70台，危货运输车辆23台，教练车246台。共有二级客运站3个、三级客运站5个、四级客运站3个，农村客运招呼站825个。

【项目建设】 截至12月底，全县完成固定资产投资（除高速公路外）7.87亿元，占年计划的116.8%。官新高速桥涵完成15%，隧道完成23%，路基完成70%。东梅公路完成投资2.5亿元，占年计划的138.9%；累计完成路基工程121%，路面工程61%，桥梁工程98%，隧道工程98.8%。东渠公路完成投资2.4亿元；路基工程累计完成72%，隧道工程完成37.3%，桥梁工程完成30%，防护工程完成35.5%。龙江公路完成投资6948.94万元，占年计划139%；项目已完成江南境内土地和房屋征拆，桥梁完成7.5%，路基完成2%。冯李公路完成投资8075万元，占年计划134.6%，项目已全线贯通，开始水稳层铺装建设。柘溪大桥项目总投资7084万元，完成投资2000万元，已完成桩基础14根，钢栈桥施工完成80%，进入桥台钢围堰阶段。配合市建养中心完成5座隧道、10座危桥的提质改造工程及总投资4000万余元的国省干线26.2千米大修工程建设。全年完成农村客运招呼站30个，完成率100%。

【交通扶贫】 实施农村公路及附属设施建设。农村公路重点项目建设完成投资2.05亿元，全部完成年度目标任务。完成自然村通水泥路16.2公里，投资606万元；林场道路41.8公里，投资5021万元；实施危桥改造工程9座，完成投资900万元（省下计划3座，总投资357万元；向省报备3座，总投资313万元；县级自主实施3座230万元）；实施生命安全防护工程500.56公里，总投资7163万元（其中国省补助4504.2万元）。建设县级以奖代补资源产业路162.4公里，投资6762万元。

【公路养护】 开展“护春运、保畅通”、防冻防滑和公路防汛抢险工作，全年共启动水毁、冰灾应急抢险214起。县公路建设养护中心被湖南省公路事务中心授予“2020年防汛保通先进单位”称号。推进日常养护“路长制”管理，创建农村公路管养示范乡（镇）3个，县道、乡村道文明示范路里程分别达到115公里和238公里，总里程达到353公里，县乡道安全隐患治理率基本完成。通过路况技术状态检评，全县农村公路路面PQI

中等以上比例已达到85%以上。完成江南、驿头铺两座服务区建设项目的施工及扫尾工作；完成东坪镇南区吉祥隧道排水设施改建工程及小淹镇石峰村等4处公路边坡处治工程的工可编制、施工图评审及招标等前期工作；完成县道长高线蔡家坳降坡、林岩片山路面加宽等改善工程。全县国省干线公路管理养护在2020年国评路况检测中指标均符合要求。

【运输市场服务】 开展出租车、公交车违规经营行为整治，共查处违规行为20起，处罚驾驶员15名。开展全县驾培市场、驾培机构及教练员的教学行为集中专项整治活动，查处违规教练员3人。

全年办理延续经营、车辆变更、新增许可等各项行政许可50项，完成省市际线路更变许可12项。完成全县8家客运企业和16家货运公司质量信誉考核工作。加强“两客一危”、重型货车监控平台监督管理。全县八项指标考核在全省县区排名取得前50名的好成绩。全年审批新增公交线路8条，其中改造农村客运公交化改造线路6条，新增公交车50台。完成全县一、二类维修企业质量信誉考核，其中4家达到AAA级。完成木子至东坪、柘溪至东坪、仙溪至梅城3条农村客运班线公交化改造。

【行业治理】 对国省干线公路建筑控制区内的违法棚屋、违法非公路标志、标牌、违法建筑物实行查处并依法进行拆除，开展大型“公路清障”行动5次，共清除路面堆积物973处，清除“非标”695幅，下达《消除违法行为通知书》146份、《责令停工通知书》62份，拆除公路两侧乱搭建的篱笆墙30处约540米。全年共检测车辆84436台，查处超限超载车辆308台，卸载1916.23吨。对23名驾驶员的从业资格证各扣分10分。协调县交警大队对164名超载车辆的驾驶员驾驶证各扣分3分。

按照“三个一批”原则，成立了“三无”船舶摸底核查工作小组，对全县17个涉水乡镇、场所进行两次摸底核查，完成摸底核查4932艘涉渔“三无”船舶，规范保留标识涉渔三无船舶3094艘，发放农用船舶精准识别卡3094张，拆解涉渔“三无”船舶205艘。认真开展非法码头渡口专项整治工作，前期调查摸底共需取缔非法砂石码头19处，规范提升渡口56处。

【交通质量安全监管工作】 全县项目开工报建报监的受监率达到了100%，质量初检合格率达到85%以上，质量整改1起。全年验收通自然村公路里程361.82千米，验收安保工程里程447.34千米，验收危桥竣工46座，验收招呼站20个。所有工程项目全年未出现工程质量安全事故。

【开启机械化路面清扫模式】 1月14日上午，两台崭新的黄色大型公路清扫车驶过S319线原茅东公路冷市镇大桥管区街头，清扫车所过路面整洁、干净。这是县公路建设养护中心投入172万元购置的两台大型清扫车，在全县首次开启机械化路面清扫模式。

【新打造驳船靠岸小淹渡口码头】 1月17日，斥资72.6万元新打造的县公路建设养护中心小淹渡口所驳船停靠到小淹渡口码头。因2019年下半年资江流域处于枯水期，小淹渡口新打造的驳船从沅江船厂出发辗转多处，历时3个月终于平安“回家”。

【城乡客运一体化工作】 按照《安化县人民政府关于积极推进全县城乡道路客运一体化的实施意见》（安政办发〔2018〕57号），通过收购、兼并、重组，以公车公营模式，11月14日开通东坪至木子、12月12日开通东坪至柘溪公交线路。

（撰稿人：吴　谦）

邮　政

【概况】 2020年，中国邮政集团有限公司湖南省安化县分公司对接省内干线邮路4条，县内邮运自办线路3条（东坪—羊角、东坪—平口、平口—东坪），其中对开邮路2条，代办邮路增至11条，全县各类汽车、面包车、三轮摩托运输车总数超过100台。全县乡镇通邮率达到100%，普服网点、空白乡镇开办服务率已达到100%。机要通信质量连续5年保持全红。年内实现业务收入 9369.08 万元，同比增长 18.25%。

【金融业务】全县累计布放 ITM（智能柜员机）27 台，点均达到 1.2 台。充分利用 CRM（零售）、云顶系统，对客户群体进行分级分类，全年储蓄网点累计服务客户 32.6 万户。

【寄递业务】通过运行专职驻点服务模式，推动全县政务、民生项目的覆盖，完成政务中心、法院、检察院、劳动局入驻服务和交管“放管服”警邮合作。实施标快、快包、合同物流、国际业务“四轮驱动”，重点发展本地农产品上行物流项目，全年全县快包出口量达 106 万件。

【公共服务】截至年底，邮政正式投递进入村部商务中心，实际签约 391 个，完成进度的 100%；正式投递进入村部办公楼的有 303 个，88 个投递在村委指定附近地点，县分公司已全部按要求投递到位。线下设立安化邮政邮乐购消费扶贫馆，线上通过邮乐平台直播，展销南金柑橘、蚩尤花生、本地腊肉等农特产品。

（撰稿人：尹画眉）

通 信

【电信】经营发展。2020 年，中国电信股份有限公司安化分公司为落实“一门式一网式”政务服务，先后在马路镇、小淹镇、长塘镇开启“智慧平安乡镇”工程，通过“百村万户”宽带攻坚等营销活动的开展扩大用户规模，全县新增门店 8 家，累计达 125 家。全年分公司完成增值税口径收入 14672.26 万元，同比增长 13.73%。移动用户新增 55956 户，净增 33376 户，期末用户数达到 275647 户；宽带用户新增 17047 户，净增 10242 户，期末用户数 88413 户；ITV 用户新增 16427 户，净增 10206 户，期末用户数 83459 户。在省公司强县工程中获得“湖南公司战略单元”A 类县第二名的成绩。

网络保障。2020 年，公司光网工程共申请立项 16 个，获批建设资金 489 万元。建成 FTTH 端口 9000 个，光网端口总数达到 17.1 万个。完成 35 个光网行政村的补盲扩建工作，全县共 388 个行政村实现光网覆盖，覆盖率 99%。新建 OLT 站点 3 个，新增 OLT 和存量 OLT 站点全部实现双上行、双主控布置，网络容量及安全性得以大幅提高。无线基站投资 3083 万元，其中 5G 投入 1692 万元，新建 5G 基站 27 处，共计已开通 28 处，完成城区 2 个 5G 机房的改造升级，县城区已基本实现 5G 网络覆盖。新批复 4G 基站建设及扩容增 73 处，其中 4G 基站 38 个，4G 大功率皮基站 35 处，已开通入网 50 处。截至 12 月，安化电信 4G 基站累计达到 595 处，全县行政村 4G 覆盖率提升至 99.16%。2020 年，在省市公司的统一部署下，分公司积极组织各部门开展双网双提升、0/1 箱体清理、数码化标签装贴、波分环路优化等针对性专项行动，各项网络指标及 OLT 脱网率及基站断站率得到明细改善。光网不合格用户数占比由 12% 压降至 7%，不合格用户总数净压降 4470 户，零光分端口占比由 11.6% 下降至 7%。全年处理光缆网络障碍 2272 处，基站障碍 1376 次，接续纤芯数 26200 余芯。

“平安乡村”建设。安化分公司与公安部门合作，在全县各个行政村和社区开展“平安乡村”建设。截至年底，全县范围内累计在线的“平安乡村”监控摄像头共计 16421 个。

“雪亮工程”建设。公司与安化县行政审批服务局签订安化县“雪亮工程”项目网络租赁维护服务合作协议，承接安化县链路和监控点的建设与维护工作。

崇阳村网络建设。2020 年 2 月，公司紧急制定网络建设计划，连夜进行工程施工，在极短的时间内完成各项工作，顺利保证崇阳村洞上组居民在疫情居家隔离期间正常使用网络，孩童也能在家里上网课。该事迹被新华社、湖南红网等新闻媒体进行报道。

（撰稿人：伍凌浩）

【移动】网络建设。基站建设：2020 年，中国移动通信集团湖南有限公司益阳市安化县分公司新建 5G 基站 26 个，5G 基站总数达 29 个；4G 基站 38 个，4G 基站总数达 1337 个；无新增 2G

基站，2G基站总数531个。家庭宽带建设：2020年新建和扩容宽带端口2.8万个，总数达14.2万个，端口利用率为51.4%，在网OLT数为113台，其中10GE上行63台。家庭宽带已覆盖的镇区23个，行政村340个，行政村通达率86.96%，家庭宽带接入率为34.3%。传输能力建设：2020年传输线路里程达9145.6千米，其中省干光缆里程403.1千米，拥有传输PTN网元总数752个，汇聚机房26个。

网络保障。2020年4月，在湖南省春季乡村文化旅游节期间，安化移动分公司用时5天在县政府开通1个5G基站；在开幕式现场布置一辆5G应急通信车，打造5G旅游行业应用新场景。同时与县融媒体中心合作，通过“和商务”直播为旅游节活动提供直播服务。

市场发展。2020年，公司完成个人计费收入2.53亿余元。通话客户规模35万余户，其中期末4G客户26.8万余户，5G客户6.3万余户，过网通话客户份额为56.4%。新增宽带用户1.48万户，宽带用户总数达6.7万；新增一级渠道9家，累计达104家。

（撰稿人：夏　皓）

【联通】 2020年，中国联合网络通信有限公司安化县分公司投入4452万元，建设开通4G基站74个，5G基站32个，架设传输光缆310千米。投资338万元，新增46个村固网覆盖项目，端口2.6万个。利用联通GL900的4G网络优势，对农村4G网络、贫困村4G网络、高速和主要交通干线的4G网络进行了加强。完成东渠公路、官新高速杆线迁移、烟溪中断站新机房搬迁建设、安化辖区固网100G扩容。截至年底，全县共有2G基站260个，3G基站409个，4G基站516个，5G基站32个，4G覆盖率达到96%以上，5G达到县城城区覆盖。

（撰稿人：吴欣枝）

金 融

综 述

【概况】 截至12月末，全县金融机构本外币存款余额367.08亿元，较年初新增10.36亿元，增长率为2.9%，比2019年多增3.59亿元，存款余额在益阳市4个县市中排名第1位。本外币贷款余额193.34亿元，较年初新增33.88亿元，增长率为21.25%，比2019年多增18.7亿元，贷款余额在益阳市4个县市中排名第1位，存贷比为52.67%，贷款增速远高于存款增速，存贷比持续攀升。

【信贷投放向实体倾斜】 根据《湖南省金融支持疫情防控和企业复工复产的若干措施》《湖南省金融"暖春行动"助力疫情防控和复工复产工作方案》等文件精神，县金融办组织召开安化县金融支持企业复工复产"暖春行动"政银企担对接会，分6批向辖区内金融机构推荐融资需求企业212家，融资需求7.72亿元，创新运用货币信贷政策工具，持续向市场注入低成本资金，截至12月末，全县通过货币信贷政策工具新发放的企业贷款加权平均利率4.75%，较同类型贷款下降350个BP。金融机构通过再贷款、延期还本付息、普惠小微信用贷款支持计划等政策为企业节约成本3600万余元。各银行向地方法人机构新发放扶贫、支小再贷款6.55亿元，展期扶贫再贷款5.9亿元，再贷款余额12.45亿元。同时加强培训指导，制作《新一轮阶段性延期还本付息政策解读》微视频，指导辖内法人机构申报延期还本付息政策支持贷款，笔数175笔、金额1.08亿元，法人机构获得108万元奖励，引导法人金融机构发放纯信用贷款863.5万元，实施第一、二、三批普惠小微信用贷款支持计划345.4万元，让156户市场主体享受到便捷的信用贷款。制定《安化县2020年农村信用体系建设实施方案》，全县范围持续开展信用户、信用村、信用乡（镇）建设。截至11月末，建立农户信用档案20.25万户，评定信用农户18.21万户，对建立信用档案的农户累计发放贷款281.6亿元，余额57.9亿元。

【金融扶贫远超年度目标】 小额信贷工作方面。截至12月底，全县累计投放扶贫小额信贷17903笔79818.75万元（安化农商银行17781笔79238.55万元，湘淮村镇银行76笔356万元，邮政储蓄银行46笔224.2万元），其中，2020年度共发放5461笔25524.32万元，贷款余额为5379笔25147.63万元（安化农商银行5379笔25147.63万元）。因疫情影响展期102笔450.57万元。边缘户贷款46笔217.9万元。2020年全年新增贷款5461笔25524.32万元，完成年度任务的231.2%，超额完成年度目标，扶贫小额信贷落实情况在湖南省内排名靠前。保险扶贫方面。6月1日至25日，全县累计为148782名贫困人口购买"扶贫特惠保"保险，共计投保金额892.69万元（财政补贴保费为803.42万元、贫困户自筹89.27万元），全县所有建档立卡贫困户实现保险全覆盖。四家保险公司累计理赔4517人次390.63万元（太平洋财产保险947人数77.95万元、中国人民财产保险2179人次216.09万元、中国人寿保险1090人次77.29万元、中华联合保险301人次19.3万元），理赔率为43.76%。

【打击非法集资】 通过开展宣传月活动，全县悬挂横幅、张贴宣传标语210余幅，发放宣传资料2.5万余份，赠送宣传扇子1000把，开辟宣传栏50余个，使用流动宣传车60余台次。组织公安、民政部门在全县敬老院、社区居家养老服务站（点）等重点场所和老年人经常活动区域，对以“消费返利”“会员卡”“预付费”“投资养老公寓”等可能涉嫌非法集资行为开展全面深入排查。

（撰稿人：谌 顺）

银行业

【中国人民银行安化县支行】 货币信贷。支行充分运用货币政策工具和窗口指导方式，落实稳健货币政策要求，引导信贷投放合理适度增长。2020年末，安化县各项存款余额367.08亿元，较年初新增10.36亿元，增长率为2.9%。各项贷款余额193.34亿元，较年初新增33.88亿元，增长率为21.25%。余额存贷比为52.67%，增额存贷比为327.13%。推动县政府印发《关于全力支持和组织推动企业复工复产的九条措施》，加大与金融办、经开区、农业、茶叶协会、中药材产业协会等部门对接，推选5批206家企业名单为银行提供放贷参考，引导银行在疫情期间提供信贷资金53.84亿元，其中新发贷款34.90亿元，无还本续贷18.93亿元。制定出台《安化县金融支持稳企业保就业工作实施方案》，联合金融办向金融机构推送3批企业名单，收集行业企业212家、总融资需求56亿元；重点项目企业5家、总融资需求0.7亿元；乡镇企业53家、总融资需求3.47亿元。截至2020年末，支行向地方法人机构新发放扶贫、支小再贷款8.17亿元，展期扶贫再贷款5.9亿元，加权平均利率低至4.52%，安化县再贷款余额14.07亿元。2020年末，发放金融机构激励金129.7万元，引导金融机构为小微企业办理224笔延期还本，金额达12970万元；通过信用贷款支持计划发放优惠资金（零利率再贷款）608.58万元，引导金融机构新发放普惠小微信用贷款1600万元。

金融服务。指导金融机构利用ACS综合前置子系统自助转账功能，处理归还再贷款和资金汇划业务，两家法人机构通过系统成功归还再贷款5笔。督促辖内银行机构为农民工工资账户开立开通绿色渠道，保障农民工工资的及时发放。推进移动支付便民示范工程建设，扩大云闪付场景应用范围。组织辖内农业银行、邮政局以及邮政储蓄银行召开国债下乡联席会，引导国债投资者及时兑付到期国债。疫情期间，严格执行现金消毒的各项规定，督促辖内各金融机构及时做好现金消毒工作。指导农商银行做好小面额人民币预约系统建设，制作“小面额人民币预约系统”宣传微刊。落实《假币鉴别、假币收缴鉴定管理办法》的贯彻宣传，对乡镇86个金融机构网点开展人民币收付、小面额兑换、人民币机具升级及反假工作检查。

金融风险防控。全年对7家金融机构开展涉农信贷政策导向效果评估，对8家金融机构开展金融精准扶贫政策效果评估，对9家金融机构开展小微信贷政策导向效果评估。制定《安化县存款保险标识启用工作方案》《安化县存款保险标识启用风险应急预案》，召开动员部署会和培训会，加强与县金融办、宣传部、网信办等政府部门的沟通协调，开展巡察检查。起草《安化县省级金融安全区创建工作实施方案》，组织开展省级金融安全区创建的材料申报、协调推动等准备工作。对县域各金融机构数据进行实时监测，牵头金融系统加强对重点领域、重点地区和重点人群可疑情况的摸排，做好法人金融机构反洗钱分类评级和风险评估工作。对2家法人机构防范跨境赌博、新型网络诈骗等违法犯罪活动开展现场检查督查。

（撰稿人：刘紫慕）

【中国农业银行安化县支行】 2020年，安化县支行实现净利润6769万元，人均净利润52万元；实现拨备后利润9024万元，完成全年计划的86%；实现经济增加值6037万元，完成全年计划的95%，实现人均经济增加值46万元，全年综合绩效考核全市第二名，领导班子经营目标责任制考核全市第一名，荣获湖南省分行2020年一级支行经营管理先进单位。

存款业务。2020年，安化县支行各项存款余额594808万元，较年初增加17548万元。其中个人存款总额497410万元，较年初增加33086万元，个人日均核心存款余额481337万元，较年初净增25272万元，完成全年计划55%；对公存款余额97399万元，较年初减少15538万元；对公日均核心存款余额123401万元，较年初下降11126万元。

贷款业务。2020年安化县支行各项贷款余额269133万元，较年初净增68353万元。个人类贷款总额63569万元，较年初净增13569万元，增幅27%。公司类贷款余额205564万元，较年初净增54784万元，增幅36%。安化县支行精准扶贫贷款余额21816万元，完成全年计划158%，带动贫困人口贷款余额20359万元，完成全年计划的360%。支行支持战略新兴产业贷款余额26760万元，占比26%。小微企业贷款余额5449万元，比年初增长550万元，增速11%；民营企业贷款余额8449万元，比年初增加2463万元，增速41%；农产品稳产保供贷款余额538万元，比年初增加313万元，增速139%。

中间业务。2020年支行中间业务实现收入2251万元，完成全年计划的99%，增幅12%。主要通过代理保险、销售基金、贵金属、理财业务、电子银行联动、消费分期等业务实现。

不良贷款。2020年本期不良贷款余额635万元，较年初增加250万元，不良贷款余额控制计划完成率129%；不良贷款实际处置额854万元，不良贷款处置计划完成率267%；已核贷款清收额128万元，已核贷款清收计划完成128%。

12月21日，经上级行和安化县人民银行审批同意，中国农业银行股份有限公司安化云台山支行正式成立。

（撰稿人：刘益平）

【中国农业发展银行安化县支行】 2020年，支行被评为湖南省分行2020年脱贫攻坚贡献奖先进集体。

贷款情况。截至12月末，全行各项贷款184227万元，贷款总额较年初增加28080万元。其中：流动资金贷款余额10794万元，占比5.86%；中长期贷款余额173433万元，占比94.14%。贷款余额中认定为精准扶贫贷款的余额为103250万元，占比56.04%。至12月末累计发放贷款53845万元，较上年同期增长51741万元；累计收回贷款23883万元。

存款情况。至12月末，全行各项存款余额56215.59万元，比年初减少13042.17万元，降幅18.83%。其中单位活期存款55560.61万元，比年初减少11068.4万元，降幅16.61%；财政存款654.98万元，比年初减少1973.76万元。各项存款日均92398.94万元，比年初减少2240.88万元，下降2.36%。

收支情况。至12月末，全行实现各项收入9071.40万元，其中贷款利息收入9070.92万元、金融机构往来收入0.12万元、中间业务收入0.03万元、营业外收入0.14万元、营业外收入0.19万元；各项支出4779.79万元，其中存款及债券利息支出328.79万元、系统内往来利息支出3559.25万元、营业费用支出566.59万元、税金及附加33.61万元、手续费及佣金支出5.15万元、资产减值损失280.93万元、其他营业支出0.34万元、营业外支出5.13万元。账面盈利4291.61万元，按照年初市分行下达全年利润目标3237万元计算，完成目标任务的132.57%。FTP利润2571.73万元，根据市分行下达全年FTP利润任务1617万元，完成目标任务159.04%。

贷款利息收取情况。至12月末，全行应计利息9290万元，实收利息9280万元，综合回收率99.89%，其中扶贫贷款应计利息5232万元，实收利息5232万元，综合回收率100%；自营性非扶贫贷款应计利息8万元，实收利息8万元，综合回收率100%；政策性非扶贫贷款应计利息4050万元,实收4040万元，综合回收率99.75% 。其中没有收回的10万利息全部为粮食局挂账贷款利息，未收原因是补贴资金未到位。

投放4亿元贷款支持水利建设。3月9日，安化县支行向企业投放4亿元贷款，用于安化资江流域黑臭水体工程建设，支持企业复工复产。该项目属于安化县重点民生工程，贷款投放后将用于仙溪镇、清塘铺镇等8个黑臭水体综合项目。

（撰稿人：胡　思）

【中国工商银行安化支行】 各项存款。2020年年末，各项存款余额7.19亿元，较年初净增1.12亿元，增幅18.36%。其中，储蓄存款余额5.75亿元，较年初净增8800万元，增幅18.11%；对公存款余额1.37亿元，较年初净增3000万元，增幅27.87%；机构存款余额700万元。

各项贷款。各项贷款余额9.60亿元,较年初净增4.37亿元,增幅83.70%。其中，公司贷款8.17亿元，较年初净增4.05亿元，增幅98.08%；个人贷款余额1.43亿元，较年初增加3300万元，增幅29.81%。

重点业务。截至年末，代销个人理财产品销售额累计14963.32万元；代销个人基金产品销售额累计479.01万元；代销个人寿险销售额累计274.05万元；代销个人客户国债业务销售额累计168.70万元；代销法人理财销售额累计2000万元。借记卡累计发卡52743张，较年初新增6403张；信用卡累计发卡6636张，较年初新增269张；代理发放工资客户数全年新增1270户。

（撰稿人：张　琴）

【中国建设银行安化支行】 年末一般性存款余额为384357万元，比上年年末下降34179万元。其中对公存款145627万元，比上年末减少50709万元；个人存款余额238730万元，比上年末增加16530万元。年末各项贷款余额230359万元，比年初增加65751万元，其中公司类贷款余额175692万元，个人贷款余额54667万元。年末不良贷款余额531万元，不良率为0.23%；全年实现净利润10203万元，人均创利248万多元。

为安化黑茶小镇建设有限公司授信5.5亿元，年内投放贷款5.1亿元，为建行湖南省分行首笔“乡村振兴—农业特色小镇”贷款。采用纯信用方式为39家中小微企业发放贷款6092万元。发放湖南省首笔“十佳农民”贷款50万元，实现建设银行个人支农贷款方式的创新。年内将湖南分行推出的“金湘通”业务品牌融合为建设银行总行的“裕农通”业务品牌，裕农通助农普惠服务点实现行政村（社区）100%全覆盖。截至11月末，全行助农服务点交易量65.16万笔，交易金额达9876.3万元。

（撰稿人：陈并宇）

【中国邮政储蓄银行安化县支行】 2020年，安化县支行累计完成收入6769万元，超年计划859万元，完成年计划的114.5%，同比增长27.72%，人均创收118.75万元。完成利润4333.9万元，超年计划633.9万元，完成年计划117.13%，同比增长36.08%，人均创利76.03万元。截至12月31日，支行个人储蓄时点余额达107848万元，年净增10837万元；支行销售贵金属共实现中收12.16万元；销售保险2006.8万元，基金3339.28万元，理财15688.97万元，信用卡发卡2059张，邮惠付610户，邮惠付发展全市排名第一；公司存款余额达80715万元，规模居全省县支行前列，年净增18684万元，日均净增20901万元，全省排名靠前。2020年贷款净投放82023万元，同比净增68.18%，净增排名全市第二，其中医院贷发放6笔，共计6100万元；芙蓉山风力发电二期项目发放公司贷17600万元。政府购买专项债3笔，共计27300万元。

2020年，安化县支行各项不良贷款金额651.23万元，较年初减少150.48万元，不良贷款率为0.91%，较年初减少0.41%。其中，小额贷款逾期率和不良率分别为1.69%和1.60%。小企业逾期不良金额为56.54万元，逾期率及不良率为0.63%，资产质量优良。

（撰稿人：郭艳霞）

【湖南安化农村商业银行】 2020年，安化农商银行荣获第六届“全国文明单位”称号。小淹支行荣获中国银行业社会责任百佳评估“最佳社会责任特殊贡献网点奖”。1月18日，公司办公大楼由东坪镇建设路21号搬迁至紫薇路79号。

2020年末，全行各项存款余额166.23亿元，较年初净增12.4亿元，占全县金融机构的45.29%。各项贷款余额79.06亿元，较年初净增10.67亿元，贷款总量占全县金融机构的41.25%，年内累放各项贷款127.93亿元，重点支持茶叶、旅游、文化、康养、城镇建设和种养殖业。全行手机银行有效客户净增33763户；电子银行替代率达90.38%；社保IC卡平均激活率达到81.9%；共计发放信用卡5364张，安装ETC卡12194张。

截至年底，全行不良贷款率为1.95%；资本充足率为12.97%，拨备覆盖率为332.53%，累计收回表外不良贷款本息6598.17万元，累计收回股东购买不良贷款本息601.36万元，累计收回政府购买不良贷款本息103.31万元。

（撰稿人：廖　苏）

【华融湘江银行安化县支行】 支行一般性存款4.19亿元，对公存款余额2.27亿元，储蓄存款余额1.92亿元。各项贷款总额3.79亿元，其中公司贷款余额3.03亿元。

网点建设。支行营业网点拥有轻型柜台机2台、存取款一体机3台，实现24小时营业。

（撰稿人：李　娆）

【湖南安化湘淮村镇银行】 主体业务。2020年末，全行各项存款余额11.62亿元，较年初增加1.82亿元，其中：储蓄存款余额4.55亿元，较年初增加0.47亿元。各项贷款余额为8.54亿元，较年初增加0.79亿元。

金融服务。通过网上银行、手机银行等电子渠道，办理资金结算98631笔、金额312645.83万元；通过线上服务等方式办理贷款审批133笔、金额6588.4万元。向复工复产小微企业授信共2000万元；累计向1364户小微企业、个体工商户和小微企业主发放普惠贷款35171万元；为218户中小微企业办理贷款临时性延期还本，涉及贷款218笔、金额7427.8万元。新增14个授信村，新增授信户数500户，新增授信金额3382万元，新增发放户数452户，总发放户数达2680户，占全行贷款户数的51.74%，新增发放金额3971.5万元，总发放金额达到2.2亿元。

风险管控。2020年全行不良贷款余额406.88万元，不良贷款率0.48%，贷款拨备率3.50%，拨备覆盖率735.33%，通过自主清收、司法处置，全年累计处置不良贷款714.62万元。

（撰稿人：夏汝健）

【长沙银行安化支行】 2020年，全行实现营业利润4909.30万元，达到基础存款9.77亿元，拥有个人客户30322户、对公结算客户632户，表内外信贷余额25.55亿元（其中表内贷款余额9.95亿元、表外贷款余额15.6亿元）。2020年，长沙银行安化支行在安化县紫薇大道华莱城商业街一楼设立一级支行网点，在梅城镇晨光路中梅豪庭商业街一楼设立二级支行网点，在东坪镇、县城南区、江南镇、羊角塘镇等地设立45家农村金融服务站。

（撰稿人：吴晨惠）

保险业

【中国人民财产保险股份有限公司安化支公司】 截至2020年12月31日，安化支公司实现保费收入11150万元，同比增加保费478万元，同比增长4.48%，完成年计划12065万元的92.42%。其中常规业务实现保费收入7042万元，完成年计划的85.2%；车险实现保费收入4782万元，完成年计划的83.16%；商业非车险实现保费收入2260万元，完成年计划的89.86%，农险完成保费收入4108万元，完成年计划的108.1%。

在2020年农险遴选工作中，支公司选包承办险种8个，保费4108万元，较2019年同期增长856万元，为全县14.8万多个农户提供保障。截至11月30日，承保各类车辆2.8万余台。公司农险在中晚稻寒露风灾害中赔款550万余元，养殖场能繁母猪、育肥猪共赔付612万元，截至11月30日，农险全险种赔款达2043万元。

（撰稿人：林碧玉）

【太平洋财产保险股份有限公司安化支公司】 2020年，安化支公司共完成入账保费10055万元，保费增速20%。其中车险完成入账保费3988万元，全年任务完成率93%；非车险完成保费2853万元，全年任务完成率104%；农险完成保费3213万元，全年任务完成率109%。公司占安化市场份额30.73%，增长2.3%，排名第二，同比增速20.03%，完成了总公司“双优双对标”的经营目标。全年完成税收682万元。

（撰稿人：罗海燕）

【中华联合财产保险股份有限公司安化县支公司】 全年完成保费收入4982万元，超过目标任务4800万元，同比增长10.99%。全年满期赔付率为68.3%，高于年初制定的67%的目标。全年在安化缴纳税收260万元，超出目标任务220万元。

（撰稿人：邹珺瑜）

【中国人寿保险股份有限公司安化支公司】 全年实现总保费收入12000万元，同比增长14.85%。个险和银保的大短险同比增长率分别为44.06%和47.27%。公司全年共支付各类理赔金、生存金和满期金9198万元，其中在城乡居民大病补偿医疗保险、农村小额贷款保险、计生家庭保险、扶贫特惠保、五保户住院护理津贴保险以及中小学生意外险等民生保险方面，共支付赔款2522万余元。完成税收105万余元。

（撰稿人：胡艳红）

【中国平安财产保险股份有限公司安化支公司】 截至2020年12月31日，安化支公司实现保费收入1200万元，同比增加保费102万元，增长1.02%。

（撰稿人：刘　珍）

城乡建设与管理

城乡规划

【国土空间总体规划编制】统筹落实生态保护红线、永久基本农田保护红线、城镇开发边界线三线划定工作。划定生态红线上报成果1423平方千米，初步划定城镇开发边界线93.94平方千米。

【城乡规划编制】完成规划区内控制性详细规划166项，修建性详细规划110项，各类三测合一任务80余项。稳步推进“多规合一”村庄规划编制，19个村庄规划完成编制。

【“三调”收尾工作】全面查清土地利用现状，进一步完善“三调”数据库，实地核查疑问图斑，同步开展“三调”数据统一时点更新工作，做好互联网+在线核查，“三调”数据通过国家审核。

（撰稿人：刘梦晴）

城镇建设

【概况】县城南区林家冲紫薇谷文旅综合体片区开发项目加速推进，辰溪西路拉通并完成绿化亮化工程；完成县城东北部片区规划并启动土地征收，启动玉溪片区综合开发前期工作。乡镇污水处理设施实现全覆盖，完成县城垃圾填埋场扩容工程，完成LNG气化站和南区天然气管网建设。争取新型城镇化建设、乡镇污水处理设施建设、老旧小区改造等资金3.92亿元。全县城镇化率达40.28%。

【城乡生活污水整治】奎溪镇、烟溪镇于2019年12月30日建成通水试运行；江南镇、羊角塘镇、冷市镇、大福镇于9月20日建成通水试运行；龙塘乡、高明乡、乐安镇、长塘镇、滔溪镇、小淹镇、清塘镇、仙溪镇于11月30日建成通水试运行。12月10日，通过省住建厅、省环保厅组织的洞庭湖区乡镇污水处理设施（第二批）现场核查，所有乡镇均达到建成通水、试运行条件，完成市、省销号任务，顺利实现乡镇污水处理设施全覆盖。

【城乡生活垃圾整治】印发《安化县城乡环卫一体化垃圾收运体系PPP项目运营期绩效考核办法》，确保对全县生活垃圾做到日产日清。加强对乡镇非正规垃圾堆放点整治后的监督管理，对违法违规倾倒垃圾、危险废物等行为依法严肃查处，确保非正规垃圾堆放点整治合规到位。

【气化安化】出台《安化县人民政府办公室关于加强我县瓶装液化石油气经营管理的通知》（安政办发〔2020〕33号），切实加强全县燃气经营企业安全生产和经营管理。根据《安化县城市燃气发展规划（2016—2030）》近期规划要求，完成13个液化石油气储配站建设。完成县城管道燃气LNG气化站工程建设，华莱城、金安景园等12个小区一共4300余户住户达到通气条件；启动其他建制镇管道燃气建设相关前期工作。

（撰稿人：刘梦晴）

村庄建设

【概况】实现农村危房存量清零；完成全县历史名城、历史古建筑及历史文化街区的摸底统计与申报工作；完成第五批中国传统村落的保护发展规划编制；完成数字博物馆年度建设任务。

【农村危房改造】省住建厅2020年下达全县任务1191户（含2019年超额完成任务360户），实际完成1394户，任务完成率为117.04%，拨付补助资金2771.5万元，全面完成危房存量动态清零。

【空心房整治】执行一户一宅、建新拆旧政策，开展“空心房”整治。1期为易地扶贫搬迁后的建设用地，复垦地块数712块（栋）；2期和3期拆除“空心房”682栋，4期和5期拆除400余栋。

【传统村落保护】烟溪镇双烟村、渠江镇大安村、平口镇金辉村、江南镇高城村、田庄乡天子山村等第五批中国传统村落保护规划于7月获省住建厅评审通过，并取得县人民政府正式批复。完成南金乡九龙池村传统村落数字博物馆建设。

【房屋安全鉴定】完成东梅公路建设前期布控房屋216栋，收控35栋；完成东渠公路建设布控房屋35栋；鉴定私有房屋安全65栋。

（撰稿人：刘梦晴）

建筑业

【概况】2020年，全县完成资质以上建筑业总产值21.09亿元，同比增长14.1%；其中建筑工程产值18.08亿元，增长11.39%，其他产值2.32亿元。房屋建筑施工面积184.8万平方米，其中，本年新开工面积85.1万平方米。从业人数6029人，全员劳动生产率35万元/人。建筑业增加值13.8亿元，增长8.6%。

【安全生产】2020年，全县受监项目共50项，受监面积144.37万平方米，工程造价29.4亿元。全年共下发《质量安全隐患整改通知书》等各类通知文书158份，发现并督促整改质量安全隐患1100余条，全年未发生一起建筑安全生产责任事故。

【勘察设计】办结审查项目75项，审查率100%，图纸备案面积75.6万余平方米。所有建设项目均进入湖南省施工图管理信息系统进行在线审图和备案，图审时间从平均28天缩短至13天。对安化县中医医院综合楼、大福镇中心医院综合楼等11个工程的施工图初步设计进行审查并做出批复。

【消防备案验收】全年完成线下办理消防备案64个，消防验收20个；线上办理消防备案35个，消防验收44个。

【混凝土市场整治】出台《安化县人民政府办公室关于规范预拌混凝土市场的通知》（安政办函〔2020〕69号），按照“边督察、边查处、边整改”原则，加大对全县混凝土搅拌站的整治力度，8家混凝土企业依法获得预拌混凝土专业承包资质，25家无资质混凝土搅拌站依法关停。

【农民工工资清欠】2020年，帮助农民工讨薪、维权346起，涉及资金778万元。

【工程建设项目审批制度改革】深度推进工程建设项目审批制度改革，完成统一审批流程、统一信息数据平台、统一审批管理体系、统一监管方式的“四统一”工作。设置工程建设项目审批主题窗口，入驻审批单位11家、市政公用服务企业3家，实现咨询服务、受理等多功能集成，2020年主题窗口受理办理审批事项1000余件。将工程建设项目审批的四个阶段（47个审批事项）按职责职能划分全部入驻湖南省工程建设项目审批管理系统办理；开展区域评估，取得成果7项；推行告知承诺制；配备帮办代办专员，实行无偿服务，全程代办；实现零纸质资料、全程网办，审批时限压缩至3.5个工作日以内。推行工业项目“拿地即开工”、重点项目“开工即开建”“多测合一”“多规合一”“联合竣工验收”等改革举措。全年为50多家企业及重点项目开展主动上门服务100余次。

【城建档案维护】 完成全县23个易地扶贫搬迁项目的资料预验收工作；完成7个项目的收集、归档及入库工作；参加技术交底会与竣工验收会总计21次；接待群众查阅资料52次，复印资料2880余张，档案的查准率达98%。

【建筑工程质量检测】 全年共受理报检建设工程项目43个，建筑面积约42万平方米；进行室内环境、水电检测工程项目40个；完成地基浅层平板载荷检测工程项目42个；完成拉拔实验项目25个；完成各项材料或构件试验16928组次。

（撰稿人：刘梦晴）

房地产业

【概况】 房地产全年生产总值达20.0977亿元，同比增长4.4%。成立中共安化县物业管理行业委员会，打造平安建设小区与党建引领小区。

【房地产市场监管】 发放商品房预售许可证10份，批准预售面积35.4万平方米，商品房销售面积55.4962万平方米，完成房地产生产总值20.0977亿元，商品房预售资金监管8.68亿元。及时妥善处理房地产市场领域信访投诉11起。

【住宅专项维修资金归集】 全年发生2043笔归集业务，涉及小区项目41个，归集住宅专项维修资金1914.5187万元。申请使用维修资金业务外勘25次，实际核准申请15次，申请金额106.1162万元，核准使用维修资金97.091万元。

（撰稿人：刘梦晴）

征地拆迁

【概况】 2020年，累计签约2587户，占总任务的125%；累计签约面积25.39万平方米，占总任务的125%；累计拆除2587户，占总任务的125%。在全市重点工程征地拆迁攻坚行动考核中，安化县被评定为“优秀”等次。

【棚户区改造】 全县实施棚户区改造项目5个，分别是东坪镇萸江路棚户区改造项目（二期）、毛家巷棚户区改造项目（二期）、北区棚户区改造项目、桔园棚户区改造项目和平口镇南区棚户区改造项目。全年签订安置协议1638户，累积签约面积127435平方米，完成拆迁1638户，拆除房屋127435平方米，货币安置1199户，开工建设安置房439套，完成投资8.72亿元。

【集体土地征收与房屋拆迁安置】 全县实施的集体土地征地拆迁项目有：G59官庄至新化高速公路、龙江公路（江南大桥）、梅城镇G207冯家湾至S322李家台公路（南桥大道）、大湖坪水库、钟鼓山水厂、江南工业园、县城东北部城镇综合开发。累计征收土地2846.17亩，拆迁房屋301栋，安置440户，支付征地拆迁补偿款3.2亿元。

（撰稿人：阮尚祥）

住房保障服务

【公租房管理】 完成租金收入2158万元，收回尾欠租金80万余元。审批中、大维修项目96次，处理城西家园天沟瓷砖脱落、5.4台风应急处置、江南镇良佐茶行文物保护等事件。对全县公租房资产档案进行完善，整理公租房资产档案376盒，建立以分中心为单位按栋归集入档工作制度，完善落实审批程序。对全县613个公租房商业门面进行地毯式清理，处置转借36户，涉及门面68间。开展疫情对商业门面经营影响程度调研工作，减免商业门面2个月租金，共计64万元。坚持公租房实物配租和租赁补贴，全年共发放配租通知单401份，配租公租房508套，其中新分配311套、互换171套、续租26套；发放住房租赁补贴2224户216万元。

【老旧小区改造】 2020年，实

施老旧小区改造项目13个，改造面积14.25万平方米，改造房屋53栋，拆除违章建筑26处，涉及居民1352户，完成投资16442万元。6个重点民生实事项目：渣矿小区、建设小区、吴合小区、火车巷小区、梅园小区、电信小区，涉及房屋31栋，改造户数792户。渣矿生活小区、梅园小区、城西家园小区等3个小区创建成文明示范样板区。

【房地产测绘】 2020年，完成世纪新城二期、莲竹园二期、中辰置业二期、东桥农贸市场、茶香小区、望梅雅苑、梅山匠府、紫薇谷A、B、C区等商业楼盘的预测和实测业务，测绘面积968253.87平方米。完成竹林片区、毛家片区、房产局、畜牧局、农机局、石油公司、交通局旧址、黄合片区等棚户区改造测绘390栋，面积337359.36平方米。

（撰稿人：李　璐）

城市管理执法

【综合执法】 立案查处各类违法违规行为164件。其中：违建处罚26件，渣土处罚68件，市容类处罚70件。查处违建面积2.3万平方米（2018—2020年“铁锤行动”共查处违建面积7.8万平方米，超额完成市定三年6万平方米任务目标的130%）。开展各类专项整治行动448次，其中：占道经营156次，出店经营109次，查违控违拆违行动27次，油烟污染32次，噪声污染29次，交通秩序25次，清理大型户外广告16次，扬尘治理22次，食药品安全17次，禁燃禁放15次。暂扣各类违规物件1215件，处理违停机动车辆455台。

【管理服务】 无害化处理垃圾15.36万吨，处理渗滤液6.85万吨，无害化处理率100%。清理“牛皮癣”1.3万条；清理卫生死角206处；新增果皮箱150个；维修垃圾箱、压缩站等环卫基础设施874个。与县城区商铺签订“门前三包”责任状3000份，制作安装铝合金责任牌3000块。建成城区亮化工程“总控室”，缩减123个电源分开关，缩短2小时以上开启时间，节约近10%的电费及管护费用；新增云天桥亮化灯带800米，亚克力红灯笼250个；新增公厕2座，全城公厕达到35座；新增绿化面积1150平方米，累计11.8万平方米；新增东坪电站厂房立面亮化及路灯；维修路灯、雨水井盖、护栏等各类市政设施718次，维修破损路面、人行道2500平方米，年度累计维修资金达390万元。处理市民投诉、举报热线417件，回复率100%，满意度98%。

【新冠肺炎疫情防控】 清理清查各类娱乐场所32家，劝离、劝导群众1365次。人员流动量下降35%。加强城区“大消毒”，“人机”结合每天对城区喷洒消毒药水。新增口罩回收箱178个，并定时进行消毒处理。

【垃圾场扩容改建】 安化县东坪城区无害化垃圾处理场二期改扩建工程项目于10月底竣工。此项目于2019年6月经安化县人民政府第四次常务会议研究批准，2019年11月正式施工。建设内容主要包括：填埋场扩容工程，防渗系统工程，渗沥液导排工程，地下水导排工程，库区雨水导排工程，填埋气收集与处理系统，场内道路工程。工程项目概算总投资3062.91万元，建设库容130万立方米，按可日均填埋垃圾500吨计算，可填埋5年。

【益阳市首个垃圾填埋气发电厂并网发电】 耀鼎能源安化填埋气发电厂于7月23日挂牌成立，电厂由广东佰川畅银新能源科技有限公司投资承建，投资方式为招商引资，总投资1736万元，总装机容量4兆瓦。首期投资1200万元，装机2兆瓦；二期计划投资536万元，增容2兆瓦。首期投资于2020年7月完成，正式发电并网运行。建设内容主要包括：气体收集系统，气体净化系统，机组发电系统，机组控制系统，电压升压系统，电能输送系统及生活配套系统等。发电厂主要工艺配置为填埋气发电生产线，配备气发电机、气预处理等设备，在生活垃圾填埋区的垃圾堆中植入140口竖井和40口膜井的抽气井，不间断将垃圾填埋堆体的气抽出，通过收集管网送至发电机组，经过预处理后发电。

【行政审批服务】 7月，26项政务服务事项全部进驻服务窗口，进驻率100%。

【地摊经济】 根据国务院办公厅《关于应对新冠肺炎疫情影响强化稳就业举措的实施意见》文件精神，县城管执法局在陶澍广场、中国黑茶博物馆、城西社区等区域增设83个可供临时销售的摊点，解决130人就业问题。

【示范样板街打造】 2月至5月，由县城管执法局牵头，联合县创建办、东坪镇、县住建局等相关单位，对平洞高速安化入口至湾竹塘沿线进行攻坚整治。建设人行道约3.6公里，增设垃圾箱桶139个，种植道行树120棵，摆放花卉3万盆，增设各类景观灯200盏，绘制具有安化特色、黑茶文化和梅山文化元素的彩绘31幅，设置车辆禁停标志标识牌98块。

【"创文"宣传】 为营造"创建省级文明县城"氛围，制作各类宣传广告标语312个；推送宣传信息1.8万余条；发放宣传资料和宣传图册3200份；发布微信公众号动态28期，抖音号动态13期；开展文明劝导60次；利用城区57个电子显示屏全天候播放宣传标语，车窗抛物、垃圾乱扔等行为逐步减少。

（撰稿人：彭玉丰）

资源·环境

自然资源管理

【土地要素保障】 全年报批土地2016亩，其中重点项目、产业项目1060亩，民生工程项目362亩，基础设施项目389亩，其他项目205亩；设施农用地备案113宗。坚持土地配置联席会议制度，全面实行工业用地弹性出让，切实做好“净地”供应，加强土地批后管理，启动土地批后管理信息系统视频监控安装。全年共划拨和出让各类建设用地342宗6373.95亩，土地总价款收入7.4亿元，代征代缴税收2.6亿元。

【耕地保护】 严格落实基本农田保护制度，坚守耕地红线。通过向市级部门等价兑换、收储指标等价交换水田规模等方式，全面兑现全县所有旱改水承诺3326.12亩和省厅指标欠账819.66亩；39个涉农部门高标准农田项目全面完成上图入库。开展全县农村乱占耕地建房问题摸排工作，完成上级下发的280922个农村乱占耕地建房问题图斑摸排。14个2019年市级土地综合整治项目完成施工及验收，2020年第一批市级土地综合整治项目工程全面完成，16个社会投资耕地开发项目通过验收和指标确认。新增耕地面积1095亩，其中旱地430亩、水田213亩、旱改水452亩。全年争取各类土地整治项目资金500万元。实施城乡建设用地增减挂钩项目4期3131.93亩，入库3期，确认新增农用地指标2025.75亩，其中水田752.15亩、旱地359.92亩、林地781.09亩、其它农用地132.5亩。实现易地指标交易收入1.98亿元。

【地质灾害治理】 全年组织知识培训23次、应急演练21次，发放宣传资料2000余册。启动全县地质灾害三级响应2次，发出预警信息2600次，接到地质灾害速报44起，出具应急调查报告35份，下发地质灾害督办通知29个，驻点指导督查30余次，下发会商通报5次和督查通报3次。巡查在册地质灾害隐患点和新发地质灾害点累计2000余次，累计转移群众7000余人次，成功避险2处。连续3年实现“零伤亡”目标，地灾防治工作获省先进。

组织实施4个综合治理项目和3处突发地灾应急处置，搬迁地质灾害避险安置点农户199户。全年争取各类项目资金2325.86万元，其中重大地质灾害治理项目资金765万元、搬迁避让项目资金780万元、防治体系建设资金280万元、应急处置资金县级255万元、地热和矿泉水采矿权前期工作经费245.86万元。

【自然资源执法】 交办各乡镇自然资源违法线索28条，立案查处违法用地34宗478.22亩，拆除违法建筑21处444.13亩，恢复耕地209.86亩，卫片违法案件履职率100%、查处率100%、整改率80%，年度违法占耕减少137.78亩，违法占耕率减少19.23%。闲置土地处置248宗891.6亩，处置到位率86.61%，违法用地处置329宗1721.74亩，处置到位率86.75%，批而未供土地消减1092.41亩，消减率63%。查处整改违建别墅4宗12栋，违建别墅整改率、到位率均达到100%。关闭非法采矿点7处，责令停产整顿矿山5家，立案查处非法探矿权案、非法开采山砂案9起。开展安全生产检查255次，全县未发生一起自然资源领域安全生产监管责任事故。

【办好民生实事】 房地一体确权登记颁证全面启动，完成202917宗农村宅基地和2244宗集体建设用地权籍调查工作，完成417个村的整村权籍调查工作，权籍调查覆盖率100%，颁证率100%。

102项政务服务事项进驻服务窗口，下放16项依职权类事项到乡镇实施。推行不动产登记"一件事一次办"，构建"一窗办事"平台，开拓"互联网+政务服务"模式,推出"扫一扫"办事服务指南，实现乡镇便民中心线上申请，与银行构建"互联网+不动产抵押登记"银行贷款协同办理平台，不动产登记业务提速至5个工作内办结，累计发放不动产登记证书和证明7.7万余本。集中化解县城南区安置房、洢水名都等10个涉及5800余户群众的不动产办证问题。

【巩固扶贫搬迁成果】 全年实施拆除复垦2746户，拆旧率、复垦率均100%。办理集中安置项目60宗3749户和分散安置项目1192户、共646.6亩建设用地报批手续，发放易地扶贫搬迁项目不动产证书4941本，发证率100%。

【首例"零见面"办证】 1月13日，安化县不动产登记中心窗口为安化农商银行新桥支行办理抵押首次登记、抵押注销登记业务，这是自疫情防控以来，县不动产登记中心首次为企业提供优质高效的"零见面"服务。所谓"零见面"，就是申请人无须亲自到窗口办理，由不动产登记中心工作人员与银行负责信贷业务的工作人员衔接，传送电子收件资料，中心工作人员经查阅、审核、打印收件资料并受理业务，即办即出证。

【安装第一宗全程监管视频监控设备】 8月，县自然资源局在东坪镇城南社区安装第一套新增建设用地批后全程监管视频监控设备，视频摄像头接入省自然资源厅土地批后监管系统。

（撰稿人：谌　丹）

生态环境建设

【概况】 2020年，县城环境空气优良天数363天，无重污染天数，优良率为99.2%，较2019年提高4.1%；PM2.5年均浓度26μg/m³，同比下降18.8%，全省排名第13位。全年辖区"水十条"考核断面、省控考核断面水质和县级城市集中式饮用水水源水质达标率均为100%；资江安化段大部分时间达到了Ⅱ类水质，资江考核断面锑浓度全年达标，并持续呈下降趋势。完成省、市下达的安全利用治理工作任务，共治理25682.2亩，污染地块安全利用率达100%。

【污染防治】 建立以分管生态环境保护工作副县长为办公室主任，各相关责任单位为生态环境保护委员会成员的工作体制。2017年以来，中央、省环保督察先后交办安化县各类整改问题51件，已完成整改50件。2020年"夏季攻势"共交办问题93件，完成92件，1件按要求有序推进整改。大气污染联防联控机制成立，建筑扬尘治理工作全面推进，按质完成二氧化硫、氮氧化物"十三五"减排任务，按要求完成1个网格化微型站建设任务；开展油品专项执法行动，完成加油站油气回收设备安装；1100台非道路移动编码登记任务已完成1124台。新建乡镇污水处理厂建设任务全部按期完成，实现乡镇污水处理设施全覆盖。完成资江流域锑超标治理工作。2020年,资江流域城北水厂、株溪口、敷溪和京华村4个考核断面的锑浓度均不超标，且整体呈下降趋势。垃圾无害化处理场环境整治工作完成。5月，圆满完成安化县第二次全国污染源普查工作，历时3年，共普查工业企业951家，集中式污染治理设施20家，生活源行政村379个，生活源锅炉 9 家，移动污染源 68 家。益阳市生态环境局安化分局被国务院第二次全国污染源普查领导小组办公室表彰为“第二次全国污染源普查表现突出的集体”。

【生态环境建设】“绿盾 2019”遗留的 20 个问题完成销号，东坪镇岩坡新村建成集中式污水处理设施。制定《安化县农村生活污水治理专项规划》，完成 6 个行政村生活污水治理，完成 138 个行政村整治、验收工作。

【环保执法】 利用无人机等执法装备依法依规开展环境执法监管。全年共立案查处行政处罚案件 11 件，收缴罚款 103.1 万元，移送行政拘留案件 3 件，移送刑事案件 1 件。全年对 16 家烧结砖企业、20 家采（碎）石企业、50 家制砂企业、23 家混凝土搅拌站、84 家加油站开展专项整治，对 13 家液化气站、13 家涉重金属行业进行应急排查，协助完成 184 家企业危废排查工作。

【环评与排污管理】 全年共受理建设项目 304 个，其中审批建设环境影响报告书 10 个、审批建设项目环境影响报告表 66 个、建设项目环境影响登记表备案 228 个。排污许可工作共完成 1924 家企业的核实、登记、发证，其中发证企业 67 家，登记管理的企业为 1210 家，核实家庭作坊门店、关停企业 647 家。完成全县 90 家企业排污权有偿使用费缴费工作，共计 668014 元。12 月 30 日，完成安化县“三线一单”编制工作。

【饮用水水源保护】 完成 17 处千吨万人和 67 处千人以上集中式饮用水水源保护区划定工作。全部完成洞天河治理工作，已在试运行，锹溪河流域积极开展治理。完成 19 处非法砂石码头整治工作；全县 51 艘客运船舶全部安装生活污水处理器和油污分离器，建设 8 个港口垃圾回收点，所有生活垃圾均已上岸。制定《安化县廖家坪水库饮用水水源地环境问题整改方案》，完成廖家坪水库一级保护区隔离防护网建设 700 米，关闭退出一级保护区内农家乐 1 家，累计完成饮用水水源保护区居民厕所改造 186 户。

【固废管理】 2020 年，依法处置大福镇历史遗留含砷危险废物 1400 余吨，梅城镇危险电子废物 200 余吨。

（撰稿人：唐潮婷）

【农村人居环境整治】 推进“三清一改”村庄清洁行动，清除卫生死角 21768 处、农村生活垃圾 64595 吨、村沟村塘淤泥 10534 吨、农村生活垃圾围坝 2210 处、农村生活垃圾非正规堆放点 2285 处、农业生产废弃物非正规堆放点 884 处，治理农村黑臭水体 300 处，疏浚河道 731 公里。完成 5250 户农村厕所改造和 20 座公厕建设任务。全面建成农村垃圾收转运体系。全县 433 个行政村（社区）完成合格村验收。完成 1 个省级美丽乡村创建，1 个精品乡村创建，2 个乡镇（江南镇、田庄乡）全域推进美丽乡村建设，全部获得省级验收通过。

（撰稿人：刘和飞　李　尤）

【资源环境治理】 开展普通建筑材料用砂石土矿专项整治，科学编制砂石土矿专项规划，砂石土矿由原来的 53 个核减至 26 个；制定绿色矿山三年行动方案，2 家矿山完成绿色矿山建设，自然保护地内 6 个矿业权完成退出处置。完成东坪镇全域土地综合整治项目试点申报和潜力资源调查。组织实施涉及 11 个乡镇 22 个矿山（矿点）的生态环境治理，关闭注销 29 家砖厂及采石场，莲花石锰矿等 18 家矿山及砖厂完成地质环境整治，杨林石煤矿等 6 家石煤矿山生态环境问题整改通过验收。

（撰稿人：谌　丹）

【林业环境问题整治】 全面完成“绿盾 2019”行动反馈全县 852 个疑似生态环境问题的销号工作。通过进行查处打击各类违法占用林地行为专项行动，共受理各类涉林案件 324 起，其中向森林公安移送刑事案件 3 起。完成 2018 年、2019 年 500 多个森林督查图斑的销号，共计回收林地 108.6 公顷、恢复林地植被 108.6 亩。完成 2020 年森林督查 172 个图斑以及即时和遥感判读图斑 56 个的核查工作。

（撰稿人：宁　媛）

【垃圾场环保问题整改销号】 4 月 8 日，湖南省住房和城乡建设厅、湖南省生态环境厅《关于全省城镇生活垃圾卫生填埋场专项排查情况的通报》（湘建成〔2020〕47号）文件中指出东坪城区垃圾无害化处理场存在调节池满容、渗滤液处理产水率偏低、填埋库区气体未收集利用等8个环保问题。县城管执法局通过新增渗滤液设备、实施改扩建工程、引进填埋气发电项目等措施，于12月14日完成整改。

（撰稿人：彭玉丰）

安化县六步溪国家级自然保护区

【生态保护】 全年无森林火灾发生；查处在保护区违法猎捕野生动物的违法案件1件，涉及5户；91处环保违法违规点位全部完成整改销号；将日常巡护、科研监测等数据传输接入省级平台；安装50台红外线相机，监测动物变化；设置3个大样地、12条样线，对标准地开展长期监测，完成第一次科研监测基础数据。在适当地点进行植物挂牌800株与二维码制作，宣传生态保护意义。中南林业科技大学、湖南师范大学、省植物园有关专家学者到保护区开展考察指导，提升保护区技术人员的可持续科研能力。

【项目建设】 实施奎溪镇木榴村原松溪锑矿废矿坑环境污染风险管控项目，到位资金970万元，8月24日完成公开招标程序，10月12日开工，年底完成80%。保护区二期基础设施建设项目全部实施完成。

（撰稿人：黄 辉 姚家骏）

雪峰湖国家地质公园

【公园基础设施建设】 6月，根据县发改局《关于转发下达2017年文化旅游提升工程实施方案中央预算内投资计划的通知》（安发改〔2017〕115号）文件要求，地质公园导视系统项目竣工验收，完成第三方评估审计和资金拨付。龙泉洞地质遗迹及防灾治理、云台山园区王家坪停车场及附属设施建设、九龙池生态停车场建设项目完成，以奖代投141.53万元。

【地质遗迹保护】 按照《地质遗迹保护巡查工作方案》工作要求，对三个园区每月至少进行一次巡查，建立工作日志和登记台账。全年结合园区环境整治工作开展园区巡查32次，发现5起违法违规行为，依据职责规定向有关部门进行书面报告。

【园区环境整治】 8月至11月，在“绿盾2018”“绿盾2019”自然保护区监督检查专项行动的基础上，开展问题整改“回头看”，对专项行动中已完成整改并已销号的66个问题，再次进行地毯式排查，66处环境整改问题均整改到位，完成市级层面销号。云台山茶旅集团斗牛场完成拆除并复绿，缆车建设处已复绿，神仙岩停车坪通过整改。

（撰稿人：谢 彬）

教育·科技

教　育

【概况】2020年，安化县有中小学校215所，其中普通高中7所（包括省级示范性普通高中2所）、国家级重点职业中专1所、初中（含九年一贯制学校）40所、小学（含教学点）166所、特殊教育学校1所。在校学生107968人，其中小学62559人、初中29529人、高中15880人。全县共有幼儿园（含幼教点）203所，其中公办园164所，在园幼儿20189人。在职教职工6723人，离退休教职工4490人。

【荣誉】2020年，安化县获得“全省国家级、省级体育后备人才基地（2019—2022）”称号，被省委教育工委、省教育厅评为“新闻报道先进县”，被益阳市教育督导委员会评为“公办幼儿园建设先进区县（市）”“履行教育职责先进单位”，学前教育被列入省深化改革《湖南省基层改革100例》。

【办学条件】全县教育系统投入3亿余元，续建、新建项目118个。乐安镇思游学校维修项目、冷市镇完小教学楼、渠江学校科教楼、马路镇完小教学楼、羊角塘镇中学教学楼、滔溪镇中学教学楼、长塘镇克明学校教学楼、大福镇新桥中学教学楼、乐安镇完小教学楼年底全部竣工。梅城镇芙蓉学校新建项目、古楼乡完小新建工程、仙溪镇完小、大福镇完小、平口镇中学完成年度任务。县第一芙蓉学校在省厅竣工验收及后续评估中获一等奖，奖金500万元；安化一中科教楼异地重建项目已竣工；梅城镇芙蓉学校预计2021年秋季可投入使用。东坪镇紫薇中学主体基本竣工。消除义务教育阶段大班额154个、普通高中大班额38个，完成省市任务。投入资金1500万元，对14所乡村小规模学校进行改扩建，对200人以下的村小和教学点，按班师比1∶1.7的标准，足额核定、配备编制495名。投入资金近1000万元，建成县级公共资源和管理平台。

【学前教育】全县公办园占80.79%；公办园在园幼儿占70.12%；增加公办学位1200个；公办园和普惠性民办园普惠性覆盖率87.85%。全县公办园占比和在园幼儿人数占比均居全省前列。新建茶乡花海等8所幼儿园。完成41所项目园、自建园项目的建设任务。出台《安化县城镇小区配套幼儿园治理工作方案》《安化县居民住宅项目配建教育设施建设资金缴纳与管理实施细则》，与安化黑茶小镇签订配套幼儿园移交协议，回收民办园1所。

【普通中小学教育】小学、初中巩固率分别达100%、99%。普通高中一、二本上线率49.3%、录取率53.4%、学考一次性合格率99.79%，上线率、录取率、学考一次性合格率均居全市第一。安化一中、三中获“2020年益阳市普通高中教学质量优胜奖”“2020年益阳市普通高中教学质量进步奖”。中考总分全县总平均分为599.81分，与上年度基本持平，11所学校综合排名进入益阳市前60名，比上年度增加4所。小学六年级统考全科合格率为52.72%。

【职业教育】 县职业中专新校区投入使用，合并两个校区，实现全县职业教育资源整合，相比2019年增加学位2000个。2020年，全县初中毕业生在职高就读3434人，普通高中就读3885人，职普分流比46.9%。县职业中专先后承办高级制茶师培训班等26期，培训学员2941人次；全县事业单位专技人员继续教育培训10330人次。县职业中专对口升学、技能竞赛、文明风采活动竞赛成绩居益阳市第一。

【民办教育与成人教育】 县内有义务教育阶段民办学校1所（安化县江英学校），民办普通高中1所（安化县实验高级中学），民办幼儿园39所，民办培训学校68所。江英学校被评为“湖南省骨干民办学校”和“全国留守儿童之家”。11月，全市民办教育规范管理现场会在江英学校召开。县实验高中获得“益阳市骨干民办学校”和“益阳市民办学校先进单位”称号。2020年，国家开放大学招生人数262人，农民大学生招生人数270人，均超额完成招生任务。

【特殊教育】 县特殊教育学校对241名深度残疾学生实施送教上门近500次。全县适龄残疾儿童入学率与送教覆盖率达100%，超额完成《益阳市第二期特殊教育提升计划实施方案》下达的95%的工作目标。

【教育帮扶】 2020年为92354人次建档立卡等四类学生发放春秋两季助学金、开学直免学费教辅费教材费共计5772.41万元；为262名建档立卡大一新生落实一次性奖扶131.5万元；为1553名贫困大学生办理生源地助学贷款1275.08万元；落实建档立卡贫困户子女单独序列报考公费师范生政策和大学生基层单位就业予以学费补偿工作；落实1100万元社会助学助教资金。实现全县义务教育阶段建档立卡贫困学生无一人因贫辍学。

【教师培训】 全年共对3502名教师进行各种培训。组织学科会、研讨会等活动近150次，其中教研员参加省、市组织的新课标新教材培训、教育信息化2.0提升培训等共70次。全县分7个教研区域，根据需求有针对性地对各区域教研活动累计指导达30次，对69所学校进行了94次教学视导活动。开展各学段12科次课堂教学比武暨教师教学技能培训活动。成功申报8个省、市级立项课题，190个县级微型课题立项并开展研究。积极组织参加各项教育教学教研竞赛，45人分别获得国家、省、市级奖项。

【队伍建设】 采取进高校直聘、公开招聘等多种渠道补充教师，共补充教师604名。完成东坪镇中学、江南镇中学、滔溪镇中学等3所学校的县管校聘工作。落实乡村教师人才津贴等各项补贴，确保义务教育教师工资待遇不低于公务员平均工资水平。55名教师获得安化县教育突出贡献奖、6名教师获得益阳市教育突出贡献奖。

【安全工作】 开展防溺水安全演练和“万名教师进万家”大家访活动，认真落实“一岗双责”管理制度，督查校车280台次，查处校车违规行为138起，年内创建省级平安校园1所、市级平安校园4所、县级平安校园10所。

【艺体工作】 获全国羽毛球锦标赛男子团体第一名。中小学生参加市“五特”比赛，38人获市级一等奖，6人（全市14人）代表益阳市参加全省“三独”比赛，有2人获省级一等奖。组织参加第41届湖南省青少年科技创新大赛，获省级一等奖1个。县教育局获得湖南省第五届班级合唱比赛优秀组织奖。成功承办全省青少年羽毛球锦标赛。参加国家、省常规比赛获金牌2枚、银牌6枚、铜牌4枚，进入省队3人、省体校4人。

【教育督导】 完成省、市教育督导委员对安化县的重点督导、专项督导和省示范性普通高中办学水平督导评估。组织精干督学对11个乡镇的13所初中学校开展中考备考督查指导。对全县19个乡镇共41所建设项目园点开展两轮督查。对8个乡镇公、民办幼儿园及其他首轮督导评估未按规划完成评估工作的乡镇园所开展“幼儿园办园行为督导评估”。

【教育信息化】 一年来，投入资金962万元，新增（更新）340套班班通设备。争取“58公益筑梦工程”等社会资助共计296万元，解决部分偏僻学校的信息化设备，全县义务教育阶段2152个班级和高中阶段293个班级全部拥有多媒体教室（含教学点）。运用“安化县智慧城市”建设成果，疫情期间及平时利用“全县中小学生平安校园管理系统”调度学校防控工作及学校食堂管理。学校共上传优质课418节到县级平台，全年召开6次县到乡镇的视频会议。到年底，已有39所学校建立智慧校园一卡通系统，其中有14所学校实现人脸识别功能。安化县思源学校与北京四中网校合作进行“智慧课堂”建设，主要学科实验课堂的信息化覆盖率达100%，超过90%的教师实现智慧课堂常态化应用。在渠江镇、羊角塘镇、东坪镇等3个乡镇开展试点后，以乡镇中心完小带本地村小的“专递课堂”为模式的全县网络联校建设工作全面铺开。

【“三协”工作】 被评为益阳市教育局关工委工作“先进集体”。在“美好生活劳动创造”主题教育读书活动中，县职业中专获全国“示范学校”称号，1人获全国“优秀个人”称号，14名学生获国家级比赛一等奖，18名老师获国家级优秀指导教师奖。市、县讲师团分别到江南镇中学等学校送课9场次，参培家长及教师达7000人次。滔溪镇完小、东坪镇萸江学校、东坪镇泥埠桥完小、奎溪镇完小、奎溪镇中心幼儿园的家长学校通过市级示范家长学校评估验收。

【教师节表彰】 9月7日，庆祝第36个教师节暨“安化县教育突出贡献奖”颁奖大会在安化大剧院举行。会上向10名师德标兵、5名优秀校长、40名优秀教师共颁发奖金70万元。

【重点普职高学校】 安化县第一中学有校园面积205亩，建筑面积10.88万平方米。高中班54个，在籍学生3100人，教职工238名。2020年，学校荣获“全国德育工作示范学校”荣誉称号。2020年学校高考600分以上高分与一本录取人数在全县领先，2020年学考一次性全科合格率100%。学校荣获“益阳市省级示范普通高中办学水平评估优秀单位”“益阳市高中教学质量优胜奖”“益阳市高中教学质量进步奖”等荣誉称号。

一年来，文武庙古建筑群共接待50多个单位、上万人。投入近2000万元经费用于学校建设，省长工程科教楼易地重建项目投入使用，青年毛泽东游学社会调查史实陈列馆与校园道路提质工程已动工，文武庙古建筑群保养修缮工程正式启动。

安化县第二中学占地面积228亩，建筑面积43698平方米。学校有教学班级54个，在校学生3043人，教师264人。2020年，学校高中学业水平考试九科一次性全科合格率达到100%，高考一、二本录取达到64%，居全市第3名。在省大中学生羽毛球赛中，学校男子组获得团体第6名，女子组获得团体第7名。学校为贫困学生争取并发放助学金380多万元。由1989届校友、苏州铜盟电气公司董事长卢欣捐建的“铜盟书屋”正式向学生开放。

安化县职业中专学校（安化黑茶学校）南区新校区于2013年开始建设，累计投入8.1亿元，占地400亩，建筑面积14.5万平方米，可办班120个，容纳学生6600人，年职业培训能力达1万人次。2020年正式投入使用，秋季新招学生2145人，全校在校学生4658人，在籍学生5546人。新招聘教师63人，在编教职工增至364人，是益阳市办学规模最大的中职学校。2020届毕业生1379人，其中高校录取599人，学校安置就业560人，学生自主择业220人，毕业生就业率（含进入高校深造学生）达98%。

（撰稿人：王枚生）

科　技

【概况】 2020年全县高新技术产业产值达86.31亿元，高新技术产业增加值达23.77亿元，同比增长10.1%；全社会研发经费投入5.6亿元。全县有5家企业入围省创新创业大赛，湖南小黑神获省创新创业大赛优秀奖，湖南微网能源获国家创新创业大赛优秀奖。建立首家院士专家工作站。推动出台《安化县科技专家服务团工作管理办法》，帮助县人民医院与省中医研究院、省林科院达成合作协议3项，县科技专家服务团连续2年获得“湖南省优秀科技专家服务团”荣誉称号。

【科技项目】 全年申报省级以上各类科技计划项目23项，8家企业获得企业研发财政奖补资金、中央引导地方专项资金、湖南省科技创新人才计划专项资金，共计245万元。全县已成立4家科普基地、2家星创天地。安化县鑫福中药材专业合作社等5家企业申报创新平台与人才计划；湖南华莱生物科技有限公司等5家企业申报湖南省重点研发计划项目；湖南金源新材料股份有限公司等3家企业申报2020年度湖南省高新技术产业科技创新引领计划转化及产业化项目。湖南金源新材料股份有限公司承担的“废旧锂电池再造电池材料技术研究及产业化”项目入选2020年度湖南省高新技术产业科技创新引领计划转化及产业化项目，通过专家现场考察，该企业承担的“含钴锂废料再生电池材料关键技术创新与应用”科技成果已提名湖南省技术发明奖二等奖。

【高新技术企业培育】 全年完成高新技术企业认定11家，其中重新认定2家，全县高新技术企业累计达29家。全年认定科技型中小企业39家。2020年全社会研发经费投入5.1亿元，同比增长148%。

【产学研对接工作】 全年征集企业有效技术需求10项，登记技术合同交易10项，完成技术合同交易额5000万元。引导华莱生物与湖南农大合作，共同组建申报湖南省工程技术研究中心；全县已有30多家企业与大专院校、科研院所签订产学研合作协议。

（撰稿人：鄢雨梅）

知识产权管理

【概况】 2020年，安化县专利申请270件，由国家知识产权局发放受理通知书的发明专利申请147件；新增注册商标申请1534件，其中核准1100件。截至年底，专利申请完成4395件，其中申请发明专利609件、实用新型专利1251件、外观设计专利2535件；有效商标注册7344件，“安化黑茶”入选首批《中华人民共和国政府与欧洲联盟地理标志保护与合作协定》保护名单，成为湖南唯一一家首批进入“中欧100+100”地理标志产品互认互保名单的地理标志产品。办理公司股权出质12起，出质股权数额8740.5万元，被担保债权数额5313万元。办理动产抵押登记21件，为企业融资5000万元，帮助企业盘活资产1亿元。知识产权质押融资4900万元，同比增长40%。查处侵犯注册商标专用权案件6起，罚没金额130万元。

【国家知识产权强县工程第二轮验收通过】 12月3日，安化县通过国家知识产权强县工程示范县第二轮复核验收，被确定为优秀等次，2017年已通过第一轮验收。

（撰稿人：王　湘）

茶旅·文化·体育

茶旅产业

【茶产业】2020年，安化县茶园基地面积达36万亩，全县茶叶加工量8.5万吨，综合产值达230亿元，税收1.5亿元。发布《安化黑茶贮存通则》（DB43/T 1736—2020）、《安化黑茶茶艺》（DB43/T 1737—2020）、《安化云台大叶种茶苗繁育技术规程》（DB43/T 1738—2020）等3个湖南省地方标准，于5月27日正式实施。制作完成安化黑毛茶实物标准样及《2020年安化黑毛茶实物标准样制作说明》，向各乡镇和县内“安化黑茶”证明商标授权企业免费发放。先后注册“安化茶、安化黑茶、安化千两茶”等证明（集体）商标，以及天尖、贡尖、生尖、黑砖、花砖、花卷等6个保护商标，创建4个中国驰名商标、12个省著名商标，安化黑茶成为国家地理标志保护产品。获评中国“十三五”茶产业发展十强县，连续十二年入选中国茶叶百强县前十强，“安化黑茶”品牌价值评估达37亿元，成为湖南唯一进入“中欧100+100”地理标志产品互认互保名单的地标产品，“安化红茶”通过国家农产品地理标志登记。以茶叶深加工为核心的现代化农业产业聚集区初步形成，有国家级标准茶园1个、省级现代农业特色产业园2个，标准化安化黑茶种植基地10.8万亩，加工企业52家，种植专业合作社33家，产业园年加工能力达8万吨，为3.5万人提供就业岗位。产业园安化黑茶产业综合产值达75亿元，占产业园总产值的70%。

【旅游产业】全县年接待游客600万人次，旅游综合收入58亿元。至年底，全县拥有“世界茶王千两茶、世界地质奇观六亿年冰碛岩、世界羽毛球冠军之乡”三张世界级名片；“六步溪国家级自然保护区、湖南雪峰湖国家湿地公园、湖南雪峰湖国家地质公园、柘溪国家森林公园”四张国家级生态名片；有AAAA级旅游区1个（2020年，云台山风景区拟确定为安化县第二个国家AAAA级旅游景区），AAA级旅游区4个，省级工业旅游示范点5个，省级五星级乡村旅游区4个。获评“湖南省旅游强县”“中国最佳养生休闲旅游胜地”“第二批国家全域旅游创建示范区”。黄沙坪古茶市、中国黑茶博物馆、白沙溪茶厂、万隆产业园、云上茶旅等成为新的旅游景点，成为湖南省及中部地区旅游热点线路。

【茶旅融合发展】先后编制《安化县旅游发展总体规划（2014—2030）》《安化黑茶高质量发展行动方案（2020—2023）》，完成《全域旅游发展规划》起草工作。确定“以茶为基础、旅为融合、文为内涵、康为延伸，做深‘茶产业链’、做响‘生态旅游’、做精‘特色文化’、做好‘康养文章’，推进全县茶旅文康产业高质量融合发展”的工作思路，全力打造以“美茶颜、品茶点、走茶道、游茶园、食茶宴、赏茶戏、宿茶庄、忆茶事”为主题的安化24小时健康茶生活，把安化打造成为中国黑茶养生休闲度假胜地和全域旅游重要目的地。出台《关于做大做强茶叶产业的意见》《关于加快培育旅游产业推进旅游经济强县建设的实施意见》《安化县促进旅游产业发展奖励扶持办法（实行）》等多个政策性文件。在2020年的新冠肺炎疫情防控期间，出台《关于全力支持春茶生产的六条措施》（安茶旅〔2020〕1号）文件，在疫情防控、机械采茶、春茶收购、线上营销、金融信贷等5个方面给予支持。全面推进实施线下标准店计划，支持阿贵科技在重点城市的重点人流量区域开设安化黑茶标准店。线上实施“全网计划”，对接阿里巴巴、京东、拼多多、今日头条、抖音、快手等各大流量平台。鼓励发展社群营销和网红直播，启动安化茶旅体验师招募计划，全面宣传推广和营销安化黑茶和旅游。组团参加省内外各大茶博会，策划“安化与你四季有约”系列节会。以安化黑茶为重点，开发特色旅游商品、打造梅山美食品牌、发展梅山文化产业。鼓励加工企业成立旅游商品研发中心，开辟工业旅游与传统工艺品体验场所，开展本土特色商品评选活动，推出“安化礼物”之茶语、果韵、匠心、山味、康养等系列产品。推广梅王宴形象店和梅王宴特许经营店，其中旅游饮食品牌项目“梅王宴”的主打菜马帮肉，荣获“湖南省益阳市十大美食”称号。依托安化黑茶提取物的黑茶日化用品深加工项目华莱花莱肤生产线建成，投入试生产。华莱健安化黑茶牙膏、面膜，娃哈哈安化黑茶饮料，易泡科技自动泡茶机，阿贵科技安化黑奶茶上市销售。

【茶旅项目建设】 全面整合历史人文、古镇古街、森林公园、美丽乡村、特色茶园等丰富资源，推进10个旅游景区建设，重点突出打造五大核心景区。做好云台山神仙岩景区和云上茶旅文化园开发建设，启动人工湖、大叶茶科普馆和茶学院、茶文化民宿等建设，完成云台山通景公路建设。整合万隆产业园、黄沙坪、盛世茶都等特色资源，重点打造安化黑茶特色小镇。加快茶乡花海生态体验园茶乡风情商业街、民俗、配套服务设施建设，以节会助推茶旅文康深度融合。加快推进环雪峰湖环库公路建设，以及桃花岛垂钓休闲度假区建设，吸引战略投资商进驻，推动雪峰湖度假区整体开发。发展壮大紫薇谷文旅康养综合体、中医医院医疗康复养老康养产业建设。

【安化黑茶入选重要农业文化遗产】 1月19日，农业农村部公布第五批中国重要农业文化遗产名单，“湖南安化黑茶文化系统”入选。“重要农业文化遗产”来源于2002年联合国粮农组织发起的“全球重要农业文化遗产”保护倡议，是指人类与其所处环境长期协同发展中，创造并传承至今的独特的农业生产系统，这些系统具有丰富的农业生物多样性、传统知识与技术体系和独特的生态与文化景观等。安化黑茶文化系统遗存以古茶道为纽带，从茶山古道到资江沿线，串连成一个完整的茶叶产业链，类型丰富，要素完整。

【安化黑茶网上开园节】 2月22日至4月30日，“安化黑茶网上开园节”活动举行。本次网上开园节活动由县茶旅产业发展服务中心和县商务局主办，县茶业协会、安化黑茶离岸孵化中心共同承办。各茶企茶商搭建“云”卖场，借力“云”服务，累计发出茶叶快递30多万个，各大互联网平台带动销售额近9739万元，安化黑茶的线上销售额同期增长50%。活动期间，携手抖音、淘宝、京东、拼多多等大型直播平台，邀请网红大咖主播举行直播266场，8200.77万名观众在线关注抢拍。4月6日，拼多多总部团队到安化考察，签订战略合作协议。湖南卫视、茶频道等多个知名电视媒体多次报道开园节活动；红网、人民网等传统媒体发布活动相关文稿200余篇。

【举办湖南省春季乡村文化旅游节】 4月28日，2020年湖南省春季乡村文化旅游节暨文旅产业促消费助脱贫行动启动仪式在安化县茶乡花海生态文化园举行。省委常委、宣传部部长张宏森出席并宣布开幕，省文化和旅游厅厅长陈献春、益阳市委书记瞿海分别在开幕式上致辞。开幕式上举行2020年湖南省文化和旅游扶贫示范村授牌仪式，推介湖南文旅资源、项目及旅游促销奖励办法，并现场进行文旅项目招商签约仪式，签约金额达36.995亿元。此次节会以“锦绣潇湘·遇见安化”为主题，由省文化和旅游厅、益阳市人民政府主办，益阳市文旅广体局、安化县人民政府承办，从4月28日至5月5日持续8天，并创新推出“1+8”模式，即“1”个安化主会场，“8”个益阳其他区县（市）各举办的分会场活动，集中展示安化乡土人情、地域文化、民风民俗，带领游客感受一场“茶香茶色”的乡村文化旅游盛会，进一步打响“锦绣潇湘”“益山益水·益美益阳”“天下黑茶·神韵安化”旅游品牌。安化国家级非物质文化遗产项目《千两茶制作技艺》、省级非物质文化遗产项目《梅山剪纸》《天尖制作技艺》《梅王传说》《花砖茶制作技艺》等在此次旅游节首次同时亮相。

【安化黑茶成果展示馆运营】 4月28日，安化黑茶成果展示馆运营，正式接待湖南省乡村旅游文化节的嘉宾。展馆按“六大体系、六大成果”布局，运用5G技术，利用大数据赋能，构建从茶园到茶杯的“科技化、专业化、社会化”产业体系，打造“24小时健康安化茶生活”，全景展示安化黑茶产业的过去、现在和未来。

【策划“安化黑茶遇见火宫殿”活动】 5月21日，由安化县人民政府主办的“521国际茶日—安化黑茶遇见火宫殿”安化黑茶品鉴会在长沙火宫殿坡子街总店举行，相关茶企茶商、商协会代表及游客共200余人参加活动。活动由安化县茶旅产业发展服务中心、湖南省黑茶商会、安化县茶业协会、安化黑茶离岸孵化中心共同承办。活动现场，安化向火宫殿、湖南省青年联合会赠送了千两茶和安化黑茶；羽毛球世界冠军龚睿那、黄穗与观众互动，免费送茶，并为10名幸运观众赠上签名款“冠军黑茶”。

【刘仲华院士工作站被认定为省专家工作站】 9月，省委组织部、省科技厅、省科协下发湘科协通〔2020〕52号文件，认定刘仲华院士工作站为湖南省院士专家工作站，有效期为3年（2020年9月—2023年9月）。依托单位为安化县茶旅产业发展服务中心，联合单位为湖南省白沙溪茶厂股份有限公司、湖南华莱生物科技有限公司、中茶湖南安化第一茶厂有限公司。刘仲华是继陈宗懋院士之后茶学界第二位院士。他领衔的《安化黑茶提质增效关键技术创新与产业化应用》荣获国家科学技术进步二等奖。

【参与湖南省瓷茶产业融合发展大会】 8月22日上午，以“潇湘五彩 瓷茶风云”为主题的湖南省瓷茶产业融合发展大会暨文旅推广活动在长沙举行。安化和醴陵将从2020年开始设立专项基金，两地分别统筹安排资金1000万元以上，对创新招商引资方式、瓷茶融合产品研发设计、茶瓷产业融合发展大型宣传活动、茶瓷联合展示平台等深度合作进行奖励，对茶叶、陶瓷产业发展有突出贡献的单位或个人进行支持。已有15家陶瓷企业和11家黑茶企业达成签署合作协议，签约金额达10亿元。

【安化黑茶广州行】 8月16日，安化黑茶21世纪健康之饮高峰论坛暨“茯泽万方”新品发布会活动在广州市白天鹅宾馆举行。此次活动由安化县茶旅产业发展领导小组主办，安化县茶业协会、广州茶业协会、湖南省白沙溪茶厂股份有限公司联合承办，是安化黑茶2020年在全国疫情平缓后第一个高档次，高规格、省外高峰论坛推荐活动。9月16—18日，由中远海运集团、县人民政府主办的“感恩中远海运”安化黑茶走进中远海运巡回品鉴活动，在广州远洋大厦、广州海运大厦两地举行，湖南省白沙溪茶厂股份有限公司、中茶湖南安化第一茶厂有限公司等17家安化黑茶企业参加。11月26—30日，2020中国（广州）国际茶业博览会在广州琶洲会展中心举行，全县共有22家企业参展，安化黑茶馆面积1000平方米，现场茶叶销售额达963万元。

【组团参加第十二届湖南省茶博会】9月11—14日，2020年第十二届湖南省茶博会在湖南国际会展中心（芒果馆）举行，近20家安化企业参加，核心展区布展近600平方米。本次茶博会上，安化县荣获“十大精准脱贫先进县”，湖南华莱生物科技有限公司、湖南省白沙溪茶厂股份有限公司荣获“精准扶贫十佳企业”。安化企业团队在“茶祖神农杯”评选中，共计斩获15个金奖。9月12日，安化黑茶产业研究院召开科技赋能·智慧茶饮论坛暨茶产业科研项目成果发布会。

【举办2020北京“两展一节”活动】10月22—25日，2020北京国际茶业展、北京马连道国际茶文化展、安化黑茶（北京）文化节活动在北京展览馆举办。益阳市作为主宾城市，与西城区人民政府缔结为友好城市，安化黑茶招商签约项目19个，签约销售共计3.26亿元。

【安化黑茶获评标杆品牌】9月21日，阿里巴巴集团在山西省运城市举行“2020阿里巴巴丰收购物节发布会”暨“中国农产品地域品牌价值授牌仪式”，安化黑茶获评中国农产品地域品牌价值标杆品牌，品牌价值评估达639.9亿元。

【安化黑茶抖音电商直播基地建成】10月，安化黑茶抖音电商直播基地在黄沙坪古茶市裕通永茶行建成，成为网红直播基地。直播基地建有仓储物流中心、质检中心、培训中心和直播间，有25名主播、15家企业进驻。

（撰稿人：冯　皓　姚家骏）

文化事业

【公共文化服务】争取中央、省级专项资金1160万元投入公共文化服务平台，形成覆盖城乡、三级联动的文化服务平台。以县博物馆、文化馆、图书馆、大剧院、民俗博物馆等为基础，形成以县城东坪镇、库区平口镇、前乡片梅城镇为网络枢纽的三大综合文化服务中心。三个县级文化馆的评估定级完成实地初验。全县23个乡镇建立集书报阅读、宣传教育、文艺演出、文化培训、科普教育、体育健身于一体的综合文化站。以“七个一”工程建设标准，完成10个村级综合文化服务中心示范点建设，支持村级重大活动20多场，完善40多个村级文化戏台、广场建设。“欢乐潇湘·神韵安化”月月乐群众文艺活动完成16场、送戏下乡138场、送戏曲下乡46场、公益电影放映300场、送电影下乡5220场。

【文化遗产保护】安化黑茶抖音电商直播基地选址“裕通永”茶行，古茶市和老茶行变身“网红”。编制并上报烟溪兵工厂旧址保护利用、唐家观消防工程、晏家桥维修工程等项目，通过省局评审并获专项资金支持。实施陶澍墓文物保护利用、陶澍墓安防、梅城文庙大成殿、仙牛石桥、复古桥等维修工程项目。黑茶博物馆、渠江茶园、晏家桥、贺氏宗祠等一批项目纳入国家专项计划，总投资近1400万元。4月，完成全县革命文物的普查工作，12月，安化梅山剪纸入选国家级非物质文化遗产名录。中国黑茶博物馆列入国家三级博物馆。唐家观古建筑群、烟溪兵工厂旧址、鹞子尖古道等7处文物被列入省级文保单位，渠江茶园、梅城文武庙古建筑群新增为第八批全国重点文物保护单位。

【文化执法】依法对全县520家（处）文化经营单位和2310户个体文化经营户开展“护苗”“秋风”“净网”“清源”专项整治4次，开展旅游安全牵头巡查4次，开展行业安全生产培训2次。

【文化志愿服务活动】1月2日上午，安化县文化馆主办的“我的中国梦·湖湘文化进万家”进社区、进乡村给老百姓送书、送春联活动在马路镇澄坪村开展。11月13日上午，安化县“茶香安化领新风·你我都是文明人”志愿行动启动暨新时代文明实践志愿服务队授旗仪式在陶澍文化广场举行，县长肖义为文化旅游志愿服务分队授旗。志愿服务分队分别在安化县文化馆、中国黑茶博物馆、安化县24小时自助图书馆开展免费开放、非物质文化遗产、传统文化保护、文物保护等志愿服务。

【万里茶道（中国段）申遗工作推进会】 9月10日，“万里茶道”八省申遗工作推进会在安化召开。来自中国古迹遗址保护协会、沿线8省文物局的相关专家和武汉市万里茶道联合申遗办公室、文本编辑团队以及益阳市、安化县的相关工作人员参加。推进会上，文本编辑团队通报各项工作进展情况。各文物部门的相关工作人员轮流就申遗近期工作要点进行讨论发言。2019年，“万里茶道”正式入选中国非物质文化遗产名录，准备与俄罗斯和蒙古联合申报世界非物质文化遗产。安化是“万里茶道”（湖南段）申遗牵头单位，入选文物点湖南段共8处，其中安化占6处。

【“万里茶道”（湖南段）茶旅诗歌节】 9月11日上午，2020年度“万里茶道”（湖南段）茶旅诗歌节在中国黑茶博物馆开幕，此次诗歌节以“诗韵茶乡·歌咏梅山”为主题，由益阳市文旅广体局、益阳市文联、安化县人民政府联合主办。开幕式后举办“万里茶道与现代茶旅诗歌现象论坛”。晚上，在安化大剧院举办颁奖诵读晚会。6月16日至7月30日，诗歌大赛组委会向全国征集到作品340多件。8月，评选出等级奖作品9件、优胜奖20件。

（撰稿人：夏　妞　杨艺红）

文学艺术

【文学艺术创作】 2020年，安化县文联微信公众号共发表抗疫文艺作品35期，发表诗歌、书画、歌曲等文艺作品200余件，其中，11件作品分别被湖南文旅云、湖南文联、“学习强国”等官方微信平台转发，2件作品获湖南省文联阻击新冠肺炎疫情主题文艺创作优秀奖。联合县委宣传部、县经济建设促进会、县工商联（总商会）、湖南省校园文学艺术联合会、县作家协会共同编辑、出版抗疫纪实作品专辑《我们在一起》，共征集作品100余件。网剧《圆梦曲》之《逃课》于11月正式首映，系列短剧《来安化嗨》拍摄30多集。弹词《梅山文化传千古》形式新颖，获得好评。10月，花鼓戏《字圣黄自元》完成首场演出。

【文艺活动】 联合安化县文旅广体局举办“农商情”安化县2020年新春音乐晚会和安化县2019年文艺工作总结表彰大会。大会上对安化县作家协会等5个先进单位、10名先进个人、3名文艺创作先进个人给予表彰奖励。与益阳市生态环境局安化分局等联合承办“美丽中国，我是行动者”庆祝第49个世界环境日暨安化县创建省级文明县城专场晚会。联合举办“万里茶道”（湖南段）中国茶旅诗歌节、“万里茶道”与现代茶旅诗歌现象论坛，同时，举办“万里茶道”（湖南段）中国茶旅诗歌创作大赛，编辑出版作品集《诗韵茶乡 歌咏梅山》。联合举办首个国际茶日——安化黑茶文物鉴宝大会。全年共开展4次文艺工作者采风活动。举办“文学照亮生活”名家讲坛，邀请中国作家协会创作联络部主任彭学明进行授课。联合安化县梅山文化研究会组织前往怀化市溆浦县调研大梅山饮食文化产业，并在枫香瑶寨举办以“探寻梅山饮食，做强文旅产业”为主题的第12届梅山文化沙龙活动。各协会配合市书协、省作协、市诗词协会、市美协等单位举办益阳市首届书法篆刻临创展、安化县重点作者创作座谈会、“览云台仙境　吟益水欢歌”为主题的观光采风、“益山益水 神韵安化”益阳市美术家大美田庄写生采风等一系列文艺活动。

【文艺创作竞赛】 组织开展以“秀美黄石·欢乐田野”为主要内容的文艺创作比赛，征集到各类作品近300件，编辑出版扶贫作品合集《欢乐的田野》。开展“醉美南金·康养胜境”文艺创作比赛，收到参赛作品100余件，并举办获奖作品书法摄影展。

【文艺评奖】 组织开展第二届“安化文学艺术奖”评选活动，共收集到10个门类协会报送作品37件，评选产生获奖作品20件。组织参与益阳市第三届“三周文艺奖”作品申报工作，共有14件作品获奖，其中6件作品获第三届益阳市“三周文艺奖”金奖。《直播吧，支书》微电影入选湖南省文联脱贫攻坚主题文艺创作优秀作品。

（撰稿人：贺　珍）

梅山文化

【梅山文化理论研究】由县梅研会顾问李翔编写完成县梅研会基础理论研究三年和五年两个规划方案。县梅研会常务理事李芳点校的明嘉靖《安化县志》出版。

【梅山文化遗产保护】通过申报、评审，已对“梅山虾舞”“芙蓉山大戏”“梅山山歌”“梅山佛音武术”“梅山古法造纸”等20个项目实行挂牌保护，分三年给予传承人培训资金。组织成立安化县梅山山歌和弹词传习所，清塘山歌与六步溪山歌申报为市级非物质文化遗产项目。梅山剪纸成功申报为国家级非遗保护项目。

【非遗民俗成果转化】湖南梅山文化产业发展公司与湖南卫视国际频道东方栏目建立长期合作关系，“七个一”工程之一的梅王宴，在央视10套“味道”栏目报道和推介，主打菜品“马帮肉”被评为“益阳市十大美食”。县梅研会梅王宴课题组在黄沙坪开办梅王宴旗舰店，梅山剪纸、安化麻竹竹艺、羊角塘黑腌菜等进入市场。

【县梅研会信息资料库初具规模】县梅研会本地纸质文书档案案卷达近200卷，梅山文化研究类书刊和地方文献资料有2000余册，视频音像等电子信息资料达上千件。

【湖南梅山山歌和弹词传习所成立】8月27日，“湖南梅山山歌和弹词传习所”在中国梅山文化园农家小院成立。会上宣读了县文旅广体局关于成立《湖南梅山山歌和弹词传习所》组织机构文件，聘任5名顾问和6名指导老师并颁发证书。

（撰稿人：熊佑平）

融媒体

【新闻宣传】在中央、省、市主流媒体上稿182条，其中中央级媒体7篇、“学习强国”8条、省台26条、市台141条。自办栏目《安化新闻》《政法在线》《安化黑茶》《乡村振兴》等办得有声有色。及时推出《扶贫先锋》《决胜2020 喜看茶乡新变化》《幸福是奋斗出来的》《一步千年》《稳中求进新安化》《守护健康》等20多个主题系列报道，做到月月有主题报道。全平台共计制作各类高质量专题汇报片、形象宣传片共15个，播出稿件3500余条。

【媒体融合】至年底，全系统已经形成覆盖全县的电视、广播、网站、微信、微博、短视频、安化智慧旅游平台（“乡伴”App）、“神韵安化”App和联营的户外广告等全媒体传播矩阵，做到“一体策划、一次采集、多种产品、多媒传播”的融媒调度。

【抗疫宣传】面对疫情，安化县全员发动、全程参与、全面担当、全天候播报，累计发布宣传产品1300余条，其中在中央电视台《新闻联播》播出1条。农村广播村村响启动应急播报机制，增派100余名技术人员分赴各乡镇机房24小时值守，打破一天两次的播报模式，全县23个乡镇433个村、社区近6000个村村响喇叭、音柱全天候循环播放，确保防疫宣传不留死角。短视频《安化：今时元宵 唯愿“疫”消》在全网点击量达600万人次，创下历史新高。

【大型活动】承办“益阳市超标准洪水防御演练”、“安化县防疫应急演练”、“追梦少年·第二季小主持人比赛”、“追梦少年”研学之旅、“舞动时代旋律助推乡村振兴·第三届广场舞电视大赛”等群众文化活动。

【广播电视】完成省级为民办实事工程广播电视“户户通”2181台的安装任务，被评为湖南省2020年直播卫星户户通工程建设先进单位。全县农村应急广播村村响系统通过市级验收。全新升级的5G智慧电台正式开播。

【融媒体中心建设】7月21日，县人民政府常务会议第11次常务会议，原则同意《安化县融媒体中心建设方案》，由县融媒体中心负责加快组织实施。先行拨付建设资金479万元，不足部分纳入年底预算调整范围；从2021年开始将融媒体中心年度维护经费纳入县财政预算范围。12月11日，安化县融媒体中心建设通过省级验收。

【单位改革】 11月10日，中共安化县委、安化县委办公室印发关于安化县融媒体中心所属广播电视网络中心改革方案，原二级机构网络中心改制为安化县广播电视网络有限公司，明确改制后企业的设立、资产处置、人员安置和改革流程。

（撰稿人：郭 晋）

图书发行

【概况】 2020年，县新华书店完成商品销售码洋7171.98万元，利润1066.28万元。全年为全县378个村配送农家书屋书籍7万多册，发行中心组学习资料750套，“大学习拥抱大时代”系列图书2.86万册，《习近平谈治国理政》第三卷2.46万册，《理论制度面对面》4500册，《中华人民共和国民法典》3000册。新建梅城完小和江南镇中学2间校园书店。2020年春、秋两季，中小学校教材到位率实现100%。

【“书香安化”建设】 6月，县新华书店携手安化县教育局，以江英布克校园书店为依托，开展“2020年书香安化启动仪式”。在仪式上，县新华书店协同安化图书馆捐赠阅读图书500本。“六一”儿童节，安化书城开展“你的童年、新华陪伴”主题活动，包含有声绘本听我说、防疫科普、手工小课堂、朗读者等活动。8月24日，县新华书店携手安化县教育局，邀请湖南省新华书店校园阅读工程项目专家为一线教学专干就“校园阅读”和“四维阅读”开展培训。

（撰稿人：刘欣星 邓继男）

全民健身

【首届“黑茶小镇杯”乒乓球比赛】 2020年1月10日，由安化县委宣传部、安化县文旅广体局、安化县总工会联合主办，安化县全民健身中心、安化县乒乓球协会承办，湖南黑茶小镇建设有限公司冠名的“安化首届‘黑茶小镇杯’乒乓球赛”正式拉开序幕。在3天的赛程里，共24支队伍200多名运动员参加。经过200余场比赛的激烈角逐，最终黑茶小镇队夺得团体赛冠军，王吉祖、谌晓丽分别获得男单和女单第一名。

【“平安杯”男子篮球暨文体趣味运动比赛】 9月23日上午，安化县“平安杯”男子篮球赛暨县文体趣味运动比赛开幕式在安化县体育馆举行。县直各部门、事业单位、各乡镇、驻安化企事业机构运动员代表共同参与。从23日开始至30日，分别在体育馆、华莱馆、城南完小体育馆3个地点进行篮球赛，9月30日上午举行趣味文体活动比赛。县教育局代表队和县公安局代表队分别获得男子篮球赛和文体趣味运动比赛冠军，长塘镇代表队和黑茶小镇代表队分别获得社区组和企业组男子篮球赛冠军。

【第三届安化县广场舞电视大赛】 10月29日晚，“舞动时代旋律·助推乡村振兴”农商银行杯第三届安化县广场舞电视大赛决赛在安化县体育馆举行。此次广场舞比赛吸引全县120余支队伍报名参加，通过分赛区海选、复赛，最终有15支参赛队伍进入决赛。

【首届梅山毅行活动】 11月8日，由安化县总工会主办，安化县文化旅游广播体育局、共青团安化县委员会协办，安化县全民健身服务中心、安化县工人文化宫、安化县户外运动协会、安化县义工联合会承办的“情满梅山·你我健行”安化县首届梅山毅行活动举行。全县100多个部门单位、企业、社会团体近2500名工会会员报名参加，长沙、益阳、桃江等地和县内近500名户外运动爱好者参与。从县城南区陶澍文化广场出发，途经柘溪镇、田庄乡，到中国黑茶博物馆结束，全程40公里，设10公里健康程、20公里半程、40公里全程3个里程站点。据统计，近3000名毅行者到达健康站，1300多人到达半程站，近900人完成全程。

【“2020薪火传承 中国健康跑”】 11月28日，2020“薪火传承·中国健康跑”安化黑茶杯·安化站在县梅山汽车运动主题公园开跑，来自全省的1000多名跑者参加。本站赛事是2020“薪火传承·中国健康跑”全国第7站比赛。赛事以路跑活动为平台，通过展现不同城市的革命历史、融入民俗展演等活动内容，营造不忘初心、传承薪火的赛事氛围，倡导群众科学健身。

（撰稿人：杨艺红）

卫生·健康

综 述

【公共卫生服务体系建设】 县人民医院晋升三级综合医院。县人民医院、县中医医院、县第二人民医院创建市级以上临床重点专科22个，实现预约门诊、检查检验结果查询、诊疗付费等线上服务。19家乡镇卫生院通过省级“优质服务基层行”达标验收。长塘、羊角塘等多个乡镇卫生院推行“6S”精益管理。23家乡镇卫生院完成远程医疗诊室建设，患者在当地乡镇即可享受上级医疗专家的诊疗服务。全县337个行政村卫生室完成标准化建设，建制乡镇卫生院2名全科医生全覆盖，行政村卫生室每年6000元的运行经费全面落实。县中医医院完善名老中医传承工作室、远程医疗合作室等科室建设，开展针灸、拔罐、推拿、中药敷贴等25项中医药适宜技术。全县23个乡镇卫生院均开设中医药科室，都可开展和应用6类以上中医药适宜技术。全县70%的行政村卫生室可以开展和应用4类以上中医药适宜技术。全年新增民营医院3家，全县累计达15家。全年完成采血7323人次，超额完成市定目标任务。2020年全县共报告法定传染病18种6272例，总发病率低于国家控制指标。疫苗接种率在95%以上，处置传染病预警事件280起，县域内没有发生重大传染病暴发流行事件。发放重性精神病患者家庭监护奖励资金180万元。全年产妇7468人，产检率95.63%、住院分娩率99.93%，叶酸服用率97.8%，免费孕前优生健康检查率67.95%，婚检率80%，儿童营养包服用率100%。新建居民电子健康档案46044份，老年人健康体检、高血压、糖尿病、精神病患者随访管理基本到位，建档立卡贫困人口、低保、五保、计划生育特殊家庭、残疾人家庭医生签约服务率100%。在农村贫困人口大病专项救治、慢病签约服务管理、分级诊疗等方面共确定33种大病患者8850例，救治率100%。贫困人口县域内就诊率99%。共接受102家企业委托进行职业病体检，检查3548人次。尘肺病农民工基本医疗救治救助1045人次，救助金额260万元。办理老年优待证17633本。办理各类案件218起，对辖区内59家单位进行卫生监督检查，立案查处2家。

【医疗卫生体制改革】 公立医疗机构全面落实药品零差率销售，医疗机构收入中的药占比下降到26%，实现年度降幅目标。5家县级公立医院落实党委领导下的院长负责制，县人民医院、县中医医院、县第二人民医院、县第三人民医院等积极推行现代医院管理制度，优化管理服务。公立医疗机构用人自主权大大增强，2020年各单位自主直录应届本科生68人，县级公立医院自主公开招聘16人，乡镇卫生院自主公开招聘50人。

【健康扶贫】 农村贫困人口和边缘户、档外农村低保户、重残户、特困户医保参保率100%，参保补助全部足额发放到位。落实贫困人口县域内住院“先诊疗后付费”和“一站式”结算，“基本医保+大病保险+扶贫特惠保+医疗救助+医院减免+财政兜底”六重保障制度保障到位，贫困人口县域内住院费用实际报销比例达86.62%。

【项目建设】 全年共争取项目建设资金1.25亿元。县第三人民医院项目完成主体4层施工，县中医医院项目完成桩基基础施工，县妇幼保健院项目基本完成“三通一平”，县公共卫生救治中心项目完成立项和前期准备工作，县人民医院南部分院室内装修工程完成90%，烟溪镇中心卫生院门诊住院综合楼、仙溪镇中心卫生院综合楼正式投入使用，古楼乡卫生院综合楼建设主体工程全部竣工，江南镇卫生院等5家乡镇卫生院的修缮项目全部验收达标。

【疫情防控】 1月25日，安化县委、县政府决定成立安化县新型冠状病毒感染的肺炎疫情防控防治指挥部，集中办公，统一指挥，坚持“内防扩散、外防输入”原则，开展排查，前移关口，对密切接触者、疑似病人、发热病人、大数据排查人员施行固定地点、固定时间、固定人员、固定方式、固定流程的居家隔离观察，落实来（返）安人员严格管理，做到“机场门（高铁门）—车门—隔离门”无缝对接。选派精干得力专家和团队支援湖北黄冈和益阳市第四人民医院的抗疫工作。平口疫情发生后，第一时间紧急响应、精准会商、组建前线指挥机构。及时排查出全部6例确诊病例和9例无症状感染者，19天实现解除疫区封锁，30天实现确诊病例和无症状感染者全部治愈、留观人员全部清零。成立安化县新冠肺炎疫情防控防治常态化管理办公室，坚持机构不撤、队伍不散、力量不减，一手抓疫情防控，一手抓复工复产，在确保疫情不蔓延、不反弹的情况下统筹抓好疫情防控与经济社会发展。年度内全县累计发现报告13例确诊病例和9例无症状感染者，均康复出院，没有发生死亡病例，没有发生医务人员感染。县人民医院抗疫一线护理团队和县人民医院护师李玲分别获“湖南省新冠肺炎疫情防控护理工作先进集体”和“湖南省新冠肺炎疫情防控护理工作先进个人”荣誉。在湖南省抗击新冠肺炎疫情表彰大会上，县疾病预防控制中心、县人民医院分别获“湖南省抗击新冠肺炎疫情先进集体”。

1月22日，安化县召开新型冠状病毒感染肺炎疫情防控工作会议。会议传达习近平总书记重要指示，强调要认真落实国务院总理李克强批示和国家新型冠状病毒感染的肺炎疫情防控工作电视电话会议精神，落实省政府和市委常委会会议部署要求。县长肖义对相关工作进行部署安排。

1月25日，安化县委、县政府决定成立安化县新型冠状病毒感染的肺炎疫情防控防治指挥部。指挥部下设综合防控组、医疗救治组、交通运输组、物资保障组、市场供应组、宣传引导组、社会稳定组、文旅场所防控组和联合督查组共9个工作组。公布疫情防控指挥部举报电话：0737—2563716。

1月28日，县委书记刘勇会到县第二人民医院视察新型冠状病毒疫情防控工作。刘勇会强调，县第二人民医院作为定点医院，一定要严格落实属地责任和首诊负责制，严隔离、防扩散，严格遵守操作流程；医院领导要率先垂范，充分发挥全院共产党员的先锋模范作用；要加强全院培训，特别是发热门诊、隔离病房的医务工作者，要加强防范，提升自我保护意识，确保安全。

2月4日，县人民医院举行赴益阳驰援抗击新型冠状病毒肺炎医疗队出征仪式。此次驰援医疗队由来自呼吸内科、ICU重症监护室等科室的2名医生和6名护士组成，将进驻益阳市第四人民医院开展救治工作。

2月8日，县中医医院选派6名医务工作者组成新冠应急第一梯队火速驰援平口。医疗队由该院呼吸内科、ICU重症监护室、手术室等科室的2名医生和4名护士组成，2月8日下午抵达平口后进驻关键卡口进行疫情防控和救治工作。

2月20日下午，省、市、县新冠肺炎疫情防控督查组一行8人到小淹镇中心卫生院督导新冠肺炎疫情防控工作。

2月21日下午，驰援益阳的8名医护人员光荣完成市定点救治医院支援使命凯旋。

2月22日，县第二人民医院呼吸与危重症医学科副主任主治医师皮勇与湖南省多地医护志愿者一同驰援湖北省黄冈市抗击新冠肺炎疫情。4月5日，皮勇圆满完成湖南援黄冈医疗队救治任务凯旋。

2月26日下午，县人民医院罗丽姣、蒋薇、丁文平3名医务人员在平口镇奋战19天，圆满完成抗疫任务后凯旋。

3月1日下午，县卫健局召开新冠肺炎疫情防控工作推进会。局机关有关股室、各医疗卫生单位、各民营医院负责人，以及县直医疗卫生单位有关工作负责人参加会议。

3月4日下午，县委书记刘勇会到县精神病防治院督查指导新冠肺炎疫情防控工作。他指出，精神病院住院患者密集，防控压力大，责任重，要严格落实疫情防控各项措施。

3月8日，驰援平口镇疫情防控的最后13名医务人员凯旋。自2月8日以来，县卫生健康局派出来自县人民医院、县中医医院、马路镇中心卫生院、东坪镇卫生院、县疾控中心、县卫健综合执法局等单位的技术骨干48人前往支援。

受新冠肺炎疫情影响，安化县临床用血采集和库存紧急。截至3月28日，1012人献血40余万毫升。

4月25日，在茶乡花海景区，疫情防控和医疗保障组及相关工作组人员随着演习总指挥一声令下，迅速到位，200多名参演嘉宾在工作人员引导下有序参演。市县有关领导观摩演习。

5月18日，县委书记刘勇会主持召开新冠肺炎疫情防控防治指挥部成员单位会议。刘勇会强调，各部门要进一步提高对疫情防控工作重要性、紧迫性的认识，加强对重点人群、场所、环节把控，落实宣传引导、人员摸排、网格化管理、健康码应用全覆盖防控要求。

9月14日，县长肖义主持召开新冠肺炎疫情常态化防控工作会议。会议听取县疫情常态化管理办公室、县市监局、县商务局等单位疫情常态化防控工作情况汇报，分析研究存在的短板与薄弱环节，部署安排秋冬季新冠肺炎疫情防控工作。肖义指出，要围绕“外防输入、内防反弹”工作要求，把疫情防控作为重中之重。

9月30日，安化县开展应对新冠肺炎疫情应急演练，全县各相关单位及各乡镇主要负责人参加观摩学习。演练分5个部分：排查诊断、上报信息、启动预案、快速处置、决策部署，联防联控、发布新闻，引导舆情。会议安排部署安排下阶段工作，尤其是国庆、中秋双节期间的防疫工作。

12月17日，县委书记刘勇会带队对县人民医院疫情常态化防控工作进行专项督导检查。刘勇会强调，医院要发挥好“前哨”作用将各项工作抓紧抓实，坚持“平战结合”，人物同防。

【县中医医院医疗康复养老建设项目开工】 5月12日，安化县中医医院医疗康复养老建设项目举行开工仪式，县长肖义主持。此项目是2020年市县重点建设项目，也是中央预算内资金支持建设项目。项目总用地面积147亩，规划建设中医医院和养老两个院区。一期的建设工期为3年，预计2023年建成投入运营。

【省人民医院专家团到安化帮扶带教义诊】 5月21日至22日、10月22日，湖南省人民医院“仁术心连心”博士专家团一行到县第二人民医院帮扶带教义诊，采取科室查房、疑难病例讨论、手术指导、学术讲座等形式发挥传帮带作用，并为预约患者进行义诊。

【县第二人民医院血液净化中心重新装修】 6月1日，县第二人民医院血液净化中心重新装修。血液净化中心建筑1000平方米，设在该院内科楼二楼，可开设血透床位62张。

【省妇幼保健院生殖健康联合体签约挂牌】 7月17日上午，湖南省妇幼保健院生殖健康联合体（生殖专科联盟）签约挂牌仪式在县妇幼保健院举行，省妇幼保健院副院长张晓春等参加。县妇幼保健院加入湖南省妇幼保健院生殖健康联合体（生殖专科联盟）后，通过省妇幼保健院的技术帮扶、人才培养及打造分级诊疗平台，提升妇幼生殖专科服务能力。

【冻干人用狂犬病疫苗Ⅲ期临床试验启动】 7月22日，冻干人用狂犬病疫苗（无血清Vero细胞）Ⅲ期临床试验启动仪式在县疾控中心举行。狂犬病疫苗Ⅲ期临床试验是狂犬病疫苗研发的重要环节。该项目将为全国新型狂犬病疫苗研发提供一线科学研究数据，计划在2022年3月底前完成。

【安化中医医疗联盟建立】 8月18日上午，安化中医医疗联盟暨共建泌尿外科签约挂牌仪式在烟溪镇中心卫生院举行。中医医疗联盟建立后，将进一步完善医院管理、人才培养、精准帮扶、技术提升、远程会诊等一系列措施，建立双向转诊绿色通道，实现医联盟内优势互补，相互协作，共同发展的目标，逐步推进医疗联盟建设向纵深发展。

【大爱清尘公益基金会捐赠医疗物质】 9月8日上午，德达康健股份有限公司携手大爱清尘公益基金会组织的公益万里行捐赠仪式在清塘铺镇中心卫生院举行。大爱清尘公益基金会向清塘铺镇捐赠制氧机、额温枪、血氧仪、氧气袋等总价值10万元的医疗物资。

【安化县心血管筛查项目获评全国先进】 10月29日，在全国心血管病高危人群筛查和综合干预项目工作会议上，安化县再次荣获国家“心血管病高危人群早期筛查与综合干预项目先进项目点”。

【对全市麻风病治愈者开展调查随访】 12月24日，益阳市大福皮肤病防治所派出工作组对6个区县市的23名麻风治愈者及其密切接触者进行B超、心电图、血常规、肝肾功能采样检查和麻风杆菌采样复查，并发放湖南省疾控中心特制的防护包和防护鞋。

（撰稿人：简　浩）

医疗保障

【概况】 2020年，全县医疗保险参保总人数为88.71万人，其中城镇职工医保基本医疗参保4.53万人，城乡居民医保参保人数为84.18万人，城乡居民医保参保率达99.5%。医疗保险基金征缴总额达8.99亿元，其中城乡居民医保共筹集基金6.9亿元，城镇职工医保共征缴基金2.09亿元；全县医保基金总支出达8.43亿元，城乡居民基金总支出为6.87亿元，其中住院基金支出总额为5.68亿元，住院报销15.99万人次，县乡政策范围内住院补偿率74.98%。门诊统筹支出6004.95万元，大病保险支出5909.67万元；城镇职工基金支出总额为15566.72万元。

【基金监管】 由县财政局开设基金收入专户，县医保事务中心设立基金支出专户，做到基金专户储存、专款专用、管用分开、封闭运行。各协议医院和协议零售药店在与医保事务中心办理审核结算时，实行网上银行转账，杜绝现金支付，基金支付做到事前、事中、事后全过程监督。全县43家定点医疗机构、198家定点药店全面启动医保经办机构和定点医药机构自查自纠专项行动，退回违规资金155228.29元，对没有按要求开展自查自纠工作的单位暂停其医保权限，责令立即整改。启动全县定点医药机构、医保经办机构的全覆盖检查工作，对检查中发现的超标准收费、住院指征把握不严、违规刷卡等问题进行综合分析，并对51家协议医药机构进行集中约谈。通过各种形式的检查，问题发现率达到80%。全年累计上缴退回资金771.07万元，其中基金本金498.62万元、自查自纠245.82万元、违约金2.04万元、行政罚款24.37万元、其他0.22万元。

【行业扶贫】 建档立卡贫困人口、边缘户和档外贫困人口全覆盖参保到位。对2014年以来已脱贫户、未脱贫户、边缘户及特殊困难群体开展“回头看”，不漏一户一人。对贫困人口身份属性做好精准标识，全县148079名贫困人口均参加城乡居民医保，实现应保尽保。2020年全县贫困人口住院报销人次为4.35万人，医疗总费用为2.54亿元，合规费用为2.17亿元，基本医疗报销为1.61亿元、大病报销1218.09万元、特惠保599.67万元、医疗救助441.15万元、医院减免994.46万元、财政兜底1058.47万元，贫困人口综合实际报销比例为80.34%，在县域内实际报销比例为87%。农村贫困人口执行大病专项救治病种，经转诊程序在县域外重大疾病定点医疗机构住院医疗费用实际报销比例达到80%。安化县是全省第一个实施顶梁柱健康扶贫项目的县，2020年全县已累计理赔2435人次，累计赔付金额583.88万元。12月2日，全国“顶梁柱健康扶贫公益保险项目”阶段成果报告会在北京召开，安化县作为项目县代表受邀线上参会，荣获“优秀项目伙伴”称号。

【医疗稽核】 迅速启动疫情防控专项行动，对126家协议医药机构进行重点巡查，监管防疫物资的规范使用。采取网络远程查房为主、日间或夜间突击实地查房相结合的模式，制度化、常规化地开展工作，对县域内40家医疗机构进行600人次以上的远程查房，对15家医疗机构进行夜间实地查房，发现两家医疗机构共有18名患者未在床，依照医保协议予以拒付3.6万元，返回城乡居民医保基金，并进行通报。通过查阅病历，外围实地走访群众等，一年来共核实9起举报与线索，并先后对县人民医院、县第二人民医院等协议医疗机构依法依规进行稽核检查，核实并拒付违规金额185万余元，共征缴行政罚款81.84万元。

【医保改革】 调整完善基本医保政策和全面实施医保基金市级统筹，住院统筹基金在县内协议医疗机构按总额付费的基础上实行按总额预付、床日控费、按人头付费、按病种付费等多种付费方式。在全市率先开展耗材医保定额支付管理，全年节约医保基金2000万元左右。开展医保机构整合、委托保险公司开展意外伤害和大病保险经办服务、开展网银结算、启用居民二代身份证就诊识别系统等医保改革。组建安化县医疗保障基金监管协助执法人员名录库，主要用于县医疗保障局组织的医保基金监管检查、重点线索案件现场稽查等医疗保障基金监管执法检查活动，检查人员采取随机抽取。对特困供养人员和城乡低保对象进行参保资助；建档立卡贫困人口、特困供养人员和城乡低保对象进行住院救助；建档立卡贫困人口43种门诊享受医疗救助政策。

（撰稿人：罗美燕）

人口监测与家庭发展

【计划生育】 全县入库总人口105.5万人，年内上报出生8230人，政策内出生7576人，符合政策生育率92.05%，人口自然增长率1.59‰，出生人口性别比106.1 ∶ 100。新增农村计划生育家庭奖励扶助对象709人、特扶对象54人、城镇独生子女父母奖励874人，发放独生子女保健费2133人，开展免费手术2181例，发放药具40多万盒。

【生育关怀】 执行《安化县计划生育特殊家庭重病大病住院护理补贴实施办法》，全年办理计生特殊家庭重病大病住院护理补贴109人次，发放补贴13.19万元。动态更新全县计生特殊对象家庭情况，按照150元/人的标准为全县计生特殊对象购买健康保险11.115万元。下拨生育关怀资金18万元，形成春节、“5·29”、“7·11”等特定时间生育关怀慰问常态化。争取省计生协“三结合”和创业贷款贴息项目5个，资金60万元，督促项目实施企业与计生困难家庭建立利益联系机制，提高计生家庭的自我发展能力。全县各级计生协共开展青春健康教育讲座31场。联合县人寿保险公司按月公开续保和理赔明细，全年计生系列保险理赔金额640万元。

【计划生育基层群众自治】 依托“会员之家”，引导计生群众实现自我教育、自我管理、自我服务，成功创建省级计生基层自治先进乡镇2个、先进村3个，安化县获评“2020年度全省计划生育基层群众自治先进县”。建立计生协志愿者服务队。围绕深化计生基层群众自治，聚焦计生特扶对象、计生困难家庭、空巢老人、留守儿童，通过募捐、助学、帮扶、公益服务等途径，发挥志愿者服务队作用。其中梅城镇计生协志愿者服务队“一月一主题”活动模式受到省、市计生协领导的充分肯定。

（撰稿人：刘　娟）

中医药健康产业

【概况】 2020年，全县新增中

药材种植面积10.3万亩，中药材种植面积达27.8万亩。新增专业合作社40个、初制加工厂5个、规模工业企业1家，专业合作社和企业发展至276家。年出产中药材8.5万吨，总产值26.4亿元，同比增长18.6%。安化黄精种植面积增至5.2万亩，全年出产黄精8200吨，综合产值4.1亿元。

【公共品牌建设】 6月，安化黄精注册国家地理标志证明商标。7月，中国医药物资协会授予安化县“中国多花黄精之乡”称号。10月，“安化厚朴”注册国家地理标志证明商标。11月，“安化黄精”获第22届中部农博会金奖。

【品牌推介】 10月27日，安化县作为湖南省中药材种植基地示范县受邀参加2020湖湘中药材区域公用品牌建设论坛。11月14—16日，在第十一届道地药材产业论坛暨2020道地药材（长沙）展览会上，县内8家中药材生产加工企业布展“安化黄精馆”。11月22—24日，在2020武陵山（怀化）国际健康产业博览会上，县内4家参展企业布展“安化馆”，通过产销对接会、直播带货等活动展销产品。

【项目建设】 安化县中医药健康产业发展基础平台PPP项目完成可研立项批复、实施方案市场测试及项目财政承受能力论证报告和物有所值评价报告编制；湖南上药中药材初制加工厂建成投产，2020年完成产值4000万元；博瑞药业2020年完成产值6000万余元，并启动博瑞饮片厂搬迁重建项目和重药·博瑞医药项目。

【示范引领】 梅山蛮家庭农场获评2020年省级示范家庭农场；阿丘农业、菲菲葛业被认定为国家农民合作社示范社；林天药材种植基地入选全省“定制药园”；阿丘农业建成安化黄精科普园，评为湖南省科普教育基地。

【举办第六届“湘九味”中药材论坛】 9月25—27日，第六届“湘九味”中药材论坛暨“安化黄精”品牌发布会在安化举办，论坛以“黄精与大健康”为主题。活动期间,来自全国20个省（自治区、直辖市）的代表和国家中药材产业技术体系专家，以及科研单位、高校、行业组织和企业代表约800人参会，签约11个产业项目，签约总金额12.1亿元。

【“安化黄精宴”】 9月25日，创新推出色香味俱全的“安化黄精宴”。全宴共10大主菜，分别为金凤呈祥（清炖黄精虫草鸡）、五彩云霞（清蒸黄精五花腊肉）、寿天百禄（清炖黄精黑山羊干锅）、碧海龙珠（黄精丸粘糯米）、锦鳞行止（清蒸黄精鳜鱼）、康庄大道（红烧黄精元蹄）、前世今缘（黄精魔芋拌炒）、岁月随想（制黄精与老坛腌制豆角黄瓜皮拌炒）、青枝绿叶（清炒黄精小白菜）、众星拱月（黄精水饺）。菜品以安化黄精为原材料，经过本地名医精心配伍，搭配当地食材烹饪而成。

【安化青钱柳】 安化青钱柳为安化县的特色珍稀树种之一，已有上百年的种植历史，在全县各地均有分布，被誉为植物界的大熊猫，医学界的第三棵树，又因其果实酷似铜钱，民间又称它为“摇钱树”。其树叶因富含丰富的皂苷、黄酮、多糖等有机营养成分，能有效平衡人体糖代谢，有明显的降低血糖、减脂肪和尿糖作用，达到逆转并发症的养身效果。截至2020年底，全县种植面积达1.2万亩。

（撰稿人：张　妶）

社会民生

人力资源和社会保障

【就业创业】 2020年，全县城镇新增就业5090人，农村劳动力转移就业新增3604人，失业人员实现再就业2636人，就业困难人员实现就业746人，城镇登记失业率1.06%。核发创业担保贷款366笔5420万元，创业带动就业2023人；离校高校毕业生1406人，实现就业人数1405人，就业率99.93%；扶持1名高校毕业生创新创业，给予2万元无偿创业资助金。

【职业技能培训】 2020年，全县组织职业技能培训11718人，其中人社部门组织的职业技能培训8853人（创业培训948人）。培训涉及社会与家庭服务类、机电装备制造类、商贸与餐饮服务类、食品医药与化工类、农林牧渔、勘测矿产等6个大类，包括保健按摩师、育婴员、工业机器人系统操作员、电子商务师、医药商品购销员、茶叶制作工、栽培工、井下作业工等18个工种。

【事业单位人事管理】 继续实施“5133”人才引进工程，全年引进事业单位高层次人才56名，其中8月引进编制内人才43名，编外人才2名，11月补充引进编制内人才11名。组织公开招聘事业单位工作人员共计700人、其中教师502人（直聘231人）、医务人员134人（直聘68人）、其他事业单位工作人员64人。评审并认定晋升高级职称206人、中级职称283人，初级职称526人，组织1万多人次参加继续教育考试。

【社会保障】 2020年，全县基本养老保险75.53万人（其中享受基本养老保险退休待遇18.84万人）、工伤保险4.51万人、失业保险参保人数4.29万人，参保总人次84.33万人。全年基本养老保险、工伤保险、失业保险三项社保基金征缴7.68亿元（较2019年增长约1.58亿元），全县各项社保基金累计支付达13.56亿元（较2019年增长约0.44亿元）。

【被征地农民社会保障工作】 2020年，全县13356名被征地农民（其中海螺项目1038人、县政府27号文件新增被征地农民12318人）通过参保资格审核，纳入被征地农民社会保障范围。通过参保资格审核的被征地农民中，10379人享受社保补贴，2977名一户一基人员享受参保政策不享受补贴；全年共计缴费4515人次、缴费金额19703万元，被征地农民将根据本人参保意愿自主选择企业职工社保或城乡居民社保。

【阶段性减免企业社会保险费】 2020年2月，湖南省人社厅、省财政厅、国家税务总局、省税务局、省统计局联合下发《关于阶段性减免企业社会保险费的实施意见》（湘人社规〔2020〕3号）文件，县人社局严格落实文件精神，紧扣“免、减、缓、返、补”五方面政策，落实中小微企业免征、大型企业减征、困难企业缓交社会保险费的阶段性政策，支持稳企业、保就业。2020年度，全县527家基本养老保险参保的大型企业和中小微企业，减免企业单位部分养老保险费6366.61万元；155家失业保险参保的企业，减免失业保险费272.55万元；509家工伤保险参保的企业，减免工伤保险费1340.56万元。

【退休人员养老金社会化发放开启】 2020年3月，以积极稳妥、逐步推行为原则，先在全县206家单位、10576名退休人员中试行。6月，全县机关事业单位退休人员全面实行养老金社会化发放，退休人员按时领取养老金。

【禁捕退捕渔民基本养老保险】 10月，全县认定禁捕退捕渔民538人（其中专业渔民227人、兼业渔民113人、其他持证渔民198人），自主选择参加城乡居民养老保险265人、参加企业职工养老保险273人，实际到账补贴资金城乡居民养老保险801.3万元，企业职工养老保险1182.3万元。

【劳动力招聘就业】 县人社局积极组织开展“送万岗进乡村”“重点企业用工服务月”“点亮万家灯火”“高校毕业生专场”“退役军人专场”等21场次专场招聘（线上2场、线下19场），累计参会企业917家，提供就业岗位9.5万多个，达成就业意向8280多人，推荐正式上岗的人员3380余人次。有组织劳务输出人数4300人，与广东省黄浦区、江门市蓬江区、宁乡市、长沙市、蓝思科技、比亚迪等13个劳务协作单位签订长期劳务合作协议。

（撰稿人：金　瑛）

民政事务

【救济救助】 2020年，全县有农村低保对象15625户、30014人，城镇低保对象2052户、2836人，城镇特困供养人员181户、181人，农村特困供养人员8121户、8207人；享受重度残疾人护理补贴14274人、困难残疾人生活补贴7155人，孤儿和事实无人抚养儿童601人。全年发放各类救助保障资金共计19501.5万元，其中农村低保资金8614.53万元，城镇低保资金1362.43万元，农村特困资金4291.67万元，临时救助资金1621万元，特困人员住院照料护理补贴319.314万元，物价补贴1156.5万元，残疾人两项补贴1578.34万元，孤儿和事实无人抚养儿童救助资金557.73万元。

【项目建设】 东坪镇中心敬老院完成；县殡仪馆整体搬迁建设项目开工；梅城殡仪馆项目由社会资本方抓紧建设。

【社会救助】 救助标准提标。从2020年1月1日起，全县农村低保标准提高到每人每月335元，救助水平提高到每人每月215元，城镇低保标准提高到每人每月520元，救助水平提高到每人每月360元；农村特困供养标准提高到每人每月435.5元，城镇特困供养标准提高到每人每月676元。重度残疾人护理补贴和困难残疾人生活补贴发放标准提高到每人每月65元。

开展兜底保障“回头看”专项治理，全年共计核减低保对象737户1232人，其中农村低保对象661户1143人、城镇低保对象76户89人；新增低保对象4140户6837人，其中新增农村低保对象4052户6734人，城镇低保对象88户103人。

开展特困人员精准认定，全县原有城乡特困人员8351人，核减124人，新进126人，重新认定为8353人。组织开展全县城乡特困供养人员生活自理能力等级评估，全自理6188人、半护理994人、全护理1171人。全县分散供养特困人员共计8055人，全部明确照料护理人员，签订照料护理协议书，并建立“一户一档”台账资料。

推进精准救助工作，建成全县救助核对一体化信息平台，与省市主管部门数据库及县行政审批服务局“一门式”大数据库实现对接，同时延伸到乡镇、村级，实现了对象认定的“关口前移”。探索形成多层次救助体系，小淹镇、乐安镇“分档救助”转向“精准补差救助”试点工作稳步推进。

【养老服务】 制定实施《安化县特困人员供养服务机构提质升级三年行动计划（2020—2022）》，争取福彩公益金504万元支持养老服务体系建设，全年新增居家养老服务点58个，新增养老床位354张。建成全县第一所区域性中心敬老院，新增床位100张，可辐射周边5个乡镇。组织老年人协会、志愿者、义工为农村留守老人开展上门服务80余次。全县基本养老服务覆盖率达到100%，全年发放基本养老服务补贴70万余元，对73名百岁老人发放长寿保健补贴30万余元。

【行政区划和地名管理】 龙塘乡撤乡设镇和东坪镇改设街道一并启动并得到省厅批复；大福镇中心村、富民村、新桥村，龙塘乡红星村，县城南区中砥村,乐安镇蚩尤村完成“村改居”工作。参加溆浦县、新化县在平口镇山洋村三市三县交界的三面界桩行政区域界线联合检查。按照规定程序对全县居民区、大型建筑物和道路街巷三种类型“大、洋、怪、重”的问题进行全面摸底，录入全国不规则地名管理系统，上报数据4条。

【基层政权和村居建设】 出台《安化县民政局推动基层公共服务（一门式）全覆盖工作方案》，制定并下发《安化县基层公共服务（一门式）全覆盖标牌标识和功能整合规范指导意见》《安化县村（社区）群众性活动阵地活动安排指导意见》。清理挂牌9250块，整合挂牌2220块，出台群众性功能室活动安排指导意见12个。

建立完善村（居）委员会成员动态数据库；对空缺村（居）主任进行摸底，对补选程序制定指导方案；部署村（社区）财务清查和村（社区）组织成员任期经济责任审计工作；制定详细的选举流程、指导重点、程序模板，指导古楼乡10个村（社区）完成“两委”换届选举试点工作。

实施乡村治理三年行动计划，指导全县433个村（居）完成村规民约(居民公约)的制订、审核、备案工作。冷市镇大苍村村规民约被评为湖南省首届“十佳”村规民约。

【社会组织和社区工作者】 新成立社会团体12家、民办非企业5家、注销1家，全县共有社会组织308家。依法依规开展年检，推进对非法社会组织专项排查及行业协会商会涉企收费专项治理。引导社工站标准建设、专业发展、规范运行，指导社工队伍全面参与疫情防控、社会救助、养老服务、儿童关爱、社区治理等民政工作。

【殡葬管理】 开展殡葬领域突出问题专项整治，摸排出2处公益性墓地手续不齐全的问题，检查复核“三沿六区”范围内违建“住宅式”墓地、硬化大墓、活人墓等行为21处。全年实行火化并采取节地生态安葬的死亡人员85人，发放惠民奖补资金19万元。倡导移风易俗，推行绿色文明祭扫，制作宣传手册2万余份，发放至全县各乡镇和县直各单位。

【婚姻登记】 全县全年共办理婚姻登记7149对，登记费用全免，其中结婚登记4380对，离婚登记2307对。婚姻调解313对。

【流浪乞讨人员救助管理】 开展生活无着流浪乞讨人员救助管理服务质量大提升专项行动、“寒冬送温暖”、“夏季送清凉”专项救助行动，全年实施救助145人次。通过人脸比对等科技手段，联合其他市、县救助站成功寻亲11名。聘请8人为救助管理特邀监督员。

【慈善事业】 全年累计募集善款善物折合人民币2640万余元。坚持开展“慈善一日捐”等公益活动，做强做优“一俊奖学金”“劲牌阳光班”“洵春奖学金”“慈善帮扶圆梦大学”等慈善助学品牌。

【福利彩票】 全年福利彩票销售2115.19万元，其中电脑票销售1851.82万元、即开票销售263.37万元。

（撰稿人：卢　佳　谢凌举）

残疾人服务

【概况】 2020年末，全县共有持证残疾人28391人，全年累计发放残疾人重度护理补贴166488人次，发放残疾人困难生活补贴76334人次，共计发放资金1578.34万元。为13808名重度残疾人缴纳医保，共计269.7万元。为2391名16—59岁重度残疾人代缴最低档次养老保险费共计23.9万元。为165名残疾学生及贫困残疾人家庭子女落实教育资助政策，共发放资金34.92万元。

【残疾人办证】 2020年，县残联为全县残疾人办证4836人次，其中重度残疾人2728人。

【残疾人康复】 实施“0至6岁贫困残疾儿童抢救性康复”项目，全年累计完成儿童康复训练702个月，完成任务率达112.5%。安化县残疾人康复中心在训儿童91人，县外康复机构送训37人。对全县2.8万名持证残疾人进行动态需求专项调查。开展假肢安装、辅助器具适配、药物发放等系列康复行动，免费为2053名各类残疾人发放辅助器具，免费为1375名精神病人上门免费发放精神药品。

【残疾人就业服务】 全年共举办残疾人阳光增收培训班11期，培训310人；举办职业技能培训班2期，培训66人。申报创业扶持29人，发放残疾人创业扶持资金29万元；11名残疾人个人、4家就业扶贫基地申请小额贷款贴息资金19.4万元。接受49家残疾人门店、三家县级基地的疫情期间房租补贴申请，共补贴资金15.8万元。

【残疾人生活服务】 2020年，共为84户贫困残疾人家庭进行无障碍设施改造。改造坡道，安装坡道扶手，卫生间安装坐便器和坐便抓手、热水器、洗浴座椅和坐便椅等生活设施，完成投资40万元。为153名符合条件的残疾人发放机动车燃油补贴，共计39780元。为40名残疾人提供日间照料服务，为300名提供居家托养服务。

【开展“5月上门评残月”活动】 5月，由县残联、县卫健局牵头，由县人民医院、县精神病防治院组成3个评残专家组，对全县25个乡镇（区）开展上门评残工作，1510名残疾人参加评定。

【“集善工程——（中远海运）助残行动”启动】 2020年“集善工程——（中远海运）助残行动”在安化启动，该项目由中国残疾人福利基金会发起，共向安化残联捐赠轮椅320台、助听器100台。

（撰稿人：刘智纯　陈雨蕾）

拥军优抚

【概况】 2020年，安化县退役军人事务局全年共送出立功喜报126份。全年县乡村三级积极走访退役军人，帮助解决困难，并发放慰问金。

【移交安置】 成立中共安化县委退役军人安置工作领导小组，完成计划分配军队转业干部安置工作。按照“量化积分排名、现场公开择岗的方式”，完成符合政府安排工作退役士兵和消防士兵安置工作。为自主择业的军队转业干部缴纳城镇职工医疗保险、医疗补助经费；为自谋职业城镇退役士兵缴纳医保和养老保险。为自主就业退役士兵开具技能培训通知书，通过培训毕业获取技能结业证书，并由承训单位推荐就业岗位。修订完善《安化县“双带双促”推动退役军人及其他优抚对象创新创业活动实施方案》，发放奖励扶持资金。举办2020年度退役军人适应性培训，通过微信公众号发布招聘信息4期，为退役军人提供就业服务。

【拥军优抚】 及时下拨各类优抚资金，2020年抚恤补助标准人均提高10%以上。严格按政策做好伤残、带病回乡、60周岁农村籍退役士兵等抚恤补助的申报、审核和认定工作。为在乡一级至六级伤残军人购买城镇职工医保，并解决住院期间的伙食补助。组织重点优抚对象，分期分批参加益阳市荣誉军人疗养中心和省荣军医院组织的为期10天的短期疗养，与市优抚医院一起到东坪镇、梅城镇等开展医疗巡诊工作，为退役军人提供义诊。组织开展纪念中国人民志愿军入朝作战70周年书法大赛，为在乡抗美援朝老复员军人发放入朝作战70周年纪念章；9月30日，在云台山英雄公园举行全县烈士纪念日公祭活动，县委、人大、政府、政协、人武部等领导，县直单位主要负责人，烈属代表，现役退役军人代表，学校师生代表、社会各界群众代表等300余人参加。提请县人民政府第7次常务会议研究同意，启动安化县云台山英雄公园建设和对仙溪镇姚炳南烈士、马路镇李楚才红军烈士纪念设施的修缮工作，已完成英雄公园二期建设的项目工程设计和预算编制。为纪念中国人民解放军建军93周年，在全县范围内开展“八个一”系列活动，即：开展一次宣传教育、组织一次走访慰问、举办一场专场晚会、表彰一批先进典型、举办一场书法比赛、召开一次新老退役军人座谈会、组织一次创新创业现场观摩、开展一次拥军志愿服务活动。

【政策法规与权益维护】 开展因重病、大灾、意外事故导致生活特别困难的退役军人和优抚对象特困援助工作，发放援助金。为困难企业军转干部发放春节慰问、困难补助、困难救助，缴纳医疗门诊救助和医保经费；下拨优抚“解三难”资金，用于解决退役军人和其他优抚对象生活、医疗和住房困难。与人社、医保、财政等部门单位联合组建工作专班，完成符合政府安排工作的退役士兵社会保险接续工作。组织开展“退役军人守护安化、共同抗击新冠疫情”公益募捐活动，全县退役军人共计捐款17.2万元。在全县部署开展2020年度安化县“模范退役军人”评选活动，评选出创新创业标兵10名、爱岗敬业标兵10名、道德模范标兵10名，并在“永恒的军魂”“八一”晚会上进行表彰。联合安化县融媒体中心推出《老兵无悔》专题栏目，对退役军人典型进行宣传报道。

【服务保障体系建设】 开展全国示范型退役军人服务中心（站）申报工作，全县12个乡镇退役军人服务站完成申报工作，打造梅城镇、小淹镇、东坪镇等乡镇退役军人服务站示范点。全县1个县级服务中心、27个乡镇服务站、433个村级服务站到岗到位工作人员518名，基本实现“有机构、有编制、有人员、有经费、有保障”，做到全域覆盖。重点开展信息采集、走访慰问、帮扶救助等工作，实现实体化运行。在春节、清明、“八一”等重要时间节点，对烈属、一级至四级伤残军人、驻安化部队进行走访慰问，送上慰问金、慰问信和慰问品；开展安化籍“边海防”现役官兵家属走访活动和常态化走访联系退役军人工作。

（撰稿人：蒋碧霞）

红十字事业

【概况】 2020年，为6名白血病患儿申请小天使基金，为18人申请省红十字会人道救助金共9万元。开展3期救护员培训，共培训救护员117人。利用各种纪念日开展街头救护知识普及培训4期，培训约1500人次。全县无偿献血7323人次，献血量292.92万毫升，完成市定目标任务143.59%。全县共有7人进行遗体捐献登记，2人进行造血干细胞捐献。

【慰问器官捐献者家属】 5月12日，县红十字会到安化化工厂小区，对2019年器官捐献者的家庭进行慰问。县红十字会领导详细了解遗体器官捐献者家属目前的生活情况，向他们致以崇高的敬意并送上慰问金。

【急救知识普及培训】 9月11日，县红十字会到湖南成大生物科技有限公司，为公司的员工们讲解各类灾害来临时的急救技巧、注意事项和红十字运动基本知识，并向员工发放《中华人民共和国红十字法》《急救知识汇编》和有关无偿献血、造血干细胞捐献、器官遗体捐献等宣传资料。

（撰稿人：刘琼斯）

区域开发

安化县城南区

【概况】 安化县城南区地处资江南岸，与县城东坪镇隔江相望。全区下辖城南社区、黄沙坪社区、中砥社区、玉溪村和茶叶示范场，总面积38.33平方千米，常住人口近5万人。

【经济发展】 2020年完成财政税收1.27亿元，超额完成956万元，超过指导性任务8.2%；完成社会固定资产投资18亿元；新签约招商引资项目2个，引资1.32亿元；规模工业增加值达全市平均水平；限额以上企业（大个体）销售额增长速度达16.76%；新入规企业（大个体）5家、法人2家。

【重点项目】 完成紫薇谷、紫薇中学、东梅公路（玉溪段）、安化西220千伏输变电工程等项目548.56亩土地征收任务，迁移坟墓1100余冢，拆迁房屋1栋，拆除违章建筑5处、架管租赁场1处，协调处理各类施工问题50余次。紫薇谷翰林府商住小区、紫薇中学、玉溪片区开发（一期）、黑茶大市场（二期）、华莱国际酒店、滨江文化客厅、滨江新城等重点工程建设项目顺利推进，东梅公路（玉溪段）建设完成，元畅恒太城、御水天赐温泉中心开业。

【脱贫攻坚】 2020年脱贫31户82人。至此，全区453户1539人贫困对象实现全部脱贫。

【安置配套基础设施建设】 完成林家六组安置区“三通一平”，拟定初步基地分配方案；启动林家七组安置区土石方工程清挖，9月完成基地分配；完成茶都安置区（一）安置房建设；完成茶都安置区（二）土石方清挖、护坡支护工程，着手进行基地分配；完成黄沙坪特色小区安置区土石方70%工程量；完成船山小区支路污雨管网和道路、采光面硬化建设。

【安置房办证】 5月，启动安置房不动产确权登记颁证工作，完成157大栋房屋质量安全鉴定、测绘，4408户（套）进行申请登记，实现申请登记率81.27%，收取相关费用1.1亿元。

【污染防治】 35户专业（兼业）捕捞渔民如期上岸、138艘“三无”船舶全面拆解；发现并制止秸秆焚烧事件20余次；农村卫生厕所改造69户；城南社区、黄沙坪社区、玉溪村均通过农村人居环境整治合格村验收，中砥社区通过示范村验收；完成205亩受污染耕地调查和110亩粮食收购工作；中央环保督察5个反馈问题已销号整改到位，联合市生态环境局安化分局全力督促指导鹏晖养鸡场、中砥碎石场、鑫世纪石材厂抓实省环保督察生态环境污染问题整改，关停中砥安中砖厂。

【创建省级文明县城】 投入创建资金360万元加强创文阵地建设；广泛开展“文明出行，

从我做起”“讲文明树新风”等各类创建活动。全面开展环境整治，保障、服务湖南省（春季）乡村文化旅游节、全省农业特色小区建设推进会的召开。迎接通过市国调队模拟测评、省国调队暗访检查、省文明委验收考核。

【安全生产】 开展安全生产整治“三年行动”，排查加油站、商场、酒店、烟花爆竹经营单位等80家次，整改消防安全隐患86处，2020年无较大以上安全生产事故。

【维护社会稳定】 2020年接待来访群众53批136人次，较2019年下降42.1%。办理群众来信1件，来电5件，各类网投件79件。排查各类矛盾纠纷7件，化解6件，初排化解率达到85.7%。黄沙坪社区被县委政法委确定为全县基层社会治理网格化管理试点社区，2020年南区继续保持“平安建设先进乡镇”称号。

【“迎新春·过幸福年”大扫除活动】 1月19日，县城南区组织开展“迎新春·过幸福年”大扫除活动，清理垃圾2.5吨、道路12.8千米、垃圾死角8处、背街小巷14条、清理房屋47栋。

【中砥社区举行第三届春节联欢晚会】 1月19日，中砥社区举办第三届春节联欢晚会。现场表彰优秀共产党员、优秀网格组成员、优秀保洁员、先进个人和带头致富人62人及优秀企业1家。

【城南社区“四点半学校”开班】 5月26日，城南社区“四点半学校”正式开班。教室设在社区党群服务中心六楼，课桌、板凳、空调、投影仪等设备齐全，为社区儿童提供一个免费的学习乐园，解决社区居民接送孩子的难题。

（撰稿人：熊　忍）

湖南安化经济开发区

【概况】 湖南安化经济开发区成立于1994年，2006年经国家发改委批准更名为湖南安化经济开发区，核准面积1平方公里。辖区交通便捷，二广高速、536国道、317省道（东茅公路）、207国道、224省道、331省道纵横贯通。经过2013年第一次调区扩区、2014年扩容增量、2016年国家六部委开发区目录审核、2017年第二次调区扩区，园区逐步形成了“一区三园”的发展模式（“三园”：即以精制茶、食品加工和中药饮片制造为主体的中医药黑茶健康产业园；以承接电子信息与沿海梯度转移产业为主体的梅城工业园；以钨钴分离等矿产品循环利用产业及精深加工为主体的高明循环经济工业园），核准面积为4.56平方公里。2019年，湖南安化经济开发区被认定为“湖南省（安化）黑茶特色产业园”。2020年，提高土地效能成效显著，获得省自然资源厅肯定，成为全省第一批周转用地试点园区，荣获全省开发园区节约集约用地二等奖，奖励周转用地指标100亩。

【经济指标】 2020年全区实现技工贸总收入78.59亿元，工业总产值77.80亿元，规模工业总产值达75.80亿元；实现规模工业增加值18.04亿元；工业税收总额2.11亿元；完成固定资产投资17.93亿元。

【重点项目与基础设施】 2020年全区有县重点项目20个，其中产业项目13个，园区基建项目7个，已开工项目9个，总投资70.74亿元。黄棣震黑茶精深加工项目完成土地配置25亩，主体竣工验收。泰森循环科技年产8000吨三元前驱体材料和4000吨碳酸锂项目完成项目备案、环评、“三通一平”、土地报批及土地配置资料。湖南华益食品槟榔项目完成一期工程规划，总用地面积68亩，新建生产线投产，完成生产车间、员工宿舍、办公综合楼建设，完成污水处理厂等配套建设相关附属设施及购置生产线设备等。鑫达钨钼系列产品生产项目完成土地报批52亩，完成一期厂房建设及生产设备安装调试，已试投产。高明工业园基础设施建设项目完成高明工业园区域环评调整，基本完善园区基础设施建设配套（雪峰钨业厂房配套、生活蓄水池工程等）；完成高明工业园环保整改工作；S311扩改项目纳入“十四五”规划报县人大审批。旧污水处理厂完成整改升级。江南工业园建设项目完成标准化厂房建设项目土地报批、

"三通一平"、标厂和综合楼主体工程；二期完成土地报批130亩，完成土地配置21978平方米。云天阁年产5000吨黑茶建设项目完成项目备案、"三通一平"、土地配置12985.28平方米，修建围挡和项目部办公室，进入清洁化黑茶生产线标准化厂房建设启动阶段。湘磁电子贴片电感器件项目土地报批16.1亩，完成"三通一平"和土地配置，企业设计图纸通过园区规划例会，完成围挡建设，项目已启动建设。创新茶旅文观光体验式工坊项目11.8亩土地报批、"三通一平"完成，完成项目备案；已办理建设规划用地许可证、不动产登记证、建设规划许可证；完成项目围挡和项目部办公室修建工作，进入一期主体工程建设启动阶段。江南标厂二期、松针茶旅、双创中心、中医药健康产业园、鹊坪片区160亩土地、龙塘发展区50亩土地"三通一平"工作和水井巷、建军米业、安芝等项目"三通一平"前期工作启动。

【征地拆迁】 征地约100亩，支付征地款359.89万元。签订拆迁协议2份，支付拆迁款627.72万元。安置房茶家B2、D区及金竹A2区交付使用，支付延期过渡费94.06万元。迁坟140家，支付迁坟款32.5万元。

【安全生产】 对园区在建项目开展常态化督查，全年共检查企业123家次，排查隐患275条，整改隐患259条，被评为"县安全生产先进单位"。

【创文巩卫】 开展4次大规模集中整治行动，坚持日常巡逻，加强渣土车管理及占道经营管理，成功创建"湖南省文明卫生单位"。

（撰稿人：张晓玲　彭国常）

乡　镇

高明乡

【概况】 高明乡地处安化县东南边陲，是安化、宁乡、涟源“三县市通衢”之所，面积98平方千米，辖10个行政村、192个村民小组，人口1.9万人。2020年，乡机关共有公职人员73人，其中公务员28人、事业编制人员45人。成功创建“湖南省卫生乡镇”，获评2020年度益阳市平安建设（综治工作）先进乡镇、益阳市安全生产优秀乡镇。

全年完成生产总值18.3亿元，固定资产投资4亿元，财政总收入6130万元；农村居民人均可支配收入11825元，同比增长9%。全年完成工业生产总值16.2亿元，工业固投3.2亿元，税收4200万元。招商引资新签约项目3个，合同额2亿元。新建水果及油茶林基地600亩，新增养殖基地3处。

推进农村承包地“三权分置”改革和集体林权制度改革，完成农村宅基地和集体建设用地房地一体确权登记颁证工作。完成10个村综合服务平台建设，将新时代文明实践站、综治中心、网格化服务管理中心等15类功能场所，整合进村综合服务平台。对接县级部门下放到乡镇的68项公共社会服务、政务审批事项，下放27项职能到村。

全乡新建垃圾收集点84个，新增垃圾压缩清运车1辆，完成改厕69间，创建人居环境整治合格村10个，通过“省级卫生村镇”验收。新建农村公路5千米，扩改建27千米；完成“白改黑”工程4.5千米；黑泥田、阴山排、久安等村共新安装路灯500余盏；“雪亮工程”增补工程安装摄像头258个。

全乡1002户3998名贫困人口稳定脱贫，“一超过、两不愁、三保障”达标率100%，贫困发生率、漏评率、错退率均为零。累计完成危房改造618户，易地扶贫搬迁集中安置点配套建设全面完善；新增扶贫车间2家，创办中药材产业2家，安置贫困户就业156名；落实贫困户公益性岗位75个，重点产业扶贫项目6个，覆盖贫困人口599户2071人；累计发放小额扶贫贷款2008.2万元。

在司徒铺、久安、黑泥田村推行网格化试点管理，在全乡建立14个微信网格监管群。6个村开展村民道德档案管理建设。打击非法采洗砂、占田建房和赌博等行为，办理治安案件16起，调解治安纠纷18起。贯彻落实安全生产专项整治三年行动，取缔马路市场5个，排查并整改安全隐患100余处。

发放低保、特困、残疾人两项补贴等资金355.47万元，救助受灾人员430户，发放救灾资金74万元；为贫困劳动力申报转移就业交通补助1093人，发放资金32.63万元。城镇新增就业80人，农村劳动力转移就业81人，失业人员再就业10人，新增兜底和农村低保对象共计90户140人。对全乡所有尘肺病人进行摸底登记，共救助尘肺病人64人，发放救助金3万余元。高明铺完小综合楼竣工；完成第七次全国人口普查、全乡“十四五”规划编制。

【废旧动力电池梯次利用项目开工】 5月22日，安化县泰森循环科技废旧动力电池梯次利用项目开工奠基仪式在高明循环经济工业园举行。项目总投资2.5亿元，新建1万吨/年废旧动力电池循环梯次利用产业化项目和年产700万只32650型梯次利用电池项目。

（撰稿人：赵　倩）

清塘铺镇

【概况】 清塘铺镇位于安化县东南端。面积234平方千米，耕地面积5.88万亩，林地面积24.49万亩。辖3个社区居委、21个村、1个林场，共532个村民小组，19265户66507人。年底镇政府机关干部职工有129人。

全年完成工业固定资产投资1.59亿元，超额完成0.29亿元；税收851.3万元。圣德锰业、鑫丰矿业、紫金锑钨等3家规模企业完成规模工业产值3.09亿元。

全镇形成“以稻香鱼虾为主板，茶、药产业为支撑，其他种养为补充”的农业产业格局。沙坪稻花鱼、竹鑫茶业、碧天界茶旅、茂坤中药材、南阳牧业等农业合作社（企业）品牌进一步成型。茂坤中药材销量提高，竹鑫茶业销售遍及北京、广州等城市。全镇有稻田养鱼面积4800余亩、优质茶园9100余亩（其中高山优质茶园6000余亩）。养猪规模50头以上的养殖场62家，全年猪出栏数34978只。

安化县廖家坪水库流域水污染防治项目——饮用水源地保护区洞天河、锹溪河修复工程（一期）、梅峒溪流域矿洞涌水污染环境治理EPC项目完成阶段性治理任务。11月30日完成生活污水处理厂通水建设，矿坑废水治理成效获得生态环境部的高度认可。芙蓉山风力发电项目二期项目全部机组并网发电；交通防护栏建设、曾苏公路、阴山排渡改桥、山牛塘水电站、塘湾梯级（一、二、三）电站、廖家坪库区网改逐步实施；镇区自来水厂建设开工；土地增减挂钩项目一、三期实施500余亩；龙昌电力有限公司完成入驻。

城乡居民基本医疗保险参保率100%、大病保险参保率100%、家庭医生签约覆盖率100%；教育扶贫实现生活补助到位、雨露计划申报到位、资助到位；完成3284户四类人员(低保户、五保户、贫困户、残疾户）的住房安全鉴定，完成全部贫困户农村危房信息录入工作。实施中央、省级危房改造项目新建住房74户，镇级危房巩固提升184户；选聘生态护林员38人，申报认定扶贫车间6家。2020年，投入资金300万余元用于义务教育、基本医疗、住房安全三保障的落实。全镇2700户10154人（含非贫困村人口）脱贫，文丰、雨塘、曾家桥、八里潭，罗峒、石溪等6个贫困村完成脱贫摘帽任务，贫困发生率降至0%。

全年发放城乡最低生活保障资金518.5万元，其中农村低保、兜底保障金478.2万元，城镇低保金40.3万元，特困供养金245万元，临时救助金164万余元。镇财政共支付农赔资金500万元。新增特困供养人员19人，将部分尘肺病患者困难家庭纳入低保救助范围。完成涉及清塘社区、回春社区、红岩村、廖家村、曾家桥村、山溪铺村等6个行政村3906人被征地农民基本养老保险工作。

开展“雪亮工程”建设，接入“雪亮工程”社会面视频资源汇聚平台，接入率100%；各村、社区以组为单位创建村级网格微信群41个，逐步推进网格化管理步入正轨。在全镇范围内建立道德档案13789户，实现全覆盖。办理行政案件44起，刑事立案44起。全年进行安全联合督查检查333次，出动执法人员共1141人次，下达执法文书252份，立案处罚企业5家，马路市场取缔搬迁5处、保留8处。全镇开展防汛应急救援、森林消防演练活动10余次，举办防汛抗旱培训班2期。对807亩Ⅲ类受污染耕地进行详查；排查镇区89家产业，办理排污许可证52张，对不符合条件的责令其整改；查处66起非法占用农田修建房屋行为，办理设施农用地备案3宗；对辖区9家野生动物驯养繁殖场进行放生与销毁，共计销毁竹鼠4081.2公斤、蛇类2722公斤、灰胸竹鸡56只。

开展“拆违、治乱”行动，组织各部门力量对太平村原芙蓉农贸市场多个私搭乱建构筑物、石溪村易地搬迁复垦项目进行拆违综合执法行动。2020年被评为市级平安建设先进单位。

全年新增城镇就业160人，其中下岗失业人员再就业84人，“4050”人员就业5人，城镇登记失业人员18人。输送劳务人员178人次，新增转移农村劳动力190人。开展技能提升培训49人，新增70名建档立卡贫困人员就业。组织2696妇女参加“两癌”免费检查，发放车费补助4.4万元。电商服务平台入驻各村、社区。

结合产业扶贫、人居环境整治工作，在龙坳、石溪、牛角塘、苏溪等村举办“一创多评”活动，设立美丽庭院、学习强国学习标兵、优秀脱贫户、人居环境卫生示范户、疫情防控突出代表、“五好家庭户”等奖项，表彰农户300余户。成功举办“欢乐潇湘·神韵安化”品芙蓉山仙茶·观碧天界山水文艺晚会、“天下梅山·苗瑶故里·舞动清塘”广场舞大赛月月乐活动和“安化四季有约——夏季邀你来溯溪”活动。各村、社区成立广场舞队、篮球队等队伍，组织5支队伍参加全县广场舞大赛。党员、志愿者规劝红白喜事从简操办200余场。

【全镇广场舞大赛举办】 10月30日，“天下梅山·苗瑶故里·舞动清塘”广场舞大赛在镇中学田径场举办，共有24支参赛队伍1000余人参加，大赛评选出1个一等奖、2个二等奖、3个三等奖。

（撰稿人：赵文辉）

梅城镇

【概况】 梅城镇位于安化县东南部，东抵清塘铺镇，南与新化县毗连，西接乐安镇，北界仙溪镇。总面积278.61平方千米，土地面积41.94万亩，林地面积27.64万亩。辖5个居民委员会、27个行政村，户籍人口8万人。至2020年年末，镇机关干部职工共有222人。

2020年税收完成4906.7万元，固定资产投资5.9亿元，规费收入1500万元。

全镇建档立卡贫困户2806户10999人全部脱贫，8个贫困村全部出列。累计实施危房改造1604户，易地扶贫搬迁196户845人。医保缴纳率100%，扶贫特惠保覆盖率100%，贫困户县内住院报销比例不低于85%。落实“两免一补”“雨露计划”“国家助学金”等教育扶贫政策，全镇义务教育阶段学生无一人辍学。累计落实饮水安全10221人，3个扶贫车间做好资产确权工作。统筹整合使用财政涉农资金，2335户贫困户得到各项政策扶持资金1228万元。统筹整合使用财政涉农资金756万元，支持农村基础设施建设。

年末，南桥大道基本具备通车条件，东梅公路三座桥梁全部通车，2个隧道贯通。开展2020年度增减挂钩项目实施，项目涉及27个行政村，拆除空心房108栋，新增耕地面积100余亩，通过市级竣工验收。完成土地出让23宗，总价款4000万元。组织16次拆违整治行动，下达责令停止违法行为通知书41份。办结非法采砂案件2起。

全镇机耕面积达到90%、收割面积达到90%，实现机插1080亩，烘干粮食100吨，花生0.4吨。全镇稻谷实收15990吨，出栏生猪23680头、牛8236头、羊10578只、家禽328662羽。高标准农田建设项目覆盖14个村，投入资金2620.42万元，建设面积2.53万亩。工业园新开发建设用地20亩，迁坟60冢。湘磁电子贴片厂奠基，乾润新瑞、向阳塑料、上药中药材等3家企业入规。湘运汽车站整体搬迁和综合开发项目、湖南鑫诚生态农业有限公司如期落地。

抓好基层公共服务（一门式）全覆盖工作，全面完成村级功能室整合、标识标牌清理整顿、商务代办员的选聘工作，村级可办事项两批共63项事项下移。完成政务大厅的选址、布置、入驻工作。

在全镇范围内印发《致全镇人民群众的一份公开信》、禁毒手册、扫黑除恶宣传资料等共计6万余份，张贴横幅标语1000余条。治安巡逻防控640次，交通安全协管120次，安全防范宣传150次，协助维稳和纠纷调处64起，排查各类险情隐患32起。

全面推进安全生产专项整治三年行动。抓好安全生产目标责任制落实，签订《安全生产责任书》，将责任层层分解。定期开展安全隐患排查，联合执法6次，检查企业、酒店、非煤矿山等共计25家，共排查安全隐患30余处，限期整改25处，当场整改5处，整改率100%。

3月17日，芙蓉完小开工，计划总投资7881万元，总建筑面积为1.8万平方米，计划办班24个，提供1080个小学学位，按照“统一标准、统一设计、统一风格”的要求建设施工。镇卫生院自搬迁后正式投入使用，设置床位81张。开展兜底和城乡低保的准入调查，将符合纳入条件的199户共411人纳入相关保障类别。开展残疾人脱贫攻坚回头看行动，为符合评残条件的218人进行残疾鉴定。将符合低保和临时救助条件的130名尘肺病人纳入低保或者予以临时救助。纳入事实孤儿3人，特困供养人员13人。

落实河长制工作，镇、村两级河长巡河总共1900余次，发现、处置、交办大小涉河问题100余起，组织开展护河查违、河道清洁、禁渔等大小行动25次，制止涉河违法行为30余次，处理违法人员13人。开展危险废物大调查大排查，从湖南省危险废物大调查大排查系统中核减企业32家。

【县重点建设项目集中开工活动举行】 9月1日，冯李公路（南桥大道）、梅城镇洢水黑臭水体整治工程项目、湘磁电子贴片电感器件项目在梅城镇集中开工。县级领导、县直相关单位主要负责人、梅城镇党政领导及村社区支书、主任参加开工仪式。

（撰稿人：刘嘉璐）

乐安镇

【概况】 乐安镇位于安化县东南部。东面和北面与梅城镇接壤，西面与南面依次与新化县圳上镇、吉庆镇、田坪镇为邻。总面积为191.9平方千米；耕地45426亩，林地165639亩。辖3个居民委员会、21个村，共558个村民小组、50840人。镇机关共有公职人员102人。

全年完成税收550万元，规模工业企业产值5.68亿元，固定资产投资7800万元，金融机构各项存款7.2亿元。

全年完成早稻生产5360亩，建成早稻高产示范片4个。安化小籽花生种植面积超过3万亩，产值9600万元。横市、文石等村的“优质稻+油菜”稻油轮作模式连片示范基地达2000亩。

全镇剩余贫困人口98户281人全部脱贫。选聘建档立卡生态护林员31人，发放生态效益补偿补助资金137.75万元；完成危房改造62户，拨付危改资金107.36万元。11月，乐桥社区通过湖南省脱贫攻坚工作成效实地考核。

全年召开扫黑除恶专题会议4次，张贴标语500余条，常态化开展夜间巡逻。2020年，获评益阳市平安创建先进乡镇。

开展公共卫生区域卫生监督和职业健康监督检查58次。处理伊水流域文峰湾段、晏家桥段河道非法采砂2起；制止河道内非法堆弃渣土、林业违法、秸秆焚烧等违法行为为25起；对官溪碎石场违法越界开采、官溪碎石场非法占地搭建工棚、蚩尤善友废品回收有限公司非法占用耕地等违法行为进行立案查处。

全年完成农村公路建设以奖代补项目4.14千米、通自然村公路8.23千米，实施安防工程1.76千米。年初，启动横柏界至张家仙湖村公路扩改提质项目，投资300万元。完成思游中学教师周转房建设。巩固和新增农村通自来水人口1000多人，完成思游水厂提质改造工程以及田冲、游溪坑、丰收等水库除险加固工程。新增就业人数50人，为外出就业贫困劳动力1615人发放交通补助42.06万，发放一次性求职补贴9300元，发放民政资金1031.68万元。

完成农村改厕246户，清运垃圾3600多吨，清理村内水塘26口、沟渠35千米，开展进村入户宣传86场。2020年，获评“省级卫生乡镇”。

【湖南农业大学送技术下乡】 4月8日，湖南农业大学两位教授在乐安镇蚩尤村举办安化小籽花生种植高产技术培训班，100多名村民参加。培训班上，两位教授就花生采取拌种剂、改多粒播种为单粒精准密植、花生土地改良等技术进行专题授课。安化小籽花生在清乾隆年间（1736—1795）传入安化县，种植范围逐渐扩大，2020年乐安镇种植安化小籽花生面积超过3万亩，产值达9600万元。2019年安化小籽花生被评为国家农产品地理标志保护产品，安化县蚩尤故里种植生态农场选送的安化小籽花生获得湖南省“我最喜爱的绿色食品”称号。

【张家仙湖村“硕博墙”】 至2019年，张家仙湖村籍的硕士、博士达57人。为了弘扬崇学向上的民风，2019年在新修村部时，专门在村部的广场前修建一面20米长的白色影壁，墙上贴满硕士、博士的照片。墙的两侧写着一副对联：“知识改变命运，文化孕育美德。”2020年6月4日，新华社对此进行报道。

【益阳市第三届“中国农民丰收节”举办】 9月21日，益阳市第三届“中国农民丰收节”暨“神韵安化·蚩尤故里”活动在乐安镇张家仙湖村、横市村举行。来自安化县18个乡镇的40家企业展出100多种优先农产品，并现场观摩横市村水稻采收现场。

（撰稿人：罗 霄）

仙溪镇

【概况】 仙溪镇位于安化县东南部，东与大福镇、清塘铺镇毗邻，南与梅城镇相连，西与滔溪镇接壤，北与长塘镇交界。总面积281.4平方千米，耕地面积35981亩，其中水田20492亩、旱地15499亩。2020年全镇辖2个社区居委46个社区小组、19个村531个村民小组，共15414户52847人。至年末，镇政府机关共有干部职工121人。

全镇共完成固定资产投资2.72亿元，税收14303.2万元。农业总产值1.53亿元，工业总产值10.2亿元。

全年完成农村危房改造43户，其中新建房屋42户，维修1户，争取各类危改资金118万元。学前教育、义务教育阶段教育帮扶2694人次，发放各类助学补贴213.6万元，“雨露计划”帮扶528人次，补助79.2万元。医疗帮扶2056人次，报销医疗费用968.88万元。发放小额信贷220笔1057万元。1750名外出务工的贫困劳动力享受转移就业交通补助，共计60.8万元。2020年实现脱贫113户327人，年底贫困发生率降至0，实现全面脱贫。

2020年，全镇开展辖区内重点风险企业的污染源排查。严控秋、夏两季秸秆焚烧；加强洢水流域河道管理，打击非法采砂33起、非法采矿3起，关停非法沙场2家，制止河道违章建筑1起，整改乱倒渣土7起。推进禁捕退捕工作，处理非法捕鱼38起。开展农业面源污染治理，强化畜禽养殖污染防治工作，对11个生猪养殖场进行提质改造。投资5200万元的污水处理项目，厂区内一体化设施已竣工。推进“党建引领·三员两长网格化管理责任机制”，开展“三清一改”村庄清洁行动。全镇所有村（社区）均顺利通过全县“合格村”验收，泉塘村、仙中村、山漳村、河东村在全县双月评比中先后被评为“先进村”，沿峰村被评为安化县第一批农村人居环境整治示范村，仙中村被评为县级美丽乡村建设示范村，三丰村创建市级美丽乡村建设示范村。

2020年“雪亮工程”完成建设任务点52个。化解大小矛盾纠纷420余起，接待群众信访19起。镇派出所接处警228起，办理行政案件49起，办理刑事案件45起。2020年仙溪镇获评全市平安建设（综治工作）先进乡镇，新晋为全市平安乡镇。成立应急管理委员会，加强对应急管理、安全生产和防灾减灾救灾工作的协调、组织和指导。建立7支专业性应急分队，抓好社会应急救援队伍建设。整合防汛、消防、民政、安全生产等4个物资库，强化应急物资保障。制定“1+7”项应急预案，提升突发事件应急处置能力。针对非煤矿山、危险化学品、学校、文旅场所、建筑等行业多次开展联合执法检查。扎实开展森林防灭火工作，2020年被评为全市森林防灭火工作先进乡镇。

2020年全镇社保参保人数20496人，收缴社保金378.14万元；完成失地农民社会保障相关手续共684人；完成41200人次的基本医疗保险征缴任务，贫困户、困难特殊群众参保率达到100%；完成妇女“两癌”普查2636人，救助妇女“两癌”16

人。开展困难救助和关爱残疾人行动，2020年共计救助1500余人次，发放救助资金105万余元，发放残疾人辅助器具219人次，发放精神药品40人次。电力建设方面，2020年，大桥新村、仙中村、山漳村、泉塘村、仙峰村等16个村新增、改造台区36个，变压器容量共8520千瓦时，新建高压线路23.96千米，改造低压线路66.15千米。饮水安全方面，完成华天村、山口村、宋坪村、沿峰村、九渡水村、龙丰村、山漳村、泉塘村等8个村共2000多人的饮水安全工程；完成木茶溪防汛公路硬化1千米，完成吴家井水库腰间渠道加固；推进样板河河道建设工程，新修河堤1千米左右。交通攻坚方面，2020年完成以奖代补0.68千米，安防工程10千米，修建山漳永安桥，投入50万元对全镇农村公路的养护工作。推进完小整体搬迁项目建设，总投资9380万元，总建筑面积1.87万平方米，办班36个，可提供小学学位1620个，工程进展顺利。成立教育基金会，用于帮助贫困学子、表彰奖励优秀教师和学生，截至2020年底，共收到捐款25万元。镇住院综合大楼建成，于12月25日投入使用，总投资2300万元，占地面积2556平方米，建筑面积7000平方米，有业务用房98间、床位数99张。

【重点项目】 益阳海螺水泥有限责任公司全年生产熟料173.59万吨，水泥209.09万吨；销售熟料10.29万吨、水泥208.09万吨，实现税收1.25亿元。芙蓉山风力发电二期工程投资4.3亿元，共安装25台2000千瓦风力发电机组，总装机容量5万千瓦，12月29日并网发电。抽水蓄能项目7月2日启动实物量指标预调查工作，经专家实地论证，装机容量由120万千瓦调至240万千瓦，总投资100亿元以上，年发电量24亿千瓦时。工程施工总工期为76个月。

【产业发展】 梅山文化生态园2020年承办湖南省春季乡村旅游文化节（分会场），投资2300万元新建安化红色文化主题馆，占地6.1亩，建筑面积2515平方米。全镇共有中药材种植面积1.5万余亩，共有药材种植大户100余户，药材种养专业合作社14家，形成以合作社、种植大户为示范的中药材产业发展格局。2020年全镇总产茶量1008吨，综合产值1.2亿元。在北京2020“两展一节”茶叶产品质量推选活动中，仙溪镇洢水四保茶业公司的花卷茶（千两茶饼）获得特别金奖，手筑茯砖获得金奖，保贡茶饼和天尖茶分别获得优秀产品奖；香木海茶业公司的芙蓉天尖获得优秀产品奖。

【益阳海创水泥窑综合利用固废项目开工】 5月12日，益阳海创水泥窑综合利用固废项目举行开工仪式。该项目计划投资2.2亿元，依托益阳海螺水泥有限公司一条5000吨/小时水泥熟料生产线，建设150吨/小时飞灰水洗水处理处置生产线，200吨/小时污泥处置系统，年可处置飞灰4.95万吨、污泥等一般固废6.6万吨。年底实现部分投产。

【芙蓉山风力发电二期工程并网发电】 12月29日，芙蓉山风力发电二期工程实现并网发电。由国电龙源安化风力发电有限公司投资建设的芙蓉山风电场一期于2019年3月并网送电。二期于2019年11月开始建设，计划总投资4.327亿元，装设25台2000千瓦风力发电机组，总装机容量50兆瓦，建设内容包括道路建设、25个风机基础开挖及混凝土浇筑、风机大件设备运输、风机吊装、30余千米集电线路建设、水土保持项目建设等。

（撰稿人：龚英霞　刘文明）

长塘镇

【概况】 长塘镇地处安化县东部。2020年辖2个居民委员会、15个村民委员会。总面积181平方千米；耕地面积3万亩，其中水田2.43万亩、旱地0.57万亩；山林21.1万亩。总人口49497人。2020年，镇机关共有干部职工94人。

2020年，完成地区生产总值9.7亿元，固定资产投资2.5亿元，规模工业增加值2.9亿元，税收251.7万元。新增入规企业1家（湖南顺生祥茶业有限公司），新入规商贸流通企业（含大个体）1家（乐尔乐超市）。

2020年，打造大金溪村梓溪黄金片、大峰山村桃林片、长塘社区官田片、林山塘冲社区片等双季稻高产种植示范核心区4个，全市早稻生产工作现场会在长塘镇设置分会场并取得圆满成功，代表安化县通过市级早稻种植的复核。完成严管区粮食收购300余亩,收购粮食7.4万公斤。推进现代农业产业示范核心区建设，逐步形成以天翼农业、沂水葡提专业合作社、大峰泉稻虾种养专业合作社、通溪红薯专业合作社等为代表的特色小水果种植和特色农产品加工产业。

完成2020年89户243名建档立卡贫困人口脱贫，全镇2001户7677名贫困人口全部实现稳定脱贫，“一超过、两不愁、三保障”达标率100%。根据全镇贫困劳动力就业信息采集情况，开展系列就业帮扶活动，组织本镇有意愿外出务工贫困劳动力参加县、市就业招聘会，对“返乡回流”人员实行“72小时”跟踪服务活动，对符合申请一次性交通补助的贫困劳动力实现全覆盖。全镇累计发放社会兜底保障资金5344人次397.45万元；残疾人“两项补贴”资金63.71万元；教育助学资金300.99万元、雨露计划补助675人次101.25万元；争取县级产业帮扶资金144.4万元，发放扶贫小额信贷资金741万元。

全镇开展防溺水、防传染病、防校园欺凌和禁毒等各类安全生产宣传教育25次，组织全镇应急救援综合演练1次，防汛演练1次，配合交通部门“打非治违”、公路治超4次，开展交通顽瘴痼疾集中整治20余次。12月底，完成长通村先锋片省级地灾点治理项目的施工建设，获得“市级安全生产示范乡镇”荣誉称号。

全年电网累计投入2042万元，消除隐患105处，10千伏线路砍青6条，中检修10千伏线路2条。完成箔花台村、大金溪村、共和村、丫山村农村电网改造升级，全镇新增增容布点配变36台。

所有村（社区）按照要求完成各类办公设备的配备，严格落实村干部坐班值班制度。重新调整镇政务中心窗口工作人员，明确专人专职专岗，结合上级要求以及本镇工作实际，确定涵盖行政许可、公共服务等的服务事项67项。全年办理老年证、生育服务登记证、采伐证、流动人口婚育登记证明共计1100余张。

发放复工复产贷款200万元，安排专项政策资金200万余元支持小微企业，确保复工复产率达100%。

【重点项目】 2020年，完成通村公路2.3千米，以奖代补项目1.4千米，危桥改造4座、新建1座，安防工程5千米建设。全镇17个村（社区）均设立村级卫生室，投资涉农整合资金45万元解决900人的安全饮水问题。完成对三里冲、螳螂溪、黄金、田文等4座水库除险加固。专题研究落实党政班子联系企业制度，农产品交易市场建设顺利推进，罗溪一级电站实现复工建设，化解罗溪二级电站矛盾纠纷5起。基本完成污水处理厂主体建设暨管网工程。完成克明学校教学楼食堂主体建设。启动政府机关大院的提质改造、镇区城乡供水一体化管网提质改造工程。

【生态环境】 清理山塘30余口、沟渠溪河20余千米；协助市环保局安化分局完成对沂溪水质自动监测站的选址、征地、建设等工作，启动自动监测站的修建；完成污水处理厂建设工程；验收通过岳峰、通溪两个村86座旱厕改造试点；整治黑恶臭水沟1条,对原合振村相思、大峰山清塘湾石煤矿进行生态治理；镇政府投入160万元与盈峰中联城市环境服务有限公司签订垃圾转运包干合同；拆除非法砂场2家，处置各类涉及非法采砂、“清四乱”等问题9起；开展日常禁捕退捕巡查执法活动60余次。

【益阳市早稻生产流动现场会召开】 4月10日，益阳市早稻生产流动现场会在长塘镇举行，参会人员现场参观官田、林山、大金溪、黄金、梓溪等集中连片早稻生产示范区。

【“月月乐”群众文艺晚会举行】 10月18日，“欢乐潇湘 安化神韵”月月乐之“欢乐广场舞 幸福新长塘”群众文艺晚会在林山塘冲社区举行，共有16支队伍参演。

（撰稿人：王振祥）

大福镇

【概况】 大福镇位于安化县东南部，邻桃江县、宁乡市。全镇面积325平方千米，辖33个村，6个社区。经统计，第七次人口普查登记人口10.4万人，户籍人口9.8万人，是安化县面积第三、人口第二、行政村数第一的镇。2020年，镇机关共有公职人员165人。

2020年全镇完成固定资产投资2.6亿元，财政总收入3908.19万元，其中税收完成451.1万元，一般财政拨款收入3430.35万元（其中项目收入764.65万元），基金收入26.74万元。

全年共落实水稻播种面积21571亩，玉米播种面积8千多亩，油菜8000多亩，早稻生产面积4500亩。完成黄脊竹蝗防治3000余亩，以及松材线虫病的监测、枯死木的伐除966棵。组织实施2019年度东山村石漠化综合治理工程，完成渠道清淤800米、新建灌溉排水渠道1400米、新建河坝1座、维修山塘1处、新建500人集中供水工程1处。

持续推进脱贫攻坚各项政策措施落地落实，全镇4802户19199人贫困人口全部脱贫。新增县级产业扶贫项目3个，落实县级产业帮扶资金337.2万元，发放小产业奖补资金70.25万元。100多名贫困户通过专场招聘会与企业达成意向协议，全镇贫困劳动力就业达8352人。实施危房改造29户，发放补助资金132万元。发放教育补助资金355.63万元、雨露计划补助资金265.35万元。贫困人口基本医疗保险全覆盖，安全饮水达标率实现100%。发放扶贫小额信贷2000多万元，贴息金额77.52万元。8家企业通过县级初审，入驻湖南省消费扶贫系统。

推行镇区垃圾清扫清运及农村垃圾清运市场化运作，整合11辆垃圾清运车，与绿邦公司签订整体承包合同。推进“厕所革命”，完成改厕530间。持续加强沂溪河整治，清理非法洗砂点54处，非法售砂点30处，储存点1处，沂溪河水质明显改善。收缴地笼网、渔网等渔具171件，扣押电鱼设备23套。尹新村、建炉村“六个一”工程建设获市农业农村局好评，富民村创建成县级人居环境示范村。实施秸秆禁烧，全年发放严禁秸秆禁烧的一封信5000份，悬挂宣传横幅30余条，张贴固定宣传标语40块，出动宣传车20台次，宣传广播220小时，入户宣传6500户，与每村签订承诺书，处理秸秆焚烧事件5次。

对全镇特困对象、低保户、兜底户进行全面复核认定，坚持“应保尽保、规范运作、分类施保、动态管理”。全年发放农村特困补助607.24万元，一般低保补助188.63万元，兜底补助1139.5万元，城镇低保补助62.93万元，城镇特困补助11.62万元。邀请县人民医院和县精神病医院上门评残275人次，发放残疾人两项补贴124.8万元。加强敬老院建设，改造装修厨房和食堂，添加相关设施设备，为贫困老年人群体购买养老服务。通过核查摸底，全镇百岁老人有10人。

全年调解村民矛盾纠纷240余起，为村民解决困难360余次，出警240余次。共接到信访件65起，成功调处65起。深入开展“扫黑除恶”专项斗争，结合疫情防控宣传，全年共张贴标语横幅900余条，发放宣传册2000余份、永久性标语20余条，出动宣传车325台次。多次开展部门联合执法，对全镇范围内的烟花鞭炮、危险化学品、非煤矿山、学校、校车等领域开展安全生产专项检查。全年累计出动执法人数100余人次，下达执法文书600余份，对4家经营单位进行罚款处罚。建立一支100余人的综合应急救援队，由政府年轻干部、医疗人员、民兵、志愿者等组成。全年累计悬挂应急管理宣传横幅100余条，摆放宣传展板30余块，分发宣传手册200余份，张贴宣传标语50余张，转发安全应急知识20余次，出动宣传车5车次。全年共拆除违法建筑25处，面积4800多平方米。

全镇共投入46万元修建村级舞台23个。开展为期3个月的声乐知识社团培训，参与人数达280余人；开展全镇第五届男子篮球联赛，参赛队伍12支；组建大福镇中心花鼓戏剧团，9月4日举行首场义演；国庆、中秋期间，组织3个社区5个村开展双庆活动；大福柔力球健身队24人参加益阳市全民健身挑战日柔力球挑战赛，获第一名。

【召开重点企业用工招聘会】 4

月23日，市县人力资源和社会保障局和大福镇人民政府组织13家本市企业在大福镇开展“重点企业用工服务月”招聘会。湖南艾华集团股份有限公司、皇爷食品有限公司益阳分公司、益阳科力远电池有限公司等13家企业提供岗位4000余个，涉及科技、食品、建筑、农业等多个行业。招聘会共吸引400余名求职者来到现场，100余人现场签订意向书。

（撰稿人：谭苏霆　尹　波）

羊角塘镇

【概况】 羊角塘镇地处安化县东北部，资江中游北岸。北抵常德市桃源县、鼎城区，东邻桃江县，南与小淹镇隔资江相望，西邻冷市镇。总面积246.8平方千米，耕地面积36860亩，林地面积28.5万亩。辖3个居民委员会、18个村，共19653户65546人。2020年镇机关共有公职人员113人。

全镇完成生产总值5.87亿元，比去年同期增长7.7%，其中农林牧渔业总产值1.62亿元，工业总产值2.04亿元，运输业、商饮业和服务业等第三产业总产值2.21亿元。社会消费品零售总额5.15亿元，比同期增长9.8%。

全镇油茶产业示范区建设全面推进，制定《羊角塘镇油茶产业发展2020年度实施方案》，规划5000亩新植油茶林，已完成1317亩的新植基地造林整地工作。完成潘杨、白沙溪等村6.6千米产业公路建设。以村为单位组织种植户及贫困劳动力开展油茶种植抚育管理技能培训。鼓励扶持龙头企业发展，金叶油业二期生产线启动建设，部分设备已安装，处于调试阶段。推进竹产业转型升级，太阳山竹制品产业链项目完成村庄规划编制，积极培育金蛋蛋食品、起点竹业新入规企业。鼓励实体经济发展，服务民营经济，扶持菲菲葛业、三峒等合作社、大坪村云灵种养合作社、安化县白岩山饮用水厂发展，继续推进21个村（社区）农业合作社发展，鼓励壮大村级集体经济。深入企业开展调研，指导企业复工复产，帮助企业解难点除痛点疏堵点，化解各类矛盾纠纷30余起。鼓励引导企业积极担当社会责任，2020年，菲菲葛业被评为“湖南省‘千企帮村万社联户’产业扶贫突出贡献合作社”。

2020年贫困劳动力外出务工人数3244人。优化调整驻村工作队员、结对帮扶责任人，全镇21个村（社区）驻村帮扶全覆盖，镇派工作队员17人，驻村干部4人，做到每一个村都有一名镇派干部驻村帮扶。以脱贫质量“回头看”为抓手，狠抓扶贫领域问题整改清零，顺利通过国家脱贫攻坚普查，数据显示贫困群众“一超过、两不愁、三保障”合格率为100%，各项扶贫政策落实率为100%，群众满意度为99.98%。2020年，共有2965人次贫困学生享受补助资金，无因贫辍学；1847人次贫困患者享受“一站式”结算服务；易地扶贫搬迁集中安置点建设全面完成；“四类重点”对象危房改造100%竣工；新建安全饮水工程1处，解决200人安全饮水问题。全镇有建档立卡贫困户2328户9057人，2020年贫困人口脱贫103户292人，到2020年底所有贫困人口如期全部实现脱贫。塘九村党总支部被评为全省脱贫攻坚先进集体。

全镇窄路加宽争取3.6千米指标，完成王家坪至竹田路段公路加宽；争取2.6千米自然村道指标并完成，争取以奖代补指标3千米、产业公路以奖代补指标9千米、竹产业公路指标15千米，完成80千米公路防护栏建设，自主实施危桥改造4座，争取12千米公路破碎板项目，已在实施。解决马安高速遗留问题。完成210万元炮震损资金发放，完成高速公路沿线进山便道、林道的设计与修复。联合交警大队、执法大队、社会治安和应急管理办开展专项检查4次。2020年完成增减挂钩土地复垦110亩，拆除空心房53栋，通过省、市验收。配合湖南省地质测绘院外包单位完成房地一体登记颁证初始登记16796户，落宗6229本。配合湖南省地质测绘院完成2013年1月1日至2020年7月3日18297个农村乱占耕地建房图斑摸排调查。完善善溪河综合治理一期工程，启动善溪河综合治理二期工程，开展镇区路灯维护，共更换、维修路灯20余盏。

2020年水稻播种面积21261亩，其中双季稻面积6253亩，一季稻15008亩；玉米种植面积

7000亩,油菜种植面积1.5万亩,其他农作物种植面积2000多亩。抓好村级集体经济发展,云盘村以养鱼发展集体经济,潘杨村着力发展油茶产业壮大集体经济。将农产品质量安全工作纳入绩效考核范围,与21个村(社区)签订农产品质量安全监管责任状,与18个农产品生产主体签订农产品质量安全责任状。全镇明确监管员5人,村级监督员21人,组级协管员487人,加强镇监管员、村级监督员、组级协管员、基地协管员培训。明确专班开展禁捕退捕,加强巡查值守,2020年拆解"三无"船只35艘、有证渔船11艘,收缴捕鱼网具510副,安置上岸渔民11人。

推进法治建设,深入学习相关法律法规,在机关及6个村开展《中华人民共和国民法典》讲座。健全完善人民调解机制,全镇有镇级调委会1个、村级调委会21个,人民调解员68人,2020年共调解纠纷500余件,及时有效处理因益阳市西部片区生活垃圾焚烧发电项目选址引发云盘村信访舆情。加大扫黑除恶宣传,利用微信、朋友圈等实现宣传全覆盖,累计投放电子显示屏广告15块,横幅160余条、张贴宣传标语420余张、发放宣传资料4万余份、出动流动宣传车32天次、推送信息200余条。加强平安建设,积极发挥驻村辅警作用,开展防溺水等培训6次,驻村辅警全年协助派出所处置违法案件24起,调解各类纠纷180余起,进行大型活动安全保卫工作5场,日常巡逻及交通疏导600人次。投入经费50万元在镇区街道启动电子警察抄牌功能,通过以奖代补的形式,鼓励村(居)民按照统一技术规范自建监控探头,180余户在家中安装摄像头,连入综治中心43户。开展安全生产领域"大排查大管控大整治"专项行动,党政班子履行"一岗双责",带队开展安全生产检查48次。复工复产期间隐患排查检查企业27家,发现并督促整改安全隐患21处。2020年,被评为"市级安全生产优秀乡镇"。

做好兜底保障工作。全镇共有兜底保障户486户1199人,实现兜底保障动态管理、分类管理。进一步规范并简化残疾证办理流程,实行每周五医院集中评残。推进村居依法自治。21个村(社区)进一步修订完善《村规民约》,由司法所逐一审查到位。进一步规范村民服务中心建设,开展挂牌清理,及时做好村务公开。加强社会保障。扎实开展就业扶贫,2020年开展3次贫困劳动力采集工作,维护系统信息人数9059名。对全镇省内外务工贫困劳动力人员,进行就业扶贫相关政策宣传,2020年四季度贫困务工劳动力报销车费2348人、金额82.11万元。做好城乡居民社保参保工作,共缴费279.05万元,超额完成目标任务。

推进畜禽养殖污染整治,组织执法大队、农业综合服务中心等工作人员,对该镇现有养殖场全面摸底登记造册,共摸排养殖场873家,发出整改通知书500余份,联合市生态环境局安化分局对3家养殖场非法直排进行处罚,退养后复养养殖场22家栏舍及相关设施已全部拆除。加大人居环境整治力度,继续推进"三清一改",党员、志愿者积极开展人居环境整治活动,王家坪村创建市级美丽乡村,福泉村成功创建人居环境整治示范村,全镇所有村全部创建合格村。

【县"蓝结家园"现场调度会召开】 11月16日,安化县"蓝结家园"现场调度会在羊角塘镇召开。县司法局、县文旅广体局、羊角塘镇汇报安化县"蓝结家园"前期建设情况和下一步工作计划,戒毒康复典型夏某谈了加入"蓝结家园"的现实体会,县禁毒办就具体业务做指导。会后组织参观"蓝结家园"戒毒康复人员就业企业。

(撰稿人:卢　昆)

冷市镇

【概况】 冷市镇地处安化县中部偏东,东与羊角塘镇毗邻,西与龙塘乡接壤,南抵小淹镇,北靠桃源县沙坪镇、芦花潭乡。总面积186.3平方千米;耕地24334亩,林地面积23.6万亩。辖5个居民委员会、13个村,共10997户38489人。年末,镇机关共有编制内人员113人。

全年完成生产总值21.86亿元,固定资产投资1.58亿元,税收入库1002.7万元。叶子湾生态旅游基地累计完成投资2.8亿元。大桥水自来水引水工程完工，解决沿线近2万人安全饮水问题。镇完小科教楼投入使用，成为安化县教育项目样板工程。污水处理厂建设稳步推进。中农正邦生猪养殖项目落户胡家村，规划投资3亿元，养殖母猪5000头、肉猪10万头。国阳硅砂厂实现3个月建厂投产，年产干硅砂20万吨。S542冷市段“白改黑”全线通车，沿线1.8万余人出行问题彻底解决。新修村组道路100多千米，完成村组通畅工程；累计争取教育资金2500万元、医疗卫生800万元，逐步推动教育优化布局战略实施；投资1000万余元启动高标准农田建设，惠及14个村(社区)6600余亩基本农田。围绕“茶旅文康融合发展”目标，建成水龙、叶子等两个标准化茶园。南华鑫福扩大黄精标准基地400亩，“梅山蛮”品牌产品“安化黄精”获全国中部农博会金奖。董家村藏香猪打入粤港澳大湾区“菜篮子”工程，获广东卫视、湖南卫视和中央电视台专题报道。

以决战决胜脱贫攻坚为总基调，整合31个部门189名干部尽锐出战，实现现行标准下5个贫困村全部出列、1286户4824人稳定脱贫。结合城镇规划，争资近2亿元，安置贫困户550户1980人；投入3000万余元落实“应改尽改”，惠及贫困户434户1532人；选聘32名建档立卡贫困人口为农村保洁员。组织开展菜园地抽签，解决搬迁户“吃菜难”问题。引进扶贫车间1个、门面租赁17间，易地搬迁和五保户联户建房成为市县样板点。成功举办冷市镇“消费扶贫·你我同行”农产品展销会，3000余名消费者、20家商家现场交易11万余元，惠及贫困户230余户。

围绕便民利民惠民，推进“一件事一次办”，清理村（社区）标识标牌350余块，累计在村部直接办证760余张。建立村级商务中心18个，实现邮政包裹、金融服务、电子商务一站融合。创新诉前调解模式等，全面提升基层风险感知和防范化解能力，成功调解矛盾纠纷325起，村组化解率达到98%。“大苍经验”获《人民日报》专题报道，被纳入中央党校培训教材。大苍村党建引领基层治理经验荣录中组部《学思践悟》。2020年7月13日，全县社会治理创新工作推进会暨学习“大苍经验”现场会在冷市镇召开。采取开屋场会、院子会等形式，顺民意，纳民智，制订村规民约，建立道德档案，开展一创多评。大苍村村规民约进入全省“十佳”。

巩固环境整治成果。创新开展“3+N幸福家园”创建，以组带村、以村促镇。“文昌经验”全市推广，获评全市2020年一季度双月评比第一名，连续三次全县双月评比第一名。深化禁捕退捕工作。开展多部门联合执法行动80余次，出动执法人员500余人次，整治河道堆沙挖沙、开山挖矿、乱搭乱建、乱砍滥伐等违法行为32起。坚持管教并重、疏堵并行，将“严禁电鱼、炸鱼、毒鱼、网鱼等”明确写入村规民约。开展“清河行动”，销毁捕鱼地笼110个、渔网20个，转移捕鱼船、竹排20条，抓捕非法电捕鱼人员5名。全年开展12次安全生产大检查，累计出动执法车辆70台次、执法人员280人次，地毯式排查宾馆、酒店等83家、各类门店136家，坚持常抓常管、严抓严管。严格执行党政主要领导带班值班、24小时值班制度，11名党政班子联点包村，58名党员干部驻守山塘水库和地质灾害隐患点。

【扶贫展销会举办】 11月12日，冷市镇分别在大桥水和东风桥易地搬迁安置区举办“消费扶贫·你我同行”农副产品展销会。全镇29家与贫困户建立利益联结的农业合作社、18个村（社区）商务中心参展，展销农副产品达13个大类32个小类，吸引3000余名消费者和近20家商家前来采购，现场成交金额11万余元，惠及贫困户230余户。

（撰稿人：谭文亚）

龙塘乡

【概况】 龙塘乡地处安化县中北部，东与冷市镇为邻，南接江南镇，西连东坪镇，北为桃源县沙坪镇，地势北高南低。总面积141.98平方千米，耕地面积16809.98亩，林地180225亩。辖14个行政村（社区），257个村民小组，8142户28446人。2020年，乡机关有干部职工89人。

2020年，完成税收收入823.1万元、固定资产投资4.9亿元，规模工业总产值1.2亿元。全乡共有茶园面积7200余亩，100亩以上的连片茶园基地14个，年产鲜叶10794吨。厚朴4200亩，杜仲500多亩，黄檗300多亩，百合200多亩，七叶一枝花50多亩。玉竹种植专业合作社3家。

新修农村公路6.8千米，安装防护栏8.5千米。解决顽沙村季节性缺水问题，实现安全饮水全覆盖。乡水厂改扩建工程竣工，投资1000多万元。农村电网改造新增配电台区32个，改造配电台区20个，新增高压线路23.25千米、低压线路70.4千米，投资1800万元。龙塘新型材料产业园项目完成150亩土地利用规划调整；梅山赛车运动主题公园举办多次国家级、省级赛事；龙江公路项目在顽沙段启动部分征地款支付和动土工作。

完成村（社区）“两委”换届选举，实现党组织书记和村主任“一肩挑”。基层公共服务“一门式”全覆盖。规范政务服务大厅运行管理，设立6个政务窗口，受理办件682件，按时办结率100%。

实施危房改造37户，发放补助资金80万元。完善易地扶贫搬迁集中安置点建设，其中茶乡花海社区集中安置点获评“十三五”国家美丽搬迁安置点。发放教育补助金1769人、95.48万元。完成新增农村贫困劳动力转移就业130人，对50人进行扶贫技能培训，发放培训补贴1.4万元。发放小额贷款1457万元，完成县定任务的338.8%，到期贷款回收率达100%。2020年，完成剩余的63户156名贫困人口脱贫。统筹整合涉农资金235万元用于脱贫攻坚，“一超过、两不愁、三保障”达标率为100%。

2020年共发放人居环境整治宣传资料500余册、倡议书1000余份，悬挂横幅30条，制作广告牌30个、宣传栏15个，在微信公众平台推送宣传材料，并不定期播放广播进行宣传。组织机关单位开展“人居环境整治宣传教育日”活动6次，各村开展“党员带头，干部示范”圾清理活动12次，志愿者参与达500余人次。S319沿线16家竹木加工企业搬迁或退出，拆除乱搭乱建棚屋42处。推进禁捕退捕、禁食、退养工作，退捕渔民协议签订、证照收回、参保率均达100%。加强受污染耕地管控，回收受污染水稻8468公斤。

在龙塘乡重要路口、学校、医院等重点区域完成336个视频监控点位建设。全年处理行政案件36起、刑事案件13起。

2020年，传达学习安全生产会议精神40余次，进行安全生产检查140余次，检查监管单位18家，发现并整改安全问题40多个，连续9年实现安全生产零事故、零伤亡，连续3年获安化县安全生产工作先进单位，创建市级安全生产示范乡镇成功。

完成第七次全国人口普查入户普查登记和比对复查，新增兜底保障84户124人，核减农村低保12人。完成茶乡花海社区幼儿园建设，投入30万余元对六甲小学进行维修。组织开展创业培训和贫困户就业培训230余人次，完成贫困劳动力信息采集2781人次，举办“重点企业用工服务月”、易地扶贫贫困劳动力、边缘户专场招聘会，现场达成意向800多人，其中贫困劳动力470人。

【现代化种猪场建设项目签约】 3月30日，湖南省龙晟牧业有限公司与广西扬翔农牧有限责任公司合作签约，成立湖南扬翔龙晟农牧有限公司，计划在桃仙村十组及周边流转190亩荒山林地，修建一个现代化种猪场，实行公司加农户的方式，在周边乡镇建设现代化育肥猪基地50—60个。项目总投资8亿元，年产种猪及肥猪近30万头。至12月底，项目完成楼房式经产母猪舍、一胎舍和后备母猪舍5栋，栏舍建筑面积6万余平方米。生活区、隔离区、粪污处理工程等配套工程完成主体。东坪镇杨林段的进厂公路扩改硬化及桃仙村新建饲料专道完成；地下水深井、蓄水池建成投入使用；在和睦村流转土地20亩，用于建设养殖服务中心（洗消中心）。

【首届汽车摩托车越野争霸赛开赛】 10月24日，安化黑茶首届汽车摩托车越野争霸赛在茶乡花海社区梅山赛车运动主题公园开赛。此次赛事以“畅游安化，竞秀茶乡”为主题，为期3天。赛事吸引来自内蒙古、山东、安徽、河北、广东等18个省市区的俱乐部及车队参赛，由众多全国冠军车手、国内一线赛车手领衔竞技，参赛车手达300余人。

（撰稿人：谌徐婷）

滔溪镇

【概况】 滔溪镇位于安化县中部，全镇总面积154.89平方千米。辖10个村、3个社区居委会，共3.02万人。2020年全镇机关共有干部职工79人。

全年完成地区生产总值8.04亿元，同比增长20%；实现固定资产投资2.311亿元，同比增长54.1%；规模工业生产值超8900万元；全年税收入库741万元，同比增长47.9%；农村居民人均可支配收入10345.2元，同比增长11%；城镇居民人均可支配收入20832元，同比增长8.5%；农商银行存款余额5亿元、贷款余额1.23亿元，分别增长7.6%、8.1%。

全镇粮食播种面积2万余亩，其中早稻种植面积3126亩，发放耕地保护补贴6738户、180.768万元。新增高产笋竹基地3000余亩，总面积达2万亩，新增笋竹加工企业4家。新增苎麻基地2000亩，苎麻产业年产值达百万元。建立西瓜、大棚葡萄、黄桃等种植基地，面积达1万亩，大棚400亩。黄精、玉竹等中药材种植面积超1800亩。

镇域内交通、水利、集贸市场等基础设施得到优化，投入资金800万元。完成窄路加宽1.2千米，通自然村公路4.63千米，新建和改造桥梁3座，新建乐坪至滔溪公路路基约3千米。投入1560万元，对镇域内农网进行改造，解决580户群众用电困难问题，改善2740户群众用电质量，累计投资3000万元的“农网改造”项目全面完成。

2020年，全镇投资1000万以上的项目和工程有5个，投资100万元以上的有7个。其中，百花寨茶旅文康项目一期（黑茶仓储中心）主体工程基本完工，仓储展示的1万支茶叶和艺术作品等已采购到位；总投资5000万元的西片区开发项目启动安置户住房和配套河堤建设；投资近2000万元的滔溪污水处理厂项目完成厂区厂房、入厂公路路基、污水管网铺设等；9月，投资800万元的滔溪中学教学综合楼建设项目完工；投资500万元的长乐幼儿园保教楼建设项目投入使用；滔溪镇完小征地国土手续办理完成。

以问题清零、资金清账、环境清爽、成效清底为抓手，加强脱贫攻坚和乡村振兴的有效衔接，全镇无一人因疫因灾返贫致贫，通过国家脱贫普查和省现场考核，全镇1430户5504名贫困人口全部实现稳定脱贫，其中2020年脱贫人口为84户235人，“一超过、两不愁、三保障”达标率100%，贫困发生率、漏评率、错退率均为零。累计转移贫困劳动力2500余人次。危房改造应改则改、应修则修，四年累计实施危房改造805户，补助金额1560.4万元。

继续推进“蓝天、碧水、净土”三大保卫战，开展上级环保督察交办问题“回头看”、“夏季攻势”等专项行动，全镇空气质量优良率保持在99.9%以上，中央和省环保督察反馈问题整改常态长效。依法取缔4处非法采（洗）砂场，打击1起微型非法采矿行为，查处非法捕鱼、焚烧秸秆等生态违法行为20余起；落实河长制，开展滔溪河流域水质整治、沿线卫生整治，加强对乱倒乱排的排查和整治力度，拆除一处禁养区内养殖场，境内水质达标率为100%。推进“厕所革命”，完成厕改500户。

妥善处置全市新型冠状病毒感染的肺炎“首例确诊”对象及42名密切接触者，实现省委、市委、县委“三确保”目标。坚持“外防输入，内防反弹”双向发力，强化“五个排查”、前移“三个关口”，对入境和中高风险地区返乡人员做到闭环管控到位。统一安排返岗专车助力24名前往长沙、广州方向的外出务工人员返岗。

全年排查调解各类矛盾纠纷165起，化解重大信访积案4起。开展道路交通安全、消防安全等安全专项检查37次，连续14年获评市级“平安乡镇”。

【全县重点项目滔溪镇开工仪式举行】 5月12日，安化县9个大型项目统一集中开工，滔溪镇是分会场之一。11时，“全县重点项目滔溪镇开工仪式”在滔溪镇百花寨茶旅文康一体化项目施工现场举行，市县有关领导宣布项目开工。

（撰稿人：封志芳）

小淹镇

【概况】 小淹镇位于安化县境东北部，面积182.5平方公里，辖3个社区居民委员会和15个村民委员会。2020年创建“省级安全发展工作示范乡镇”、保住“全国文明乡镇”荣誉称号。

2020年，全镇实现生产总值14.5亿元，同比增长10.6%；工业规模总产值达6.9亿元，比2019年同期增长11.77%；固定资产投资2.3亿元，比2019年同期增长15%；地方财政收入4678.6万元，同比增长5%；农民人均纯收入达到9043元，同比增长10.2%。

全年完成早稻生产3573亩，种植玉米和其他作物8000余亩，创建粮食生产示范片7个；与湖南惊石农业科技有限公司达成合作意向，创建竹笋高产示范基地；培育壮大新型农业经营主体40余家。白沙溪茶厂股份有限公司荣获2020年度茶叶创新十强企业、2020十大黑茶品牌、湖南省小巨人企业等荣誉称号；新增规模工业企业2家、商贸流通企业1家。

老街改造项目基本完工，辣得叫湘菜食材加工项目完成房屋征拆、“三通一平”等工作，黑毛茶存储交易中心建设项目主体工程和相关配套设施建设完成，陶澍陵园配套设施建设项目游客中心主体工程完成。防洪大堤建设完成设计规划和招投标工作，镇中学整体搬迁完成选址和土地调规工作。投入16万元完成全镇公共文化服务体系建设工作。完成胜利村的“村村响”光网改造工作，安装广播点31个。完成全镇15个村农家书屋书籍补充更新工作。

2020年，剩余112户279名贫困人口如期脱贫，全镇1334户4895人贫困人口现行标准下全部脱贫，所有贫困户“一超过、两不愁、三保障”达标率为100%，政策落实率100%，分两批次完成危房改造77户，发放危改资金223万元，完成1339户建档立卡贫困户的住房保障核验工作。医保参保率100%，建档立卡贫困家庭人均纯收入达11572元。全镇813名建档立卡学生无一人因贫辍学。

2020年，全镇有兜底保障对象497户1125人，发放资金345.81万元；低保户347户442人，发放资金137万元；农村特困供养对象353户，发放资金286.43万元；救助困难群众1051人，发放临时救助资金100万余元。组织1500余名妇女进行“两癌”筛查，为5位“两癌”贫困妇女解决救助资金5.2万元。帮助472名被征地农民参保。

2020年，开展“十大行业专项整治行动”，查处杨思村熏得湘腊肉加工厂和敷溪社区碎石场等企业场所的违法行为，办理治安案件166起，查处行政案件15起，开展重点行业专项整治行动45次，开展交通问题顽瘴痼疾整治行动4次，发放应急救灾资金72万元。

2020年，开展“三清一改”村庄清洁行动，完成改厕433间，金双村、肖家村创建人居环境整治示范村。33户专业（兼业）渔民签订退捕协议，全部转产转业，完成养老保险参保，193只“三无”船舶全部上岸（其中79只船舶已完成拆解），183只竹排全部拆解到位。加强耕地抛荒治理，完成852亩受污染耕地调查和粮食收购工作；制止秸秆焚烧事件20余次；严格管控土地占用，拆除3处4250平方米违章建筑。

【创建“省级安全发展工作示范乡镇”】 创建工作开展以来，小淹镇加大安全生产宣传动员和教育培训，通过召开会议、悬挂宣传横幅、张贴宣传标语、播放“村村响”、出动流动宣传车等群众喜闻乐见的宣传方式，广泛传播安全理念、普及安全知识。组成联合执法队伍，每月对全镇范围内的重点行业、重点场所、重点领域开展检查。对于监管任务繁重的重点区域、行业、企业，由相关职能部门实行重点监管，对安全生产主体责任落实不到位的单位进行约谈、培训、整改，年底顺利通过检验，创建“省级安全发展工作示范乡镇”。

（撰稿人：刘晓晴）

江南镇

【概况】 江南镇地处安化腹地，

东接小淹镇，南枕新化县大熊山，西与田庄乡接壤，北与龙塘乡毗邻。全镇面积289平方千米，辖2个社区、25个村。2020年，镇机关共有干部职工148人。2020年创建省级美丽乡村建设示范镇，获评益阳市平安乡镇。

2020年，全镇实现生产总值22.68亿元，税收收入1703.7万元；规模工业增加值6168万元，同比增长8.3%；固定资产投资1.91亿元；工业固定资产投资1.465亿元。

截至12月底，镇区“三管合一”项目序时推进，污水处理厂试运营；江南工业园“135升级版”标厂一期厂房封顶，办公楼主体工程完工，二期土石方、下水道工程开工；东梅公路江南段22.22千米通车；龙江公路江南大桥征地拆迁完成，启动实质性建设，完成项目产值1852.39万元。在镇区建设运营农贸市场1处；投入1170万余元，改善镇域内部分中小学校教育基础设施；启动龙塘至思贤35千伏线路改造建设；投资2000万余元完成金田、高城、大屋、阿丘等村电网升级、安全饮水、道路硬化工程。

江南镇茶产业发展促进会成立，为企业、合作社、茶农搭建了信息共享、合作交流的平台；高质完成早稻生产和遏制耕地抛荒工作任务，发展种粮大户15户；引进和培育新经营主体，华夏子懿集团入驻江南，创办新旭达旅游合作社，拟投资15亿元的五郎山景区项目启动前期工作，义仁康养医疗项目试运营；开展企业上规入统工作，2020年新进县级规模工业企业3家；引导村集体和专业合作社发展乡村旅游，黄石欢乐田野、美丽黄花溪全年共接待游客8万余人次，创收400万余元，黄石村获评湖南省文化和旅游扶贫示范村。

完成136户317人贫困对象脱贫任务，全镇所有贫困户全部脱贫，高质量通过脱贫攻坚全国普查和2020年脱贫退出县级核查。落实城镇低保99人，五保户551人，农村低保792户1462人；落实临时救助和救济1430人次，发放资金101.1万元；受理残疾人办证申请254人，新发残疾证180本，上门评残70人，落实残疾人两项补贴973人；农村劳动力转移输出就业18384人，全年共计发放贫困劳动力交通补贴42.28万元；参加新农保20402人，缴费金额283.85万元。

派出所共接出警258起，办理行政案件59件，办理刑事案件51件；在全市2020年度“共建共治共享·平安志愿者服务社区”暨网格化服务管理工作中获评先进单位，庆阳村、黄石村、梅山村获先进村；庆阳村创建“平安创建”省、市示范点。全年查处各类交通违法100余起，取缔马路赶集市场1处，搬迁7处，全年未发生重大及以上安全生产事故，获评市级安全生产示范乡镇。整合资源、统筹力量，组建一支180人规模的专业应急救援队伍，在“7·26”暴雨抗灾中转移群众125户425人；筹措30万余元，组建一支志愿者消防队伍，配齐消防装备，全年出动12次，挽救财产80万余元，完成洞市、黄石微型消防站建设，黄石村成功创建2020年度国家级防灾减灾示范社区。完成基层公共服务“一门式”全覆盖试点工作，承办全县现场推进会，获中央、省市媒体点赞，金田村电商平台工作获中央电视台推介。

引导64户专业（兼业）捕捞渔民如期上岸，拆解“三无”船舶75艘；查处非法采砂案件7起，拆除规划外砂场5家，整治非法码头4处；制止秸秆焚烧事件30余次；250户居民完成农村卫生厕所改造；完成边江村650亩重金属耕地改良、210余亩受污染耕地调查和粮食收购；启动江南硫铁矿污水处置系统项目。

【华夏子懿集团黄精育苗基地开工】 9月3日上午，华夏子懿集团在江南镇思贤村举行黄精育苗基地开工奠基仪式。该基地占地146亩，投资1000万元，建成后将以黄精育苗、种植、加工、黄精保健食品研发、制造为主，是国家中药材生产（湖南）技术中心合作基地、湖南省中药材产业技术体系湘北试验站试验基地。

（撰稿人：陶新宇）

田庄乡

【概况】 田庄乡位于安化县偏南，东临江南镇，南与南金乡、新化县接壤，西北与东坪镇、柘溪镇相连，北临资江。2020年，田庄乡共有20个村、321个村民小组，总人口2.87万人。耕地面积20355亩，林地229600亩。乡机关年末总人数95人。2020年，获评“湖南省文明村镇”、市级“农村人居环境整治整洁乡镇”称号。

全年完成规模工业生产总值1.43亿元，固定资产投资1.62亿元，税收844.72万元。新增入规企业1家。居民存款3.4亿元，贷款2.25亿元。

全年早稻生产3126亩，一季稻2439亩，晚稻3354亩，早稻集中育秧面积800亩。秋苦荞1000亩，油菜6000亩，玉米6000亩。政府补贴农户早稻、集中育秧资金735720元，耕地保护补贴185900元。高标准农田建设涉及白沙溪、茅园、温溪、桃林等4个村，面积500亩，投资金额约1000万元，实施机耕路、土地平整、渠道、管道疏通等项目。

7月，温文公路开始征拆工作，拆除房屋5栋，征收田地30余亩，10月2号全封闭施工。全乡新增公路安全护栏7.2千米；香岩村新建公路3.01千米，天子山村新建公路3.3千米；疏浚河柘线公路两侧排水沟4.02千米。笔峰村自来水并网改造项目并网通水。文溪社区自来水提质改造工程正式启动。完成联合水库除险加固工程，田庄水厂提质改造供水管道的升级及镇区智能水表安装。中心幼儿园项目工程手续办理、田庄中学校门改造工程征地完成。文溪“特色小镇”共投入资金1.5亿元，基础建设完成，小区内打造的高标准清洁化黑毛茶分拣车间投入使用，解决近80名贫困人口就业问题。

至年底，70户187名剩余贫困人口全部脱贫，44户脱贫不稳定户和59户边缘易致贫户全部取消风险。12个易地扶贫搬迁点累计搬迁入住447户，1640人，文溪易地搬迁安置点成为乡镇自主实施的最大安置点。

全乡实行家禽圈养，增设垃圾桶1189个，清理塘沟137处、拆除老旧（废弃）空心房屋105栋，改造整理农村“三线”53处，建立示范菜园65块，开展畜禽圈养执法62次。修建公共厕所13座，改造厕所114户。绿化柘湘公路沿线3.3千米、植树3650株，修建沟渠4.2千米，清理占地菜园42处，拆除乱搭乱建48处，绘制墙绘3200平方米。

创新社会治理方式，推行网格化管理，进一步推广新时代“枫桥经验”。出台禁渔禁猎禁放烟花制度、红白喜事制度、村规民约，成立自愿帮扶队、五老宣传队等社会自治组织。在乡域范围制定固定永久型标语及大型公告宣传牌10处、放置扫黑除恶宣传栏共18块、悬挂横幅及宣传标语200余条，发放宣传资料3000余份，使用电子屏进行重复播放扫黑除恶宣传标语，安排“宣传车”、“村村响”广播平台进行常态化宣传。发挥网络平台、微信公众号、村级平安创建微信群开展宣传工作。共调处各类矛盾纠纷110件，调处率达到100%，成功率达到98%以上。

城乡居民基本养老实现全覆盖；医疗保险参保率95%以上，其中5764人建档立卡贫困人口100%购买医保，享受家庭医生签约和慢性病签约服务。低保对象465户900人，发放低保资金250.93万元，特困供养人员197人，发放资金75.81万元。残疾人重度护理补贴296人，残疾人困难生活补贴222人，全年两项补贴发放36.83万元。共有孤儿1人，事实无人抚养儿童6人，全年发放生活费25.49元。开展“6·12”无偿献血活动，共106人进行献血。

【乡教育助学联合会成立】 1月3日，田庄乡教育助学联合会成立大会召开，并举行乡贤爱心助学捐赠仪式，共收到捐款26万余元。

【“大美田庄行”采风创作活动启动】 10月18日，为期3天的“益山益水·神韵安化”益阳美术家协会“大美田庄行”采风创作活动在田庄乡启动。安化县委宣传部、益阳市美术家协会组织40余名美协会员参加。活动期间，美术家们走访百竹园、高马二溪、天子山等10多个村组，用手中画笔，描绘山川、溪流以及当地农民生产生活场景。

（撰稿人：谌章韵）

东坪镇

【概况】 东坪镇地处资江中游，东与龙塘乡接壤，南与田庄乡为邻，西与柘溪镇交界，北与桃源县相连。总面积485平方千米，辖28个村（社区），人口16.8万人。2020年，东坪镇创建“国家卫生县城”及“省级文明县城”；先后被评为全市森林防灭火工作先进乡镇、全市食品安全示范乡镇、市级人居环境整治第二轮双月评比十佳乡镇。

2020年，完成税收11280.2万元，地区生产总值63.1亿元，规模企业总产值20.31亿元，固定资产投资10.2亿元。新进规模工业企业4家，新进规模商贸企业5家。城乡居民可支配收入分别为21694元、10771元。

中茶安化第一茶厂项目完成年投资任务2000万元，配套设施建设基本完成并投入使用。茶乡花海生态文化体验园项目完成年度投资9500万元，累计投入超过4.5亿元，开园8个月以来，接待游客15.3万人次，收入574万元。大湖坪水库建设征地拆迁工作推进顺利。博瑞中药健康园基础配套工程、县殡仪馆搬迁、钟鼓山水厂等项目启动建设。“三所合一”建设项目、县中医医院医疗康复养老建设项目、柳溪河黑臭水体治理项目、株溪流域农业污染治理项目、马安高速木子至双桥段项目、碧桂园城西商住项目、御龙湾商住项目、原红旗剧院立体停车场等在建项目稳步推进。

严格按照安化黑茶高质量发展三年行动计划，加强茶园管培与茶叶采摘、生产、销售，开展村级产业发展指导员和春茶采摘加工人员的培训班两期，受益人数达160余人，全年实现茶叶加工量1500余吨。中茶安化第一茶厂新厂房和自动化生产线建成投入使用，可实现年产黑茶5000吨，为安化黑茶行业最大单体建筑，荣获“湖南省2019年高新技术企业”称号；成功申报为2020年度湖南省两化融合管理体系贯标试点企业，成为安化茶行业唯一入选的企业。借助湖南春季乡村文化旅游节契机，加强宣传力度，向八方游客精心推介唐家观古建筑群、安化茶厂早期建筑群、辰山等旅游好去处，茶乡花海作为节会主会场正式开园营业，成为安化生态旅游又一精品名片。新增辰山歇马亭农业科技有限公司中药材天麻基地，截至2020年底，全镇中药材种植面积达32080亩，较2019年新增面积1560余亩。

县城凤凰新区签订征地协议481亩，土地储备80亩，完成东出口遗留项目27栋房屋的拆迁工作。县城棚改项目签约1200户(套),腾房1454户(套)，拆除面积46780平方米。实施县城老旧小区改造项目13个。建立一个标准化镇级综合文化服务中心，城西、泥埠桥社区两个“七个一”标准村级综合文化服务中心。完成以奖代补及茶乡花海生态体验园产业路5.623千米，安防工程35千米。东坪镇中心敬老院建设、青山园至城西公路扩改、泥埠桥沿江东路建设等项目竣工并投入使用。伊廖公路完成11.3千米路基改造。

2020年脱贫127户300人，实现贫困村全部出列，贫困户全部脱贫。新培育的湖南九志农业发展有限公司和安化县土龙中药材合作社年销售收入在100万元以上。新引进奎溪味道、碧源果业、茶乡花海3家企业对全镇产业项目未覆盖的贫困户实施全部覆盖，全镇县级以上项目覆盖率为100%，帮带协议100%实现兑现。东坪镇羊公村驻村帮扶工作队扶贫工作事迹被2020年6月出版的省委内刊《湖南工作》予以报道。

水稻种植面积38100亩，平均亩产511公斤。油菜种植面积3.1万亩，亩产油菜籽118公斤。玉米种植面积1.86万亩，亩产388公斤。商品蔬菜种植面积8500亩，同比增加500亩。全年能繁母猪7500多头，育肥猪9万多头，蛋鸡保险30多万羽。猪肉产量17659吨，牛肉产量880吨，羊肉产量385吨，家禽产量1366吨，鸡蛋产量5132吨。推广生物防治技术，共完成松毛虫防治面积2000亩。全镇古树调查挂牌983株。配合县林业局退出野生动物养殖户8户，放生竹鼠700多公斤，无公害化处理5000多公斤。

按期完成75户持证渔民转业工作，摸排“三无”船舶242艘，上岸拆解162艘。取缔非法制沙场18处。推进“厕所革命”，完成改厕350户。全镇28个村（社区）创建成为人居环境合格村，大园村、唐市社区、岩坡新村、百选村创建成为全县农村人居环境整治示范村。

全年发放涉农惠民资金共3816万元，惠及101031人。完成城乡居民社会养老保险缴费人数34064人。开展农村低保兜底对象“回头看”，全年新增农村低保兜底331户463人，清退84户114人。城镇新增就业人员1661人，农村劳动力转移就业360人，新增城镇就业人员1661人。完成“两癌”免费检查769人，新增农村通用自来水人口1000人，解决残疾儿童救助167人。青山园完小食堂综合楼、木子学校幼教楼建设已完工，杨林中学完成40%建设，到2020年下学期，全镇大额班级全部化解到位。第七次全国人口普查工作取得阶段性成果。标准化退役军人服务站建成并投入使用。

建立70个微信监督服务群，搜集群众所反映的困难，及时处理群众的诉求，实现小事不出网格、大事不出村的目标。开展“大排查、大管控、大整治”专项行动、安全生产专项整治三年行动，确保安全生产形势稳定。持续开展交通领域顽瘴痼疾整治，严厉打击非法超限超载行为，对6处非法砂石码头进行整治。健全减灾和应急救援体系，组织基干民兵及镇村（社区）干部、群众开展集消防安全、森林防灭火、防汛抢险、山洪地质灾害防御于一体的综合应急演练。

【东坪镇敬老院项目开工建设】 4月17日8时，东坪镇（中心）敬老院举行开工仪式。该项目是安化县2020年的重点民生实事项目之一。建成投入运营后，将新增养老床位100张、护理床位80张，基本能解决东坪镇失能、半失能特困人员的护理照料问题，同时可辐射周边乡镇有需求的特困供养人员。

（撰稿人：刘　雯　胡勍玲）

柘溪镇

【概况】 柘溪镇位于安化县西部、资水中游。镇域面积142平方千米，其中耕地面积3600亩，林地面积22.48万亩。下辖5个村、4个社区居委会，共1.8万人。

2020年，全镇完成固定资产投资2.7亿元，规模以上工业总产值1.8亿元，税收1806.2万元。

柘溪镇坚持以“茶、果、药、矿、旅游”等特色产业为主导的整体发展思路，培育壮大优势产业。有茶园基地7130亩，中药材基地1550亩，黄桃、柑橘等小水果集中种植基地700亩。湘安钨矿实现扭亏为盈。湖南上药“湘中生态药谷”种植基地获得有机认证和“省级林下经济示范基地”称号。唐溪茶场园区2千米观光道和7.8千米自行车绿道硬化完工。

抽调精干力量，集中服务官新高速、东渠公路、资江大桥、马安高速双桥互通等重点项目建设。完成官新高速711.52亩土地征收和133栋房屋拆迁，加速推进官新高速联户集中建房安置点建设，八角组安置点年底实现入住。雪峰湖环湖公路路基建成，祥龙山庄翻修、茶马驿馆建设、辰溪村“四季果园”、唐溪村民宿经济示范村建设进展顺利，梨坪村农加友特色农产品加工厂改扩建、唐溪村工业化循环水养鱼项目一期、椒园茶场等产业项目投产。

投资263万元，做好库区居民集中段生态护坡建设，积极配合县人民政府将投资约3000万元的库区生态护坡项目纳入国家“十四五”规划。完成辰溪2.7千米、大溶溪800米、对溪2.2千米公路硬化并验收达标，安装公路防护栏15千米。做好年度农村公路日常养护工作，整治取缔大溶溪马路市场。

围绕“两不愁三保障”标准，严格落实“一摘四不摘”责任，全镇最后41户97名贫困户实现脱贫；全年完成危房改造20户，小额扶贫信贷总额982.8万元，贴息总额52.4万元。发放助学金435750元，共729名学生受益。通过镇域企业、重点项目，带动全镇100余人实现就业，提供生态护林员、保洁员等公益岗位36个。坚持“应保尽保”原则，全年共发放社会兜底保障资金185.36万元。

投资100万元，完成污水处理厂提质升级，全线冲洗疏通修复、600余米塑胶污水管网重新铺设检修，加建交汇污水检查井，购置新的污水提升水泵，补植污水净化植物，每日进入厂区污水蓄积池的污水量及处理量达280余吨；开展采砂制砂、畜禽养殖专项整治，镇域内11家非法砂场全部关停，养殖场污水排放不达标的一律停业整顿。做好森林病虫害防治，对3500余亩马尾松林虫害区进行全覆盖除治，将全镇11万余亩天然林全面登记造册。贯彻落实“禁捕退捕”政策，拆解“三无”船舶212艘，收缴渔网（具）4638公斤，发放宣传资料3000余份，张贴宣传广告及标语等400余张，清理违规网具，重点打击违法捕捞行为，劝导“一人一杆”文明垂钓，联合市监部门开展禁食野生鱼专项执法行动，对接法院、检察院开展公益诉讼“增殖放流”活动，共计投放鱼苗2万余尾。全年开展4次人居环境整治镇级督查考核，全镇配备保洁和清运人员45人，改造小菜园、加装透绿篱笆3000多米；全年累计完成厕所改造50户。

化解镇区移民楼、椒园易地扶贫搬迁安置房、唐溪茶场等问题，全年排查各类矛盾纠纷10起，调解死亡损害赔偿2起。倡导移风易俗，开展文明创建活动，乡风文明治理向纵深推进，成功通过“全国文明村镇”复核。获评安化县2020年度平安建设先进单位。

【G59官新高速柘溪段集中安置点建设启动】 1月12日，G59官新高速柘溪段对溪社区六家湾联户集中点建房开工仪式在当地举行。

（撰稿人：高　菲）

马路镇

【概况】 马路镇地处安化县西部的柘溪水库沿岸，东起柘溪镇，西接奎溪镇，北连桃源、沅陵两县，南与南金乡隔水相望。总面积390.34平方千米，耕地25583亩。辖24个行政村、2个社区，487个村民小组13251户，共42288人。

2020年，全镇完成地区生产总值10.19亿元。财政税收1666.3万元，固定资产投资2.41亿元，地方一般公共预算收入3148.3万元。

2020年，采取对集中育秧大户、早稻生产农户等按种植面积给予奖补资金、对完成镇下达种植面积的村干部给予奖励的措施，鼓励发展规模种粮，全镇创办早稻生产示范点5个，建立集中育秧点7个，培育种粮大户6户。新建猪场10家，改扩建3家，在禁养区易地重建养猪场2家。新建黄精基地600亩、重楼基地100亩，厚朴基地发展至2000亩，新成立中药材合作社1家。10余家企业纳入现代农业产业园项目。

全镇剩余108户289名贫困人口脱贫退出。落实各项扶贫政策：对43户“四类重点对象”实施危房改造；打卡发放春季幼儿园及义务教育阶段学生助学补助51.43万元，166名学生享受“雨露计划”职业教育扶贫补助资金24.9万元；1907人次享受先诊疗后付费、“一站式结算”政策，报销金额111.83万元。建档立卡贫困户参合率100%、家庭医生签约100％；选聘47名建档立卡贫困人口为生态护林员，劳务报酬每人每年1万元；兜底保障一、二、三类对象共518户1273人，特困供养人员414人，发放兜底保障金727万元；新放扶贫小额信贷款938.8万元；围绕基础设施和公共服务两个基本完善要求，全镇26个村（社区）466个组道路达标。农村人口饮水安全率100%、农村自来水普及率85%。完成25个村的农网改造。完成9个贫困村的村级服务平台建设。八角茶业被认定为第一批省级扶贫龙头企业。

2020年，官新沿线6个村房屋拆迁协议签订率100%。马路镇区环狮路三岔路口至云台山斗牛演艺场道路砂改油工程通车。马路镇幼教大楼开工，马路镇完小教学楼竣工。新建镇中学教学楼投入资金350万元。湖南坡完小食堂改造完成，投入资金30万元；马路镇中心卫生院改扩建工程启动。

2020年来，全镇共调处各类矛盾纠纷195件，调处率达到100%，成功率达到90%以上。潺坪村和六步溪村打造“枫桥经验”示范村，全面铺开村民道德档案建设和网格化服务管理工作，实现“小事不出组、大事不出村”的工作目标。以疫情防控为契机，对全镇2家大型超市、1家综合市场、20余家大中型餐饮、30余家食品销售店、5家药房药店及个人诊所、12家食品生产企业开展了全面整顿。2020年获益阳市平安乡镇、益阳市综治工作先进单位。

全年完成新增城镇劳动力就业200人，新增农村劳动力转移就业和创业161人，完成全年任务的100%；疫情防控期间组织农民工免费外出务工44人；申请贫困劳动力交通费补贴1400余人，报销金额46.22万元；完成创业担保贷款资质初审，可帮助创业者获得创业贷款165万元，贴息10.2万元；城乡居民养老保险征缴299万元。8月，云台山村通过防灾减灾示范创建省级初步验收；镇专职消防救援队成立，政府投入资金10万元，配备专职消防队员15人。

开展整治违法建设“铁锤行动”，摸排核查出镇区范围内存量违法建筑124宗，查处违法建筑18宗，立案查处4宗，拆除违法建筑6处。对镇区农贸市场路口和主要街道的人行道车辆乱停、商贩乱摆摊的经营行为开展常态化巡察。搬迁规范马路市场2处，依法取缔马路市场3处。统一拆除镇区范围、G536沿线广告牌、横幅、标语。雇用专业环卫团队对镇区环境卫生及街道秩序进行包装提质，打造乡镇镇区环卫示范样板以匹配马路茶旅特色小镇形象。

云台山风景区获批国家AAAA级旅游景区，云台山村获评第六批全国文明村镇，景区复垦复绿工作通过省环保督察检查。龙泉洞、青云洞、桃花岛、六步溪、云台山等景点景区依靠“茶旅文康”融合发展模式，以基础良好的茶产业兜底维持稳定收入，通过制定部分景点针对安化籍游客免费等优惠政策吸引游客，全年共接待游客达80万余人次，其中第三季度游客量较第二季度递增160%。

开展基层公共服务（一门式）全覆盖工作，政府政务服务大厅设置7个窗口，在政府政务大厅以及7个示范村安装电子显示屏，用于电商平台等相关业务办理以及一门式工作成果展示。至12月31日，一门式业务办理量总计6521件，在全县位居前列。各村业务办理总量为595项。

【春节联欢晚会举行】 1月18日,马路镇举行以“云台新蓝图、茶旅兴马路”为主题的2020年春节联欢晚会，730余人欢聚一堂、喜迎新春。同时，全程进行网上直播。

【官新高速老山界隧道开工仪式举行】 6月18日11时，官新高速老山界隧道开工仪式在洞马村举行。老山界隧道进口位于严家庄村，出口位于洞马村，全长1.9千米，采取双向掘进方式施工，计划于2021年6月贯通。

（撰稿人：陈曼莉）

奎溪镇

【概况】 奎溪镇位于安化县西部，外与溆浦县、沅陵县接壤，内与马路镇、烟溪镇毗邻。总面积242.24平方千米。耕地23295亩，其中水田10290亩、旱地13005亩。林地30万亩。全镇辖11个村和1个社区，260个村民小组，总人口2.49万人。2020年镇机关共有编制内人员73人。

2020年，全镇生产总值达到7.85亿元；规模以上企业工业产值5亿元，工业投资共计47.67亿元，固定资产投入2.49亿元。税收任务1090万元，实际完成1502万元，完成年度任务的137.8%。农民人均纯收入6371元，同比增长11%。推进农业产业调整转型，改善农业基础设施，做大做强做精以粮油生产为核心的优势产业，助推安化便民粮油合作社等农业龙头企业发展壮大，油菜种植面积达1万亩，建成了3个千亩片秋冬种生产示范基地，全镇秋冬作物种植面积达到2.1万余亩。新成立专业合作社1家，家庭农场5家。完善村集体经济制度改革，全镇12个村社区成立村集体经济合作社。

【项目建设】 奎溪污水处理厂作为奎溪镇重要的环保建设项目，于4月正式投入使用。投资2000万元的黄沙溪水电站项目，12月底投入使用。投资2000万元的幸福小区公租房和客运站项目在年底建成投入使用，解决全镇2万余人出行难问题。实施白羊、新龙等6个村的安全饮水工程，新修蓄水池40个，解决17046人的安全饮水问题，全镇实现安全饮水全覆盖，水质全部达到国家饮用水卫生标准。

【脱贫攻坚工作】 产业扶贫方面：与4家县级产业扶贫企业、19家镇级产业扶贫企业签订帮扶协议，以入股、委托、直接帮扶等方式与贫困户建立利益联结机制，实现产业扶贫全覆盖。贫困户每户增收1500元以上。教育扶贫方面：教育扶贫政策实施以来，全镇共免收贫困学生教辅费24万余元，免除学杂费30万余元，发放教育助学款项257万余元，落实雨露计划216人。健康扶贫方面：贫困户医保参保率达100%，贫困群众医保补贴全部到位；家庭医生签约服务实现全覆盖；落实贫困户先诊疗后付费的住院报销政策。完成村卫生室规范化建设。住房保障方面：实施农村危房改造1036户，其中四类重点对象754户，共投入资金1503万元，全部竣工入住；实施易地扶贫搬迁分散安置30户126人，实施新龙村易地扶贫搬迁集中安置30户131人。

【平安创建】疫情期间，全镇以常态化举措对抗新冠肺炎疫情，未发生1例确诊、疑似病例。向全镇群众发放扫黑除恶相关宣传资料累计1万余份，在全镇各村（社区）主要道路和各村（社区）显著位置悬挂横幅标语100余条、大型固定宣传标语8个。对针对非法采砂行为下达《责令整改通知书》共计10余份，查封一处非法砂场。在辖区内开展"毒黄赌"问题专项整治行动，取得较好的成效，活动期间对发现问题的3家场所限期整改。开展扫黑除恶"护苗"专项整治行动，先后在学校组织3次学生游行活动，由镇政府、派出所、司法所联合校园进行3次法治知识讲座。

【民生事业】一是社会保障。全镇共有农村低保对象117户，163人，社会保障兜底对象262户562人。特困人员供养标准由每人每年4836元提高到5226元，共计发放资金432万余元。不断加大临时救助力度，共计发放资金426万余元，切实做到"应救尽救"。落实残疾人补贴政策，为237人发放生活补贴，为331人发放护理补贴，共计发放65万余元。二是换届工作。为选优配强新一届的村级领导班子，镇党委精心组织、统筹谋划，做足前期工作，充分掌握村情民情选情，全面高质量地完成村支"两委"换届选举工作。

【厕所改造】建立"上级补助、政府统筹、村民以资代劳、专业队伍施工"的保障机制，彻底解决改厕资金紧张、材料购买困难、技术力量薄弱的问题。2020年以来，全镇共配套改厕资金40万元，改厕任务完成率达100%。

（撰稿人：伍贤竑）

烟溪镇

【概况】烟溪镇位于安化县西南部，烟溪与资水的交汇处，东邻古楼乡，南连渠江镇，西与溆浦县低庄镇交界，北抵奎溪镇。总面积198.23平方千米，水田3819亩，旱土3266亩，林地268269亩。辖15个村3个社区居委会，178个村（居）民小组，共3.2万人。镇机关2020年共有公职人员90人。

全年完成国民生产总值4.5亿元，规模企业工业产值3.8亿元，社会固定资产投资1.9亿元，税收1106.5万元。农民人均纯收入7500元。

编制实施茶产业三年行动计划，制订烟溪红茶质量控制技术规范，发展无公害茶和有机茶，全镇茶企业实现农产品食用合格证全覆盖。引进正邦集团生态养猪全产业链项目，将建现代化、清洁化大型养猪场，预计投资4亿元。围绕"烟溪兵工厂"打造红色教育基地，围绕艾家寨"天茶园"打造红茶精品旅游线路。双龙村建成三百亩林下黄精基地。

全镇完成农村公路"以奖代补"1.6千米，村道硬化率达到100%。开展普铁安全环境整治，共投资1亿多元，实施顶涵、桥梁、连接线等工程，完成铁路封闭式管理连接线12千米，铁路涵洞连接线便桥9座，便道建设7条，实现红线内外隐患清零。354国道烟溪段城改线工程征地工作已经启动，项目总投资达1.08亿元；县道X052烟奎公路烟溪段10千米路基扩改和公路硬化全面完成，公路护栏和标识安装完毕。实施污染防治三年行动计划，投资5000多万元的污水处理厂建成，排污管网铺设完毕；715矿地下水防治项目开工，第一期项目投资500万元，建设渗透式反应墙和污水处理设备；130户农户改厕完成。烟溪中学教学楼和英迪尔幼儿园建成并投入使用，投资2000万元。镇区农网改造投入资金1500万元，投资16.8万元对路灯进行更新升级。投入7.5万元建设5G云广播系统，安装201个“村村响”喇叭，实现县、镇、村三级播控平台联网。

巩固脱贫成果，围绕“两不愁三保障”，抓好基础设施建设、特色产业发展、易地扶贫搬迁、农村危房改造、义务教育、医疗保障等重点工作。2020年，全镇贫困人口全部脱贫，贫困村全部出列。

开展以“学生防溺水”为主题的大家访、大巡查活动，对2505名学生开展宣传教育，对溪流、水库等28处危险水域设立警示标志和全天候巡查，全年未发生一起学生溺水事故。开展安全生产专项整治三年行动，在全县率先组建专职消防救援队伍，率先成立专职灾情信息员队伍。6月6日，开展全国第19次安全生产月宣传活动，重点突出“消除安全隐患，筑牢安全防线”主题，共设咨询窗口8个，展出安全宣传栏10块，悬挂安全生产横幅2条，发放宣传资料1600多份，面对面接待群众咨询500余人次。连续2年荣获全市安全生产工作优秀乡镇、全市平安建设先进乡镇和市级平安乡镇。

健全便民服务员、商务代办员工作机制，梳理镇级、村级服务事项68项和27项，邮政网点、商务代办中心全部进村。完成第七次全国人口普查工作，群众调查满意度为100%。积极开展群众性文体活动，先后取得安化县第二届“平安杯”篮球赛第五名、“农商行杯”广场舞大赛二等奖的好成绩。加强社会保障工作和创业技能培训，获得“2020年市级人社星级示范乡镇”荣誉称号，获得益阳市“星级基层公共就业服务平台”称号，是全县唯一获此殊荣的乡镇。

【镇中心卫生院综合楼建设捐赠仪式举行】 4月4日，烟溪镇中心卫生院综合楼建设捐赠仪式在毓云文化中心举行，县慈善总会、县卫生健康局有关领导、社会爱心人士等共计100余人参加，共募集捐款金额100万元。

【贫困劳动力专场招聘会举行】 6月6日，安化县2020年易地扶贫搬迁贫困劳动力、边缘户专场招聘会第三场在烟溪镇兴隆小区举行，共有20家企业参加，涉及100多个工种3000多个工作岗位，120名求职者现场签订就业协议。

【陈竹村扶贫车间开业】 7月18日，陈竹村扶贫车间正式开业，主要进行服装来料加工。车间总投资60万元，建成厂房面积约300平方米，能安排42人就业。

（撰稿人：高丽惠　胡彩云）

渠江镇

【概况】 渠江镇位于安化县西南部，东邻柘溪林场，南抵平口镇和溆浦县三江镇，北与烟溪接壤，总面积86.23平方千米，耕地8820亩。辖8个行政村、1个社区居委会，139个村民小组，共3787户14484人。2020年末，镇机关有编制内人员57人。

2020年，全镇完成地区生产总值6384万元，同比增长8%；税收200.6万元，超额完成任务。全年投资500万元进行高、低电压改造，惠及桃坪、连里、城华、晏家、大仓等5个村共8000余人。渠江中学学生宿舍楼投入使用，投资380万元，可容纳420人住宿。渠江小学综合楼完成主体建设，投资355万元，楼内设有科学室、多媒体室、电脑室等一系列现代化教学设施。晏家学校教学楼在原有基础上进行扩建和维修，新建运动场和入校公路，能满足辖区内1—4年级160人就学和幼儿园大中小班90人活动需求，投资400万余元。

2020年脱贫26户65人，实现所有贫困人口全部脱贫。2014年至2020年底，共发放教育扶贫资助资金268万元，累计资助贫困学生4758人次，雨露计划助学共投入54.6万元，补助368人次；享受医疗健康救助的贫困人口达713人次，总报销金额达366万元。农村人口饮水安全率100%。

全镇新农保基金征缴资金为73.58万元，城乡居保缴费人数4912人，完成率达到100%。全年为50余人提供技能培训，就业再就业人员40人次、农村劳动力转移就业人员40人次、贫困户转移就业40人。全年共发放困难群众临时生活救济及慰问金33.27万元，完成辖区427位残疾人数据更新调查。

全年共调处各类矛盾纠纷50余起，调处率达到100%，成功率达到98%以上。全面铺开村（居）民道德档案建设和网格化服务管理工作，基本实现“小事不出组，大事不出村”的工作目标。积极开展安全隐患排查，每月定期开展安全隐患检查，全年未发生一起安全事故。

【产业建设】 2020年渠江镇黑毛茶年产销售量达350多吨，精制黑茶年产销量超过100吨，年产值达8000万元。全镇共产各类水果1000多万公斤，总销售额达3500万元以上。在禁养区易地重建养猪场4家，改扩建5家，新建猪场1家。2020年出栏生猪16200头，销售额达1400万元。新建黄精基地250亩，成立中药材合作社2家。

【皇茶生态康养庄园被评为省五星级乡村旅游区】 大安村皇茶生态康养庄园位于大安村万福山。依托古传统村落、万里茶道申遗点、国家级文物保护单位渠江茶园、红军长征遗址、千年古塔等一系列自然人文景观，打造成集旅游观光、休闲度假、健康养生、乡村旅游、红色旅游、黑茶文化于一体的旅游风景区，2020年被评为省五星级乡村旅游区。

（撰稿人：闵　浩）

古楼乡

【概况】 古楼乡地处安化县西部，柘溪水库中游，东连新化县荣华乡，南接平口镇，西与烟溪镇、渠江镇隔河相望，北邻南金乡。全乡总面积125平方千米。耕地面积5007.6亩，其中稻田3148亩。林业资源丰富，有用材林4.2万亩，经济林1.5万亩，竹林9375亩，林木蓄积量达52万立方米，森林覆盖率达85%。野生动植物资源丰富，有野生动物110余种、野生植物210余种。全乡基本产业为“林果茶”，无工业企业，是典型的库区、山区、边区。辖10个行政村，共4339户13891人。乡人民政府驻古楼坪村。2020年，乡政府机关有干部职工70人。

2020年，全乡完成固定资产投资6890万元，税收504.8万元，超额404.8万元。各项存款余额33789万元，同比增长4.24%；收回扶贫小额信贷502.55万元，到期收回率98.06%。发放兜底保障资金97.23万元，低保资金36.83万元，农村特困供养人员救助资金55.68万元，孤儿救助资金1.14万元，无人抚养儿童救助资金5.2万元，残疾人重度护理补贴资金11.66万元。医保征缴参保率99.98%，位列全县第三；完成年度新农保征缴任务6828人，缴费96.4万元。开展上门评残，办理残疾证130本，“一门式”服务全覆盖，全年办件量1236件，受理事项数量处于全县第二。

年初，乡政府组建乡级疫情防控指挥部，统一指挥、统一调度，筹集各类捐赠的物资、善款13万元。建立健全疫情防控常态化工作机制，落实疫情防控常态化管理措施，做到疫情防控责任不变、机制不停、队伍不减。

以组为单位，先后开展“扫黑除恶”摸排线索行动12次，发现线索11条，排除7条。为3841户农户购买综治综合保险3.8万余元，对各村屋场会每日调度，在省、市、县民调排名全县靠前，获全市“平安乡镇”和“先进乡镇”。开展创建省级卫生乡镇活动，仙龙、双江、建新、鲇鱼等4个村先后在全县人居环境双月评比中被评为“先进村”。

开展对辖区内道路交通、烟花爆竹、农村建房、食品药品、消防、校车等各个领域的安全生产检查199次，查处安全隐患116处，当场整改90处，责令限期整改26处，行政处罚案件3起。全年摸排登记安全隐患33起，交办13起。开展应急救援培训1次、消防安全演练1场和防溺水演练1场，全年未发生生产安全事故。

全年初中毕业生87人，被省级示范性高中录取19人。六年级统考排名全县第38名，比2019年上升36个名次，中考与县统考均获得全县进步奖。

【重点项目】 在全县率先完成官新高速主线土地征收、主线土地清表，迁移坟墓1523座，拆迁房屋16栋。古楼完小校舍建设项目完成“三通一平”和桩基基础建设。古楼卫生院改扩建项目完成10层综合大楼建设和房屋外部装修。探溪大桥项目完成水下桩基建设。

【村级换届选举试点工作完成】10月24日，全乡召开村“两委”换届工作动员大会。11月4日，完成党组织换届选举。11月26日，完成村民委员会换届选举。11月27日，完成村务监督委员会、村民议事会选举。至12月5日，新的村支两委全面履职，各项指标达到上级规定的要求。

（撰稿人：彭 俊 莫志强）

南金乡

【概况】南金乡位于安化县西南边陲，柘溪库区中下游。东与新化县大熊山林场、荣华乡等地接壤，南连古楼乡，西为柘溪水库，北邻柘溪镇。位于雪峰湖国家湿地公园境内，冰碛岩景观覆盖全境。总面积194.8平方千米；耕地3795亩，旱地1710亩；林地面积259950亩，森林覆盖率87.8%；可用水面面积为48.7平方千米。2020年底全乡辖10个行政村，共139个村民小组，4128户12452人。2020年末，乡机关共有编制内人员68人。

茶叶、柑橘、中药材、山泉水和旅游业是主要产业。全年完成税收435万元，固定资产投资4951万元，规模工业产值4000万元。新建茶园900亩，春茶、夏茶生产300吨，干毛茶产值2000万元。在包台、毗湾、毗溪建成3个柑橘冷藏保鲜库。九龙池水厂扩建增产，年产值达4000万元。对滑石寨和九龙池传统村落进行修缮；组织承办第四届“湖南·安化柑橘文化节”和第二届“冬天邀你来过年”活动，九龙池村入选“第二批湖南省乡村旅游重点村名录”，南金村冰碛峡（水竹坪）获评湖南省三星级乡村旅游区（点）。全年接待游客2万人次，旅游产值近1000万元。

协调配合东渠公路、官新高速施工，完成官新高速7、8、9标土地征收795亩，征拆房屋47栋，迁坟661座。完成沿河风光带一期建设。硬化九龙池公路17.6千米，安防设施10千米。

开展脱贫攻坚“回头看”，完成全乡贫困人口和边缘户信息采集，排查整改问题23条；优选新派驻村工作队员6人，增派第二帮扶责任人12人；完成“四类对象”危房改造15户，改善易地扶贫搬迁安置点配套设施；完成扶贫项目投资200万元，产业扶贫全覆盖；完成预脱贫户和边缘户的小产业奖补信息采集，发放预脱贫户小产业再扶持帮扶资金10500元；选聘建档立卡贫困户生态护林员19名；全乡实现811户2829名贫困人口退出贫困序列。获益阳市脱贫攻坚先进单位，贫困村南金村作为湖南省村集体经济发展先进典型在全省宣传推广。

完善各村道德档案建设，收集和解决信访舆情209件。开展安全生产“大排查、大管控、大治理”行动，开展安全生产大检查行动8次，组织应急疏散演练5次，参与人数200人次。

组织群众有序返岗复工3000余人次，组织全乡贫困人口、边缘户、退捕渔民参加专场招聘活动30余人次。举办技能培训班6场，参加培训的人员100余人次，实现贫困人口和退捕渔民就业32人。新增五保3人，低保36户。落实教育扶贫资助政策，全年资助501人，发放资金670291元；落实危房改造36户。

完善民间河长工作制度，招聘民间河长2名，加大“清四乱”工作宣传，取缔非法采砂场2家。对全乡“三无”船舶进行全面摸底登记，共摸排船舶805艘，标识649艘，完成精简任务166艘。完成毗溪河流域综合整治项目一期治理和龙眼片区污水管网建设。

开展人居环境综合整治，一月一检查、一月一评比，九龙池村、合兴村先后在县级人居环境综合整治督查中获得先进。推进新时代文明实践站（所）建设，乡村两级新时代文明实践站（所）挂牌运行，打造南金村、将军村新时代文明实践所示范2个，成立新时代文明实践和志愿服务队伍12支，在湖南省志愿者网注册志愿者1800余人，开展志愿服务200余次。创建省级文明村1个、县级文明村1个。

【开展“迎老乡回故乡建家乡”活动】9月7日，南金乡举办“迎老乡回故乡建家乡”活动，邀请本乡籍社会知名人士出席，部分企业与乡人民政府签订招商引资协议，计划投资6000万元发展旅游产业。

【举办安化县第四届柑橘文化

节】10月29日，安化县第四届柑橘文化节开幕式在南金乡举行。此次活动指导单位为益阳市委宣传部，安化县人民政府主办，县委宣传部、南金乡人民政府承办。其间，开展安化第四届柑橘趣味运动会、农产品博览会和安化县文艺创作比赛获奖作品书法摄影展，评选出柑橘种植能手14名、柑橘王3人。

（撰稿人：夏应平　刘　爱）

平口镇

【概况】平口镇位于安化县西南端，柘溪水库中游，地处益阳、娄底、怀化等三市交界之所。面积103平方千米，耕地面积14263亩。辖9个行政村、3个社区居民委员会，共2.33万人。

全年完成规模工业产值约6.86亿元，固定资产投资1.5亿元，税收1650.1万元；新增个体工商户126家，总数达1187家；新增企业13家，总数达165家。落实粮食生产面积1.4万多亩。通发生态园、湘情农业等企业保持发展势头，百佳农牧等招商引资项目落地实施，实现投资6000万元。农村居民人均可支配收入达10888元，同比增长9%；城镇居民人均可支配收入达21600元，同比增长8.2%。

平口中学整体搬迁项目完成“三通一平”。防洪大堤二期工程完成大部分工程量。棚改配套项目完成80%工程量。镇污水处理厂完成菌种培养，试运行情况良好，镇区污水管网改造完成95%的工程量。水韵中梅房地产开发项目完成投资近4000万元，完成168套棚改的协议签订。库区炸药仓库启动建设。官新高速项目四支综合施工队伍全线开工。除高速外，2020年共完成国家项目投资4500万元，社会投资8000万元。

严格履行主体责任，积极开展“打非治违”行动，全年未发生较大及以上安全生产事故。加强网格管理，推动村民自治，建立群众工作微信群17个，以户为单位建立村（居）民道德档案6368份。畅通信访诉求渠道，党政领导坐班接访35批60人次，“五老”工作室接访群众97批300多人次。连续第三年获评全市平安建设（综治工作）先进乡镇和全市信访工作“三无”乡镇优秀单位，创成全市平安乡镇。

至12月31日，全镇建档立卡贫困户496户1956人全部脱贫，其中2020年脱贫40户125人。金辉村通过省检。在国家脱贫攻坚普查中，所有贫困户“一超过、两不愁、三保障”、安全饮水等指标全部达标，贫困户人均纯收入达1.3万元，群众满意度100%。为229户易地扶贫搬迁安置群众办理好不动产权证。产业扶贫实现全覆盖，隆辉电子扶贫车间帮助20多名贫困户实现“家门口”就业。

全年共发放惠农资金1500多万元。发放临时救助资金78万多元，救助人数653人次。组织农村劳动力、退捕渔民、移民等人员开展各类培训5次。新增城乡就业280人。完成移民避险解困搬迁安置16户53人，争取移民项目资金500多万元。投入1800多万元完成沂溪整村及新坪等村部分片区的农网改造，新增变压器28台。结合“河长制”，持续推进禁捕退捕工作，全镇34户持证渔民全部按时签订退捕协议；开展联合执法行动100多次，出动执法人员1000多人次，累计收缴非法捕捞网具6万多公斤。推进基层公共服务“一门式”全覆盖，投入10多万元完善配套建设，优化机构设置，明确专人专岗，新聘11名便民服务员。

采取党政领导包村、干部包片、村干部包组、党员和组长包户的方式推进农村人居环境整治工作，按季度组织机关干部、部门（站所）开展人居环境清爽行动。健全完善村规民约，发挥群众主体作用，动员群众每天开展常态化保洁。实施“绿化、美化、亮化”工程，全面提升村庄整体形象，完成村组道路硬化4.5千米，通道绿化工程4.8千米，修建文化广场1个。加强教育引导，累计发放宣传资料5000份，在交通要道、人员密集场所设立固定宣传栏（牌）22块。镇区日常环卫保洁延续市场化运作，资江平口段水域继续采取常态化垃圾打捞机制。保留省卫生镇称号。

【省茶叶专家到平口镇授课指导】3月31日，湖南省茶叶研究所研究员、省茶叶产业技术体系首席专家包小村到平口镇开班授课，全镇100多人参加。

培训课上，他详细讲解茶叶栽种、管理、采摘、加工等技术要领，并在课后组织学员到安化县湘情农业发展有限责任公司的茶园基地和生产车间观摩，现场答疑解惑。

【市交警支队开展助力脱贫攻坚主题活动】 7月17日，益阳市公安局交警支队到对口帮扶的金辉村开展“流动车管进金辉、服务群众零距离”助力脱贫攻坚主题活动，当天共有176名村民通过考试领到摩托车驾驶证。

（撰稿人：陈能文）

人 物

2020年湖南省劳动模范

【邓超芝】 女，汉族，1971年9月出生，安化县马路镇人，安化县洞山茶叶种植专业合作社理事长，益阳市第六届人大代表。曾先后获得益阳市“巾帼创业新星”“三八红旗手”“劳动模范”和“全国城乡妇女岗位建功先进个人”等荣誉称号。2006年获省农业厅颁发的“中级评茶员证”，2007年获市“茶叶检测资格证”。2007年，她全面接管八角茶厂，2008年将茶厂变更为“安化云台山八角茶业有限公司”。她始终坚持用本地茶叶做本地茶，建立“云台大叶种”母本园、繁育基地。2020年，八角茶业拥有茶园面积6000多亩、厂房7783平方米，茶叶加工机械设备115台(件)，固定资产达6000万元，员工120余人，年产值近5000万元，成为集茶业种植、加工、营销、科研和茶文化推广于一体的民营企业。她积极参与产业扶贫，从2014年起，先后无偿帮助周边200多茶农改良优质茶园800余亩，义务指导村民对茶叶进行精深加工和无公害管理。率先在洞山村实施“公司+合作社+基地+农户”的帮扶模式，免费为农户发放茶苗100万株，并与农户签订茶叶收购协议。2016年，她带领八角茶业参与省级重点产业扶贫项目，将帮扶范围扩展至八角村、岳溪村等6个行政村的453户1648名建档立卡贫困户。2017年，她又参与县级产业扶贫项目，新增帮扶163户600名建档立卡贫困户。作为一名人大代表，她积极参加代表活动，经常走访选民，综合群众的诉求，结合自身实际，提出了《关于促进安化茶产业发展的建议》的优秀议案。2020年11月，被授予湖南省劳动模范称号。

【刘玉兵】 男，汉族，1969年12月出生，安化县奎溪镇人，湖南安化渣滓溪矿业有限公司采矿厂采掘区采矿一班班长。曾先后荣获县、市“劳动模范”荣誉称号。他参加工作29年来，一直在井下一线从事采矿作业，是一名普普通通的一线采矿工人，虽然没有入党，但他始终以一个劳模和共产党员的标准严格要求自己，做事雷厉风行，执行力强，不断进取，一年365天除了春节放假外，其余时间基本都在井下度过。他立足于本职岗位，工作勤勤恳恳，任劳任怨，并具有较好的奉献精神和较强的大局意识，多年来他在本职岗位上做出了优异的成绩，并多次被评为公司先进个人、生产标兵以及劳动模范，他所在的班组也多次被评为先进班组。他始终坚持“安全第一”和“以人为本”的工作理念，严格遵守公司、厂部的各项规章制度，牢记岗位安全操作规程，在安全工作方面对班员不讲任何情面，绝不姑息任何违章行为，他所在的班组多年未发生一例安全违章及工伤事故。

他工作上以身作则，常拣脏、苦、累的活干，处处替班员着想。业余时间他结合班组的特点，利用多种形式开展符合公司形势和大局需要的思想教育活动。他把班员的冷暖放在心上，每月至少举行一次班务活动，和班员一起娱乐，以此丰富大家的业余生活，凝聚人心，促进班员之间的友谊。2020年11月，被授予湖南省劳动模范称号。

【蒋建兵】 男，汉族，1964年11月出生，安化县田庄乡人，安化县田庄乡诚丰生态庄园负责人。曾荣获县、市“劳动模范”，全县脱贫攻坚“致富带头人”，安化县第八届、第九届优秀政协委员等荣誉称号。他以“帮扶脱贫，集体致富”为宗旨，充分利用自然和资源优势，联合几十户茶农（含26户贫困户），于2013年创办诚丰生态庄园，解决就业人员200余人，茶农年人均收入达2万元以上。2018年庄园被评为四星级乡村旅游点。自2007年开始，他先后投入2000万元，兴建游马电站和董家河电站。新修硬化组级公路4.3公里，出资赞助当地人畜饮水工程和农田灌溉工程。他投入资金近100万元，主动承担4户贫困户的易地搬迁安置任务，高标准建起4栋易地搬迁安置房，并为每户添置家居用品。2019年向乡教育助学联合会捐资2万元，并承诺今后将继续资助贫寒优秀学子完成学业。2020年11月，被授予湖南省劳动模范称号。

（撰稿：县总工会）

“感动湖南十佳人物”获得者

【唐上君】 男，汉族，1927年10月出生，安化县奎溪镇人，中共党员，退休教师。1950年7月参加工作，先后担任小学、初中教师，1986年退休。1997年，他回到家乡雾寒村，义务为村里的留守孩子辅导功课，并将自己的家作为孩子们补习功课的“书楼”。这个免费“补习班”，一办就是22年。22年来，他把自己的工资都花在山里孩子的身上，作为奖学金、为他们购买书籍和学习用品。22年间，从他的小楼里陆续走出50余名大学生。他用实际行动深刻诠释了对教育事业的热爱。2020年11月3号，感动中国之感动湖南人物评选结果揭晓，他被评为2019年度“感动湖南十佳人物”。在写给他的颁奖词里，组委会这样写道：鲐背之年，初心不改。起初，他是一棵树，把所有的养分输向枝枝丫丫，期盼着孩子们成桃成李。后来，他干瘪成了一根扁担，又俯下身来，挑起一颗颗沉甸甸的梦想。心事满头白发，生涯一片青山。先生唐上君之风，山高水长。

（撰稿：地方志办公室）

附　录

2020 年度安化县乡镇基本情况统计表

乡镇名称	行政区划代码	总户数（户）	公安户籍人口（人）	行政区域面积（平方千米）	村级单位个数（个）		
					合计	居委会	村委会
安化县	430923000	313142	1002976	4945	433	63	370
清塘铺镇	430923101	18790	60028	225	24	3	21
仙溪镇	430923103	15400	52826	280	21	2	19
长塘镇	430923105	13703	48036	179	17	2	15
小淹镇	430923106	11733	38604	177	18	3	15
羊角塘镇	430923108	19653	65536	247	21	3	18
冷市镇	430923109	10712	36113	183	18	5	13
奎溪镇	430923111	7557	23055	242	12	1	11
烟溪镇	430923112	8413	24615	196	18	3	15
渠江镇	430923113	4573	14045	86	9	1	8
平口镇	430923114	6914	21082	103	12	3	9
柘溪镇	430923115	5993	16557	156	9	4	5
乐安镇	430923116	14199	49243	191	24	2	22
滔溪镇	430923117	7879	28034	154	13	3	10
梅城镇	430923118	23079	80812	279	32	5	27
大福镇	430923119	27979	96839	317	39	3	36
马路镇	430923120	13249	42284	390	26	2	24
东坪镇	430923121	50941	133140	436	32	13	19
江南镇	430923122	18990	62927	289	27	2	25

续上表

乡镇名称	行政区划代码	总户数（户）	公安户籍人口（人）	行政区域面积（平方千米）	村级单位个数（个）		
					合计	居委会	村委会
高明乡	430923200	5403	18816	97	10	0	10
龙塘乡	430923206	8234	28172	142	14	1	13
田庄乡	430923209	9993	33200	209	14	2	12
南金乡	430923211	4124	12383	195	10	0	10
古楼乡	430923212	5631	16629	172	13	0	13

2020 年度安化县社会经济基本情况一览表

指标名称	计量单位	代　码	数　量
一、基本情况	—	—	—
行政区域面积	平方千米	1	4945.2
乡	个	2	5
镇	个	3	18
街道办事处	个	4	0
二、人口与就业	—	—	—
户籍户数	户	5	313142
户籍人口	人	6	1002976
第一产业从业人员	人	7	259214
第二产业从业人员	人	8	105145
第三产业从业人员	人	9	139904
三、综合经济	—	—	—
（一）地区生产总值	万元	10	2401231.0
第一产业增加值	万元	11	511789.0
第二产业增加值	万元	12	795890.0
第三产业增加值	万元	13	1093552.0
（二）财政、金融	—	—	—
地方一般公共预算收入	万元	14	88495
地方一般公共预算支出	万元	15	677047.0
年末金融机构各项存款余额	万元	16	3670779.0
其中：住户储蓄存款余额	万元	17	2919371.0
年末金融机构各项贷款余额	万元	18	1933405.0
四、农业	—	—	—

续上表

指标名称	计量单位	代　码	数　量
（一）生产条件	—	—	—
耕地面积	公顷	19	47621.5
设施农业种植占地面积	公顷	20	708.2
设施林业经营占地面积	公顷	21	22.0
设施畜牧养殖占地面积	公顷	22	902.0
设施水产养殖占地（水面）面积	公顷	23	4.0
耕地灌溉面积	公顷	24	27200.0
高标准农田面积	公顷	25	2660.0
（二）农作物播种面积	公顷	26	127090.0
粮食作物播种面积	公顷	27	44646.0
其中：稻谷	公顷	28	31260.0
小麦	公顷	29	40.0
玉米	公顷	30	9521.0
大豆	公顷	31	1441.0
油料播种面积	公顷	32	26078.2
棉花播种面积	公顷	33	0.0
糖料播种面积	公顷	34	168.7
蔬菜播种面积	公顷	35	17505.1
（三）农产品产量	—	—	—
粮食总产量	吨	36	239641.5
其中：稻谷	吨	37	183797.8
小麦	吨	38	82.9
玉米	吨	39	40807.5
大豆	吨	40	3323.4
油料产量	吨	41	42206.0
棉花产量	吨	42	0.0
糖料产量	吨	43	3101.0
园林水果产量	吨	44	35828.0
肉类总产量	吨	45	68027.0
其中：猪肉	吨	46	52400.0
牛肉	吨	47	3700.0

续上表

指标名称	计量单位	代码	数量
羊肉	吨	48	6000.0
禽肉	吨	49	5800.0
禽蛋产量	吨	50	9000.0
奶类产量	吨	51	0.0
蔬菜产量	吨	52	539352.0
水产品产量	吨	53	14100.0
（四）农产品质量	—	—	
“三品一标”农产品	个	54	132
“三品一标”农产品基地面积	公顷	55	5293.0
五、工业	—	—	—
规模以上工业企业	个	56	166
规模以上工业总产值	万元	57	1637564.0
其中：农产品加工业产值	万元	58	884274.6
六、交通、通信	—	—	—
公路里程	千米	59	10408
固定电话用户	户	60	25800
移动电话用户	户	61	749000
互联网宽带接入用户	户	62	176000
七、贸易、外经	—	—	—
社会消费品零售总额	万元	63	856166.4
其中：限额以上消费品零售额	万元	64	78760.2
亿元及以上商品交易市场	个	65	0
出口总额	万元	66	96166.0
八、固定资产投资	—	—	—
固定资产投资	万元	67	1431752.0
房地产开发投资	万元	68	183443.0
九、教育、科技、文化、卫生	—	—	—
普通中学	所	69	48
小学校	所	70	76
普通中学专任教师	人	71	3023
小学专任教师	人	72	3599

续上表

指标名称	计量单位	代　码	数　量
普通中学在校学生	人	73	40605
小学在校学生	人	74	62780
全年专利授权	件	75	299
公共图书馆图书藏量	千册	76	156.0
剧场、影剧院	个	77	1
体育场馆	个	78	1
医疗卫生机构床位	床	79	5913
医疗卫生机构技术人员	人	80	5513
其中：执业（助理）医师	人	81	2330
十、居民生活	—	—	—
居民人均可支配收入	元	82	14066
城镇居民人均可支配收入	元	83	21115
农村居民人均可支配收入	元	84	10880
农村居民人均消费支出	元	85	12217
其中：食品烟酒消费支出	元	86	3196
教育文化娱乐消费支出	元	87	1794
农村居民每百户年末家用汽车拥有量	辆	88	37
十一、社会保障	—	—	—
提供住宿的社会工作机构	个	89	26
提供住宿的社会工作机构床位	床	90	1258
城镇职工基本养老保险参保人数	人	91	73633
城乡居民基本养老保险参保人数	人	92	683423
基本医疗保险参保人数	人	93	887058
其中：城乡居民基本医疗保险参保人数	人	94	841693
失业保险参保人数	人	95	42901
城市居民最低生活保障人数	人	96	2827
农村居民最低生活保障人数	人	97	29873
十二、附记指标	—	—	—
森林面积	公顷	98	374730.0
自然保护区面积	公顷	99	23038.3
污水处理厂	座	100	1

续上表

指标名称	计量单位	代码	数量
垃圾处理站	个	101	1
草原综合植被盖度	%	102	0.0
畜禽粪污综合利用率	%	103	91.2
农田灌溉水有效利用系数	—	104	0.75
农村义务教育专任教师本科及以上学历比例	%	105	64.0
涉农产业园区	个	106	10

2020年度安化县财政收入统计表

单位：万元

项目	2020年	2019年	增长（%）
一、税收收入	62934	62763	0.27
增值税	23899	29492	–18.96
企业所得税	6730	7743	–13.08
个人所得税	2565	2574	–0.35
资源税	1032	939	9.90
城市维护建设税	3200	3669	–12.78
房产税	2846	2378	19.68
印花税	831	691	20.26
城镇土地使用税	2288	772	196.37
土地增值税	6416	3719	72.52
车船税	1488	1369	8.69
耕地占用税	3357	4146	–19.03
契税	8002	4822	65.95
环境保护税	246	247	–0.40
其他税收	34	202	–83.17
二、非税收入	25561	22186	15.21
专项收入	5442	7947	–31.52
其中：教育费附加收入	1937	2280	–15.04
行政事业性收费收入	7943	3750	111.81
罚没收入	6267	6598	–5.02
国有资源（资产）有偿使用收入	5604	3686	52.03

续上表

项　目	2020 年	2019 年	增长（%）
其他收入	220	205	7.32
一般预算收入合计	88495	84949	4.17
上划中央收入	51857	61725	–15.99
上划省级收入	13391	15069	–11.14
财政总收入	153743	161743	–4.95

2020 年度安化县财政支出统计表

单位：万元

项　目	2020 年	2019 年	增长（%）
支出合计	677047	643175	5.27
一、一般公共服务	55604	55121	0.88
二、国防	372	415	–10.36
三、公共安全	15162	16051	–5.54
四、教育	108768	103009	5.59
五、科学技术	6140	4650	32.04
六、文化体育与传媒	16566	16551	0.09
七、社会保障和就业	105629	108026	–2.22
八、卫生健康	97295	79188	22.87
九、节能环保	14851	23664	–37.24
十、城乡社区事务	16028	17311	–7.41
十一、农林水事务	145473	137974	5.44
十二、交通运输	45570	40036	13.82
十三、资源勘探信息等事务	5529	1928	186.77
十四、商业服务业等事务	2605	1184	120.02
十五、金融监管等事务支出	166	55	201.82
十六、自然资源气象等事务	5953	5293	12.47
十七、住房保障支出	14742	18064	–18.39
十八、粮油物资储备	3408	1713	98.95
十九、灾害防治及应急管理支出	5992	2827	111.96
二十、其他支出	1110	569	95.08
二十一、债务付息支出	10084	9546	5.64

2020 年度安化县农业生产条件统计表

指标名称	计量单位	代　码	数　量	上年同期	同比（%）
一、农村基层组织情况					
1. 乡镇个数	个	01	23	23	0.00
其中：镇个数	个	02	18	18	0.00
民族乡镇	个	03	0	0	0.00
2. 村（居）民委员会个数	个	04	433	433	0.00
其中：村委员会个数	个	05	370	378	–2.12
二、农村基础设施					
1. 自来水受益村个数	个	06	336	310	8.39
2. 通汽车村个数	个	07	371	378	–1.85
3. 通公共交通村个数	个	08	371	378	–1.85
4. 通电话村个数	个	09	371	378	–1.85
5. 通宽带村个数	个	10	371	378	–1.85
6. 通有线电视村个数	个	11	346	344	0.58
7. 垃圾集中处理村个数	个	12	371	372	–0.27
8. 污水集中处理村个数	个	13	0	35	–100
三、乡村人口与从业人员					
1. 乡村户数	万户	14	23.36	23.65	–1.23
2. 乡村人口数	万人	15	85.57	86.68	–1.28
（1）男	万人	16	43.83	44.34	–1.15
（2）女	万人	17	41.74	42.34	–1.42
3. 乡村劳动力资源数	万人	18	46.38	47.22	–1.78
（1）男	万人	19	23.75	24.17	–1.74
（2）女	万人	20	22.63	23.05	–1.82
4. 乡村从业人员数	万人	21	43.87	44.66	–1.77
按性别分					
（1）男	万人	22	22.6	23	–1.74
其中：从事农业人员	万人	23	15.2	15.68	–3.06
（2）女	万人	24	21.27	21.66	–1.80
其中：从事农业人员	万人	25	13.98	14.44	–3.19
按国民经济行业分					
（1）农业	万人	26	29.18	30.12	–3.12

续上表

指标名称	计量单位	代 码	数 量	上年同期	同比（%）
（2）工业	万人	27	2.97	2.86	3.85
（3）建筑业	万人	28	2.13	2.06	3.40
（4）交通运输、仓储和邮政业	万人	29	1.48	1.44	2.78
（5）信息传输、计算机服务和软件业	万人	30	0.31	0.3	3.33
（6）批发零售业	万人	31	2.31	2.23	3.59
（7）住宿和餐饮业	万人	32	1.02	1	2.00
（8）其他行业	万人	33	4.47	4.65	-3.87
四、农业主要能源及物资消耗					
（一）农用化肥施用量					
1. 按实物量计算	吨	34	53936	55347	-2.55
（1）氮肥	吨	35	14076	14812	-4.97
（2）磷肥	吨	36	6289	6885	-8.66
（3）钾肥	吨	37	1460	1598	-8.64
（4）复合肥	吨	38	32111	32052	0.18
2. 按折纯量计算	吨	39	19506.12	19822.31	-1.60
（1）氮肥	吨	40	3645.86	3836.31	-4.96
（2）磷肥	吨	41	880.46	963.9	0.00
（3）钾肥	吨	42	722.7	791.01	-8.64
（4）复合肥	吨	43	14257.28	14231.09	0.18
（二）农用塑料薄膜使用量	吨	44	455	479	-5.01
其中：地膜使用量	吨	45	430	450	-4.44
（三）地膜覆盖面积	亩	46	89780	93897	-4.38
（四）农用柴油使用量	吨	47	19396	19012	2.02
（五）农药使用量	吨	48	481.76	505	-4.60
（六）农村用电量（不包括县办工业和城镇生活用电）	万千瓦时	49	10036	10189	-1.50
五、土地流转情况	亩	62	203400	185400	9.71
其中：用于种植水稻	亩	63	187865	171110	9.79
用于种植蔬菜	亩	64	12150	11080	9.66
用于种植瓜果	亩	65	1161	1070	8.50
用于种植园林水果	亩	66	2224	2140	3.93

2020 学年度安化县教育事业基本情况统计表（1）

		学校数			学生情况（人）				
		学校数（所）	不计校教学点附设班（个）	班数（个）	学生数	普惠性	其中特殊教育学生	留守儿童	寄宿生
安化县计	小计	232	226	3029	132438	4115	2220	45357	68847
	特校	1		15	257		257		
	幼儿园	106	101	723	23213	4115			
	小学	76	122	1476	62780	0	1375	30681	32909
	初中	41	3	612	29588		588	14676	27855
	高中	7		203	11017				8083
	职高	1		118	5583				
教育部门办	小计	191	226	2796	122559	0		43900	
	特校	1		15	257				
	幼儿园	65	101	512	16278				
	小学	76	122	1454	61596			30111	
	初中	41	3	612	27828			13789	
	高中	7		203	11017				
	职高	1		118	5583				
民　办	小计	41	0	233	9879	4115		1457	
	特校	0	0	0	0			0	
	幼儿园	41	0	211	6935	4115		0	
	小学	0	0	22	1184			570	
	初中	0	0	32	1760			887	
	高中	0	0	0	0			0	
		0	0	0	0			0	

2020 学年度安化县教育事业基本情况统计表（2）

		教师数（人）				办学条件							
		教师数	在编教师	专任教师数	代课教师	占地面积（平方米）	运动场面积（平方米）	校舍面积（平方米）	教辅用房（间）	仪器值（万元）	图书（册）	电脑（台）	多媒体教室（间）
安化县计	小计	9448	7049	7948	183	2959870	1048436	1541169	783116	22749	3289238	10714	
	特校	16	16	16		24420	6000	4860	1800		800		
	幼儿园	1967	204	956	81	237387	78455	172224	127566		244529		

续上表

		教师数（人）				办学条件							
		教师数	在编教师	专任教师数	代课教师	占地面积（平方米）	运动场面积（平方米）	校舍面积（平方米）	教辅用房（间）	仪器值（万元）	图书（册）	电脑（台）	多媒体教室（间）
	小学	3411	3120	3324	81	1247674	455519	586471	304946	11281	1464510	5230	1411
	初中	2830	2530	2557	19	858361	327549	445344	208032	8120	1033406	3764	781
	高中	860	815	741	2	484545	161441	186035	72905	2080	456911	1250	209
	职高	364	364	354		107483	19472	146235	67867	1268	89082	470	30
教育部门办	小计	8381	6959	7428	183								
	特校	16	16	16									
	幼儿园	1166	204	599	81								
	小学	3411	3120	3324	81								
	初中	2564	2440	2394	19								
	高中	860	815	741	2								
	职高	364	364	354									
民 办	小计	1067		520									
	特校	0	0	0									
	幼儿园	801	0	357									
	小学	0	0	0									
	初中	266	90	163									
	高中	0	0	0									
	职高	0	0	0									

2020 年度安化县卫生事业基本情况统计表

指 标	单 位	数 量
1. 卫生经费	万元	11056.86
2. 卫生机构数	个	916
其中：医院数	个	37
专科防治站	个	2
卫生防治站	个	1
妇幼保健院	个	1
3. 卫生机构床位总数	床	5913
医院床位数	床	5750

续上表

指　标	单　位	数　量
其中：乡村医院床位	床	957
4. 卫生工作人员数	人	6862
其中：女性	人	3198
5. 卫生技术人员数	人	5513
护师、护士数	人	2504
其中：女性	人	2467
医生数	人	2330
其中：乡村医生	人	887
6. 诊疗人次	人次	2363665
7. 住院人数	人	142964
8. 出院人数	人	142814
9. 治愈率	%	98.8
10. 病死率	%	0.92
11. 床位周转次数	次	30.1
12. 床位使用率	%	75.43
13. 急性传染病发病率	1/10 万	706.85
14. 孕产妇死亡率	1/10 万	13.23

2020 年度全社会消费品零售总额统计表（分城乡、分行业）

单位：万元

指标名称	1—12 月	上年同期	增长速度（%）
社会消费品零售总额	856166	879956	−2.7
一、按销售单位所在地分			
1. 城镇	700349	724516	−3.3
其中：城区	63890	66451	−3.9
2. 乡村	155817	155440	0.2
二、按行业分			
批发业	25267	26114	−3.2
限额以上	3939	4084	−3.6
限额以下	21328	22030	−3.2
零售业	747488	769514	−2.9
限额以上	40420	43095	−6.2

续上表

指标名称	1—12 月	上年同期	增长速度（%）
限额以下	707068	726419	-2.7
住宿业	16159	16821	-3.9
限额以上	4676	4777	-2.1
限额以下	11483	12044	-4.7
餐饮业	67252	67507	-0.4
限额以上	1963	1994	-1.6
限额以下	65289	65513	-0.3

2020 年度中共安化县委、安化县人民政府获得上级荣誉表彰一览表

（共 43 项）

序 号	表彰部门	荣誉表彰	牵头单位
一、国家部委级 11 项			
1	国务院第一次全国自然灾害综合风险普查领导小组办公室	全国第一次自然灾害综合风险普查试点县	县应急管理局
2	国务院第二次全国污染源普查领导小组办公室	第二次全国污染源普查表现突出的集体	市生态环境局安化分局
3	国家发改委	全国以工代赈巩固脱贫成果衔接乡村振兴战略试点项目建设县	县发改局
4	国家发改委	“十三五”美丽搬迁安置区	县发改局
5	国家信访局	全国信访工作“三无”县	县信访局
6	国家知识产权局知识产权运用促进司	国家知识产权示范县	县市监局
7	全国农技中心	全国绿色防控示范县	县农业农村局
8	中国医药物资协会	中国多花黄精之乡	县中医药健康产业发展协调领导小组办公室
9	中国扶贫基金会	爱加餐优秀筹款项目县	县扶贫办
10	中国茶叶流通协会	“十三五”茶产业发展十强县	县茶旅中心
11	中国茶叶流通协会	茶业百强县	县茶旅中心
二、省级 20 项			
1	省委办公厅、省政府办公厅	全省社会治理创新试点县 全省平安建设先进县	县委政法委
2	省委办公厅、省政府办公厅	省级安全生产和消防工作优秀县	县应急管理局
3	省政府办公厅	全省信访工作“三无”县	县信访局
4	省政府办公厅	全省“六大强农”成效明显县	县农村农业局

续上表

序　号	表彰部门	荣誉表彰	牵头单位
5	省农业农村厅	水田深翻耕补贴试点县 首批“一县一特”农产品优秀品牌	县农业农村局
6	省委农村工作领导小组	全省农村人居环境整治工作先进县	县农业农村局
7	省政府办公厅	全省自然资源真抓实干县	县自然资源局
8	省农业农村厅	全省畜牧水产工作先进县	县畜牧水产中心
9	省工信厅	全省工业数据云建设先进县	县科工局
10	省财政厅	全省乡镇财政管理工作先进县 全省财政外经系统业务工作先进单位	县财政局
11	省优办	全省优化营商环境推荐典型	县发改局
12	省体育局	湖南省青少年体育竞赛优秀赛区	县文旅广体局
13	省委、省政府	湖南省抗击新冠肺炎疫情先进集体	县卫健局
14	省委、省政府、省军区	双拥模范县	县退役军人事务局
15	省离退休干部工作委员会	全省示范离退休干部党支部	县老干局
16	省文明办	湖南省文明城市	县创建办
17	省纪委	全省扶贫领域腐败和作风问题专项治理工作一类贫困县 全省纪检监察信息工作先进单位（连续 3 年获得）	县纪委
18	省政府办	真抓实干成效明显地区（安化县有四方面被通报表扬）	县农业农村局、县自然资源局、县信访局、县黑茶小镇指挥部、县茶旅中心
19	省食品安全委员会	食品安全工作 B 级（合格）单位	县食安办
20	省民政厅	全省五化民政建设创新实验先进单位	县民政局
三、市级 12 项			
1	市委办、市政府办	全市安全生产优秀县	县应急管理局
2	市委办、市政府办	全市平安建设（综治工作）平安县	县委政法委
3	市委办、市政府办	全市发展开放型工作先进县	县商务局
4	市委办、市政府办	重大产业建设优秀项目	县重点项目办
5	市政府办	全市重点项目建设工作优秀单位	县重点项目办
6	市教育督导委员会办公室	全市公办幼儿园建设先进区县（市）	县教育局
7	市政府行政审批制度改革工作领导小组办公室	全市“放管服”和“一件事一次办”改革工作第一名	县行政审批局
8	市委农村工作领导小组	实施乡村振兴战略先进县 粮食生产工作先进县 生猪稳产保供工作先进县 农村人居环境整治先进县	县农业农村局

续上表

序　号	表彰部门	荣誉表彰	牵头单位
9	市委全面依法治市办公室	全市法治建设优秀县	县司法局
10	市教育督导委员会	履行教育职责先进单位	县教育局
11	市委办、市政府办	信访工作目标管理考核先进单位	县信访局
12	市国家现代农业示范区创建领导小组办公室	国家现代农业核心示范区建设工作合格单位	县国家现代农业产业园管理委员会

2020 年度乡镇和部门获得上级荣誉表彰一览表

（共 83 项）

序　号	表彰部门	荣誉表彰	获奖单位
一、国家部委级 11 项			
1	中央精神文明建设指导委员会	全国文明单位	农商银行
2	中央精神文明建设指导委员会	通过复核保留“全国文明村镇”荣誉称号	柘溪镇
3	国务院第二次全国污染源普查领导小组办公室	表现突出的集体	市生态环保局安化分局
4	人社部	新闻宣传工作做得好的单位	县人社局
5	司法部	全国司法行政系统特赦实施工作中做出突出贡献的单位	县司法局
6	全国文明委	通过复查保留全国文明单位称号	县审计局
7	中华全国人民调解委员协会	组织宣传人民调解工作先进集体	县司法局
8	中国银行业协会	全国村镇银行综合服务能力百强单位	湘淮村镇银行
9	中国农业银行办公室	业务先进集体	农业银行
10	中国建设银行	平安建行先进集体	建设银行
11	中国建设银行	劳动者港湾运营管理工作先进网点	建设银行
二、省级 42 项			
1	省委、省政府	全省脱贫攻坚先进集体	县扶贫办、县易地扶贫搬迁联席办、县交通局、冷市镇、梅城镇
2	省委宣传部、湖南日报	湖南日报发行工作先进单位	县委宣传部
3	省文明办	省级文明单位	县委宣传部、县纪委、县税务局
4	省科学技术协会	“参观科技展览有奖征文暨科技夏令营”湖南营活动优秀组织奖（益阳市唯一）	县科学技术协会
5	省总工会	湖南省先进县级工会 优秀组织奖单位 县级工会财务资产管理先进单位	县总工会

续上表

序　号	表彰部门	荣誉表彰	获奖单位
6	省妇联	宣传思想工作突出单位	县妇联
7	省工商联	“五好”县级工商联	县工商联
8	省审计厅	通联工作先进单位	县审计局
9	省委办、省政府办	安全生产和消防工作先进单位	县应急管理局
10	省地震局	市县地震部门防震减灾工作先进单位	县应急管理局
11	省人民检察院	扫黑除恶先进集体	县人民检察院
12	省消费者委员会	湖南省 2020 年疫情防控消费维权知识竞赛优秀组织单位	县市场监督管理局
13	省市场监督管理局	湖南省特种设备安全监察工作优秀单位	县市场监督管理局
14	省公安厅	集体三等功	县公安局
15	省价格认证中心	先进价格认定机构	县发改局
16	省住建厅	全县住房保障、勘察设计管理、房地产监管和物业管理、工程建设项目审批制度改革四项工作被评为全省工作突出单位	县住建局
17	省生态环境保护委员会办公室	湖南省第二次全国污染源普查工作表现突出集体	县农业农村局
18	省防汛抗旱指挥部	2020 年防汛救灾先进集体	县自然资源局
19	省爱国卫生运动委员会办公室	2020 年湖南省文明卫生单位	县文旅广体局、县重点建设项目事务中心、县退役军人事务局、县经开区
20	省财政厅	部门决算工作先进单位 县级乡镇财政管理工作先进单位 全省财政外经系统业务工作先进单位	县财政局
21	省工信厅	全省工业数据云建设先进单位	县科工局
22	省农机事务中心	农机事务工作综合先进单位	县农机事务中心
23	省体育局	青少年体育竞赛工作表彰通报 （安化县：羽毛球）	县教育局
24	省广播电视局	直播卫星户户通工程建设先进单位	县融媒体中心
25	省库区移民事务中心	移民信息完善工作先进单位 移民培训工作先进单位	县库区移民事务中心
26	省村镇银行协会	湖南省践行社会责任村镇银行—精准扶贫突出贡献奖	湘淮村镇银行
27	中国邮储银行湖南省分行	进位十优支行 2019—2020 年个人金融业务跨年度营销活动最佳一级支行	邮储银行
28	中国太平洋财产保险公司湖南分公司	年度经营目标二十强支公司 支公司非车险业务先进单位 支公司农险业务先进单位 年度经营特别贡献奖	太平洋财产保险公司

续上表

序　号	表彰部门	荣誉表彰	获奖单位
29	省自然资源厅	湖南省开发园区节约集约用地先进单位	安化县经济开发区
30	省爱卫卫生运动委员会办公室	湖南省卫生示范乡镇	古楼乡、高明乡、乐安镇
31	省政协	安化县东坪镇政协委员工作室被省政协办授予“湖南省示范性政协委员工作室”称号	东坪镇
32	省计生协会	东坪镇被评为全省计划生育基层群众自治先进镇	东坪镇
33	省妇联	湖南省妇联舆论宣传阵地建设表现突出单位	长塘镇
34	省统计局	基层基础工作示范性建设单位	梅城镇
35	省委农村工作领导小组	湖南省美丽乡村建设示范镇	江南镇、田庄乡
36	省文明办	湖南省文明村镇	田庄乡
37	省民政厅	全省五化民政建设创新实验先进单位	县民政局
38	省委党史研究院	全省党史工作先进单位	安化县档案馆（县史志编纂室）
39	湖南日报	“新湖南云”县级融媒建设优秀合作单位	县融媒体中心
40	省医保局	优秀县市区医疗保障局	县医疗保障局
41	省司法厅	全省社区矫正和安置帮教工作成效突出单位	县司法局
42	省“扫黄打非”工作小组	湖南省“扫黄打非”优秀集体	县委宣传部（县“扫黄打非”工作小组办公室）
三、市级 30 项			
1	市委宣传部（市文明办、市委网信办）	舆情信息工作优秀单位、全市新闻宣传工作先进单位、全市理论武装工作先进单位、全市精神文明建设先进单位、全市网信工作先进单位	县委宣传部（县文明办、县委网信办）
2	市精神文明建设指导委员会	益阳市文明单位	县委宣传部
3	市委改革办	全市改革工作先进单位	县委改革办
4	市工商联	优秀县级工商联	县工商联
5	市委办、市政府办	全市安全生产工作先进单位、全市应急管理行政执法先进集体	县应急管理局
6	中共益阳市政法委员会	全市政法系统新时代十佳政法单位	县检察院
7	市人社局、市扶贫开发办	全市事业单位脱贫攻坚先进集体记功	县住房保障服务中心
8	市“扫黄打非”工作小组办公室	益阳市“扫黄打非”优秀集体	县文旅广体局
9	市文旅广体局	全市直播卫星户户通工程建设先进单位	县文旅广体局
10	市民政局	全市先进社会组织	县民政局
11	市委办公室	全市信访工作先进单位	县信访局

续上表

序　号	表彰部门	荣誉表彰	获奖单位
12	市委办、市政府办	市级安全生产工作优秀乡镇	烟溪镇、羊角塘镇、高明乡
13	市委办、市政府办	市级安全生产工作示范乡镇	龙塘乡、长塘镇
14	市委办、市政府办	全市平安建设先进乡镇	高明乡、仙溪镇、马路镇、烟溪镇、古楼乡、乐安镇、大福镇、梅城镇、平口镇（根据益办发电〔2020〕62号文件修改：高明乡、大福镇、平口镇、古楼乡、仙溪镇、乐安镇、马路镇、烟溪镇、滔溪镇、梅城镇）
15	市委办、市政府办	全市平安乡镇	仙溪镇、马路镇、奎溪镇、烟溪镇、古楼乡、江南镇、平口镇（根据益办发电〔2020〕62号文件修改：古楼乡、滔溪镇、江南镇、安化县城南区、烟溪镇、奎溪镇、马路镇、仙溪镇、平口镇）
16	市森林防灭火指挥部	全市森林防灭火工作先进乡镇	仙溪镇
17	市委农村工作领导小组	农村生活垃圾分类处理先进乡镇	冷市镇、烟溪镇
18	市委农村工作领导小组办公室	全市农村人居环境整治“十佳整治乡镇”	冷市镇、烟溪镇
19	市委农村工作领导小组	农村人居环境整治整洁乡镇	东坪镇、田庄乡
20	市森林防灭火指挥部	全市森林防灭火工作先进乡镇	东坪镇
21	市人社局	人社星级示范乡镇	烟溪镇
22	市第四次全国经济普查领导小组办公室	全市第四次全国经济普查先进单位	古楼乡
23	市委农村工作领导小组	农村“空心房”整治先进乡镇	大福镇、清塘铺镇
24	市交通运输局	“四好农村路”管养示范乡镇	田庄乡
25	市政府	市级信访“三无”乡镇优秀单位	清塘铺镇、乐安镇、滔溪镇、长塘镇、平口镇、冷市镇、小淹镇
26	市食品安全委员会	食品安全工作先进单位、食品安全示范乡镇	梅城镇
27	市第四次全国经济普查领导小组办公室	益阳市第四次全国经济普查先进单位	梅城镇
28	市委农村工作领导小组	农村户用厕所无害化改造先进乡镇	梅城镇
29	市安全生产委员会办公室	益阳市第一批乡镇应急能力建设验收合格单位	冷市镇、大福镇、烟溪镇、平口镇、小淹镇、田庄乡、仙溪镇、奎溪镇
30	市委办、市政府办	益阳市教育突出贡献奖个人	教师类：安化县第一中学 龙能；乡村教师类：清塘铺镇中学 刘丽莉，江南镇中学 李江乔，古楼乡中学 夏竞芬；校长类：烟溪镇中学 刘志慧，东坪镇莫江幼儿园 颜群芳

2020年度中共安化县委重要文件一览表

文　号	文件名称	发布机关
安发〔2020〕1号	关于印发《关于深入学习贯彻党的十九届四中全会精神 加快推进县域治理现代化的意见》的通知	中共安化县委
安发〔2020〕2号	关于印发《安化县2020年重点工作任务分解方案》的通知	中共安化县委、安化县人民政府
安发〔2020〕3号	关于印发《安化县2020年重点建设项目计划任务分解方案》的通知	中共安化县委、安化县人民政府
安发〔2020〕4号	关于印发《关于全面加快推进深化供销合作社综合改革的实施方案》的通知	中共安化县委、安化县人民政府
安办〔2020〕1号	关于成立安化县新型冠状病毒感染的肺炎疫情防控防治指挥部的通知	中共安化县委办公室
安办〔2020〕3号	关于调整安化县打击处置非法集资工作领导小组成员的通知	中共安化县委办公室、安化县人民政府办公室
安办〔2020〕4号	关于印发《安化县民兵应急力量纳入政府应急管理体系实施办法》和《安化县开展基层人民武装部达标建设和星级考评实施办法》的通知	中共安化县委办公室、安化县人民政府办公室
安办〔2020〕6号	关于印发《安化县派出机构双重管理工作实施细则（试行）》的通知	中共安化县委办公室
安办〔2020〕7号	关于成立全国综合减灾示范县创建工作领导小组的通知	中共安化县委办公室、安化县人民政府办公室
安办〔2020〕8号	关于印发《安化县政协2020年度协商与监督工作计划》的通知	中共安化县委办公室、安化县人民政府办公室、政协安化县委员会办公室
安办〔2020〕9号	关于2019年度安化县“最美村支书”评选结果的通报	中共安化县委办公室、安化县人民政府办公室
安办〔2020〕10号	关于2019年度全县农业农村工作先进单位和先进个人的通报	中共安化县委办公室、安化县人民政府办公室
安办〔2020〕11号	关于2019年度优秀文稿评比结果的通报	中共安化县委办公室、安化县人民政府办公室
安办〔2020〕12号	关于2019年全县党务工作先进单位和先进个人的通报	中共安化县委办公室
安办〔2020〕13号	关于2019年度文明单位和文明村镇的通报	中共安化县委办公室、安化县人民政府办公室
安办〔2020〕14号	关于调整安化县精神文明建设指导委员会成员的通知	中共安化县委办公室
安办〔2020〕15号	关于2019年全县“三无”乡（镇）、村（社区）优秀单位考核结果的通报	中共安化县委办公室、安化县人民政府办公室
安办〔2020〕16号	关于继续推进信访积案化解攻坚年活动的实施意见	中共安化县委办公室、安化县人民政府办公室
安办〔2020〕17号	关于2019年度重点项目建设考核结果的通报	中共安化县委办公室、安化县人民政府办公室
安办〔2020〕18号	关于全县担当作为好团队和担当作为好干部的通报	中共安化县委办公室、安化县人民政府办公室
安办〔2020〕19号	关于印发《安化县“作风建设大提升营商环境大优化”活动实施方案》的通知	中共安化县委办公室、安化县人民政府办公室
安办〔2020〕20号	关于2019年度全县绩效评估结果的通报	中共安化县委办公室、安化县人民政府办公室
安办〔2020〕21号	关于2019年度荣获上级表彰奖励情况的通报	中共安化县委办公室

续上表

文　号	文件名称	发布机关
安办〔2020〕22号	关于调整县委统一战线工作领导小组的通知	中共安化县委办公室
安办〔2020〕23号	关于印发《县委干部教育工作领导小组专题会议纪要》的通知	中共安化县委办公室
安办〔2020〕24号	关于印发《关于全面落实关心关爱疫情防控一线社区（村）工作人员各项政策的实施方案》的通知	中共安化县委办公室、安化县人民政府办公室
安办〔2020〕25号	关于成立安化县自然资源工作领导小组和安化县地质灾害防治工作领导小组的通知	中共安化县委办公室、安化县人民政府办公室
安办〔2020〕26号	关于印发《安化县全面小康决胜年行动方案》的通知	中共安化县委办公室、安化县人民政府办公室
安办〔2020〕27号	关于印发《安化县营商环境大优化行动方案》的通知	中共安化县委办公室、安化县人民政府办公室
安办〔2020〕28号	关于调整安化县拥军优属拥政爱民工作领导小组成员的通知	中共安化县委办公室、安化县人民政府办公室
安办〔2020〕29号	关于成立县城东北部城镇综合开发建设指挥部的通知	中共安化县委办公室、安化县人民政府办公室
安办〔2020〕30号	印发《安化县信访工作“三无”乡（镇）、村（社区）创建活动实施方案》的通知	中共安化县委办公室、安化县人民政府办公室
安办〔2020〕31号	关于2019年度全县生态环境保护工作考核结果的通报	中共安化县委办公室、安化县人民政府办公室
安办〔2020〕32号	关于调整安化县梅山文化产业发展领导小组组成人员的通知	中共安化县委办公室、安化县人民政府办公室
安办〔2020〕33号	关于2019年度全县安全生产和消防（森林防火）工作考核结果的通知	中共安化县委办公室、安化县人民政府办公室
安办〔2020〕34号	关于印发《安化县委书记抓基层党建述职评议考核问题整改方案》的通知	中共安化县委办公室
安办〔2020〕35号	关于调整安化县分类推进事业单位改革工作领导小组成员的通知	中共安化县委办公室、安化县人民政府办公室
安办〔2020〕36号	关于2019年度全县征地拆迁查违控违拆违工作先进单位和先进个人的通报	中共安化县委办公室、安化县人民政府办公室
安办〔2020〕37号	关于印发《安化县创建第十届省级双拥模范县实施方案》的通知	中共安化县委办公室、安化县人民政府办公室
安办〔2020〕38号	关于印发《安化县全国综合减灾示范县创建工作实施方案》的通知	中共安化县委办公室、安化县人民政府办公室
安办〔2020〕39号	关于2019年防汛抗旱工作先进单位和先进个人的通报	中共安化县委办公室、安化县人民政府办公室
安办〔2020〕40号	关于2019年度全县开放型经济工作先进单位和新进规模工业企业奖的通报	中共安化县委办公室、安化县人民政府办公室
安办〔2020〕41号	关于印发《安化县2020年稳增长工作方案》的通知	中共安化县委办公室、安化县人民政府办公室
安办〔2020〕42号	关于印发《安化县2020年创建省级文明县城工作目标管理考核办法》的通知	中共安化县委办公室、安化县人民政府办公室
安办〔2020〕43号	关于成立安化县中共党史联络组的通知	中共安化县委办公室
安办〔2020〕44号	关于印发《安化县乡镇（管委）食品安全工作职责》的通知	中共安化县委办公室、安化县人民政府办公室

续上表

文 号	文件名称	发布机关
安办〔2020〕45号	关于印发《关于深化改革加强食品安全工作主要任务分工方案》的通知	中共安化县委办公室、安化县人民政府办公室
安办〔2020〕46号	关于成立安化县万里茶道申报世界文化遗产工作领导小组的通知	中共安化县委办公室、安化县人民政府办公室
安办〔2020〕47号	关于调整安化县脱贫攻坚普查领导小组成员的通知	中共安化县委办公室、安化县人民政府办公室
安办〔2020〕48号	关于成立县委党建工作领导小组的通知	中共安化县委办公室、安化县人民政府办公室
安办〔2020〕49号	关于成立现代农业综合改革领导小组的通知	中共安化县委办公室、安化县人民政府办公室
安办〔2020〕51号	关于调整安化县禁捕退捕工作领导小组成员的通知	中共安化县委办公室、安化县人民政府办公室
安办〔2020〕52号	关于2019年全县优秀公务员的通报	中共安化县委办公室、安化县人民政府办公室
安办〔2020〕53号	关于调整安化黑茶特色小镇项目建设指挥部成员的通知	中共安化县委办公室、安化县人民政府办公室
安办〔2020〕54号	关于成立县委退役军人安置工作领导小组的通知	中共安化县委办公室、安化县人民政府办公室
安办〔2020〕55号	关于授予谢晋等58位同志“安化县教育突出贡献奖”的通报	中共安化县委办公室、安化县人民政府办公室
安办〔2020〕56号	关于印发《安化县廖家坪水库饮用水水源地环境问题整改方案》的通知	中共安化县委办公室、安化县人民政府办公室
安办〔2020〕57号	关于成立柘溪水力发电厂近区居民生活用电“同网同价”工作协调领导小组的通知	中共安化县委办公室、安化县人民政府办公室
安办〔2020〕58号	关于成立安化县新时代文明实践中心的通知	中共安化县委办公室、安化县人民政府办公室
安办〔2020〕59号	关于成立安化县国有资产核资工作领导小组的通知	中共安化县委办公室、安化县人民政府办公室
安办〔2020〕60号	关于全县2020年脱贫攻坚工作先进个人的通报	中共安化县委办公室、安化县人民政府办公室
安办〔2020〕61号	关于2020年全县优秀驻村帮扶工作队员的通报	中共安化县委办公室、安化县人民政府办公室
安办〔2020〕62号	关于成立2020湖南安化黑茶汽车摩托车越野争霸赛组委会的通知	中共安化县委办公室、安化县人民政府办公室
安办〔2020〕63号	关于印发《安化县2020年发展开放型经济目标管理考核办法》《关于支持开放型经济发展的激励措施》的通知	中共安化县委办公室、安化县人民政府办公室
安办〔2020〕64号	关于成立安化县促进中小企业发展工作领导小组的通知	中共安化县委办公室、安化县人民政府办公室
安办〔2020〕65号	关于成立安化县支持官新高速公路建设协调办公室的通知	中共安化县委办公室、安化县人民政府办公室
安办〔2020〕66号	关于印发《安化县融媒体中心所属广播电视网络中心改革方案》的通知	中共安化县委办公室、安化县人民政府办公室
安办〔2020〕67号	关于成立安化县村（社区）党组织和村（居）民委员会换届选举工作领导小组的通知	中共安化县委办公室、安化县人民政府办公室

续上表

文　号	文件名称	发布机关
安办〔2020〕68号	关于印发《梅城镇违法建设专项整治方案》的通知	中共安化县委办公室、安化县人民政府办公室
安办〔2020〕69号	关于成立安化县社区矫正委员会的通知	中共安化县委办公室、安化县人民政府办公室
安办〔2020〕70号	关于印发《乡镇党委和政府脱贫攻坚工作2020年度考核实施方案》等八个考核方案的通知	中共安化县委办公室、安化县人民政府办公室
安办〔2020〕71号	关于调整中共安化县委农村工作领导小组成员的通知	中共安化县委办公室
安办〔2020〕72号	关于印发《县委落实全面从严治党主体责任清单》《县委常委会成员履行全面从严治党责任清单》的通知	中共安化县委办公室
安办〔2020〕76号	关于印发《安化县国土空间总体规划（2020—2035年）编制工作方案》的通知	中共安化县委办公室、安化县人民政府办公室
安办发〔2020〕1号	关于印发《安化黑茶产业高质量发展行动方案（2020—2022年）》的通知	中共安化县委办公室、安化县人民政府办公室
安办发〔2020〕2号	关于印发《安化县2020年农村人居环境整治工作督查考核奖惩办法》和《安化县2020年农村人居环境整治工作领导小组成员单位考核奖惩办法》的通知	中共安化县委办公室、安化县人民政府办公室
安办发〔2020〕3号	关于进一步规范乡镇政务服务大厅运行管理的通知	中共安化县委办公室、安化县人民政府办公室
安办发〔2020〕4号	关于印发《支持企业人才队伍建设的二十条措施》的通知	中共安化县委办公室、安化县人民政府办公室
安办发〔2020〕6号	关于印发《安化县支持发展现代农业产业化联合体试点方案》的通知	中共安化县委办公室、安化县人民政府办公室
安办发〔2020〕8号	关于印发《安化县2020年绩效评估管理办法》的通知	中共安化县委办公室、安化县人民政府办公室
安办发〔2020〕9号	关于印发《安化县人民武装部2020年绩效评估管理办法》《安化县城南区2020年绩效评估管理办法》《安化县梅山城投集团有限公司2020年绩效评估管理办法》和《安化县经济开发区2020年绩效评估管理办法》的通知	中共安化县委办公室、安化县人民政府办公室
安办发〔2020〕10号	关于印发《安化县村级财务管理办法》的通知	中共安化县委办公室、安化县人民政府办公室
安办发〔2020〕12号	关于印发《安化县行政执法突出问题专项整治工作方案》的通知	中共安化县委办公室、安化县人民政府办公室
安办发〔2020〕13号	关于印发《安化县立项争资奖励办法》的通知	中共安化县委办公室、安化县人民政府办公室
安办发〔2020〕14号	关于印发《安化经济开发建设投资有限公司发展方案》的通知	中共安化县委办公室、安化县人民政府办公室
安办发〔2020〕15号	关于印发《安化县域政治安全和社会稳定风险化解工作实施方案》的通知	中共安化县委办公室、安化县人民政府办公室

2020年度安化县人民政府重要文件一览表

文　号	文件名称
【安政发文件目录】	
1. 安政发〔2020〕1号	关于鼓励社会力量参与棚户区片区改造有关事项的通知

续上表

文 号	文件名称
2. 安政发〔2020〕2 号	关于印发《关于全力支持和组织推动企业复工复产的九条措施》的通知
3. 安政发〔2020〕3 号	关于分解下达 2020 年政府工作任务的通知
4. 安政发〔2020〕4 号	关于印发《安化县畜禽养殖禁养区划定方案》的通知
5. 安政发〔2020〕5 号	关于公布全县行政审批中介服务事项清单的通知
6. 安政发〔2020〕6 号	关于公布《乡镇权力清单和责任清单》和《乡镇经济社会管理权限目录》的通知
7. 安政发〔2020〕7 号	关于公布安化县本级政府性基金、行政事业性收费和服务性收费项目清单的通知
8. 安政发〔2020〕8 号	关于公布县政府工作部门权力清单的通知
9. 安政发〔2020〕9 号	关于认真做好安化县第七次全国人口普查工作的通知
10. 安政发〔2020〕10 号	关于将安化黑毛茶制作技艺补录进第六批县级非物质文化遗产保护名录的通知
11. 安政发〔2020〕11 号	关于表彰 2019 年安化县县长质量奖获奖单位和个人的决定
12. 安政发〔2020〕12 号	关于印发《安化县市场监管领域全面推行部门联合“双随机、一公开”监管实施方案》的通知
13. 安政发〔2020〕13 号	关于印发《安化县中小学校幼儿园规划建设管理办法》的通知
14. 安政发〔2020〕14 号	关于进一步加强招商引资工作的实施意见
15. 安政发〔2020〕15 号	关于明确高明乡矿产品回收和加工企业扶持政策的通知
16. 安政发〔2020〕16 号	关于下达 2020 年税收计划目标任务和县直协控、代征责任单位目标任务的通知
17. 安政发〔2020〕17 号	关于印发《关于支持工业经济发展的政策措施（试行）》的通知
18. 安政发〔2020〕18 号	关于支持乡镇经济发展推进建设用地开发的实施意见
19. 安政发〔2020〕19 号	关于进一步加强人民防空工作的意见
20. 安政发〔2020〕20 号	关于促进金融机构支持油茶产业发展的意见
21. 安政发〔2020〕21 号	关于公布安化县非物质文化遗产代表性项目第三批县级代表性传承人的通知
【安政通文件目录】	
1. 安政通〔2020〕1 号	关于开展交通问题顽瘴痼疾集中整治行动的通告
2. 安政通〔2020〕2 号	关于茶乡花海生态体验园项目封闭施工的通告
3. 安政通〔2020〕3 号	关于开展农村宅基地和集体建设用地房地一体确权登记颁证工作的通告
4. 安政通〔2020〕4 号	关于在资江安化段实行全面禁捕的通告
5. 安政通〔2020〕5 号	关于做好 2020 年全国普通高校招生考试、全省普通高中学业水平考试和全市初中学业水平考试考点周边环境维护工作的通告
6. 安政通〔2020〕6 号	关于全县“三无”船舶限期上岸的通告
7. 安政通〔2020〕7 号	关于规范垂钓行为的通告
8. 安政通〔2020〕8 号	关于安化县梅城镇 G207 冯家湾—S322 李家台公路建设项目国有土地上房屋征收决定
9. 安政通〔2020〕9 号	关于划定禁止使用高排放非道路移动机械

续上表

文　号	文件名称
10. 安政通〔2020〕10 号	关于规范县城南区安置房建设管理的通告
【安政办发文件目录】	
1. 安政办发〔2020〕1 号	关于成立安化通用机场建设开发有限公司的通知
2. 安政办发〔2020〕2 号	关于印发《安化县重点建设项目前期工作经费管理暂行办法》的通知
3. 安政办发〔2020〕3 号	关于印发《安化县铁路沿线环境安全隐患整治工作方案》的通知
4. 安政办发〔2020〕4 号	关于印发《安化县本级政府投资项目决策评审专家库管理办法（试行）》的通知
5. 安政办发〔2020〕5 号	关于印发《安化县 2020 年“供销惠农”春耕备耕农资预订直配活动实施方案》的通知
6. 安政办发〔2020〕6 号	关于印发《安化县城区老旧小区改造工作实施方案》的通知
7. 安政办发〔2020〕7 号	关于开展 2020 年民兵组织整顿工作的通知
8. 安政办发〔2020〕8 号	关于印发《安化县柘溪库区第四批大中型水库特困移民避险解困试点工作实施方案》的通知
9. 安政办发〔2020〕9 号	关于印发《安化县财政惠民惠农“一卡通”发放管理操作规程》的通知
10. 安政办发〔2020〕10 号	关于印发《安化县城镇小区配套幼儿园治理工作方案》的通知
11. 安政办发〔2020〕11 号	关于印发《安化县长江流域重点水域（资江安化段）禁捕退捕补偿方案》的通知
12. 安政办发〔2020〕12 号	关于印发《安化县居民住宅项目配建教育设施建设资金缴纳与管理实施细则》的通知
13. 安政办发〔2020〕13 号	关于印发《安化县禁养区畜禽退养新建标准化养殖场奖补资金实施方案》的通知
14. 安政办发〔2020〕14 号	关于下达 2020 年主要经济指标计划的通知
15. 安政办发〔2020〕15 号	关于印发《县城南区安置房不动产权确权登记实施方案》的通知
16. 安政办发〔2020〕16 号	关于印发《安化县新兴产业发展专项资金管理办法》的通知
17. 安政办发〔2020〕17 号	关于刘璇等同志职务任命的通知
18. 安政办发〔2020〕18 号	关于印发《安化县税收协控联管工作考核办法》的通知
19. 安政办发〔2020〕19 号	关于印发《安化县普通建筑材料用砂石土矿专项整治行动方案》的通知
20. 安政办发〔2020〕20 号	关于印发《安化县禁食陆生野生动物人工繁育主体退出补偿及动物处置方案》的通知
21. 安政办发〔2020〕21 号	关于印发《安化县重污染天气应急预案》的通知
22. 安政办发〔2020〕22 号	关于印发《安化县 2020 年粮食收购工作方案》《安化县粮食收购先检后收实施办法（试行）》《安化县粮食质量安全溯源实施办法（试行）》《安化县超标稻谷收购处置实施方案》的通知
23. 安政办发〔2020〕23 号	关于印发《安化县统筹整合使用财政涉农资金管理办法》的通知
24. 安政办发〔2020〕24 号	关于印发《安化县救灾物资使用管理办法》的通知
25. 安政办发〔2020〕25 号	关于印发《安化县尘肺病防治攻坚行动方案》的通知
26. 安政办发〔2020〕26 号	关于印发《安化县审批服务专用章使用管理规定（试行）》的通知
27. 安政办发〔2020〕27 号	关于印发《安化县乡村振兴土地综合整治项目实施方案》的通知
28. 安政办发〔2020〕28 号	关于印发《安化县知识产权资助和奖励办法》的通知

续上表

文　号	文件名称
29. 安政办发〔2020〕29 号	关于下达 2020 年立项争资目标任务的通知
30. 安政办发〔2020〕30 号	关于印发《安化县 2020 年重点民生实事项目实施意见》的通知
31. 安政办发〔2020〕31 号	关于进一步保障义务教育教师工资待遇的通知
32. 安政办发〔2020〕32 号	关于印发《安化县改革完善医疗卫生行业综合监管制度的实施方案》的通知
33. 安政办发〔2020〕33 号	关于加强我县瓶装液化石油气经营管理的通知
34. 安政办发〔2020〕34 号	关于印发《安化县全国电子商务进农村综合示范项目质量提升实施方案》的通知
35. 安政办发〔2020〕35 号	关于印发《安化县农村房屋安全隐患排查整治实施方案》的通知
36. 安政办发〔2020〕36 号	关于印发《安化县城乡供水一体化项目实施方案》的通知
37. 安政办发〔2020〕37 号	关于印发《安化县国有经营性资源资产归集工作实施方案》的通知
38. 安政办发〔2020〕38 号	关于印发《安化县促进外经外贸发展实施办法》的通知
39. 安政办发〔2020〕39 号	关于印发《安化县重点项目政府代办服务工作实施办法（试行）》的通知
40. 安政办发〔2020〕40 号	关于印发《安化县第五代移动通信产业发展三年行动计划（2020—2022 年）》的通知
41. 安政办发〔2020〕41 号	关于印发《安化县 2020 年农业保险工作实施方案》的通知
42. 安政办发〔2020〕42 号	关于推进农产品“身份证”管理体系建设的实施意见
43. 安政办发〔2020〕43 号	关于印发《安化县乡镇综合行政执法暂行规定》的通知
44. 安政办发〔2020〕44 号	关于加快转型升级推进现代生猪产业健康发展的意见

索 引

说 明

一、本索引把年鉴专题性条目的内容用主题分析的方法，按汉语拼音字母顺序排列，第一字相同，按第二字音序排列，以此类推。数字开头的标目则按数字0～9顺序排列。

二、标引词后的阿拉伯数字标书内容所在页码，数字化的拉丁字母a、b、c分别表示从左至右第一、二、三栏。

三、本年鉴“特载”“大事记”“安化概览”“附录”均未作索引。

数字＋字母

A

B

C

D

F

G

H

J

M

N

P

Q

R

S

T

W

X

Y

Z